CHINA
ENTERPRISE DEVELOPMENT
REPORT 2018

中国企业发展报告
2018

国务院发展研究中心企业研究所

中国发展出版社
CHINA DEVELOPMENT PRESS

图书在版编目（CIP）数据

中国企业发展报告2018／国务院发展研究中心企业研究所编著．北京：中国发展出版社，2018.1

ISBN 978-7-5177-0187-3

Ⅰ.①中…　Ⅱ.①国…　Ⅲ.①企业发展—研究报告—中国—2018　Ⅳ.①F279.2

中国版本图书馆CIP数据核字（2018）第003487号

书　　　名：中国企业发展报告2018
著作责任者：国务院发展研究中心企业研究所
出 版 发 行：中国发展出版社
（北京市西城区百万庄大街16号8层　100037）
标 准 书 号：ISBN 978-7-5177-0187-3
经　销　者：各地新华书店
印　刷　者：三河市东方印刷有限公司
开　　　本：787mm×1092mm　1/16
印　　　张：24
字　　　数：306千字
版　　　次：2018年1月第1版
印　　　次：2018年1月第1次印刷
定　　　价：128.00元

联 系 电 话：(010) 68990630　68990692
购 书 热 线：(010) 68990682　68990686
网 络 订 购：http://zgfzcbs.tmall.com//
网 购 电 话：(010) 88333349　68990639
本 社 网 址：http://www.develpress.com.cn
电 子 邮 件：bianjibu16@vip.sohu.com

序言

Preface

2017 年在党和国家发展进程中是很不寻常、很不平凡的一年。面对我国经济发展进入新常态等深刻变化以及世界经济复苏乏力等外部环境，党中央、国务院坚持稳中求进工作总基调，坚持新发展理念，适应把握引领经济发展新常态，深入推进供给侧结构性改革，经济运行向着步子更稳、质量更好、效率更高、动力更强的方向发展。经济延续稳中向好态势，前三季度国内生产总值同比增长 6.9%，继续稳定在中高速增长平台上。经济结构不断优化，前三季度最终消费和服务业对经济增长的贡献率分别达到 64.5% 和 58.8%；中西部地区固定资产投资增速和工业增加值增速快于全国，东北地区固定资产投资由负转正、工业增加值增速加快；单位国内生产总值能耗同比下降 3.8%；生态保护、环境治理、公共设施、农业等短板领域投资快速增长。新经济、新动能加快成长，1～11 月，高技术产业和装备制造业增加值同比分别增长 13.5% 和 11.4%，增速快于规模以上工业 6.9 和 4.8 个百分点，工业机器人产量同比增长 68.8%，新能源汽车增长 46.5%；电子商务、移动支付、平台经济、共享单车等新技术、新产品、新业态快速发展；2016 年科技进步贡献率达到 56.2%，创新引领发展的动力作用更加凸显。

一年来取得的成绩来之不易，根本在于以习近平同志为核心的党中央的正确领导，在于习近平新时代中国特色社会主义经济思想的科学指引。刚刚结束的党的十九大和中央经济工作会议作出了“中国特色社会主义进入了新时代，我国经济发展也进入了新时代”的重大论断，指出新时代我国经济发展的基本特征，就是我国经济已由高速增长阶段转向高质量发展阶段，强调围绕推动高质量发展，既要立足现实打好防范化解重大风险、精准脱贫、污染防治三大攻坚战，又要着眼长远努力跨越转变发展方式、优化经济结构、转换增长动力三大关口，其中带有根本性、基础性的工作就是构建现代化经济体系。

现代化经济体系是十九大报告首次提出的概念。根据我的认识和理解，一个现代化的经济体系，首先，是一个高效率的经济体系，它能够实现资源在地区、行业间的优化配置，能够实现各类生产要素的高效利用；其次，是一个高质量的经济体系，它能够实现速度与效益、经济发展与社会发展的有机统一；第三，是一个有助于实现平衡发展的经济体系，各地区、各阶层都能在这个体系中发挥应有的作用，都能分享应得的成果；第四，是一个有助于实现可持续发展的经济体系，它不仅会使发展对生态环境的负面影响最小化，而且能不断地形成新的发展动力，建立以现代科学技术为支撑的产业体系。

建设现代化经济体系，要求把发展经济的着力点放在实体经济上，把政策基点放在企业尤其是实体经济企业上，推动科技、金融、人才等生产要素协同投入实体经济企业，着力提高企业竞争力、改善企业发展外部条件，为经济转向高质量发展阶段奠定坚实的微观基础。今年以来，党中央、国务院和各级政府将发展壮大实体经济作为推进供给侧结构性改革的主要任务，在支持实体经济企业发展方面采取了一系列政策措施，出了不少真招实招硬招。一是制定实施《关于完善产权保护制度依法保护产权的意见》《关于营造企业家健康成长环境弘扬优秀企业家精神更好发挥企业家作用的意见》等重要文件，在全社会营造尊重企业家精神、平等保护各种所有制经济财产权的良好氛围。二是深化“放管服”改革，通过进一步清理和规范涉企收费、进一步削减工商登记前置审批事项、全面实施海关通关一体化等，为企业松绑减负，企业营商环境继续改善，我国在世界银行发布的全球各经济体营商环境的排名上升至78位。三是加大减税降费力度，全年减轻社会负担超万亿元。1～11月，规模以上工业企业每百元主营业务收入中的成本和费用同比各减少0.28元、0.22元。四是继续深化国有企业改革。公司制改革全面铺开，混合所有制改革取得重要突破，中国联通、东航物流、云南白药等一批中央和地方国企完成了混合所有制改革，企业活力显著增强。

在政府政策引导下，企业自身也主动适应经济发展环境变化，加大成本控制力度，通过兼并重组提升集中度、改善产品和服务质量等方式，企业经营质量和经济效益明显好转。1～11月份，全国规模以上工业企业实现利润总额68750亿元，同比增长21.9%，规模以上工业企业主营业务收入利润率为6.36%，同比提高0.54个百分点；中央企业实现营业收入23.6万亿元，同比增长14.3%，利润总额1.3253万亿元，同比增长17.2%，增速创近5年来的同期最好水平。企业杠杆率持续降低，11月末，规模以上工业企业资产负债率为55.8%，比上年同期下降0.5个百分点。

同时，也要清醒地看到，我国实体经济企业发展还面临着许多困难和问题，企业整体成本负担较重，营商环境有待改善，部分企业高负债、高库存运行，企业经营质量和效益不高、产品和服务质量短板问题依然突出。今年二季度开始，民间投资增长步伐再度走缓，需要引起高度关注。

2018年是贯彻落实党的十九大精神的开局之年和决胜全面建成小康社会、实施“十三五”规划承上启下的关键一年，也将迎来改革开放40周年。做好明年的经济工作，最根本的还是全面贯彻党的十九大精神，以习近平新时代中国特色社会主义经济思想为指导，按照高质量发展的要求，牢牢抓住供给侧结构性改革这条主线，努力在做强做优做大实体经济方面取得新进展。一是降低实体经济企业成本。在减税降费、降低要素成本和物流成本、降低各类交易成本尤其是制度性交易成本等方面综合施策，切实降低企业负担。引导企业通过增强核心能力、推进智能化改造、创新商业模式等多种途径提高效率，以应对综合成本上升的压力。二是建立规范公平的竞争环境。全面实施市场准入负面清单制度，深化商事制度改革，建立有力的市场监管制度、有效的知识产权保护制度，打破行政性垄断，防止市场垄断。三是深化国有企业改革。完善各类国有资产管理体制，加快国有经济布局优化、结构调整、战略性重组，积极发展混合所有制经济，推动国有资本做强做优做大。四是着力构建市场机制有效、微观主体有活力、宏观调控有度的经济体制。通过深化改革，优化要素配置，加强和改善宏观调控，激发各类市场主体特别是企业的活力。

企业家是发展壮大实体经济的主力军，要通过完善制度机制，构建亲清政商关系，保护和激发企业家的创造性和能动性，支持企业家积极投身实体经济发展，培育更多具有全球竞争力的世界一流企业。衷心希望各位企业家顺势笃行、砥砺奋进、再创辉煌，为决胜全面建成小康社会、夺取新时代中国特色社会主义伟大胜利作出新贡献！

是为序。

李伟

国务院发展研究中心主任

目录 Contents

前言

Foreword

每年的这个时候，我们都要写这本《中国企业发展报告》；每年的这个时候，我们都要认真思考在即将过去的一年里国家发生了哪些大事、要事；每年的这个时候，我们都要全面盘点各类企业一年来的进步与发展、机遇与挑战、困难与问题、方向与出路。这是我们的工作，也是我们的责任。国务院发展研究中心企业研究所是专门研究企业改革与发展政策的决策咨询机构，既要为国家服务，也要为企业服务。

2017 年是实施“十三五”规划的重要一年，是供给侧结构性改革的深化之年。今年以来，全球经济延续复苏态势，主要经济体需求回升，市场预期改善，出口明显止降回升，企业利润有所改善。我国抓住有利时机不断深化供给侧结构性改革，坚定不移推进“三去一降一补”，改造提升传统动能，大力培育发展新动能，振兴实体经济，防范金融风险，经济保持中高速增长，并不断迈向中高端水平，预计全年经济增长速度为 6.8% 左右。

深化供给侧结构性改革，需要改善企业发展环境，激发企业活力，不断增加有效供给，提升经济发展的整体质量。2017 年我国在优化企业发展环境方面不遗余力，一些重点工作可圈可点：一是营造企业家健康成长环境，弘扬企业家精神。中共中央、国务院于 9 月发布的《关于营造企业家健康成长环境弘扬优秀企业家精神更好发挥企业家作用的意见》，文件将“依法保护企业家合法权益的法治环境”作为重中之重，要依法保护企业家财产权、创新权益、自主经营权。同时，还提出要构建“亲”“清”的政商关系、扩大企业家的社会参与、鼓励企业家创新和包容企业家失误。随着文件的落实，一方面必将进一步激发企业家的创业创新精神，另一方面也将提升社会公众对企业家的认识。

二是大力推进降成本工作。国家发改委、工信部、财政部、人民银行联合发文，提出从降低税费负担、降低融资成本、降低制度性交易成本、降低人工成本、降低用能用地成本、降低物流成本、提高资金周转效率、引导企业内部挖潜等八个方面降低成本。降低融资成本包括加大金融对实体经济的支持力度、深化多层次资本市场改革扩大直接融资比例、发挥政府投资的担保机构作用三方面措施。降低税费负担包括全面推开营改增试点政策、进一步减轻企业税收负担、清理规范政府性基金和行政事业性收费、大幅减少涉企经营服务性收费、加强收费监督检查等措施。三是继续优化营商环境。国家有关部门贯彻“放管服”改革部署，推动简政放权向纵深发展，继续大力削减市场准入前置和后置审批事项，在简化“照”的基础上，减少和整合各种“证”，努力解决“准入不准营”的问题。一些地方开展部门信息共享和业务协同，建设信息共享交换平台，实现申请材料“一次提交、部门流转、一档管理”，让“数据多跑路，群众少跑路”，大幅缩短行政审批的周期。四是加强环境监管。一场发端于京津冀的环保风暴开始席卷全国，据环保部7月份的通报，截至6月底，京津冀及周边地区28个城市已核查出“散乱污”企业17.6万家，对无法升级改造达标排放的企业，要求9月底前一律关闭。环保部组织102个工作组进驻京津冀区域“2+26”城市所属县区，强化大气攻坚督查、巡查、量化问责和信息公开。2017年的环保风暴推动了中国企业的转型，过去那种靠破坏资源和环境、靠偷漏税、靠低工资和拖欠社保的低成本竞争方式已经过去，污染型企业的退出为环保型企业腾出了发展空间，提升了整个经济的绿色化水平，大幅改进人民群众的生活和工作环境。

把握发展大势，才能坚定发展信心。十九大报告指出，我国经济已由高速增长阶段转向高质量发展阶段，正处在转变发展方式、优化经济结构、转换增长动力的攻关期。要着力构建市场机制有效、微观主体有活力、宏观调控有度的经济体制，不断增强我国经济创新力和竞争力。市场机制有效，关键是科学厘清市场和政府的边界，建立统一开放、竞争有序的市场体系，让微观经济主体通过充分竞争实现优胜劣汰；微观主体有活力，需要完善产权制度、企业制度和市场环境，实现产权保护有力、企业治理有效、要素自由流动、市场公平竞争；宏观调控有度，则需要更好地发挥政府的作用，通过推进放管服改革，进一步还权于市场，积极提升市场的效率，把重心放在强化规范市场秩序上。随着中央的各项部署的落实，我国企业将面临前所未有的重大发展机遇，企业将迎来更加良好的发展环境，那些致力于改革和创新的企业将成为新时期的市场领导者。

国务院发展研究中心企业研究所长期跟踪研究中国企业发展的新环境、新进展，《中国企业发展报告2018》是国务院发展研究中心企业研究所对2017年中国企业发展状况的总结和对2018年中国企业发展趋势的判断。《报告》坚持“用事实说话、对历史负责、对未来预判”的指导方针，立足于客观、具体、准确的数据和调查，力求能够较为全面、真实地反映过去一年来中国企业发展与改革的新情况、新特点、新问题、新挑战，能够较为深入、准确地分析即将来临的一年可能面临的新形势、新趋势、新机遇，以便为政府的政策和企业的发展战略提供参考。

《报告》包括“中国企业发展环境：2017年回顾与2018年展望”“工业企业总体形势”“国有企业改革与发展”“中小企业发展”“企业跨境投资”“行业与企业创新：以集成电路为例”“中国制造业上市企业创新能力评价”和“中国企业家调查”共八章。其中，第一章由贾涛撰写；第二章由周健奇撰写；第三章由梅雄、陈倩、项安波撰写；第四章由许春燕、王继承、董炜撰写；第五章由马晓白、何琳、王晓宇撰写；第六章由陈小洪、马骏、马淑萍、周健奇、石光、亓长东、马源、马晓白等撰写；第七章由周健奇、马淑萍撰写；第八章由李兰等撰写。

由于时间紧、任务重，《报告》难免存在不少缺点甚至出现谬误，我们诚恳地希望各位读者批评指正。

马骏

2017年12月

第一章　企业发展环境：2017 年回顾与 2018 年展望

1.1　2017 年企业发展环境回顾

回顾刚刚过去的 2017 年，全球经济风云激荡。虽然各国经济表现有所不同，但整体上世界经济基本上呈现出同步复苏的态势。胜利召开了中共十九大的中国，2017 年的经济表现尤为亮眼，联合国的报告认为 2017 年中国对全球经济增长的贡献约占三分之一。可以说是，“全球同此暖热，中国风景尤好”。

放眼国内，2017 年，中国经济稳中有进，不仅传统经济元素稳中向好，而且新经济元素涌现出颇多亮点，呈现出新旧动能逐渐转换的良好态势。中国经济正大步迈向“高质量”发展。

1.1.1　2017 年全球经济增长势头同步加强

2017 年全球范围内经济增长势头同步加强，无论是发达经济体，还是新兴经济体，其经济形势都有不同程度的改善。

（1）2017 年世界经济增长料为近 7 年来最快

随着发达经济体和新兴经济体经济形势改善，各国际组织对 2017 年的全球经济增长都给予了积极的评价。

2017 年 11 月 28 日发布的《OECD 经济展望（2017 年 11 月）》（OECD Economic Outlook（November 2017）），将 2017 年全球经济增速预期由 3.5% 上调至 3.6%，为近 7 年最快增速。

当地时间 2017 年 12 月 11 日，联合国在纽约总部发布了《2018 年世界经济形势与展望》。报告指出，2017 年全球经济增长速度达到 3%，较 2016 年仅 2.4% 的增长率有大幅提升，是自 2011 年以来的最快增长。全球约有 2/3 的国家 2017 年的增长速度高于上一年，这种改善是一种普遍现象。

从 OECD 对 2017 年的世界经济预测数据来看，无论是全球 GDP 增速、还是失业率、通胀率、世界贸易实际增速，数字与前两年相比都出现了明显好转。

表 1.1　　OECD 对 2017 年全球经济的预测

GDP 实际增长率	2005～2014 年平均增速（%）	2015（%）	2016（%）	2017 预计（%）
全球	3.8	3.3	3.1	3.6
OECD 国家	1.5	2.4	1.8	2.4
非 OECD 国家	6.2	4.0	4.1	4.6
失业率	7.2	6.8	6.3	5.8
通胀率	2.0	0.8	1.1	1.9
世界贸易实际增长率	4.7	2.7	2.6	4.8

资料来源：《OECD Economic Outlook 102 database》，2017 年 11 月。

前些年被业界经常用来作为世界经济晴雨表的波罗的海干散货指数（Baltic Dry Index，缩写为 BDI）①，2017 年呈现出明显的复苏态势，一路震荡上扬，至 12 月，BDI 指数曾一举突破 1700 点，为四年来重上 1700 点，显示了全球贸易和经济的改善。而在 2016 年初，BDI 指数曾跌破 300 点。

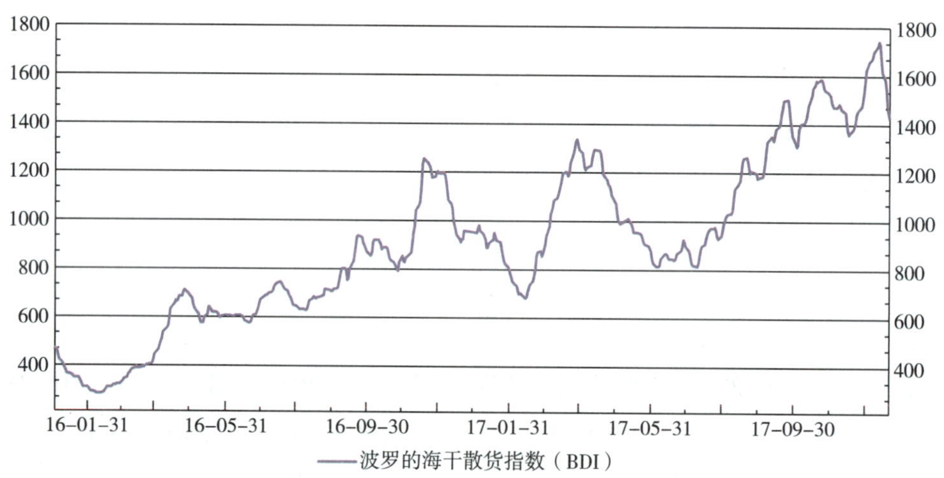

图 1.1　2016～2017 年 BDI 指数图

数据来源：Wind 资讯。

从摩根大通的全球 PMI 指数来看，2016～2017 年，也呈现出上升态势，且稳定在 50 的荣枯线以上。

① 波罗的海干散货指数（Baltic Dry Index，缩写 BDI），是航运业的经济指标，是由波罗的海航交所发布的，它包含了航运业的干散货交易量的转变。BDI 指数是散装原物料的运费指数，散装船运以运输钢材、纸浆、谷物、煤、矿砂、磷矿石、铝矾土等民生物资及工业原料为主。

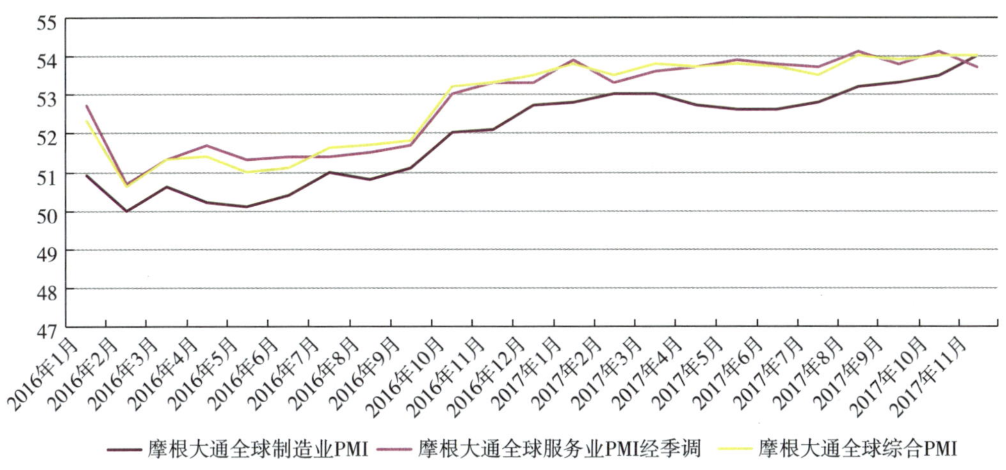

图 1.2　摩根大通的全球 PMI 指数状况

那么，2017 年的全球经济为何复苏？原因是多方面的，尤其是全球范围内商业信心的增强和商业活动的活跃。世界大型企业联合会（The Conference Board）执行副总裁、首席经济学家及首席战略官巴特·范·阿克认为，2017 年最重要的事就是没有一件独立事件对世界经济造成重大影响。世界经济在多个领域都有复苏趋势，包括消费、投资、出口，甚至近几年一直表现平庸的生产效率也在某些领域有所提升。最为关键的是，全球范围内商业信心持续增强，这不仅有助于促进投资，也促进生产效率的提高。因为企业已经开始通过在数字资产和服务方面加大投入来推动创新，从而促进生产效率的提高。[①]《OECD 经济展望》报告的信心指数图也说明了这一点（如图 1.3 所示）。

（2）各国经济增长仍不均衡

自 2008 年国际金融危机以来，发达经济体的经济增速在波动中逐渐有所复苏。美国、日本、欧元区作为发达经济体的主要代表，近两年来复苏态势亦逐渐稳固。如图 1.4、图 1.5 所示。

从发达国家十分看重的就业率水平来看，OECD 国家、美国、欧元区和日本，其 15～74 岁人口的就业率近年来稳步上升，都已经恢复至 2008 年金融危机之前的水平（如图 1.6 所示）。

① 李高超："全球经济终于摆脱危机束缚"，《国际商报》，2017 年 12 月 19 日。

图 1.3 十余年来全球消费者信心指数和商务信心指数状况

资料来源：《OECD Economic Outlook 102 database》，2017 年 11 月（指数基于 OECD 成员国和巴西、中国、印度、印尼、俄罗斯和南非计算）。

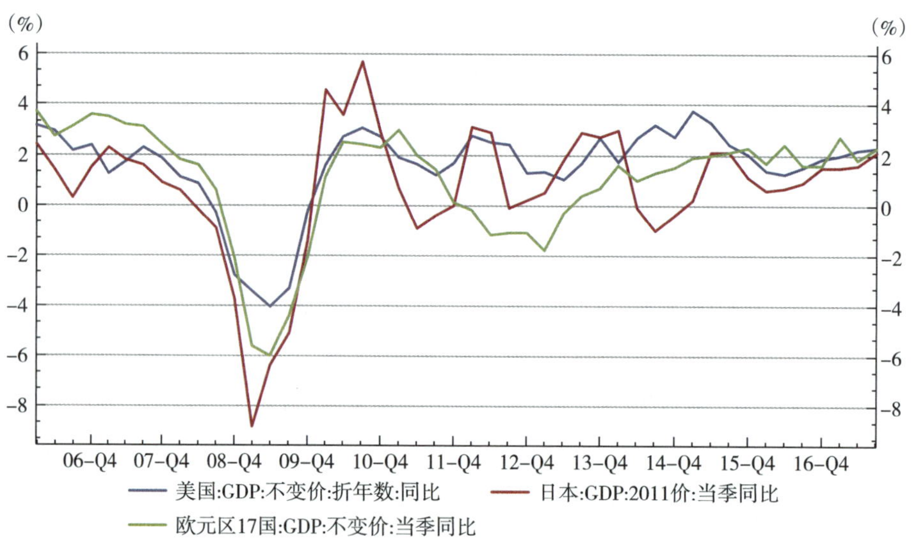

图 1.4 美国、日本和欧元区 2006 ~ 2017 年的 GDP 季度同比增速

数据来源：Wind 资讯。

美国作为世界最大经济体，2017 年的季度 GDP 增速持续向好，表现强劲，1 ~ 3 季度 GDP 同比增长分别为 2%、2.2%、2.3%。其失业率从金融危机爆发后的 10% 一路下降，到 2017 年 10 月、11 月，已经降至 4.1%，好于 2008 年金融危机之前的水平，并一举回到 17 年前的低位，可以说基本已经达到充分就业状态（如图 1.7 所示）。

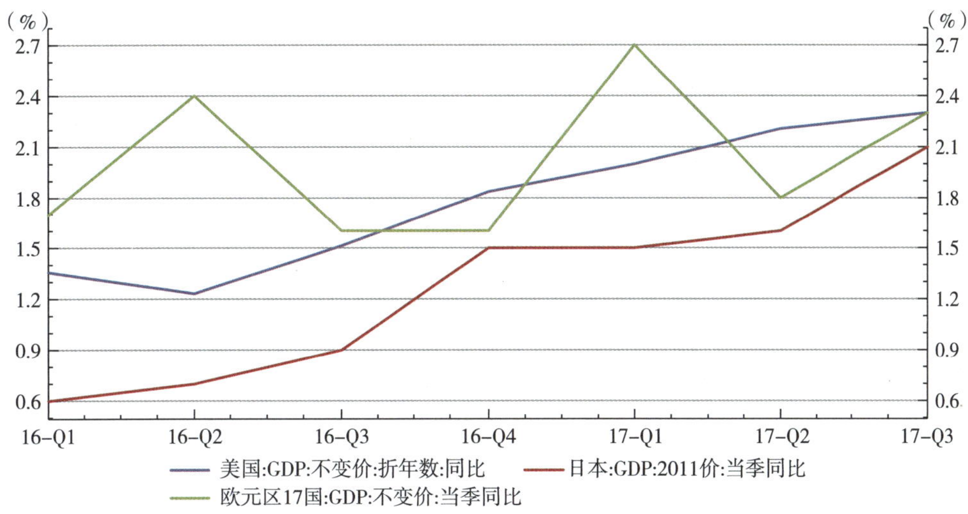

图 1.5　美国、日本和欧元区 2016～2017 年的 GDP 季度同比增速

数据来源：Wind 资讯。

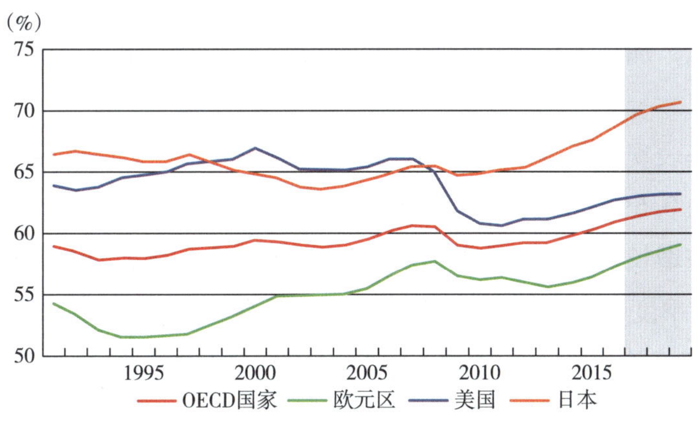

图 1.6　15～74 岁人口的就业率水平

资料来源：《OECD Economic Outlook 102 database》，2017 年 11 月。

再看日本。安倍 2012 年底执政以来，经济政策层出不穷，从“三支箭”到“新三支箭”、从“一亿人总活跃”到“生产力革命、人才培养革命”，口号逐年花样翻新。但在某种程度上，安倍政权的稳定性实际上间接证明了安倍经济学的成功。这两年日本经济搭乘世界经济的复苏列车有所回升，在外需强劲的推动下，日本经济截至 2017 年三季度，已经实现连续 7 个季度的正增长，复苏延续。2017 年 1～3 季度 GDP 同比增长分别为 1.5%、1.6%、2.1%。然而，

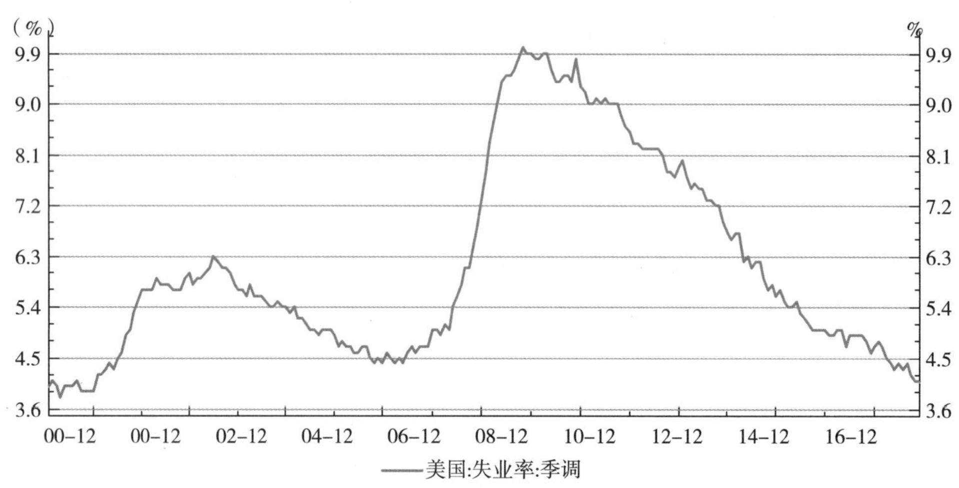

图 1.7　美国 2000～2017 年失业率状况（月度数据）

数据来源：Wind 资讯。

日本国内经济虽略有起色，但国内市场饱和难以唤起新需求，创新能力弱化、产业效率偏低，加之人口老龄化带来的社会负担加重，日本经济的后劲仍然令人担忧。

欧洲经济表现也不错。欧盟统计局公布的 2017 年 3 季度 GDP 第二次估计值，环比增长 0.6%，同比增长 2.5%，与首次估计值一致。分国家看，德国和西班牙经济增长强劲，3 季度 GDP 环比均增长 0.8%；法国和意大利增长亦表现不错，3 季度 GDP 环比均增长 0.5%。连曾经债务危机深重的"差等生"希腊，2017 年经济也获得了正增长，据 OECD 研究预计将达到 1.4%，而 2015 年和 2016 年分别为 -0.3% 和 -0.2%。在 2017 年 12 月 19 日的希腊议会表决中，2018 年预算案以 153 票支持、144 票反对的结果获得通过。预算案预测，希腊 2018 年的经济增长率将从 2017 年的 1.6% 提高到 2.5%，基本财政盈余将从 2017 年占国内生产总值的 2.4% 增加到 3.8%。这些预测均高于该国 2015 年签署第三轮救助协议时确定的目标。

而对于英国，2017 年英国经济成长比欧洲其他主要经济体要缓慢，恐因通胀上升令消费者受到冲击；而通胀上涨主要是因 2016 年英国退欧公投后英镑汇率下跌所致。英国"脱欧"的冲击仍有待进一步观察，但已经带来了英国国内对于伦敦未来金融地位的担忧，英国经济可能面临重大打击。据英国

《卫报》报道，英国银行业已致信英国首相特雷莎·梅和财政大臣菲利普·哈蒙德，呼吁将金融业条款置于“脱欧”谈判的核心地位；警告称在英国“脱欧”之后，如果仅是建立与欧盟和加拿大之间类似的自由贸易协定是远远不够的，同时，在金融领域与欧盟条款保持一致性至关重要。

面对已有的经济表现与数据，2017 年 11 月，OECD 在其《OECD 经济展望》（OECD Economic Outlook（November 2017））中，将 2017 年美国经济增速预期由 2.1% 上调至 2.2%；将 2017 年欧元区经济增速预期由 2.1% 上调至 2.4%；将 2017 年英国经济增速预期由 1.6% 下调至 1.5%；将 2017 年日本经济增速预期由 1.6% 下调至 1.5%。对于 OECD 成员国整体（常常被称之为发达国家俱乐部），OECD 预计 2017 年其增速为 2.4%，显著高于 2016 年的 1.8%。

而对于非 OECD 国家，OECD 预测 2017 年非 OECD 国家整体增长 4.6%，比 2016 年的 4.1% 加快 0.5 个百分点。对于“金砖五国”，OECD 预测 2017 年中国 GDP 的实际增长率可以达到 6.8%；印度 2017 年 GDP 增长率为 6.7%；巴西和俄罗斯结束负增长，2017 年 GDP 增速有望分别为 0.7% 和 1.9%；南非 2017 年 GDP 增速则有望从 2016 年 0.3% 恢复至 2017 年的 0.7%。

表 1.2　OECD 对主要经济体的 2017 年经济增速的预测

GDP 实际增长率	2015（%）	2016（%）	2017 预计（%）
全球	3.3	3.1	3.6
OECD 国家	2.4	1.8	2.4
美国	2.9	1.5	2.2
欧元区	1.5	1.8	2.4
日本	1.1	1.0	1.5
英国	2.3	1.8	1.5
非 OECD 国家	4.0	4.1	4.6
中国	6.9	6.7	6.8
印度	8.0	7.1	6.7
巴西	-3.8	-3.6	0.7
俄罗斯	-2.8	-0.2	1.9
南非	1.3	0.3	0.7

资料来源：《OECD Economic Outlook 102 database》，2017 年 11 月。

联合国发布的《2018 年世界经济形势与展望》报告也给出了类似的结论。该报告指出，东亚和南亚仍将是世界上最具经济活力和增长速度最快的区域。2017 年东亚和南亚经济增长占到全球近一半，区域 GDP 增长为 6.0%，高于世界其他区域。仅中国对全球经济增长的贡献就约占 1/3。报告认为，中国 2017 年的经济增长将达到 6.8%，标志着 6 年内第一次年增长速度加快。报告还说，尽管东亚和南亚仍是全球最具活力的地区，但近期经济增长的加速主要是因为若干发达经济体增长较为强劲。同时，经济状况的改善在不同国家和地区不均衡。阿根廷、巴西、尼日利亚和俄罗斯联邦经济衰退的结束也为 2016 年至 2017 年期间全球增长率的提高作出了贡献。

值得关注的是 2017 年俄罗斯经济已经走出停滞状态。自西方国家对俄罗斯实施制裁以来，俄决定禁止或限制从部分西方国家进口农产品，并大力在农业领域推行“进口替代”政策。俄罗斯狠抓农业生产，粮食产量恢复至苏联时期的高峰。普京曾宣布，2016 年俄罗斯食品出口额已超过俄罗斯武器出口。据咨询机构 SovEcon 公司发布的报告称，2017 年俄罗斯的谷物产量可能达到 1.343 亿吨，有望创历史新高。俄罗斯农业的复兴只是俄罗斯经济增长的一个代表。最新公布的经济数据显示，2017 年俄罗斯走出持续两年的衰退“泥潭”几无悬念。2017 年 11 月下旬，俄罗斯联邦经济发展部公布了俄罗斯经济在 2017 年前 9 个月里的增长率为 1.8%。欧洲复兴发展银行预计俄罗斯 2017 年 GDP 的增长率为 1.2% ~1.8%。截至 10 月底，俄罗斯卢布对美元的汇率为 57.87∶1，维持了 9 月底的汇率水平。俄联邦经济发展部给出了全年平均汇率为 59.4∶1 的预测。卢布贬值的中期趋势是有利于俄罗斯工农业产品的出口和吸引外国投资。与此同时，国际石油价格也从 56 美元涨到 61 美元/桶，相当于增长了 9%。这意味着在汇率维稳的情况下，俄的出口收益还有额外的增加。因此，俄罗斯金融部门预估 2017 年的财政赤字将从 3.2% 下降到 2%，而到 2019 年财政赤字将为零。总体上，世界银行认为，得益于石油价格的增长和宏观经济的稳定，2017 年俄罗斯经济会好转、适度稳步增长；预测 2017 年和 2018 年俄罗斯国内生产总值增长水平为 1.7%，2019 年为 1.8%。俄罗斯国内消费需求的回温和出口的增加也会促进俄罗斯经济的复苏。

在看到各国经济纷纷复苏的同时，我们仍要保持一份清醒。国际货币基金组织在其 2017 年 10 月的《世界经济展望》中认为：十年以来，这是第一次有这么多国家的经济增长都在提速——按购买力平价 GDP 来看，这些国家占到世界经济的 75%。但这意味着余下的 25% 对全球增长形成了拖累，而这也是政治动荡的潜在来源。新兴和低收入大宗商品出口国（特别是能源出口国）依然在挣扎之中。一些经历国内战乱或政治动荡的国家也是如此，他们主要集中在中东、北非、撒哈拉以南非洲和拉丁美洲。

应该说，国际货币基金组织的判断是富有远见的。2017 年 11～12 月，国际局部动荡不断：沙特国内突然大规模反腐抓捕数百名王子和达官显贵，引发国际油市波动；委内瑞拉出现债务违约，经济仍然深陷债务泥潭，也给未来的国际石油市场增添了更多的不确定性；津巴布韦爆发军事政变，引起国内政局动荡……在这个充满变数的世界中，尽管全球经济出现同步复苏的态势，我们仍要为可能到来的局部政治动荡和经济波动做好准备。

（3）全球大宗商品价格显著回升

2017 年，全球经济的好转与大宗商品价格的回升相辅相成。不仅国际原油价格（布伦特原油）在 2017 年 12 月站上了每桶 60 美元大关，而且 2017 年全球矿业市场也开启了新的发展周期。需求端超预期增长和供给端制约增多，致多数商品短缺加剧，支撑市场价格迎来普涨，并带动矿业公司经营显著改善和资本市场信心回升。同期，矿业公司对待投资趋于乐观，全球勘探投入触底反弹[①]。

①2017 年国际原油价格反弹。

影响国际大宗商品价格的核心因素就是供求，原油也不例外。2017 年国际原油价格的反弹，其核心就是供给约束和需求回升。一方面，产油国达成原油减产协议并进行了较好的执行：2016 年年底，欧佩克和俄罗斯等 11 个非欧佩克产油国达成原油减产协议，按照协议，从 2017 年 1 月起的 6 个月内，欧佩克和非欧佩克产油国日均共减产约 180 万桶原油，以缓解市场供过于求状况；2017 年 5 月，欧佩克与非欧佩克产油国决定将原油减产协议延长 9 个月；

① 王之泉：《全球矿业形势回顾与 2018 年展望》，五矿经济研究院，2017 年 12 月。

在减产执行率方面，在2016年岁末各大机构纷纷不太看好减产协议的执行，但2017年各国的表现让人惊讶，虽然数据来源、统计口径和月度情况有所不同，但基本可以肯定，2017年原油减产协议执行率在85%～90%以上，好于以往的减产协议执行情况。另一方面，全球经济出现基本同步复苏态势，使得原油需求有所回升。

因此，总体上2017年国际原油价格反弹。从2016年1月份跌破每桶30美元到2017年底回升到每桶60美元左右（如图1.8、图1.9所示）。

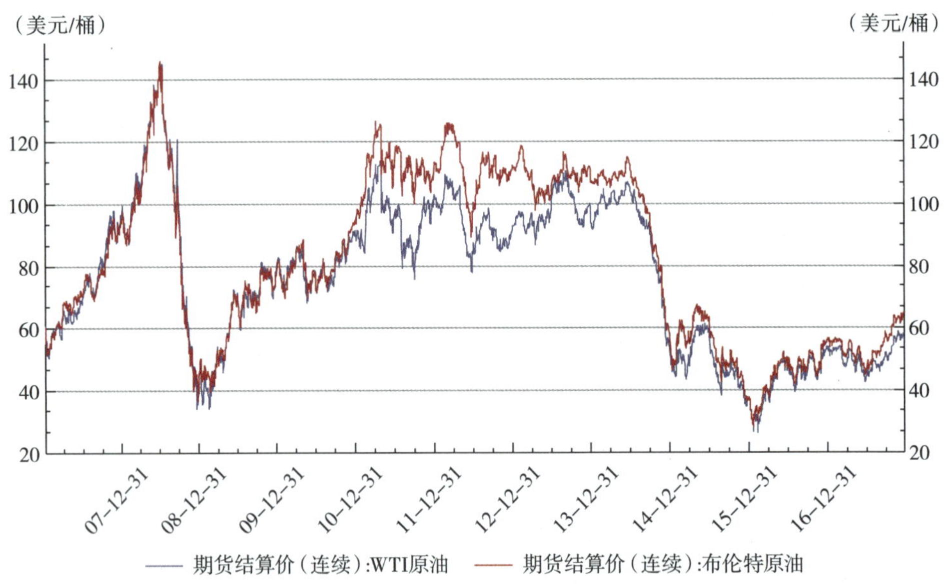

图1.8　2007年以来WTI原油和布伦特原油期货结算价

数据来源：Wind资讯。

2016年WTI和布伦特原油期货价格的高点基本到2016年年末才摸到每桶55美元附近，而到2017年四季度，WTI和布伦特原油期货价格显著抬升，到12月，布伦特原油上摸到65美元，WTI原油上摸至接近60美元。截至2017年12月22日，WTI 2月原油期货报58.47美元/桶，布伦特2月原油期货报65.25美元/桶。

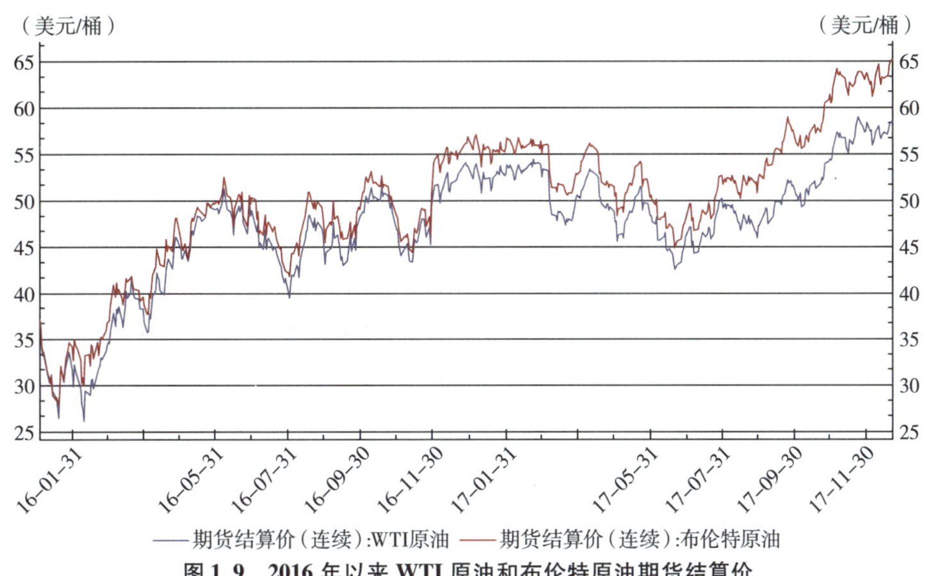

图 1.9　2016 年以来 WTI 原油和布伦特原油期货结算价

数据来源：Wind 资讯。

②矿冶市场供需两旺，中国因素影响不减①。

从供给来看，供给总体偏紧。随着大型矿山资源枯竭、品位下降，以及过去多年投资不足导致接续项目缺乏，一些产品出现断崖式供应紧张局面。同时，中国供给侧改革政策持续强化，对国内金属矿产品供应形成刚性制约，并对全球市场形成冲击。此外，过去一年全球矿山生产端冲击不断，工人罢工、政府矿业投资新政、地区环保升级等扰动生产因素显著增多，也导致全球供给端紧张进一步升级。在价格稳步回升的刺激下，2017 年以来全球多数金属品种的产量增长均有所加快。国际金属统计局（WBMS）的统计数据显示，2017 年前三季度累计，在纳入观察的主要金属及矿产品中，仅有镍和银（矿产）的产量同比出现下降，锌产量基本持平，铜和金（矿产）产量略有增长，而铅、钼（矿产）及锡产量增长明显。此外，前三季度四大铁矿生产商（VALE、BHP、RIO、FMG）合计铁矿石产量为 8.01 亿吨（超过全球产量的一半），较 2016 年同期增长 1.82%。就国内供给而言，国家统计局数据显示，前 10 个月累计，国内十种有色金属合计产量达到 4521 万吨，同比增长 3.4%；

① 2017 年全球矿业的情况主要参考引用了王之泉：《全球矿业形势回顾与 2018 年展望》，五矿经济研究院，2017 年 12 月。

铁矿石累计产量为 10.82 亿吨（原矿），同比增长 6.0%；粗钢累计产量为 7.095 亿吨，同比增长 6.1%。

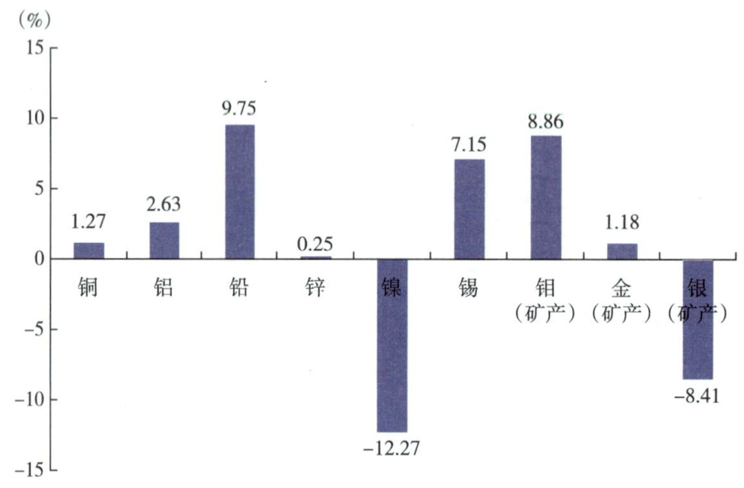

图 1.10　2017 年前三季度累计全球主要金属及矿产产量同比变化

数据来源：WMS，五矿经济研究院。

从需求来看。在全球经济复苏加快和中国经济阶段性企稳的支撑下，2017 年全球多数金属品种的消费量稳步增加。国际金属统计局统计数据显示，2017 年前三季度累计，全球铅、铝和锌、铜的消费量较 2016 年同期均有不同程度增加，仅有镍和锡的消费量则出现一定程度下降。此外，世界钢铁协会数据显示，前 10 个月累计，全球铁矿石需求量同比增长 1.35%，其中中国铁矿石需求量同比增长2.54%。就国内基本金属需求而言，前三季度累计，铝、铅需求增长较为明显，铜、锌需求基本维持不变，而镍、锡需求萎缩较为突出。可见，2017 年中国铜、铝、铅和铁矿四个品种需求强于全球市场，而锌、镍、锡需求表现则相对较弱。

不过，需要注意的是，从季度变化来看，无论是国际还是国内，下半年之后主要产品的需求、供给增长势头均有所弱化。

在供给偏紧、需求拉动的情况下，商品价格普遍大涨，锌钴表现最为强势。自 2016 年四季度开始，国际市场金属矿产价格全线触底反弹。进入 2017 年，主要产品价格继续震荡走高，并成为推动全球大宗商品价格上涨的主力。截至 11 月末，CRB 现货综合价格指数年内累计上涨 1.5%，其中金属价格指

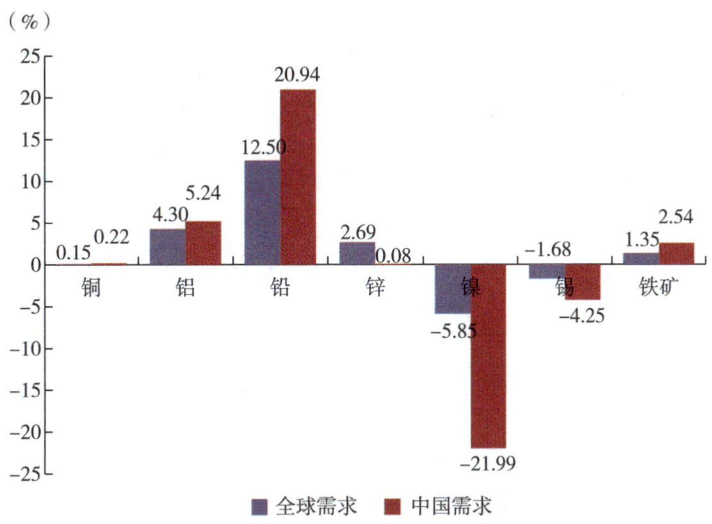

图 1.11　2017 年前三季度累计全球主要金属及矿产需求同比变化

数据来源：WMS、世界钢铁协会，五矿经济研究院。

数涨幅达到 8.89%；而从均值来看，前 11 个月 CRB 现货综合价格均值较 2016 年均价上涨 6.95%，其中金属价格指数均值涨幅高达 25.55%。此外，三季度全球大宗商品价格总体有所趋弱，而金属产品价格依旧保持强势，多个产品价格不断刷新过去三年来新高。不过，进入四季度之后，一些金属商品价格也开始震荡调整。

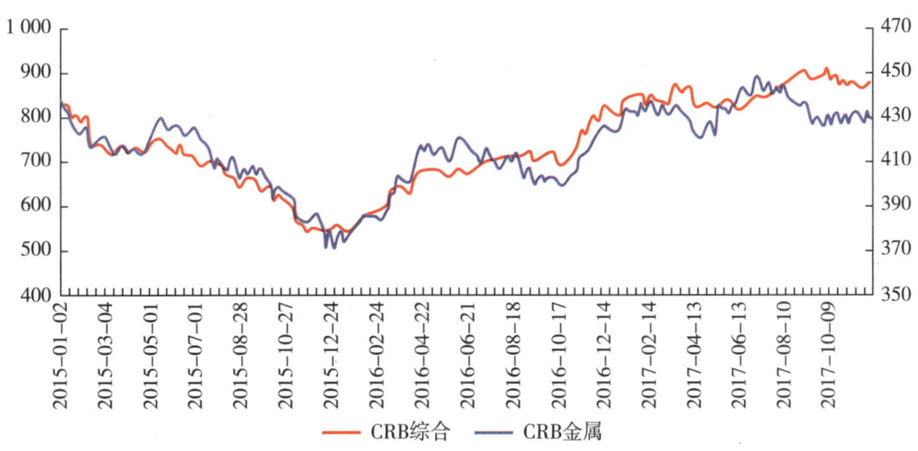

图 1.12　过去三年 CRB 综合及金属价格变化

数据来源：Wind，五矿经济研究院。

就主要大宗商品而言，铜、铝、锌、铅等金属年内累计涨幅均超过20%，镍、金的价格涨幅也均超过10%，仅有锡、铁矿石11月末价格较年初有所回落，但年内均价较去年全年均价涨幅分别为11.96%、21.91%。而无论是从均价涨幅还是年内涨幅来看，2017年至今铜、铝、锌、铅价格上扬都超过20%，绝对价格均回升至过去3~4年最高，是表现最为强势的品种。此外，在中国冶炼端“去产能”以及环保风暴、打击“地条钢”等政策推动下，2017年以来国内钢价持续走高，并带动国际市场上涨。中钢协及CRU数据显示，截至11月末，国内、国际钢材均价涨幅分别为41.26%、27.66%。目前，国内外钢价均维持在过去五年高位。

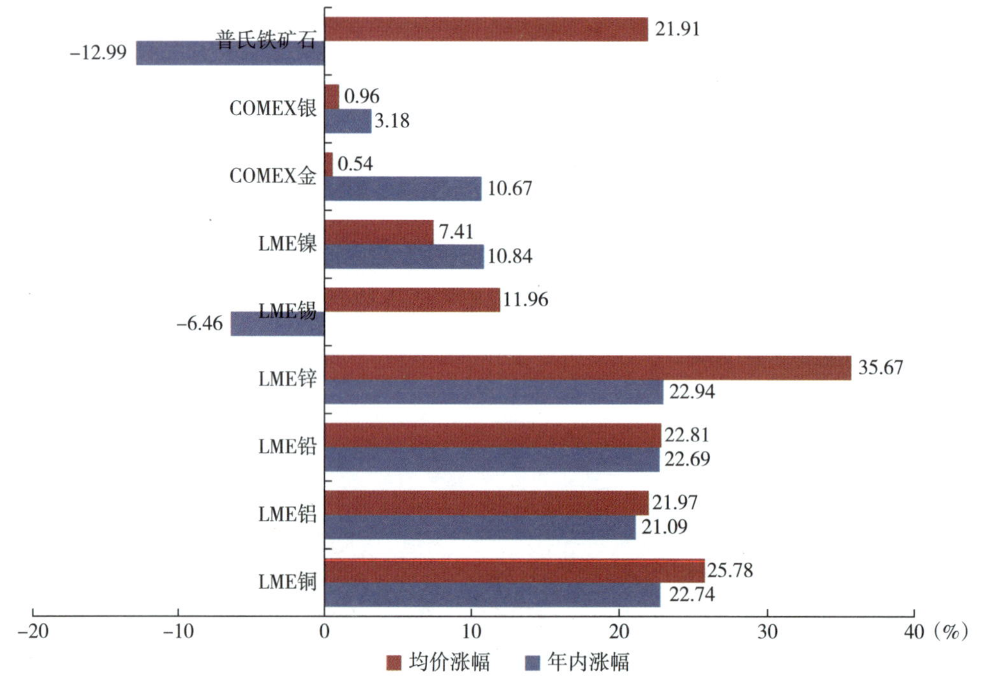

图1.13 截至2017年11月30日全球主要金属及矿产品价格变动

数据来源：Wind，五矿经济研究院。

此外，2017年，在新能源车大发展及良好预期的情况下，与新能源新材料有关的小金属品种价格也出现大幅上涨。其中，碳酸锂（上海）价格从2016年末的12.45万元/吨，到2017年11月末上涨到16.8万元/吨，涨幅接近40%；电解钴（上海）价格由26.8万元/吨涨至48.2万元/吨，涨幅接近

80%。此外，钨、稀土等品种 2017 年至今的价格涨幅也在 30% ~40% 左右，铬、钼金属价格涨幅相对较低，尽管电解锰 11 月末价格较 2016 年末出现大幅下降，但均价涨幅仍达到 7.34%。

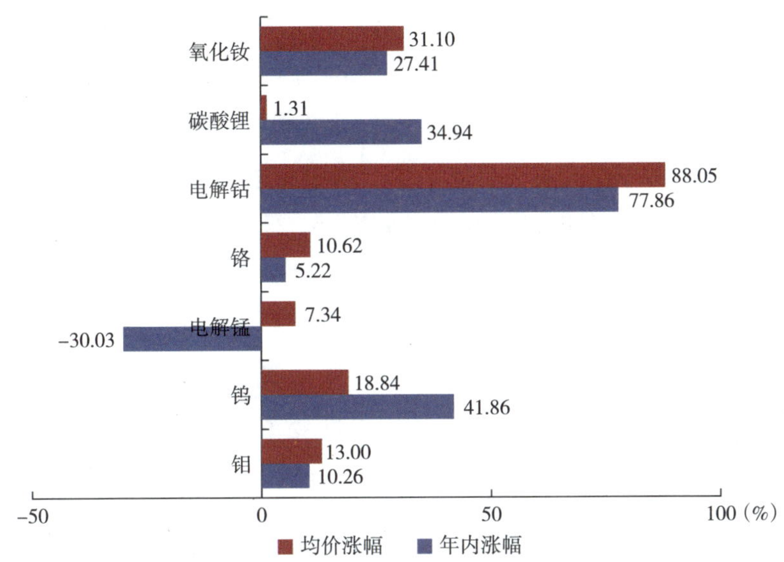

图 1.14 截至 2017 年 11 月 30 日国内主要小金属价格变动

数据来源：Wind，五矿经济研究院。

除供求关系影响外，包括特朗普上任总统之后带来的政策预期效应持续释放，能源价格反弹、人工价格刚性上涨、环保支出增多等因素导致企业资源开发成本抬升，美元指数从高位持续回落，以及国内外基金借势炒作等因素都对此轮商品价格的快速上涨有推动作用。

在商品价格回升、生产成本压缩、资产结构及管理优化等方面的支撑下，2017 年全球大部分矿业公司都实现扭亏为盈。上半年全球十大矿业公司合计净利润达到 164.9 亿美元，接近 2016 年全年的 80%。前三季度累计，十大矿业公司中已公布相关经营数据的六家企业合计净利润较 2016 年同期增长 74.4%，增速较上半年翻番，且规模超过 2016 年全年的净利润。考虑到四季度至今主要商品价格仍持续在高位震荡，预计 2017 年全球矿业公司将迎来久违的利润大爆发行情。

1.1.2 2017 年国内经济向好超出预期

2017 年对于中国而言，是不平凡的一年，经济发展取得了不错的成绩。正如习总书记 2017 年 12 月 6 日在党外人士座谈会上所说，“一年来，面对国内外形势的深刻复杂变化，中共中央审时度势、科学把握，统筹推进‘五位一体’总体布局、协调推进‘四个全面’战略布局，坚持以新发展理念为引领，坚持稳中求进工作总基调，积极推进‘十三五’规划实施，推进供给侧结构性改革，坚决打赢脱贫攻坚战，经济发展总体平稳、稳中有进，取得的成绩令人鼓舞。”

（1）国内经济稳中有进，呈现出良好态势

党的十八大以来，面对世界经济复苏乏力等外部环境，面对我国经济发展进入新常态等一系列深刻变化，以习近平同志为核心的党中央坚持稳中求进工作总基调，坚持新发展理念，审时度势、科学决策、真抓实干、迎难而上，推动我国经济发展取得历史性成就、发生历史性变革。经济实力再上新台阶，成为世界经济增长的主要动力源和稳定器。经济结构出现重大变革，推进供给侧结构性改革，促进供求平衡。经济体制改革持续推进，经济更具活力和韧性。

①中国经济总体平稳。

2017 年三季度的中国经济增速为 6.8%，这也是中国经济连续第九个季度保持在 6.7% ~6.9% 的运行区间内。前三季度，我国国内生产总值达到 59.3 万亿元，同比增长 6.9%。

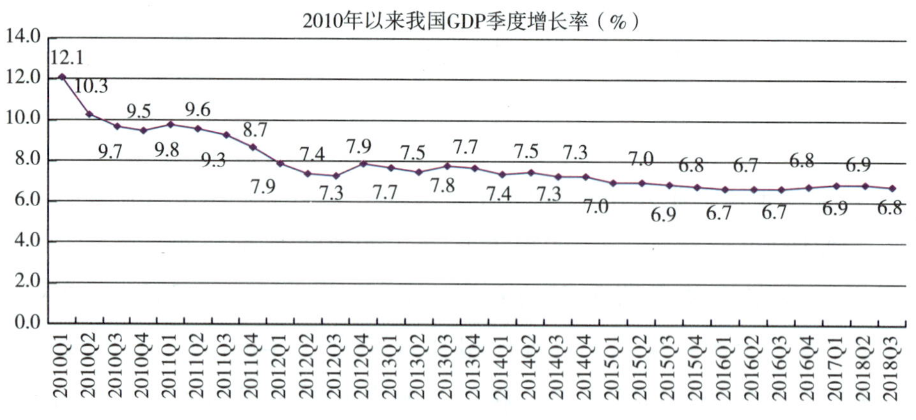

图 1.15 中国自 2010 年以来的 GDP 季度增长率

资料来源：国家统计局。

自 2017 年 9 月以来，世界银行、摩根大通银行、野村证券公司等国际机构纷纷修改了对 2017 年中国经济的预期报告，认为中国 2017 年的经济增长率应在 6.7% ~6.8% 之间。而根据 2017 年 3 月发布的政府工作报告，2017 年中国 GDP 预期增长目标为 6.5% 左右。

2017 年中国经济的平稳增长，不仅表现在 GDP 增速上，还表现在就业稳、收入稳、物价稳、消费稳等诸多方面。

就业稳。2017 年 1 ~ 11 月，全国城镇新增就业 1280 万人，同比增加 31 万人，再创历史新高；全国城镇调查失业率和 31 个大城市城镇调查失业率都保持在 4.9% 以下，创下近期低水平。

收入稳。前三季度全国居民人均可支配收入 19342 元，同比实际增长 7.5%，比 6.9% 的 GDP 增速高 0.6 个百分点，居民收入增速再次“跑赢” GDP 增速。

物价稳。2017 年 1 ~ 11 月，全国居民消费价格同比上涨 1.5%。

消费稳。2017 年 1 ~ 11 月，社会消费品零售总额 331528 亿元，同比增长 10.3%。

农业稳。我国粮食再获丰收，据国家统计局统计，2017 年全国粮食总产量为 12358 亿斤，同比增长 0.3%，为历史上第二高产年。

工业稳。1 ~ 11 月，全国规模以上工业增加值同比增长 6.6%；1 ~ 10 月，全国规模以上工业企业利润总额为 62450.8 亿元，同比增长 23.3%。

用电量稳。2017 年前 11 个月，我国全社会用电量约 5.7 万亿千瓦时，同比增长 6.5%，增速较 2016 年同期提高 1.5 个百分点。其中，一产、二产用电量同比分别增长 7.1% 和 5.5%，增速分别提高 1.9 和 2.9 个百分点。

进出口稳。1 ~ 11 月，我国进出口总额 251369 亿元，同比增长 15.6%；其中出口同比增长 11.6%，进口同比增长 20.9%。

国际收支稳。2017 年前三季度，我国国际收支口径的货物贸易顺差 3354 亿美元，经常账户顺差 1063 亿美元；至 11 月末，我国外汇储备规模为 31192.8 亿美元，连续 10 个月出现回升。

中国经济的平稳增长，也为世界经济做出了巨大贡献。党的十八大以来，中国 GDP 年均增速超过 7.2%，远高于同期世界 2.5% 和发展中经济体 4% 的平均增长水平，在世界主要国家中名列前茅。2017 年前三季度中国 GDP 增速 6.9%，不仅远高于欧美日等发达经济体，也超过了金砖伙伴。联合国日前发布的《2018 年世界经济形势与展望》认为，2017 年全球经济增长的 1/3 依仗中国。5 年来，中国对世界经济增长的年均贡献率达 30.2%，超过同期美国、欧元区和日本贡献的总和，2017 年中国经济总量占全球的比重达 15%，比 5 年前提高 3.5 个百分点。

②中国经济结构优化。

2017 年，中国经济的结构优化主要表现在以下几个方面[①]。

1）产业结构更优。2017 年前三季度，服务业增加值同比增长 7.8%，比第二产业快 1.5 个百分点，服务业对经济增长贡献率达 58.8%，比上年同期提高 0.3 个百分点。同时工业也继续向中高端迈进，工业领域当中，高技术制造业、装备制造业呈现加快增长的态势。截至 2017 年三季度，高技术制造业增加值占规模以上工业的比重已经达到了 12% 以上，装备制造业占工业比重达到了 32% 以上，可以说工业技术含量和发展水平在进一步提升。

2）需求结构更佳。2017 年前三季度，最终消费支出对经济增长的贡献率高达 64.5%，比上年同期提高 2.8 个百分点，比资本形成的贡献率高出 31.7 个百分点。拉动国民经济增长的“三驾马车”中，消费对拉动经济增长的贡献程度最高。消费对经济增长的“稳定器”和“压舱石”作用日益增强。

3）投资结构不断优化。2017 年 1 ~ 11 月，全国固定资产投资（不含农户）575057 亿元，同比增长 7.2%；其中高技术制造业投资同比增长 15.9%，高耗能制造业投资同比下降 2.3%。2017 年 11 月份，国家发展改革委共审批核准固定资产投资项目 16 个、总投资 720 亿元，主要集中在高技术、水利等领域。2017 年全年，全国新开工西部大开发重点工程 17 项，投资总规模达到 4941 亿元，重点投向西部地区铁路、公路、大型水利枢纽和能源等重大基础设施建设领域。

4）区域结构更优。2017 年，三大战略深入实施，四大板块良性互动，区域协同发展的效应在进一步增强。东部地区转型升级继续走在前列，新的动能

① 主要参考引用了 2017 年 12 月 17 ~ 21 日《人民日报》对 2017 年中国经济回顾的相关报道。

加快聚集；中西部地区承接了东部地区的产业转移和技术转移，后发优势突出，主要经济指标的增速快于全国。中部地区和西部地区前三季度的规模以上工业增加值增速分别比全国高 1.2 和 0.2 个百分点。固定资产投资增速，西部地区要快于全国 1.9 个百分点。前三季度，东北地区也出现了企稳向好的态势，工业增长 1.6%，去年同期下降 3.1%，已经实现了由负转正。

5）“三去一降一补”进展顺利。去产能加快推进，钢铁产能压减 5000 万吨、煤炭产能退出 1.5 亿吨的年度目标超额完成。去库存成效突出，截至 2017 年 11 月末，商品房待售面积同比下降 13.7%。去杠杆和降成本效果继续显现，10 月末，规上工业企业资产负债率为 55.7%，同比降低 0.5 个百分点；1～10 月，规上工业企业每百元主营业务收入中的成本为 85.46 元，同比减少 0.26 元。短板领域资金投入快速增长。1～11 月，生态保护和环境治理业投资同比增长 23.6%；公共设施管理业投资同比增长 23.3%；农业投资同比增长 16.6%。

相对而言，令各界比较担心的是全国固定资产投资增速和民间固定资产投资增速的下滑。但这也从另一个角度反映了中国经济正在转型。2017 年 1～11 月份，全国固定资产投资（不含农户）575057 亿元，同比增长 7.2%，民间固定资产投资 348143 亿元，同比增长 5.7%，民间固定资产投资占全国固定资产投资（不含农户）的比重为 60.5%。

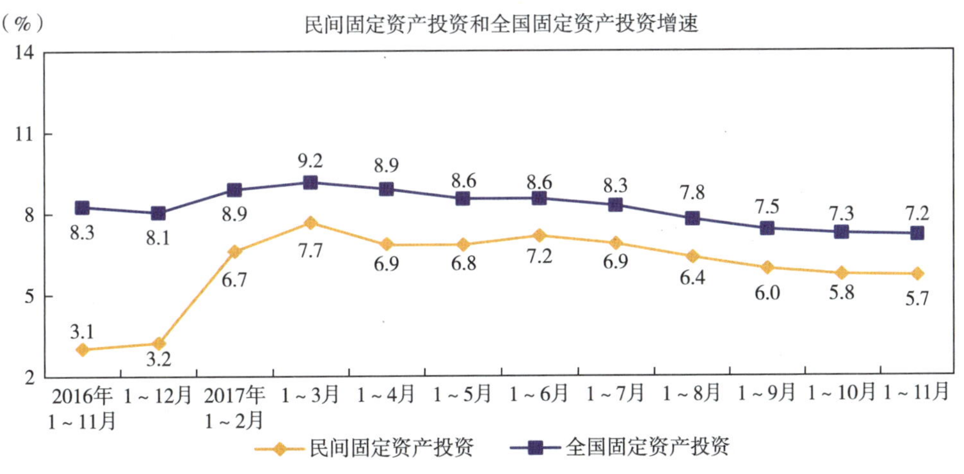

图 1.16　2016～2017 年我国固定资产投资增速

资料来源：国家统计局。

（2）新动能逐渐强劲，经济迈向高质量发展

2017年我国经济平稳发展、稳中有进的同时，我们应该看到，一些新经济、新动能的因素逐渐强劲，推动我国向高质量发展迈进。

①我国新能源快速发展。

目前，我国能源结构正由煤炭为主向多元化转变，能源发展动力正由传统能源增长向新能源增长转变，清洁低碳化进程加快，美丽中国的画卷正不断舒展。一是规模不断扩大。截至2017年11月底，我国风电装机1.6亿千瓦、光伏发电装机1.26亿千瓦、生物质发电装机0.15亿千瓦，同比分别增长11.8%、67.1%和23.6%。根据国际能源署发布的报告，2016年全球太阳能光伏产能新增50%，其中中国贡献过半。从可再生能源看，预计到2017年底，我国可再生能源发电并网装机可达到6.56亿千瓦，与2012年相比增长约110%，近5年年均增速约16%。二是结构继续优化。一方面，新能源开发正从资源集中地区向负荷集中地区推进。另一方面，新能源集中与分散发展并举的格局正逐步形成。三是利用水平提升。弃风弃光一直是新能源发展的“老大难”。2017年前三季度，弃风、弃光率分别为12%和5.6%，同比分别下降了6.7个百分点和3.8个百分点，新疆、甘肃等重点地区弃风率分别下降了12.1个百分点和10.5个百分点。新能源技术也在不断提升，相关人员表示，我国光伏发电效率原来大概在14%～16%，现在能达到16%～18%，好一点的甚至能达到20%左右[①]。

②中国正从“世界工厂”走向“创新孵化之地”[②]。

国家统计局2017年12月发布《2016年全国科技经费投入统计公报》显示，2016年我国研发经费投入总量达到15676.7亿元，比上年增长10.6%，再创历史新高。2017年12月7日对外发布的2016年中国创新指数测算结果显示，2016年中国创新指数为181.2，比上年增长5.7%，呈现稳步提升态势；技术市场成交合同金额首次突破万亿大关。

世界知识产权组织发布《世界知识产权指标》报告称，2016年，全球专利、商标和工业品外观设计申请量再创新高，中国受理的专利申请量超过了美

---

① 《新能源 为高质量发展添动力》，人民日报，2017年12月20日。

② 本小节主要参考引用了《从“世界工厂”到“创新孵化之地”》，人民日报，2017年12月19日。

国、日本、韩国和欧洲专利局的总和。世界知识产权组织表示，2016 年，世界各地的创新者提交了 310 万件专利申请，在新增的超过 24 万件专利申请中，中国受理的申请超过 23 万件，占总增量的 98%。从中国在全球专利申请增量中所占的比重，可以看出中国创新的发展趋势，中国正在逐步成为全球创新和品牌方面的一个引领者。

《时代》杂志法国版在文章《中国，技术创新的新成员》中指出，继“世界工厂”后，中国将成为“世界实验室”，成为技术创新的“孵化之地”。中国在世界研发领域里占有重要地位，创新占 GDP 的比重正在追赶欧洲，这些得益于中国政府支持建设研究中心、科技园区并完善保护创新的法律，积极构建国家创新体系。

③中国正热情拥抱数字经济。

当前，中国正热情拥抱数字经济。数字经济、平台经济、共享经济广泛渗透，共享单车等被外媒点赞的中国“新四大发明”[①] 正在改变着全球经济格局。

麦肯锡全球研究院院长撰文指出：中国政府对待数字经济的开放态度促进了数字化的发展，成功拥抱数字化技术的中国企业将在未来迎来更多机遇[②]。

麦肯锡全球研究院认为，中国的数字经济已经实现了长足发展。目前，中国拥有全球最大的电子商务市场。中国的云服务提供商在运算速度方面保持着世界纪录。全球“独角兽”企业中，约有 1/3 在中国。中国对于包括虚拟现实、自动驾驶、3D 打印、工业机器人、无人机、人工智能等下一代科技的风险投资位列全球前三。尤其在人工智能投资方面，中国位列世界第二，而且增长速度很快。麦肯锡全球研究院的研究还表明，自动化带来的生产效率提升，未来将每年给中国经济增速贡献 1.4 个百分点。

2017 年前 11 月，我国网上零售额同比增长 32.4%。“双 11”，中国人当日消费超 2900 亿元，平均每秒生成 9800 多个快递订单，再次刷新单日购物成交额的世界纪录。12 月 12 日凌晨，“口碑”APP 里的 5 万份海底捞滑牛、6 万个汉堡王汉堡、10 万份乐购超市洗衣凝珠等单品，在 1 小时内均告售罄。

---

① 被媒体称为中国的新四大发明分别是：高铁、移动支付、网购、共享单车。

② 詹姆士·马尼卡、华强森：“数字革命推动中国发展”，《人民日报》，2017 年 12 月 19 日。

麦肯锡全球研究院认为，中国至少在四个方面拥有巨大潜能。首先，中国拥有巨大且不断增长的国内市场，消费者较为年轻，熟悉掌握数字技术。其次，中国数字经济领域的活力已经远远不止来自百度、阿里巴巴、腾讯这样的大企业。第三，中国政府对待数字经济的开放态度促进了数字化的发展。最后，中国有望从全球数据流动中获利。当前，全球跨境宽带数据总量已是2005年的45倍，预计未来5年将进一步增长数倍。中国拥有7.31亿网络用户，每天50亿次百度搜索点击，每个微信用户每天平均66分钟的使用时间，每天1.75亿次支付宝交易，这些海量数据使中国经济有望在下一轮数据全球化中扮演领导角色。国际经验表明，数据与知识的流动将推动有效创新。根据麦肯锡全球研究院的研究，从现在起到2025年，中国经济增量有一半来自创新。

2017年12月21日，胡润研究院发布了《2017胡润大中华区独角兽指数》报告，从另一个角度凸显了中国新经济的快速发展。报告称，中国独角兽企业[①]总数达120家，整体估值总计超3万亿。这其中，来自于互联网服务及电子商务行业的独角兽最多，各有22家企业上榜，在14个行业中并列第一。前三大行业的独角兽占到上榜独角兽企业总数的50%。此外，文化娱乐、汽车交通和医疗健康也是大中华区独角兽企业较为集中的行业。[②]

表1.3　　中国独角兽企业的行业分布

	行业	独角兽企业数量（家）	独角兽企业占比
1	互联网服务	22	18%
2	电子商务	22	18%
3	互联网金融	17	14%
4	文化娱乐	10	8%
5	汽车交通	9	8%
6	医疗健康	8	7%
7	物流服务	6	5%
8	硬件	6	5%

① 独角兽企业，是指那些估值达到10亿美元以上的初创企业。胡润研究院的榜单结合资本市场独角兽定义筛选出有外部融资且估值超十亿美金（70亿人民币）的企业。

② 《报告显示：中国“独角兽”企业达120家 估值超过3万亿》，人民网—财经频道，2017年12月21日，http://finance.people.com.cn/n1/2017/1221/c1004-29721998.html。

续表

	行业	独角兽企业数量（家）	独角兽企业占比
9	大数据与云计算	5	4%
10	软件	5	4%
11	房产服务	4	3%
12	人工智能	3	3%
13	机器人	2	2%
14	游戏	1	1%

数据来源：胡润研究院及公开信息。

此次胡润研究院发布的指数还选出“十大独角兽企业”，实际上由于并列的情况出现，排名前十的独角兽企业为 12 家。这其中，囊括了 8 家超级独角兽企业。互联网金融行业蚂蚁金服以 4000 + 估值高居榜首，超级独角兽企业滴滴出行位列第二，小米、新美大并列第三。

表 1.4　　2017 中国独角兽企业 Top10

	企业名称	企业估值范围（亿人民币）	总部	行业
1	蚂蚁金服	4000 +	杭州	互联网金融
2	滴滴出行	3000 +	北京	汽车交通
3	小米	2000 +	北京	硬件
4	新美大	2000 +	北京	互联网服务
5	今日头条	1000 +	北京	文化娱乐
6	宁德时代	1000 +	宁德	汽车交通
7	陆金所	1000 +	上海	互联网金融
8	大疆	800 +	深圳	机器人
9	口碑	500 +	杭州	互联网服务
10	菜鸟网络	500 +	深圳	物流服务
11	京东金融	500 +	北京	互联网金融
12	饿了么	500 +	上海	互联网服务

数据来源：胡润研究院及公开信息。

（3）党的十九大胜利召开，中国特色社会主义进入新时代

2017 年是中国历史上极不平凡的一年。中国共产党第十九次全国代表大会（简称党的十九大）于 2017 年 10 月 18 日至 10 月 24 日在北京胜利召开。

习近平总书记代表第十八届中央委员会向大会作了题为《决胜全面建成小康社会 夺取新时代中国特色社会主义伟大胜利》的报告。

党的十九大，是在全面建成小康社会决胜阶段、中国特色社会主义发展关键时期召开的一次十分重要的大会。承担着谋划决胜全面建成小康社会、深入推进社会主义现代化建设的重大任务，事关党和国家事业继往开来，事关中国特色社会主义前途命运，事关最广大人民根本利益。

这次大会的主题是：不忘初心，牢记使命，高举中国特色社会主义伟大旗帜，决胜全面建成小康社会，夺取新时代中国特色社会主义伟大胜利，为实现中华民族伟大复兴的中国梦不懈奋斗。

面对未来中国的发展，习总书记指出“综合分析国际国内形势和我国发展条件，从二〇二〇年到本世纪中叶可以分两个阶段来安排。第一个阶段，从二〇二〇年到二〇三五年，在全面建成小康社会的基础上，再奋斗十五年，基本实现社会主义现代化。第二个阶段，从二〇三五年到本世纪中叶，在基本实现现代化的基础上，再奋斗十五年，把我国建成富强民主文明和谐美丽的社会主义现代化强国。”

习总书记明确指出，“经过长期努力，中国特色社会主义进入了新时代，这是我国发展新的历史方位。”而且，我国社会主要矛盾已经发生了变化。习近平总书记说：“中国特色社会主义进入新时代，我国社会主要矛盾已经转化为人民日益增长的美好生活需要和不平衡不充分的发展之间的矛盾。我国稳定解决了十几亿人的温饱问题，总体上实现小康，不久将全面建成小康社会，人民美好生活需要日益广泛，不仅对物质文化生活提出了更高要求，而且在民主、法治、公平、正义、安全、环境等方面的要求日益增长。同时，我国社会生产力水平总体上显著提高，社会生产能力在很多方面进入世界前列，更加突出的问题是发展不平衡不充分，这已经成为满足人民日益增长的美好生活需要的主要制约因素。”

习总书记进一步指出，“必须认识到，我国社会主要矛盾的变化是关系全局的历史性变化，对党和国家工作提出了许多新要求。我们要在继续推动发展的基础上，着力解决好发展不平衡不充分问题，大力提升发展质量和效益，更好满足人民在经济、政治、文化、社会、生态等方面日益增长的需要，更好推动人的全面发展、社会全面进步。”

具体到各类所有制企业的发展，十九大报告也分别有所涉及。总体而言，“激发和保护企业家精神，鼓励更多社会主体投身创新创业”①。

对于国有企业，“要完善各类国有资产管理体制，改革国有资本授权经营体制，加快国有经济布局优化、结构调整、战略性重组，促进国有资产保值增值，推动国有资本做强做优做大，有效防止国有资产流失。深化国有企业改革，发展混合所有制经济，培育具有全球竞争力的世界一流企业。”

对于民营企业，“全面实施市场准入负面清单制度，清理废除妨碍统一市场和公平竞争的各种规定和做法，支持民营企业发展，激发各类市场主体活力。”

对于外资企业，“实行高水平的贸易和投资自由化便利化政策，全面实行准入前国民待遇加负面清单管理制度，大幅度放宽市场准入，扩大服务业对外开放，保护外商投资合法权益。凡是在我国境内注册的企业，都要一视同仁、平等对待。”

1.2　2018 年企业发展环境展望

1.2.1　2018 年全球经济展望

（1）2018 年世界经济有望继续复苏

联合国 2017 年 12 月 11 日发布的《2018 年世界经济形势与展望》预测，全球 2018 年和 2019 年经济增长预期也将稳定在 3% 左右。

报告指出，东亚和南亚仍将是世界上最具经济活力和增长速度最快的区域。在中国经济增长、强劲的个人消费、较高出口和宽松的宏观经济政策带动下，预计区域经济仍然相对稳定，保持在 2018 年的 5.8% 和 2019 年的 5.9%。

报告认为，在 2017 年实现 5.9% 的增长之后，东亚经济预期仍然会在 2018 年和 2019 年分别有 5.7% 和 5.6% 的稳健增长。在适度通货膨胀压力、低利率和健康劳动力市场条件的支持下，个人消费仍将是经济增长的主要推动因

① 在党的十九大召开之前，2017 年 9 月，中共中央、国务院发布了《关于营造企业家健康成长环境弘扬优秀企业家精神更好发挥企业家作用的意见》。

素。随着政府着手开展大型基础设施项目建设，预计公共投资也会依然强劲。虽然2017年出现的强劲出口增长预计会有所放缓，但有利的外需条件将继续为区域前景提供支持。

报告预测，在强劲个人消费和稳健的宏观经济政策的驱动下，南亚经济前景仍然维持稳定和乐观。积极的前景将有助于持续改善劳动力市场指标和降低贫困率。货币政策立场适度宽松，但财政政策仍然着重强调基础设施投资。在2017年实现了约6.3%的增长之后，南亚区域GDP增长预期将在2018年和2019年分别加快到6.5%和6.7%。区域通货膨胀预计将保持稳定，并处于相对较低水平。得益于强大的个人消费、强劲的公共投资和结构性改革，印度的经济前景依然乐观。预计印度GDP增速将从2017年的6.7%提高到2018年的7.2%和2019年的7.4%。不过，私人投资的疲软表现仍是一个关键性的宏观经济问题。但是，非洲、西亚及拉丁美洲和加勒比几个地区在2017年至2019年期间的人均收入增长预计将是微乎其微。在这些受影响地区，共有2.75亿赤贫人口。

报告最后认为，尽管短期前景有所改善，但全球经济仍面临风险，包括贸易政策改变、全球金融环境突然恶化以及地缘政治局势的日益紧张。此外，全球经济还面临较长期的挑战，但宏观经济状况的改善为制定政策以应对这些挑战提供了机会。其中报告着重强调了四个政策领域：增加经济多样化、减少不平等、支持长期投资和解决体制缺陷。报告指出，调整政策以应对这些挑战可加大投资力度，提高生产力，增加就业机会和实现更可持续的中期经济增长。

此外，OECD对主要经济体的2018、2019年的经济增速也做了预测，如表1.5所示。

表1.5　　OECD对主要经济体的2018、2019年经济增速的预测

GDP实际增长率	2018年预测（%）	2019年预测（%）
全球	3.7	3.6
OECD国家	2.4	2.1
美国	2.5	2.1
欧元区	2.2	2.9
日本	1.2	1.0
英国	1.2	1.1

续表

GDP 实际增长率	2018 年预测（%）	2019 年预测（%）
非 OECD 国家	4.9	4.8
中国	6.6	6.4
印度	7.0	7.4
巴西	1.9	2.3
俄罗斯	1.9	1.5
南非	1.0	1.5

资料来源：《OECD Economic Outlook 102 database》，2017 年 11 月。

（2）大宗商品市场展望

①大宗矿产品价格走势可能分化。

展望 2018 年，大宗矿产品市场可能会有一些变化。

1）需求端，2018 年全球经济增长有望进一步加快。其中，美国经济在特朗普税改政策落地的支撑下预计表现突出，而新兴市场国家经历主要国家的调整之后也将迎来整体增长加速。中国经济在新发展理念的引导下，2018 年或出现轻度回调，尤其是投资增速大概率继续下降将对金属矿产品需求增长形成一定制约，但预计力度较为有限。同时，预计发达国家和新兴市场新一轮投资启动，也能够部分弥补因中国经济增速回调导致的全球金属矿产品需求增量减少。

2）供给端，过去几年全球矿业领域的持续资本支出削减，且其中超过一半的支出是用于维持正常的生产运营，这使得 2018 年供给端的新增产能极为有限。同时，“供给侧”结构性改革持续深化，以及十九大后更加注重绿色发展，对国内金属矿产供给端的制约或将进一步加大。不过，随着全球矿山开发人工智能替代加快推广、劳工集中谈判期结束，以及一些发展中国家新矿业政策、环保政策平稳过渡，未来矿山生产端的意外扰动因素也将显著减少。

3）其他方面，市场价格与生产成本偏离扩大导致后者支撑弱化；资本回流、美联储加息等引发美元阶段性走强，将对未来大宗商品价格形成压力；商品价格已回升至过去几年新高，将致金融炒作风险大增并带来市场降温。此外，税改落地后特朗普政策红利释放殆尽，市场预期也面临多空转变①。

综合上述三大领域的变化，预计2018年矿业市场整体上将较2017年有所改善，但由于阶段性价格补涨结束，以及后续缺乏充足的动力支撑，大部分金属矿产品价格将维持高位震荡行情，个别商品价格或出现小幅回调。就代表性品种而言，供需双紧将支撑铜市场维持紧平衡状态，价格维持高位震荡；考虑到库存压力和国内投资回调，铁矿石价格难以乐观，但由于大型矿业公司新增产能释放结束，下行空间也较为有限；而新能源汽车高速发展，钴锂供给端产能释放有限，市场价格有望进一步上扬。

截至2017年11月末，彭博对三季度以来的国际金融机构有关商品价格预测的统计数据显示，2018年较为看好铜、铝、镍、金、银、钴等品种，不太看好铅、锌、锡、钼、铁矿等品种。就价格而言，预计2018年国际市场铜均价为6860美元/吨，铝均价为2010美元/吨，锌均价为3170美元/吨，铅均价为2505美元/吨，镍均价为11460美元/吨，金均价为1290美元/盎司，钴均价为5.73万美元/吨，铁矿（普氏，62%）均价为68.7美元/吨。其中，2018年铁矿价格将较2017回落接近5%，而铝价涨幅接近2%。

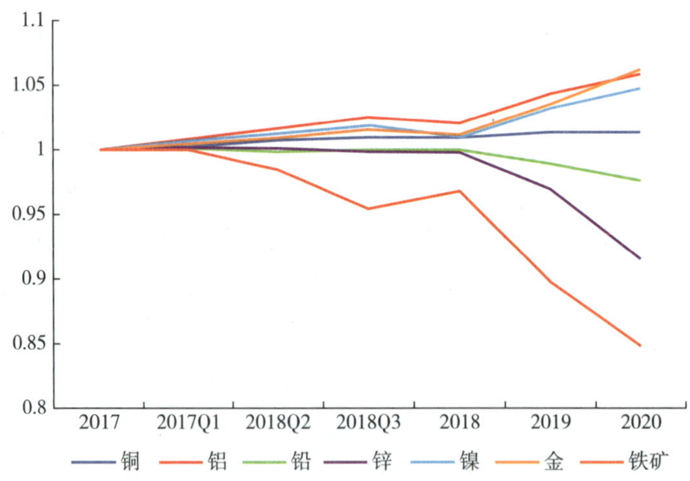

图1.17　彭博有关国际市场对主要商品价格预测的统计（以2017年均价为参照）

数据来源：Bloomberg，五矿经济研究院。

① 王之泉：《全球矿业形势回顾与2018年展望》，五矿经济研究院，2017年12月。

②2018 年国际石油市场寻求新平衡。

2018 年的国际油价，核心影响要素仍然是供应与需求，主要看 OPEC 减产和美国页岩油增产的角力，当然也需要高度关注地缘政治风险和意外事件带来的冲击与扰动。

一方面，OPEC 减产协议助推油价，各大机构纷纷上调油价预期。2017 年 12 月 1 日，OPEC 产油国维也纳年度会议正式落幕。如市场预期那般，与会产油国同意将减产协议延长 9 个月至 2018 年底，油价几乎收复失地。此外，2017 年原油需求增长强于预期，为 OPEC 消除过剩供应的努力助力，最新的美国原油库存报告显示原油库存连续下降也利好油价，因此，各大机构纷纷上调油价预期。瑞银：2018 年布伦特原油价格预估从 55 美元/桶上调至 60 美元/桶，2019 年价格从 63 美元/桶上调至 65 美元/桶；2018 年 WTI 价格预期从 52 美元/桶上调至 55. 38 美元/桶。高盛：将 2018 年布伦特原油价格预测上调至 62 美元/桶，WTI 原油价格预测上调至 57. 50 美元/桶，分别高于之前预测的 58 美元/桶和 55 美元/桶。高盛指出，上调预测是因为沙特和俄罗斯展示的延长减产协议承诺强于预期：虽然协议留出了比现计划提前退出的空间，但预料协议的全面遵守会持续更长时间，退出速度会更加温和。中银：中银国际环球商品将 2018 一季度布伦特油价预测上调至 61 美元/桶，二季度和三季度为 62 美元/桶，四季度为 58 美元/桶；一季度 WTI 预测上涨至 57 美元/桶，二季度和三季度为 58 美元/桶，四季度为 54 美元/桶；此外，预测上调幅度大约 5. 75 美元/桶。

另一方面，美国在 OPEC 减产拦路虎的道路上越走越稳。2017 年以来，全球最大的石油消费国——美国出口的石油产品比以往任何时候都多，且到目前为止都没有显示出任何放缓迹象。原油、汽油、柴油、丙烷燃料甚至液化天然气都以创纪录的速度输送至海外市场。美国油气出口有望进一步增加，因为随着 OPEC 及其盟友联合减产，全球石油供应过剩有所缓解，市场对于石油供应达到历史高峰的担忧正在消失。预计美国 2017 年的石油产量将创下自 20 世纪 70 年代以来的最快增速，随着越来越多的美国石油进入市场，OPEC 只会更加“头痛”。美国能源信息署（EIA）公布的最新数据显示，近期美国原油产量再度录得上升，达到 978 万桶/日，油价走高或将令美国原油产量在 2018 年平均达到 1000 万桶/日。EIA 预计 2017 年美国原油产量增长 38 万桶/日，2018 年美国原油产量将增加 78 万桶/日。如果在新的一年里，布油价格基本保持不变（福尔蒂斯输油管道修复之后），美国石油出口将继续增加，届时出口量将保持在 100 万桶/日以上。从出口范围来看，美国石油出口正在全球“攻城略地”。石油出口禁令解除之前，美国 92% 的原油都出口到加拿大，因加拿大在禁令豁免范围。而在出口禁令解除后，加拿大仍是美国主要原油进口国，但其所占的份额在不断削减。欧洲和亚洲也开始增加对美国原油的进口。在欧洲，荷兰、意大利、英国和法国都是美国原油的重要进口国。在亚洲，中国、韩国和日本也位居前列，尤其是中国，2017 年 2 月份，中国超越加拿大，首次成为美国头号原油买家。亚洲的原油市场长期由沙特及其他中东产油国所垄断。但随着 OPEC 减产造成的供给缺口，美国原油迅速抢占市场。

显然，面对未来国际原油市场的不确定性，2018 年的国际油价到底会如何，市场还存在一定的分歧。我们综合各方观点认为，虽然美国产量持续增加，但若 OPEC 严格执行减产协议，市场供给仍将收紧。因此，预计 2018 年油价运行中枢较 2017 年将有望提升，大概率围绕 60 美元的价格中枢波动。此外，从各方预测来看，布伦特原油价格仍将比 WTI 价格高 3 ~5 美元。

（3）美国的加息和税改扰动全球

2017 年岁末，美国的加息和税改不仅引发了全球的广泛关注，而且注定将会对 2018 年的全球经济造成重要影响。

①全球迈入加息周期。

北京时间 2017 年 12 月 14 日凌晨 3 点，美联储宣布加息 25 个基点，利率区间上调到 1.25% ~1.50%。这是美国 2017 年年内第 3 次加息，宣告美国货币政策的进一步紧缩。美联储还预期 2018 年将加息三次，2018 年年底联邦基金利率料为 2.125%。

2008 年全球金融危机后，主要央行实施了包括降息、资产购买等组合宽松货币政策。随着全球经济企稳、再通胀趋势明确，宽松的货币政策正在逐步退出，很多学者和机构都认为，全球正进入加息周期。按照货币政策宽松或者紧缩的不同，可将将货币政策分为紧缩放缓、宽松加码、宽松减量以及紧缩加码四个阶段，当前各国所处阶段不同①：

▶ 美国处于紧缩加码阶段。1）停止 QE：美联储于 2014 年 1 月开始削减 QE3 规模，2014 年 10 月结束 QE3；2）启动加息：2015 年 12 月美联储启动加息，至今共加息 5 次，联邦基金利率上限从 0.25% 提升至 1.5%；3）启动缩表：2017 年 10 月开始以停止到期资产再投资方式缩表。

▶ 其他发达国家：1）英国、加拿大 2017 年启动加息，进入紧缩加码阶段；2）澳大利亚、新西兰在加息边缘，北欧国家中瑞典有望边际收紧；3）欧元区于 2018 年 1～9 月资产购买相对当前水平减量，日本 2017 年资产购买量已经下降。

▶ 新兴市场：1）韩国 2017 年 11 月启动加息，进入紧缩加码阶段；中国 2017 年以来三次上调逆回购操作利率，预计 2018 年通胀将更有“韧性”，货币政策大概率继续退出宽松；2）马来西亚、印尼、菲律宾、泰国等国家以及中国台湾地区通胀水平正在企稳或者稳步攀升，且有望受益于中国需求提振，可能于 2018 年加息；3）巴西处于降息末期，俄罗斯可能继续降息。

总的来说，全球加息周期正处于从美国领先的上半场向全球其他国家和地区追赶的下半场转折前夕。2018 年开始，更多国家和地区货币政策有望进入宽松减量、紧缩加码阶段，美国和其他国家之间货币政策差将逐步缩小。重要时间点将是 2018 年 9 月或者更早的欧央行议息会议，届时欧央行将决定 QE 规模是否减量甚至退出；欧央行宣布退出 QE 的时间点有望成为上下半场之间的转折点。

对于美元走势，中金公司的报告预计，随着加息周期进入下半场，美国对其他国家利差可能收窄，美元走势可能强弱转换。预计 2017 年末至 2018 年上半年美元指数将维持强势，主要因为特朗普税改兑现以及 2018 年美联储持续加息三次将逐步落地；预计 2018 下半年开始美元指数回落，因为欧央行货币紧缩将重回市场焦点（停止 QE 及加息问题），而此时特朗普税改可能落地，美联储加息节奏也已经被市场充分预期。

---

① 中金公司：《全球加息周期：追赶者加速，政策差缩小》，2017 年 12 月 20 日。

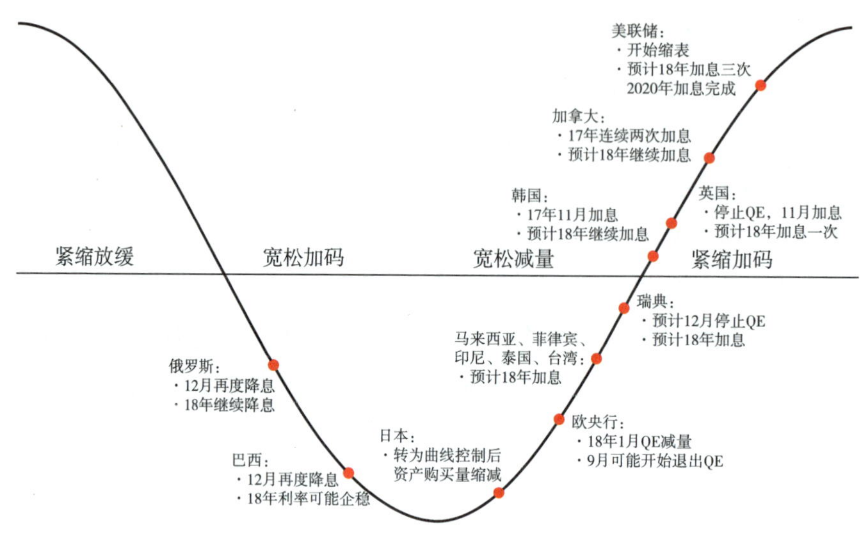

图 1.18　全球加息周期

资料来源：Haver，Bloomberg，中金公司研究部。

②美国税改效果有待观察。

当地时间 2017 年 12 月 22 日，美国总统特朗普在白宫的椭圆形办公室，赶在圣诞节休假之前签署了涉及 1.5 万亿美元的税改法案，这是美国最近逾 30 年来最大规模的减税行动。

特朗普就任美国总统 1 年来，其行事作风虽然屡屡让世人跌破眼镜，但究其政策核心却一直未变，那就是“用美国人，买美国货。”一如其竞选时的风格，特朗普的民粹主义思想较重，所作所为基本上是逆全球化而动。

特朗普主要政策落地进程

减税政策
- 4月 首次发布税改计划
- 10月 通过财年预算案，扫清税改障碍
- 11月 中医院全体投票通过，众议院版法案出炉
- 11月 参议院投票结果51-49，敲定参议院版税改法案

贸易保护
- 1月 签署行政命令，正式宣布退出TPP
- 11月 第五轮NAFTA谈判结束，关键领域仍存重大分歧
- 12月 美中全面经济对话处于停滞状态

限制移民
- 10月 海关边境保护局称原型墙均以“成型或完工”
- 12月 美国最高法院允许新版移民限制令全面生效

废除奥巴马医改
- 1月 参议院通过预算决议称“废除奥巴马医改决议”
- 7月 参议院投票43-57，否决共和党“美国医疗保健法案”
- 10月 特朗普签署“促进全美医保选择和竞争”行政命令

图 1.19　特朗普 2017 年的主要政策主张落地进程情况

资料来源：海通证券研究所整理。

共和党政府历来将减税作为其执政的关键议题，而“大规模减税”也是特朗普在竞选期间重要的经济口号和政治承诺。特朗普税改的具体情况总结如图 1.20。

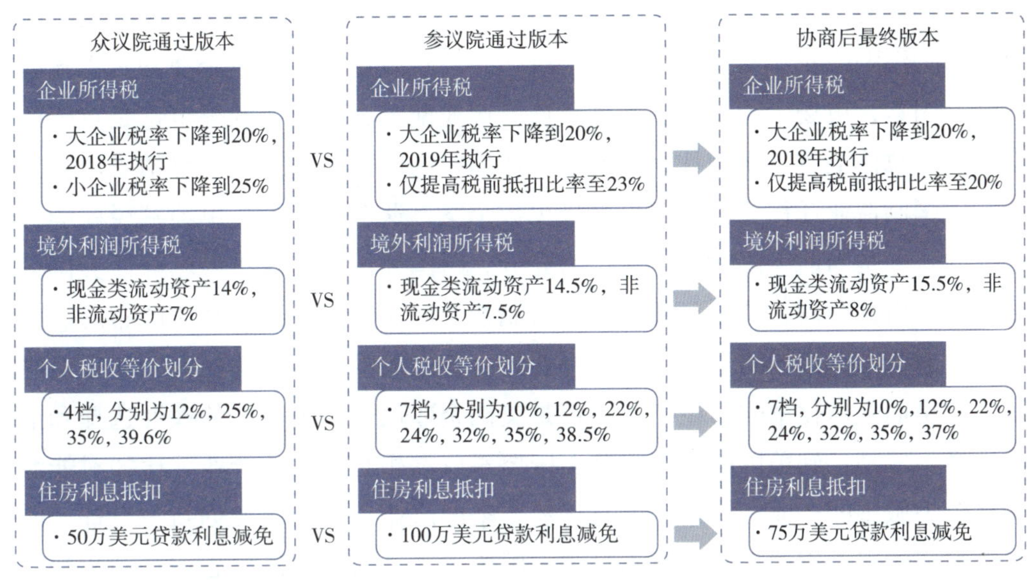

图 1.20　特朗普税改的具体情况

资料来源：海通证券研究所整理。

从理论上说，减税短期能够起到激发经济增长的作用，而且历史上，里根和小布什的减税也都伴随着发生了经济的回升。但此次特朗普税改在美国国内乃至全球都引发了广泛争议。质疑者指出，特朗普的税改方案主要是为富人减税，不一定能吸引企业回流、扩大税基，却实实在在地减少了财税收入，进一步扩大了政府债务规模和社会的贫富差距。

根据 TPC 的测算，此前参议院版本的税改法案短期内或提高美国 18 年 GDP 增速 0.6 个百分点左右，但大幅减税的可持续性将面临考验。与里根和小布什相比，特朗普在财政上受到的掣肘更大。2008 年后美国为走出危机，政府债务规模大幅增加，联邦政府债务率从 56% 飙升至 2016 年的 99%，远高于之前两轮大减税时期 50% 左右的水平。赤字率虽较次贷危机刚结束时的 9.8% 大为降低，但 2016 年也仍有 3.2%。虽然理论上可以通过提高经济增速、扩大税基来弥补税率降低带来的财政收入减少，但能否如愿实现还有待检验。根据美国国会预算办公室（CBO）按此前参议院税改法案的测算，税改实施的前五年，将增加9000亿美元以上的赤字，税改的十年后则增加政府赤字约1.5万亿美元。因此长期来看，不排除受制于赤字，而重新结构性增税的可能性①。

我们认为，特朗普希望借减税政策吸引美国企业回流和增加外国在美投资，“理想很美好”，但恐怕“现实很骨感”。税收绝不是决定企业和资本流向的唯一因素，市场、劳动力、制度环境、产业配套、自然资源等也都是重要的条件。从总体上看，我们认为，特朗普所期望的制造业回迁美国恐怕难度相当大，中国制造业迁往美国也还仅是极少数个案，这个判断不是单纯减税就能够改变的。一是当前美国就业已经较为充分，跨国公司的全球布局已经使美国得到相当大份额利润，缺乏足够的动力将制造业回迁美国。二是企业的布局需要综合考虑成本、市场因素等，且各行业各企业的成本结构差异巨大，使得最终成本最小而全球化采购与生产，不仅是美国企业也是中国企业的理性选择和最佳选择。三是迁到美国的将是一些美国要素成本相对便宜的产业，比如对能源价格较为敏感的产业；或是美国有优势要素的产业，比如研发创新与设计。四是美国蓝领工人们的工作岗位不是被中国抢走了，而更应该担心被自动化和机器人所取代②。

然而，特朗普的减税的确对世界其他国家形成了一定的减税压力。

据《日本经济新闻》2017年12月5日报道，日本政府讨论将积极加薪和投资的企业所得税税率降至25%左右，但参考美国等国的减税动作，日本有可能进一步扩大幅度。根据草案，积极加薪和投资的企业，以及投资物联网和人工智能、致力于创新技术和提高生产效率的企业将获得更多减税红利，所得税税率将降至20%左右。上述方针将作为2018～2020年度的限时举措，写入计划在12月8日的内阁会议上通过的生产效率革命相关政策中。具体的税率将由执政党的税制调查会讨论决定。

德国人也开始担忧。据新华社记者报道，2017年12月20日，多位德国经济学家和商界领袖表示，美国税改法案将对德国的投资和就业构成威胁，呼吁对德国税制进行改革。德国伊弗经济研究所所长克莱门斯·菲斯特认为，该法

① 《税改渐行渐近，影响是轻是重？——特朗普减税的影响及分析》，海通证券，2017年12月19日。

② 贾涛：“从苹果手机产业链谈起 看制造业回流美国的现实性”，《经济导刊》，2017年第7期。

案将“加剧投资和就业的竞争……毫无疑问，德国将不得不作出反应”。他曾表示，该法案在短期将使欧洲对美出口增加，有利于欧洲经济发展；另一方面，也会刺激全球竞争性减税，为避免企业将投资和就业岗位转移至美国，欧洲将面临更大的减税压力①。

1.2.2　2018 年的中国经济将继续稳步前行

2018 年是中国贯彻党的十九大精神的开局之年，是改革开放 40 周年，是决胜全面建成小康社会、实施“十三五”规划承上启下的关键一年。

2017 年 12 月 18 日至 20 日，中央经济工作会议在北京举行。中共中央总书记、国家主席、中央军委主席习近平，中共中央政治局常委、国务院总理李克强，国务院副总理张高丽，中共中央政治局常委栗战书、汪洋、王沪宁、赵乐际、韩正出席会议。习近平总书记在会上发表了重要讲话，对 2018 年的经济工作进行了部署。新的一年，中国经济将继续稳步前行。

（1）进入新时代的 2018 年经济工作的总体思路

当前，中国特色社会主义进入了新时代，我国经济发展也进入了新时代，基本特征就是我国经济已由高速增长阶段转向高质量发展阶段。推动高质量发展，是保持经济持续健康发展的必然要求，是适应我国社会主要矛盾变化和全面建成小康社会、全面建设社会主义现代化国家的必然要求，是遵循经济规律发展的必然要求。

中央经济工作会议明确指出，“推动高质量发展是当前和今后一个时期确定发展思路、制定经济政策、实施宏观调控的根本要求，必须加快形成推动高质量发展的指标体系、政策体系、标准体系、统计体系、绩效评价、政绩考核，创建和完善制度环境，推动我国经济在实现高质量发展上不断取得新进展。”

对于“高质量发展”，习总书记近期多次强调。2017 年 12 月 6 日，习近平总书记在主持中共中央党外人士座谈会时曾指出，“高质量发展是我们当前和今后一个时期确定发展思路、制定经济政策、实施宏观调控的根本要求”。

---

① 《德国专家认为“特朗普税改”威胁德国投资就业》，2017 年 12 月 21 日，http：//www. sohu. com/a/211804346_ 119562。

12 月 8 日召开的中共中央政治局会议就此明确，“必须深刻认识、全面领会、真正落实”。12 日至 13 日，习近平总书记在江苏徐州调研时再次强调，“我国经济由高速增长转向高质量发展，这是必须迈过的坎，每个产业、每个企业都要朝着这个方向坚定往前走”。

对于 2018 年的经济工作，中央经济工作会议指出：要全面贯彻党的十九大精神，以习近平新时代中国特色社会主义思想为指导，加强党对经济工作的领导，坚持稳中求进工作总基调，坚持新发展理念，紧扣我国社会主要矛盾变化，按照高质量发展的要求，统筹推进“五位一体”总体布局和协调推进“四个全面”战略布局，坚持以供给侧结构性改革为主线，统筹推进稳增长、促改革、调结构、惠民生、防风险各项工作，大力推进改革开放，创新和完善宏观调控，推动质量变革、效率变革、动力变革，在打好防范化解重大风险、精准脱贫、污染防治的攻坚战方面取得扎实进展，引导和稳定预期，加强和改善民生，促进经济社会持续健康发展。

（2）未来三年全面建成小康社会的三大攻坚战

中共十五大报告首次提出了“两个一百年”奋斗目标。十八大以来，习近平总书记多次强调了两个“百年目标”：第一个一百年，是到中国共产党成立 100 年时（2021 年）全面建成小康社会；第二个一百年，是到新中国成立 100 年时（2049 年）建成富强、民主、文明、和谐的社会主义现代化国家。

展望 2021 年，距离实现第一个百年目标“全面建成小康社会”还有三年时间。因此，中央经济工作会议确定，“按照党的十九大的要求，今后 3 年要重点抓好决胜全面建成小康社会的防范化解重大风险、精准脱贫、污染防治三大攻坚战。”

①打好防范化解重大风险攻坚战，重点是防控金融风险，要服务于供给侧结构性改革这条主线，促进形成金融和实体经济、金融和房地产、金融体系内部的良性循环，做好重点领域风险防范和处置，坚决打击违法违规金融活动，加强薄弱环节监管制度建设。

②打好精准脱贫攻坚战，要保证现行标准下的脱贫质量，既不降低标准，也不吊高胃口，瞄准特定贫困群众精准帮扶，向深度贫困地区聚焦发力，激发贫困人口内生动力，加强考核监督。

③打好污染防治攻坚战，要使主要污染物排放总量大幅减少，生态环境质量总体改善，重点是打赢蓝天保卫战，调整产业结构，淘汰落后产能，调整能源结构，加大节能力度和考核，调整运输结构。

（3）2018 年经济工作的总基调——稳中求进

中央经济工作会议指出：稳中求进工作总基调是治国理政的重要原则，要长期坚持。“稳”和“进”是辩证统一的，要作为一个整体来把握，把握好工作节奏和力度。要统筹各项政策，加强政策协同。

具体到 2018 年我国财政、货币、结构调整、改革开放等各方面的政策，中央定下的基调如下：

①积极的财政政策取向不变，调整优化财政支出结构，确保对重点领域和项目的支持力度，压缩一般性支出，切实加强地方政府债务管理。

②稳健的货币政策要保持中性，管住货币供给总闸门，保持货币信贷和社会融资规模合理增长，保持人民币汇率在合理均衡水平上的基本稳定，促进多层次资本市场健康发展，更好为实体经济服务，守住不发生系统性金融风险的底线。

③结构性政策要发挥更大作用，强化实体经济吸引力和竞争力，优化存量资源配置，强化创新驱动，发挥好消费的基础性作用，促进有效投资特别是民间投资合理增长。

④社会政策要注重解决突出民生问题，积极主动回应群众关切，加强基本公共服务，加强基本民生保障，及时化解社会矛盾。

⑤改革开放要加大力度，在经济体制改革上步子再快一些，以完善产权制度和要素市场化配置为重点，推进基础性关键领域改革取得新的突破。

⑥扩大对外开放，大幅放宽市场准入，加快形成全面开放新格局。

（4）2018 年推动高质量发展的 8 项重点工作

中央经济工作会议明确指出，2018 年要围绕推动高质量发展，做好以下 8 项重点工作。

一是深化供给侧结构性改革。要推进中国制造向中国创造转变，中国速度向中国质量转变，制造大国向制造强国转变。深化要素市场化配置改革，重点在“破”“立”“降”上下功夫。大力破除无效供给，把处置“僵尸企业”作为重要抓手，推动化解过剩产能；大力培育新动能，强化科技创新，推动传统产业优化升级，培育一批具有创新能力的排头兵企业，积极推进军民融合深度发展；大力降低实体经济成本，降低制度性交易成本，继续清理涉企收费，加大对乱收费的查处和整治力度，深化电力、石油天然气、铁路等行业改革，降低用能、物流成本。

二是激发各类市场主体活力。要推动国有资本做强做优做大，完善国企国资改革方案，围绕管资本为主加快转变国有资产监管机构职能，改革国有资本授权经营体制。加强国有企业党的领导和党的建设，推动国有企业完善现代企业制度，健全公司法人治理结构。要支持民营企业发展，落实保护产权政策，依法甄别纠正社会反映强烈的产权纠纷案件。全面实施并不断完善市场准入负面清单制度，破除歧视性限制和各种隐性障碍，加快构建亲清新型政商关系。

三是实施乡村振兴战略。要科学制定乡村振兴战略规划。健全城乡融合发展体制机制，清除阻碍要素下乡各种障碍。推进农业供给侧结构性改革，坚持质量兴农、绿色兴农，农业政策从增产导向转向提质导向。深化粮食收储制度改革，让收储价格更好反映市场供求，扩大轮作休耕制度试点。

四是实施区域协调发展战略。要实现基本公共服务均等化，基础设施通达程度比较均衡，人民生活水平大体相当。京津冀协同发展要以疏解北京非首都功能为重点，保持合理的职业结构，高起点、高质量编制好雄安新区规划。推进长江经济带发展要以生态优先、绿色发展为引领。要围绕“一带一路”建设，创新对外投资方式，以投资带动贸易发展、产业发展。支持革命老区、民族地区、边疆地区、贫困地区改善生产生活条件。推进西部大开发，加快东北等老工业基地振兴，推动中部地区崛起，支持东部地区率先推动高质量发展。科学规划粤港澳大湾区建设。提高城市群质量，推进大中小城市网络化建设，增强对农业转移人口的吸引力和承载力，加快户籍制度改革落地步伐。引导特色小镇健康发展。

五是推动形成全面开放新格局。要在开放的范围和层次上进一步拓展，更要在开放的思想观念、结构布局、体制机制上进一步拓展。有序放宽市场准入，全面实行准入前国民待遇加负面清单管理模式，继续精简负面清单，抓紧完善外资相关法律，加强知识产权保护。促进贸易平衡，更加注重提升出口质量和附加值，积极扩大进口，下调部分产品进口关税。大力发展服务贸易。继续推进自由贸易试验区改革试点。有效引导支持对外投资。

六是提高保障和改善民生水平。要针对人民群众关心的问题精准施策，着力解决中小学生课外负担重、“择校热”“大班额”等突出问题，解决好婴幼儿照护和儿童早期教育服务问题。注重解决结构性就业矛盾，解决好性别歧视、身份歧视问题。改革完善基本养老保险制度，加快实现养老保险全国统筹。继续解决好“看病难、看病贵”问题，鼓励社会资金进入养老、医疗等领域。着力解决网上虚假信息诈骗、倒卖个人信息等突出问题。做好民生工作，要突出问题导向，尽力而为、量力而行，找准突出问题及其症结所在，周密谋划、用心操作。

七是加快建立多主体供应、多渠道保障、租购并举的住房制度。要发展住房租赁市场特别是长期租赁，保护租赁利益相关方合法权益，支持专业化、机构化住房租赁企业发展。完善促进房地产市场平稳健康发展的长效机制，保持房地产市场调控政策连续性和稳定性，分清中央和地方事权，实行差别化调控。

八是加快推进生态文明建设。只有恢复绿水青山，才能使绿水青山变成金山银山。要实施好“十三五”规划确定的生态保护修复重大工程。启动大规模国土绿化行动，引导国企、民企、外企、集体、个人、社会组织等各方面资金投入，培育一批专门从事生态保护修复的专业化企业。深入实施“水十条”，全面实施“土十条”。加快生态文明体制改革，健全自然资源资产产权制度，研究建立市场化、多元化生态补偿机制，改革生态环境监管体制。

（5）对 2018 年的中国经济各方纷纷看好

对于 2018 年及未来的中国经济，国际组织和海外媒体纷纷看好。据报道，世界银行预测称，中美两国将为未来几年世界经济的增长贡献 53% 的力量。估计到 2050 年，中国 GDP 将占世界的 40%，成为无可争辩的唯一超级强国，中国将再次成为世界经济的中心。中国经济的优异表现也赢得了国际社会越来越多的认可。美国 CNBC 2017 年 12 月公布的一项面向 25 国民众的全球调查显示，美国经济体正逐渐失去其在国际舞台上的正面形象，排名位于中国之后。根据民调结果，在过去一年中，只有 40% 的受访者认为美国对全球经济事务能发挥“积极影响”，相比之下，对中国持正面看法的受访者比例升至49%。不仅如此，在全球范围内，“中国经济”开始成为一个具有吸引力的名词。许多国家不仅搭乘中国经济发展的快车，也希望借鉴中国经济成功的经验。

国际货币基金组织、世界银行、OECD都对2018~2019年的中国经济增速给出了较为乐观的估计。如下表所示。

表1.6　三大国际组织对中国GDP实际增速的预测（%）

	IMF预测（2017.10.11）	世界银行预测（2017.6.6）	OECD预测（2017.12.12）
2018	6.50	6.30	6.61
2019	6.30	6.30	6.40

资料来源：Wind数据库。

联合国发布的《2018年世界经济形势与展望》亦认为，在强劲内需和宽松的宏观政策带动下，预计中国经济增长速度将保持稳定。不过，考虑到中国正在处于平衡经济发展的过程，其经济增速将在2018年和2019年分别略微下降到6.5%和6.3%。

“好风凭借力，送我上青云。”在全球经济复苏向好的暖风吹拂下，十九大之后的中国，在习近平总书记为核心的党中央的带领下，必将朝着中华民族伟大复兴的宏伟目标继续扬帆前进！

执笔：贾　涛

第二章 工业企业总体形势分析

本章数据如不做特别标注，均来源于国家统计局和 Wind 数据库。

工业企业是实体经济的重要组成。在经济运行稳中向好的2017年，工业整体保持了中高速运行的平稳态势，供给侧结构性改革稳步推进，工业企业盈利水平大幅回升，同时结构调整也在不断深入。采矿业整体保持“0”下运行；制造业增长水平趋稳向好，并对经济中高速运行发挥重要支撑作用。制造业企业中，高端领域、技术密集型行业表现较为突出，新产品、新技术、新模式不断涌现。工业大类的逐步调整以及制造业细分行业的不断优化，体现出我国已进入新旧动能转换期，经济增长正在从速度规模型向质量效益型转变。但目前，工业企业的新动能并不清晰，存在采矿业长期低位运行、传统领域供给侧结构型改革存在瓶颈、工业企业债务偏高等问题和风险，需要政策环境进一步完善。

2.1　工业企业2017年基本情况

2017年是“十三五”的第二年，工业出现恢复性增长态势，增速超出预期。工业企业企稳向好，最为突出的表现是利润大幅回升，并出现了一些向好迹象，但同时也存在明显的结构性差异。

2.1.1　工业增长平稳换挡，增速稳定在中高速区间

我国工业增长与GDP同步，在“十二五”期间换挡，步入“十三五”后逐步稳定在中高速区间。回顾“十二五”，我国工业增加值累计同比增速虽然在个别月份出现回升，但整体呈现下滑态势，并在2012～2013年连续两年的波动调整后由两位数增长转变为个位数增长。2014～2015年，工业增加值累计同比增速持续下行至6%左右。2015年的值为6.1%，与2010年的15.7%相比大幅下降了9.6个百分点，降幅高达61.15%。2016年是“十三五”的开局之年，工业企业的发展渐趋平缓，工业增加值累计同比增速小幅降至6.0%。2017年以来，工业增长的趋稳态势愈发明显，1～10月份的工业增加值累计同比增速为6.7%。看工业增加值当月同比增速，如果不考虑年初因素，2011年

的值位于［12.5%，15.1%］的区间，2012～2013 年的值基本是在［8.9%，20%］之间波动，2014 年的值保持在［6.9%，9.2%］的区间，2015～2016 年的值多数在 6% 左右波动。2017 年 1～10 月份的值没有出现进一步下滑，除了 3 月份和 6 月份出现了 7.6% 的高点，其余月份基本稳定在［6%，6.5%］的区间（见图 2.1）。

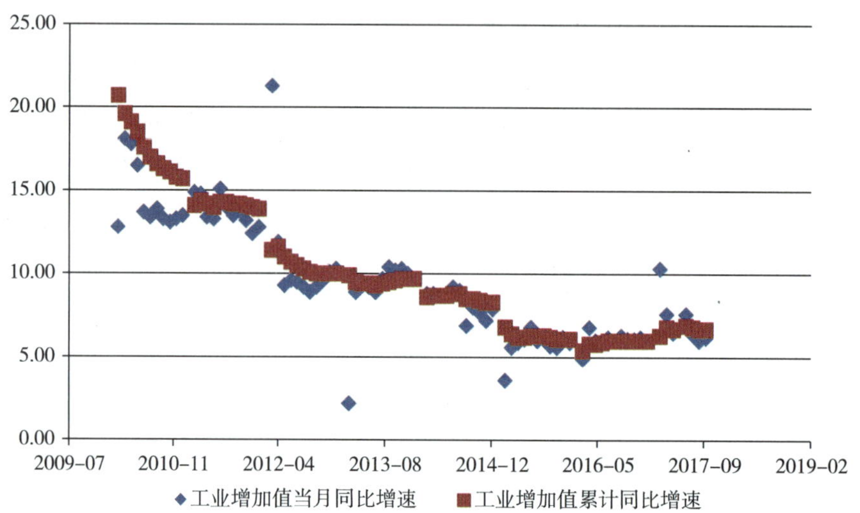

图 2.1　2010 年以来，工业增加值累计同比增速和当月同比增速（%）

当前的工业增速与 2010 年相比有了较大幅度下降，但依然保持在中高速增长水平。而且从图 2.1 可以清楚看到，2017 年的工业企业运行已经趋于稳定，没有延续“十二五”期间的大幅下滑态势。

2.1.2　工业企业发展呈现向好迹象

（1）2017 年以来，我国工业形势好于 2016 年同期，企稳向好的态势逐步巩固

2016 年，工业增加值累计同比增速仍然呈现下降趋势，但降幅已经明显缩小，从 6 月份开始连续 6 个月保持在 6.0% 的水平，1～10 月份的累计值为 6.0%。步入 2017 年，工业增加值累计同比增速出现微幅上升，并稳定在［6.3%，6.9%］的区间。2017 年 1～10 月份的累计增速为 6.7%，与 2016 年同期相比上升 0.7 个百分点（见图 2.2）。

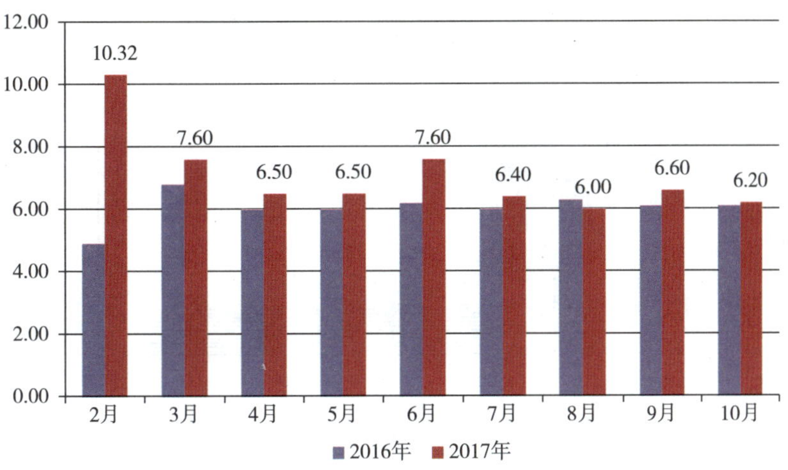

图 2.2　2016 年、2017 年工业增加值当月同比增速比较（%）

（2）PPI 较快回升，说明我国工业产能过剩压力明显缓解，工业供需结构趋于优化

2017 年，PPI（工业出厂者价格指数）累计同比增速由负转正。从 2012 年开始，我国 PPI 累计同比增速连续 5 年为负。2012 ~ 2015 年，恰恰是我国工业企业产能过剩日趋严重的阶段。2015 年，很多工业产品产能利用率低于 70%。从 2016 年开始，全国产能总量过剩问题不再突出，PPI 累计同比增速在 2016 年 1 月份跌至本轮周期的最低点 -5.3% 后逐步回升，但在 2016 年全年依然为负。直至 2017 年 1 月份，PPI 累计同比增速转正，并保持了一定增幅，基本稳定在［6.4%，7.4%］的水平。6 ~ 10 月份，PPI 累计同比增速始终围绕在 6.5% 微调。2017 年 1 ~ 10 月份的累计同比增速为 6.5%，与 2016 年同期相比上升了 9 个百分点。充分反映出我国工业领域供需结构整体趋向好转的态势。2017 年一、二、三季度，我国工业产能利用率小幅上升，分别为 75.8%、76.4% 和 76.6%（见图 2.3）。

（3）工业企业保持中高速平稳运行的基础渐趋稳固

乙烯是重要的传统工业领域的基础性原料，乙烯产量在 2017 年上半年下行波动后已经恢复稳增长态势，反映出传统工业企业的增长整体趋于稳定。在工业企业形势稳中向好的 2017 年，乙烯产量却出现波动。1 ~ 6 月份，乙烯产量负增长，当月同比增速和累计同比增速均为 -3.2%，与 2016 年同期相比分别

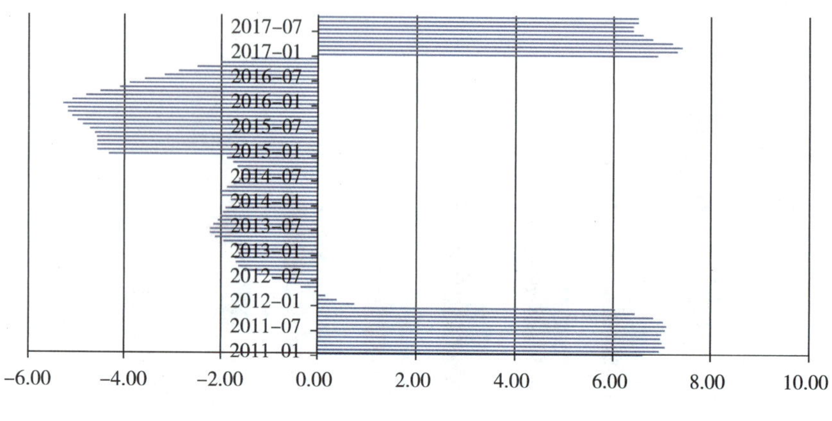

图 2.3　2011 年以来的 PPI 累计同比增速（%）

下降 0.7 个百分点和 12 个百分点。乙烯产量的下行波动说明传统工业企业的稳增长基础并不牢固。7 月份，乙烯产量当月同比增速恢复为正，累计同比增速直到 9 月份才开始转正。2017 年 10 月份，乙烯产量当月同比增速为 8.5%，1～10 月份的累计同比增速为 1.7%。当月同比增速与 2016 年 10 月份相比大幅上涨了 14.8 个百分点，虽然累计同比增速与去年同期相比仍然低了 1 个百分点，但说明传统工业下游的向好态势已经稳定，并逐渐传导至中上游，传统工业企业的运行开始整体趋好（见图 2.4）。

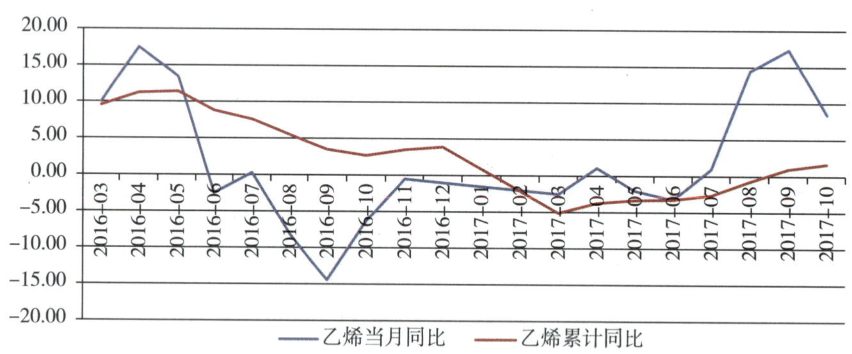

图 2.4　2016 年、2017 年乙烯产量的增长情况（%）

此外，截至 2017 年 10 月份，工业增加值累计同比增速较低的行业有 8 个，分别是煤炭开采和洗选业、黑色金属矿采选业、有色金属矿采选业、非金属矿采选业、其他采矿业、黑色金属冶炼及压延加工业、有色金属冶炼及压延加工业以及废弃资源综合利用业。除了最后 1 个，其余 7 个行业均属于传统工业，是供给侧结构性改革的重点领域。其中，5 个属于采矿业，2 个属于制造业。7 个行业的增长速度虽然低，但盈利能力基本恢复。除了其他采矿业外，其余 6 个工业增加值负增长或低增长行业的销售利润率均呈现回升态势。截至 2017 年 10 月末，7 个行业的利润总额同比增速均已恢复正增长，除了非金属矿采选业外，其余 6 个工业增加值负增长行业的利润总额累计同比增速远高于工业企业的平均水平。盈利能力的恢复，让 7 个传统行业拥有了深化改革和转型的时间与空间（见图 2.5 和图 2.6）。

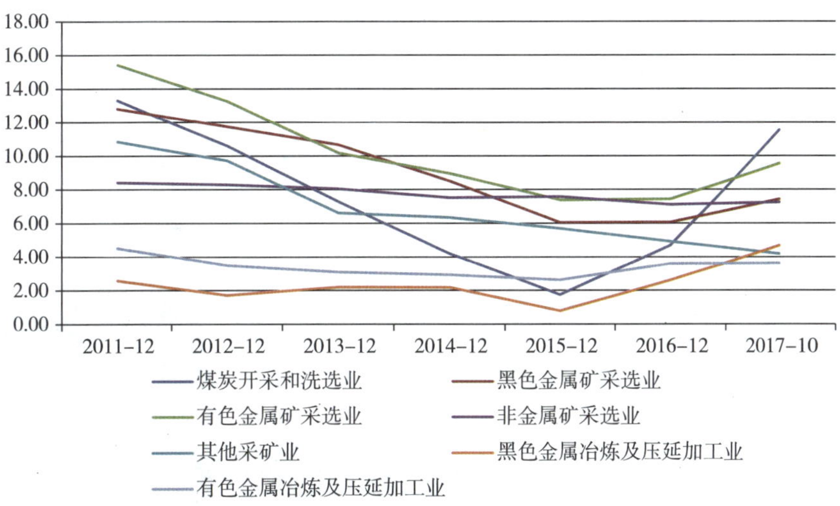

图 2.5　当前 7 个负增长或低增长行业销售利润率的回升态势（%）

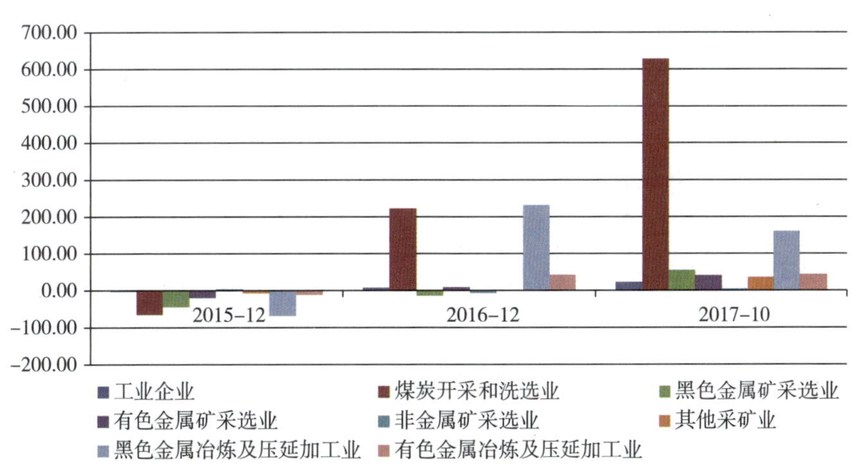

图 2.6　当前 7 个负增长或低增长行业利润总额同比增速较快提升态势（%）

2.1.3 工业企业利润较快回升

（1）规模以上工业企业利润保持高增长

“十二五”期间，我国规模以上工业企业利润一路波动下行。累计同比增速从 2011 年 2 月份的 34.28% 降至 2012 年 2 月的 -5.2%，之后逐步回升至 2013 年 2 月份的 17.17%，之后又再次下行至 2015 年 2 月份的 -4.2%，并在 2015 年全年保持负增长。进入“十三五”，规模以上工业企业利润逐步恢复，2016 年 12 月份的累计同比增速为 8.5%。2017 年，增速迅速、大幅回升至 20% 以上。2017 年 1～10 月，规模以上工业企业利润累计同比增速为 23.3%，与 2016 年同期相比提高 14.8 个百分点（见图 2.7）。

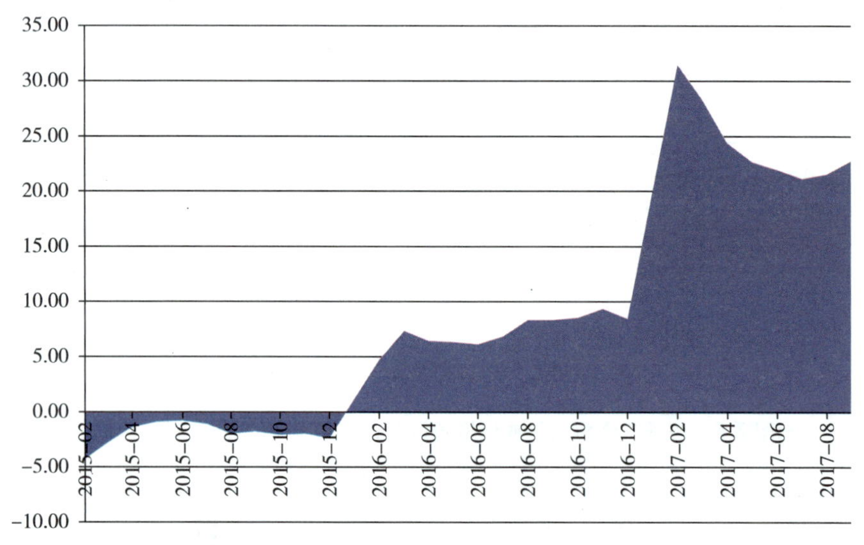

图 2.7 规模以上工业企业利润增长态势

（2）规模以上工业企业亏损面连续 8 个月下降

“十二五”期间，我国规模以上工业企业亏损面最高达到 20.86%。从 2014 年开始，工业企业亏损额快速攀升，亏损额累计同比增速从 2013 年 12 月份的 -5.19% 大幅升至 11.86%，在 2015 年 11 月达到最高点 32.40%。这种局面在 2016 开始扭转，亏损额累计同比增速降至个位数并在 6 月份开始连续 14 个月负增长。2017 年，规模以上工业企业亏损面缩小的情况逐步稳定，尽管降幅不大，但连续 8 个月稳步下降。2017 年 10 月份，规模以上工业企业亏损面为 13.17%，与 2 月份相比下降了 5.29 个百分点，与最高点相比下降了

19.23个百分点。2017年，工业企业亏损额始终以2位数字下降。1～10月份，规模以上工业企业亏损额累计同比增速为-18.1%，与2016年同期相比下降9.9个百分点（见图2.8）。

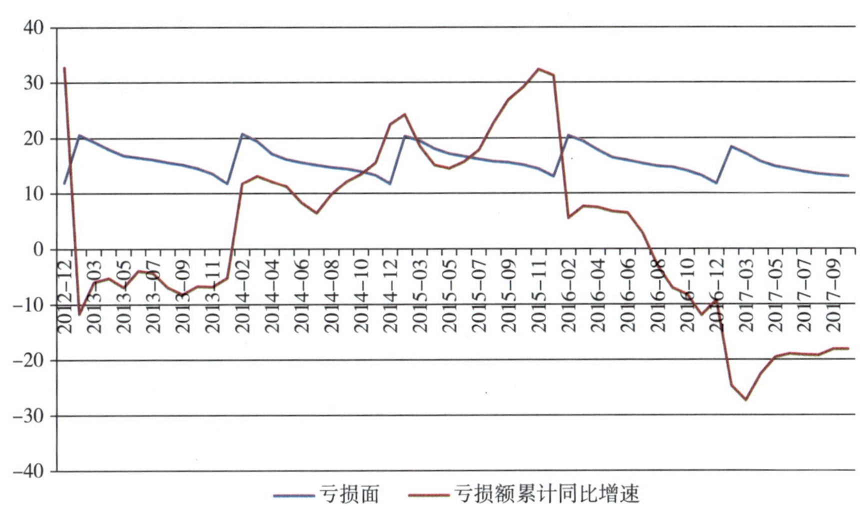

图2.8　规模以上工业企业亏损面和亏损额累计同比增速（%）

（3）按企业规模比较，大中型工业企业盈利水平恢复较快

自2016年9月开始，大中型工业企业的盈利能力较快回升，利润总额累计同比增速快于工业企业平均水平。2015年12月末，工业企业盈利能力依然整体较弱，利润总额累计同比增速为-2.3%，大中型工业企业的增速为-6.6%。此时的大中型企业亏损程度要重于工业平均水平。2016年，工业企业盈利状况普遍好转，利润总额累计同比增速整体实现正增长，但大中型工业企业的利润增长水平在前8个月一直慢于工业平均水平，直到9月份才开始加速。2016年9月份，工业企业利润总额累计同比增速为8.4%，大中型企业的增速为8.9%，略快于工业平均水平。2017年以来，大中型工业企业盈利能力较快恢复。2017年1～10月份，大中型工业企业利润总额累计同比增速为29.2%，比工业平均水平高出5.9个百分点（见图2.9）。

同时，大中型工业企业的亏损额也在稳步下降，降速同样快于工业平均水平。2015年12月份，工业企业的亏损额累计同比增速为31.3%，大中型工业企业的增速为33.9%。大中型工业企业的亏损较为严重。2016年，工业企业

图 2.9　规模以上工业企业和大中型工业企业利润总额累计同比增速（%）

亏损额的增长速度开始减慢，从当年 7 月份开始亏损额实现负增长。2016 年 8 月份，大中型工业企业亏损额缩小的速度开始快于工业平均水平。2017 年 1～10 月份，大中型工业企业亏损额累计同比增速为 -22.7%，亏损额降幅与工业企业平均水平相比快 4.6 个百分点（见图 2.10）。

图 2.10　规模以上工业企业和大中型工业企业亏损额累计同比增速（%）

（4）按所有制类别比较，国有及国有控股工业企业盈利水平恢复较快

从 2014 年 10 月份开始，国有及国有控股工业企业利润总额出现负增长，增速下滑幅度快于工业企业平均水平。2014 年 10 月份，工业企业利润总额依然保持正增长，累计同比增速为 6.7%；但国有及国有控股工业企业的利润总额同比增速却由正转负，值为 -1.2%。2015 年，工业企业利润总额累计同比

增速转负，国有及国有控股工业企业盈利状况持续恶化。2015 年 1～12 月份，工业企业利润总额累计同比增速为 -2.3%，国有及国有控股工业企业的增速为 -21.9%，利润降幅比平均水平高出 19.6 个百分点。

2016 年，工业企业盈利能力回升，国有及国有控股工业企业相对滞后，直到 9 月份才实现利润总额累计同比增速正增长。2016 年 2 月份、9 月份、12 月份，工业企业利润总额累计同比增速分别为 4.8%、8.4% 和 8.5%，国有及国有控股工业企业利润总额累计同比增速分别为 -14.5%、2.6% 和 6.7%。国有及国有控股工业企业的利润恢复速度明显慢于工业企业平均水平。

2017 年，国有及国有控股工业企业利润大幅攀升，亏损额较快下降，回升态势强于工业平均水平。2017 年 2 月份、10 月份，工业企业利润总额累计同比增速分别为 31.5% 和 23.3%，国有及国有控股工业企业的增速分别高达 100.02% 和 48.7%。截至 10 月份，国有及国有控股工业企业的利润总额累计同比增速始终是工业企业平均水平的 2 倍以上。2017 年，国有及国有控股工业企业的亏损额下降速度也快于工业平均水平。截至 10 月份，国有及国有控股工业企业亏损额累计同比增速为 -23.6%，减亏速度比工业企业平均水平快了 5.5 个百分点（见表 2.1）。

表 2.1　2017 年规模以上国有及国有控股工业企业盈利水平（%）

时间	利润总额累计同比		亏损额累计同比	
	工业企业	国有及国有控股工业企业	工业企业	国有及国有控股工业企业
2015-12	-2.30	-21.90	31.30	35.60
2016-12	8.50	6.70	-9.20	-1.70
2017-02	31.50	100.20	-24.60	-40.40
2017-03	28.30	70.50	-27.30	-38.90
2017-04	24.40	58.70	-22.50	-32.70
2017-05	22.70	53.30	-19.50	-28.60
2017-06	22.00	45.80	-18.90	-23.40
2017-07	21.20	44.20	-19.10	-24.50
2017-08	21.60	46.30	-19.20	-24.80
2017-09	22.80	47.60	-18.10	-22.70
2017-10	23.30	48.70	-18.10	-23.60

2.1.4 制造业企业生产持续活跃

2017 年，制造业保持稳健向好态势。10 月份，制造业工业增加值当月同比增速为 6.7%，与 2016 年同期相比持平。2017 年以来，制造业工业增加值当月同比增速分别在 3 月份、6 月份和 9 月份达到或超过 8.0%，其余月份在［6.7%，6.9%］的区间运行，并没有出现异常波动。1～10 月份，制造业工业增加值累计同比增速为 7.2%，与 2016 年同期相比小幅上升 0.3 个百分点。自 3 月份以来，累计同比增速全年稳定在［7.2%，7.4%］的区间。前 10 个月，制造业工业增加值累计同比增速始终高于工业平均水平，1～10 月份的增长速度比工业企业平均增速高 0.5 个百分点（见图 2.11）。

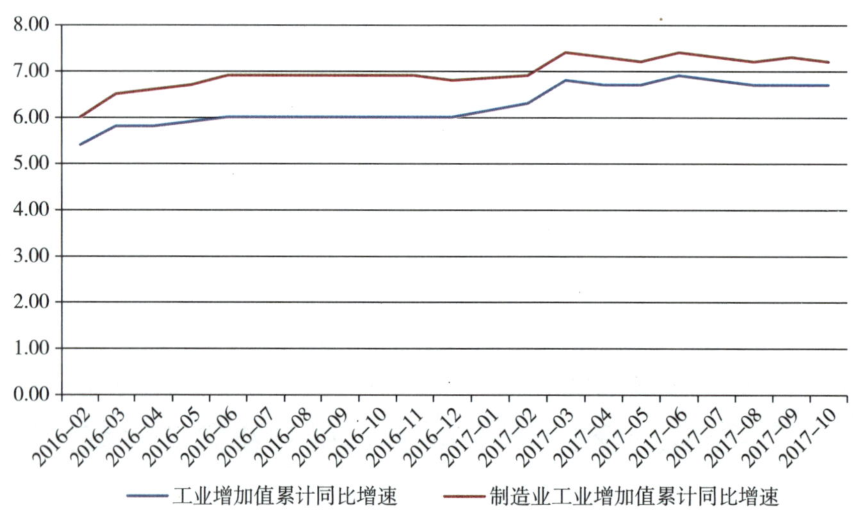

图 2.11 规模以上制造业企业稳增长态势（%）

PMI（中国制造业采购经理指数）连续 15 个月位于荣枯点上，连续 13 个月稳定在 51.2%～52.4% 的活跃区间。2017 年以来，制造业工业增加值当月同比增速和累计同比增速均保持在平稳区间，PMI 也呈现出相同的稳健态势。从 2016 年 8 月至今，PMI 已经连续 18 个月保持在荣枯点上，连续 11 个月稳定在 51%～52% 的活跃区间。从 2014 年 11 月份开始，PMI 连续 23 个月在 50% 荣枯点附近波动，其中有 10 个月低于荣枯点，最低达到 49%。从 2016 年 10 月份开始，PMI 稳定在 51% 以上水平。2017 年以来，制造业企业经营持续活跃。10 月份，PMI 为 51.6%，与 2016 年 10 月份相比增加 0.4 个百分点（见图 2.12）。

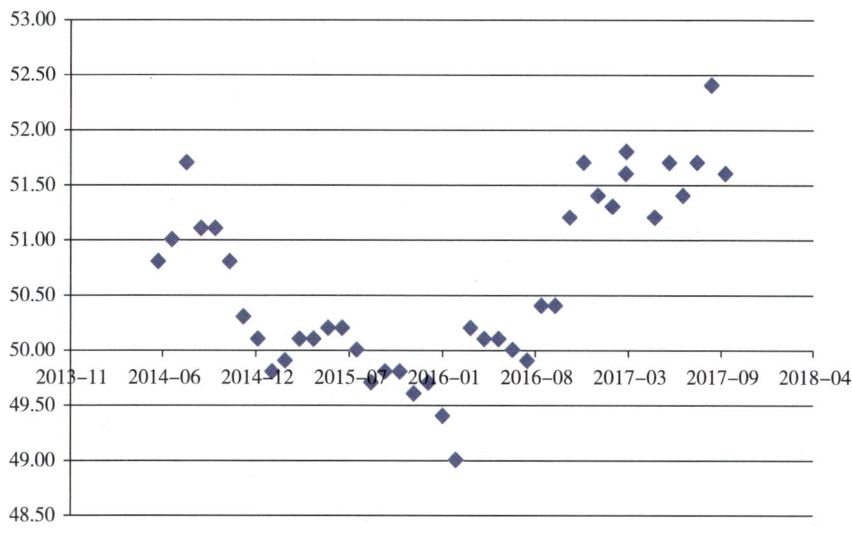

图 2.12　PMI 平稳回升（%）

2.2　工业领域供给侧结构性改革成效

2.2.1　工业产品供需结构有效改善

2017 年 1～9 月份，工业产能利用率为 76.6%，已经恢复至较为正常区间，并且是 2013 年以来的最好水平。工业是供给侧结构性改革的关键领域，产能过剩是本轮经济下行的重要特征。2017 年，工业领域供给侧结构性改革的成效首先体现为工业产品供需结构的改善。2017 年，工业企业的产能利用率稳步提升，1～3 月份、1～6 月份和 1～9 月份的累计值分别为 75.8%、76.4% 和 76.6%。三季度，工业产能利用率为 76.8%，比 2016 年同期提高 3.6 个百分点。钢铁和煤炭两大行业的产能过剩矛盾较为突出。2017 年三季度，黑色金属冶炼及压延加工业的产能利用率为 76.7%，已经接近工业企业的平均水平，与 2016 年同期相比提高 4.4 个百分点；煤炭开采和洗选业的产能利用率为 69%，同比大幅提高 10.6 个百分点。其他工业行业的产能利用率也有不同程度的提升。2017 年三季度，装备制造业的产能利用率为 79.1%，比工业企业平均水平高 2.3 个百分点，比 2016 年同期提高 3.9 个百分点；通用设备制造业的产能利用率为 76.5%，比 2016 年同期提高 5.7 个百分点；专用设备制造业的产能利用率为75%，同比提高3.8个百分点；消费品行业产能利用率为77.4%，比行业平均水平高0.6个百分点，比去年同期高3.4个百分点（见图2.13和图2.14）。

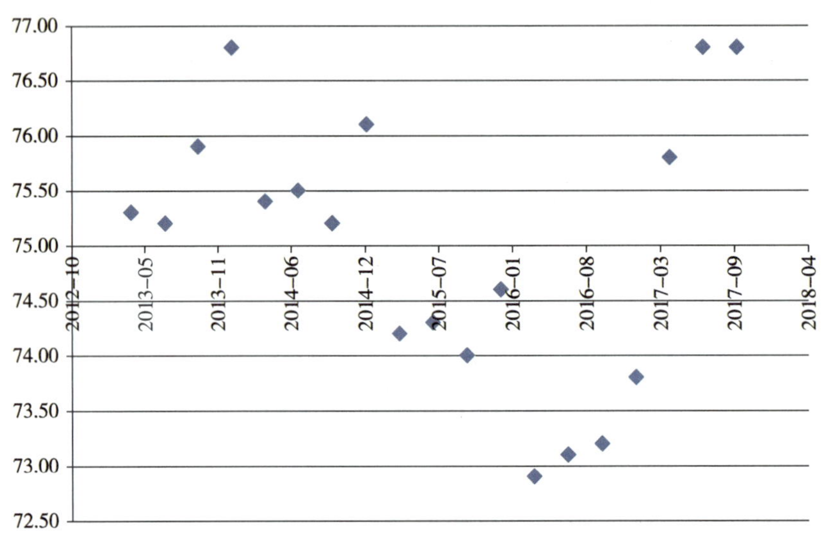

图2.13 工业企业平均产能利用率当季值（%）

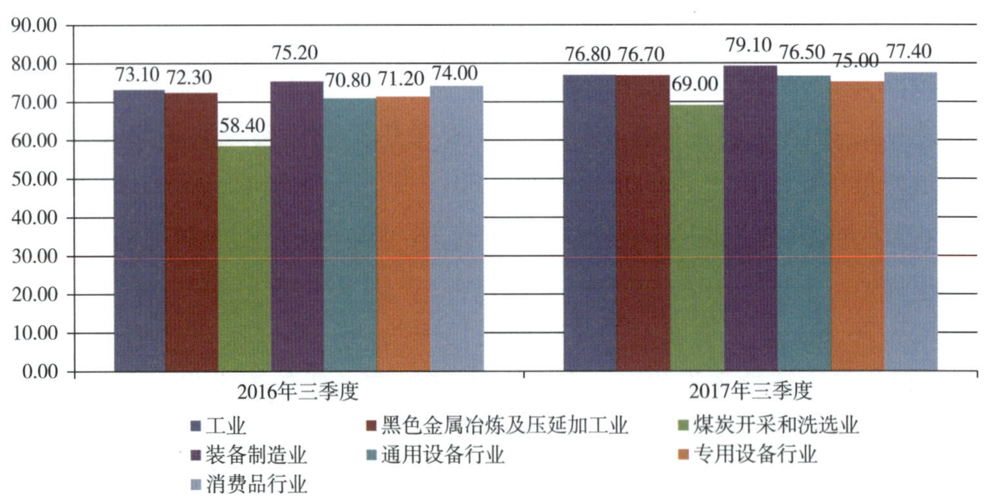

图2.14 部分工业行业的产能利用率当季值（%）

2.2.2 工业品价格没有出现大幅波动

2017年，在工业领域供需结构改善的同时，工业品价格继续回升态势，但并没有出现大幅波动，这就让产能过剩压力较大的上中游企业能够恢复一定盈利能力，同时也避免了下游企业原材料成本的过度上涨。

当前的电煤价格只是处于历史中游水平，而且与往年的大涨大落相比，目前的波动幅度明显趋缓。10 月份，国内电煤价格已恢复至 2013 年 7 月份的水平，虽与 2011 年的历史最好水平相比仍有较大差距，但与 2015 年的低点相比有了较大幅度提高。截至 11 月 29 日，环渤海动力煤价格指数为 576 元/吨，与年初 1 月 4 日的 592 元/吨相比下降了 10 元/吨，降幅为 2.7%。截至 10 月 30 日，山西动力煤交易价格指数为 129.34 点，与年初 1 月 1 日的 127.63 点相比上涨了 1.71 点，涨幅为 1.34%。截至 11 月 10 日，陕西动力煤价格指数为 157.6 点，与年初 1 月 3 日的 146.6 点相比上涨了 7.5 点，涨幅为 8.80%。截至 10 月 27 日，鄂尔多斯混煤价格指数为 386 点，与年初 1 月 6 日的 351 点相比上涨了 35 点，涨幅为 9.97%。预计在不出现重大自然灾害等突发事件的情况下，2017 年的电煤价格将始终保持较小幅波动态势（见图 2.15）。

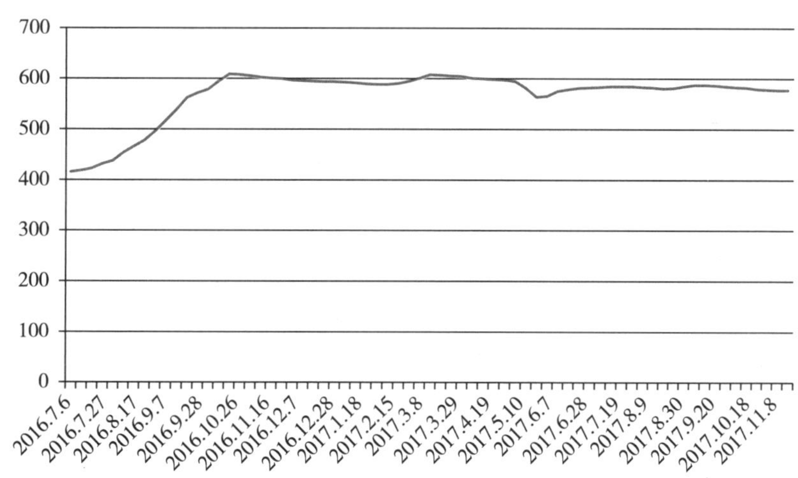

图 2.15 环渤海动力煤价格指数（元/吨）

资料来源：秦皇岛煤炭网。

钢材价格保持上涨态势，波动幅度与往年相比处于中上水平。截至 11 月底，国内钢材综合价格指数为 121.23，与年初的 98.82 相比，涨幅为 22.68%。2016 年、2015 年、2014 年、2013 年、2012 年、2011 年和 2010 年同期，国内钢材综合价格指数的涨幅分别是67.78%、-32.44%、-13.79%、-7.2%、-12.23%、-5.60%和14.51%。今年的波动幅度明显小于2015年和2016年。2010年以来的8年间，在年初和11月末的时段内，钢材价格指数只有2010年、2016年和2017年出现上涨，其余5年均呈现下行态势。微观的钢材价格走势体现出我国钢铁行业的供给侧结构性改革已取得一定成效，而且，今年的波动幅度比2016年减少45.1个百分点，涨幅仍然处于可控区间内，供需结构可以通过市场的自调节来改善。

当前，中上游工业产品价格保持一定涨幅，有利于传统工业企业恢复盈利能力，赢取深化改革的空间和时间，同时也不会给下游工业企业造成过大的运营成本上升压力。工业领域产能总量过剩压力缓解、中上游工业产品价格回升，工业企业的运营成本也会上涨。2017年1~10月份，工业企业主营业务成本累计同比增速为12%，是2012年以来的同期最大增幅，比2016年同期增加了8.3个百分点。但工业企业在2017年以来的利润总额累计同比增速依然保持了持续、较大幅的增长势头。以与电煤价格密切关联的电力、热力的生产和供应业为例：2016年，电煤价格开始回升，行业利润总额累计同比增速迅速由正转负。2017年1~10月份，行业主营业务成本累计同比增速为11.2%，比2016年同期增加了10个百分点，利润总额累计同比增速为-21.7%，这是2009年以来的最低值。但全行业仍然处于盈利状态，1~10月份的利润总额为2856.2亿元，接近2013年的同期水平。火电企业的利润也没有随着电煤价格的上涨而降至“0”下，虽然大幅下降，但全行业依然在“0”上运行。根据上市公司年报，2017上半年，28家火电上市企业的净利润合计为94.48亿元，虽然同比下降67.1%，但依然盈利（见图2.16）。

2.2.3 钢铁和煤炭两大“去产能”重点行业的集中度得到提升

2017年，钢铁行业在2016年12月宝武集团成立以及2017年持续“去产能”和严禁“地条钢”后，产业集中度比“十二五”末期有了较大幅度提升。2017年1~9月份，前十大钢铁企业的产业集中度为46.11%，与2016年同期相比提高3.05个百分点，与2015年低于40%的产业集中度相比有了较大幅度的提高。

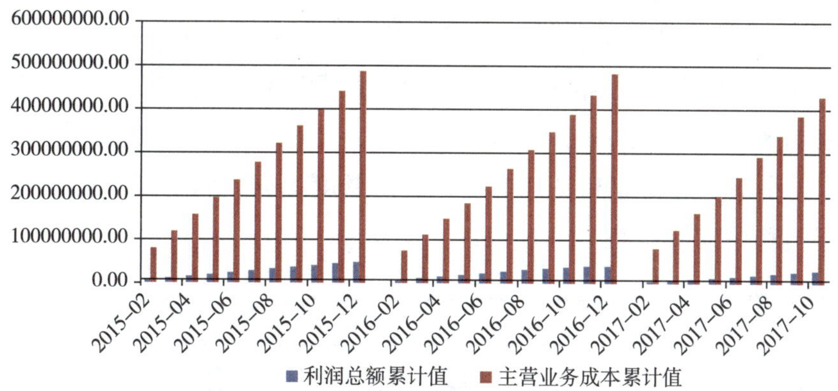

图 2.16　环渤海动力煤价格指数（元/吨）

2017 年，煤炭行业在“去产能”持续推进和环保要求日益严苛的情况下，产业集中度与“十二五”末期相比也有所上升。1~9 月份，前十大煤炭企业的产业集中度为 42.05%，虽然比 2016 年同期降低 2.09 个百分点，但与 2015 年煤炭产业 39.35% 的集中度相比仍然提高 2.7 个百分点。

钢铁、煤炭行业龙头企业的市场影响力也在提升。宝武集团和国家能源投资集团下的神华集团（2017 年 11 月，国电集团和神华集团正式合并重组为国家能源投资集团有限责任公司）是我国钢铁和煤炭产能最大的钢铁和煤炭企业，粗钢和原煤产量的全国占比分别为 9.91% 和 13.44%，分别与 2016 年同期相比提高 2.61 个百分点和 0.94 个百分点（见图 2.17）。

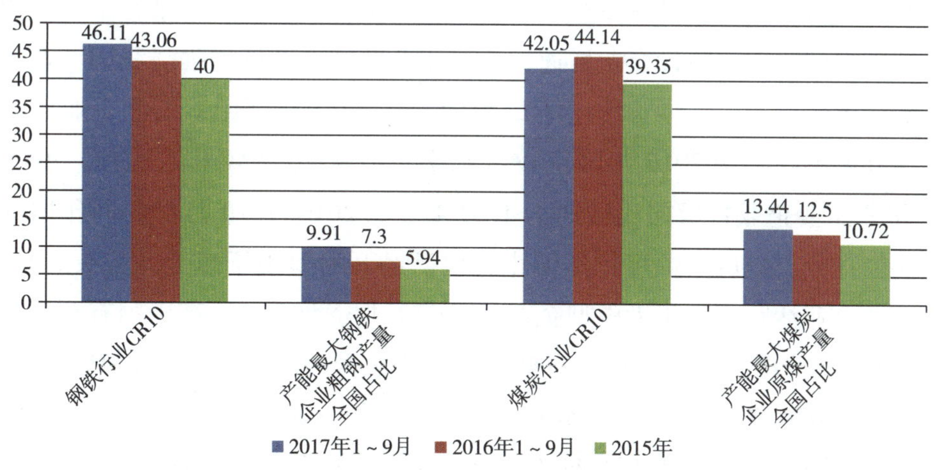

图 2.17　钢铁、煤炭两大“去产能”重点行业的产业集中度（%）

2.2.4 企业经营环境优化，新增工业企业数量较快增长

2017 年 10 月份，我国小型工业企业和民营工业企业在全国工业企业中的占比分别为 84% 和 57.60%，既是经济的稳定支柱，也是重要的活跃因素（见图 2.18）。小型工业企业和民营工业企业活跃度提升，将有助于经济在新的发展阶级保持稳中向好态势。

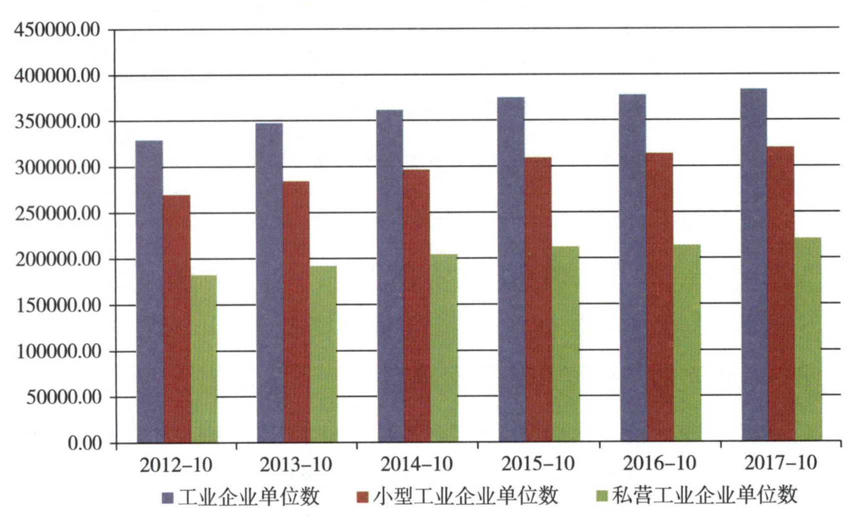

图 2.18 小型工业企业和私营工业企业的数量对比（家）

2017 年，中央政府进一步推进政府“简政放权”和企业“减税降费”工作，在继续落实和完善已有政策的基础上，又不断出台新的政策，工业企业的营商环境得到改善，新设企业增速加快，工业整体活跃度增强。我国工业企业单位数量逐年增长，但增长速度不尽相同。从 2012 年开始，工业企业数量同比增速开始下降，到 2016 年降至较低水平，但从 2017 年开始回升。2017 年 10 月份，工业企业数量同比增速为 1.51%，比 2016 年 10 月份的同比增速高了 0.8 个百分点，虽然幅度依然偏小，但已经开始呈现增速上升势头。其中，小型工业企业活跃度高于大中型企业，私营工业企业活跃度高于国有及国有控股工业企业。2017 年 10 月份，小型工业企业数量的同比增速为 2.03%，比工业企业的平均水平高 0.52 个百分点，比 2016 年 10 月份高 0.59 个百分点；私营工业企业数量同比增速为 3.41%，比工业平均水平高 1.9 个百分点，比国有及国有控股工业企业高 2.3 个百分点，比 2016 年 10 月份高 2.78 个百分点

（见图 2.19）。

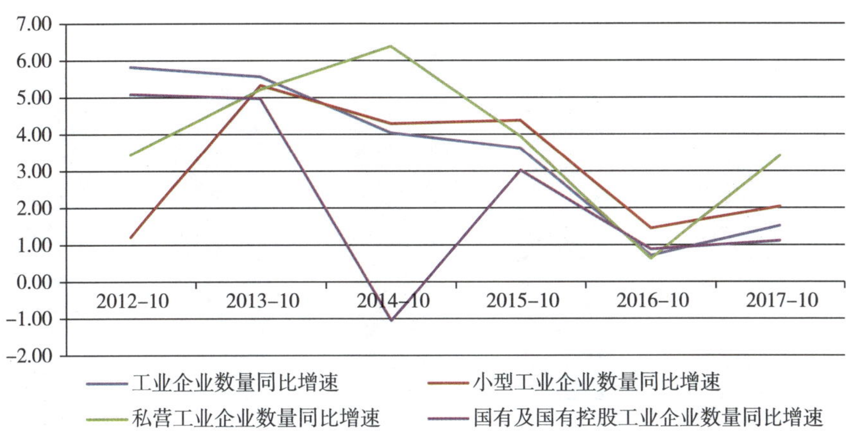

图 2.19　工业企业单位数增长趋势（%）

2.3　工业企业结构调整新趋势

2.3.1　以钢、煤为代表的传统行业企业在工业中的规模比重变化不大，但对工业增长的拉动效应正在减弱

钢铁等冶金行业以及煤炭等采矿行业属于典型的传统工业，在工业中长期占有较高的规模比重。选择煤炭开采和洗选业、石油和天然气开采业、黑色金属矿采选业、有色金属矿采选业、非金属矿采选业、黑色金属冶炼及压延加工业以及有色金属冶炼及压延加工业 7 个行业为例：自 2000 年以来，7 个行业总资产在工业 41 个细分行业中一直保持着较高的比重。7 个行业资产总额在 2000 年 12 月的工业占比为 17.35%，在 2011 年 12 月末的工业占比是 17.99%。到了 2015 年 12 月末，占比提升至 19.77%。截至 2017 年 10 月，占比为 18.03%。自 2000 年以来，7 个行业主营业务收入的工业占比先升后降，截至 2017 年 10 月末，占比为 14.84%，与 2000 年末的 14.55% 基本相当（见图 2.20）。

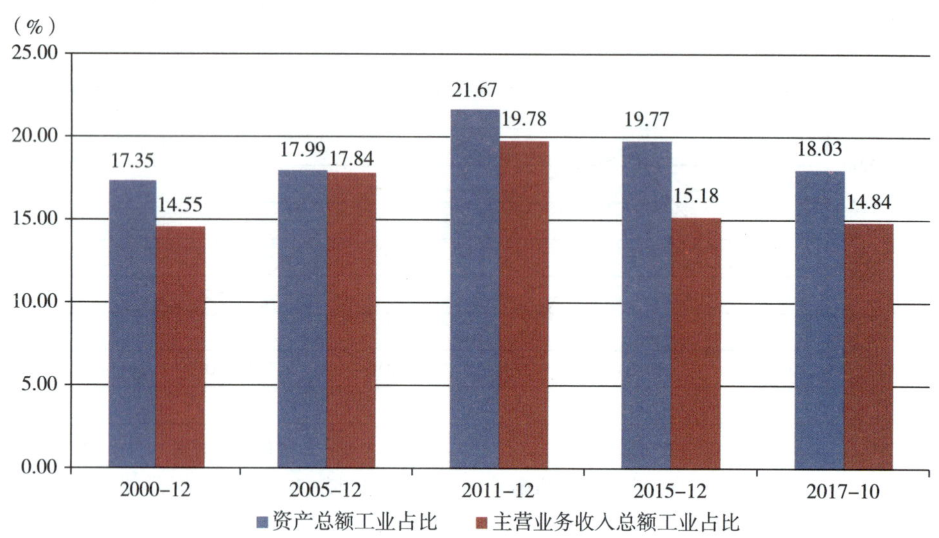

图 2.20　7 个典型传统行业的工业规模比重（%）

一些具有明显规模效益特征的传统行业在速度规模型发展阶段是投资拉动的重要支撑，但在新的发展阶级下对经济增长的促进作用已明显减弱。仍然以 7 个行业为例：在“十一五”的最后一年 2010 年，工业增加值累计同比增速为 15.7%，7 个行业的增速值最高 24.8%，最低 -2.0%，有 3 个行业的增速高于工业平均增速；在“十二五”的最后一年 2015 年，工业增加值累计同比增速为 6.1%，7 个行业的工业增加值增速最高为 11.3%，最低为 1.9%，仅有 1 个行业的增速高于工业平均增速；此后，我国经济结构调整不断深化，2017 年 1～10 月份的工业增加值累计同比增速微幅回升至 6.7%，但 7 个行业的最高增速仅为 1.0%，最低增速为 -4.7%，有 4 个行业的增速低于“0”，7 个行业增长全部低于工业平均水平。这一变化趋势充分说明，工业稳中向好的发展态势并非由传统工业拉动形成（见图 2.21）。

近两年，采矿业企业利润稳步增长，但利润总额在工业企业中的占比却在逐年下降。2012 年 1～12 月份，采矿业企业利润总额的工业占比为 17.68%，2016 年 1～12 月份的占比值大幅降至 2.65%。2017 年，采矿业利润增长较快，1～10 月份利润总额的工业占比有所回升，但也只有 6.58%。与采矿业情况相反，制造业企业利润总额的工业占比逐年上升。2012 年 1～12 月份，制造业企业利润总额的工业占比为 77.24%，2016 年 1～12 月份的占比值升至 90.69%，

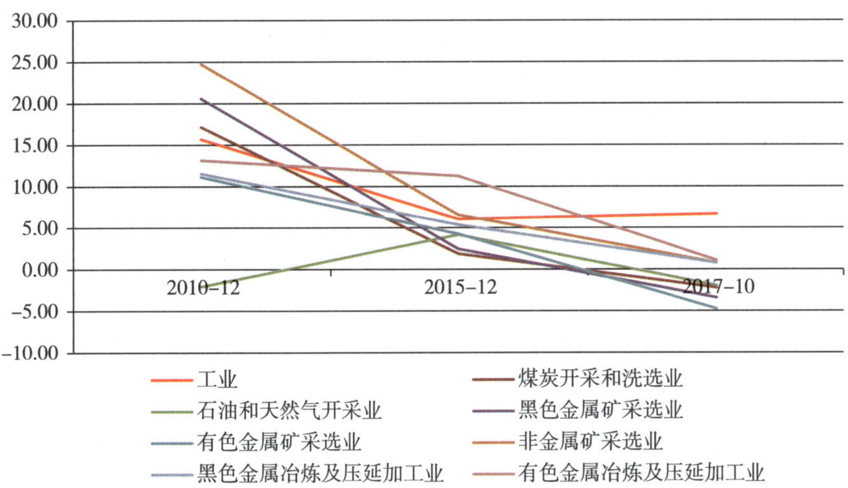

图 2. 21　主要的规模效益型传统工业难以对工业增长形成正拉动（%）

2017 年 1 ~ 10 月份累计利润总额的工业占比为 87. 83%。总体看，制造业企业对工业企业利润的贡献在提升，传统采矿业则明显下降（见图 2. 22）。

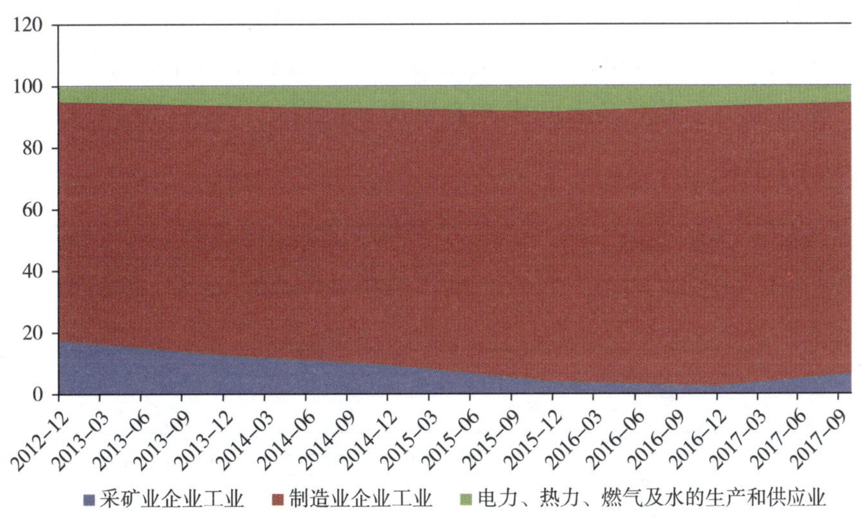

图 2. 22　三大工业类别企业利润总额的工业占比趋势（%）

在 41 个工业细分行业中，这些曾经以规模促效益的传统行业发展速度已经落后于工业平均水平。例如煤炭行业，基本处于负增长区间。2017 年以来，煤炭开采和洗选业的工业增加值当月同比增速仅在 4、5、7 月份实现正增长，正增长的速度较低，分别为 1. 3%、1. 6% 和 0. 9%，其余月份均为负增长。

1～10月份的累计增速仅为-2.2%。例如钢铁行业，增长缓慢。今年以来，黑色金属冶炼及压延加工业增速虽然由负转正，但增长水平并不高。10月份的工业增加值当月同比增速仅为-1.3%，累计同比增速仅为0.5%。分析工业增加值当月同比增速和累计同比增速，两大行业均处于低位运行区间，位于41个工业细分行业的后位，对工业增长的贡献明显减弱。

2.3.2 制造业企业对经济中高速运行正在发挥稳定支撑作用

制造业正在稳定支撑我国工业趋稳向好。2017年，我国工业增加值累计同比增速从3月份开始稳定在［6.7%，6.9%］的区间，制造业的支撑作用最为关键。3月份以来，采矿业一直处于“0”下运行，制造业工业增加值累计同比增速稳定在［7.2%，7.4%］的区间，电力、燃气及水的生产和供应业增加值累计同比增速在［8.1%，8.9%］的区间波动。仅从不同工业类别的增长数值看，电力、燃气及水的生产和供应业的增速要快于制造业，但前者在工业中的规模占比小，并非是工业稳增长的重要因素。截至2017年10月份，制造业企业数量在工业企业总数中的比重为93.89%，电力、燃气及水的生产和供应业的数量占比仅为2.80%；制造业企业资产总额在工业企业总资产中的比重为76.89%，电力、燃气及水的生产和供应业的资产占比仅为14.42%（见图2.23～图2.25）。

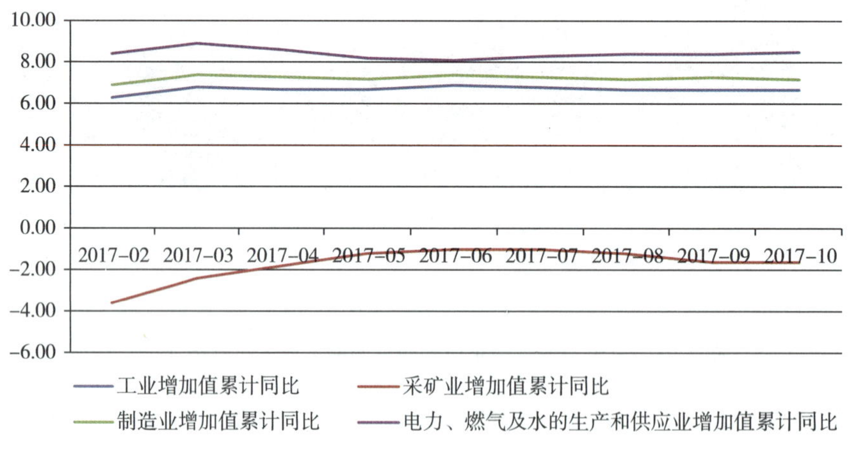

图2.23　2017年三大工业部门的增长态势（%）

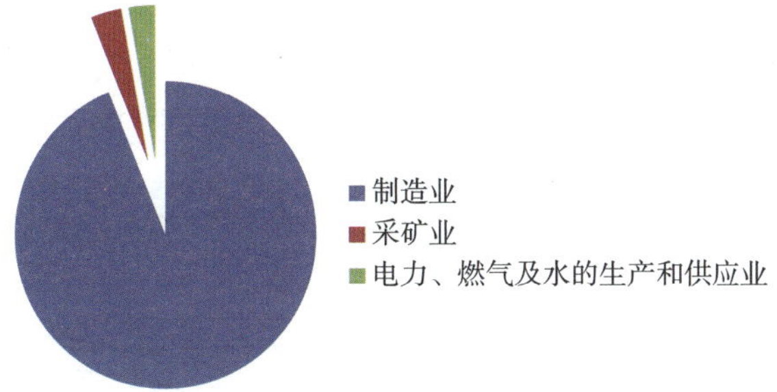

图 2.24　当前三大工业部门的企业数量在工业企业总数中的比重（%）

图 2.25　当前三大工业部门的资产数在工业资产总额中的比重（%）

2.3.3　清洁能源生产企业的产量增速已经开始领先于传统能源

以天然气、风电和太阳能为主的清洁能源产量不断提升，原油产量增速持续负增长，原煤、火电等传统能源产量增速不高。2017 年，经济稳中向好，但传统能源领域的需求表现一般。截至 10 月份，天然原油的国内产量增速为 -4.1%，已经连续 20 个月负增长；原煤产量累计增速为 4.8%，与 2016 年同期相比增加了 15.5 个百分点，但增长水平并不高；火电发电量累计同比增速已经由负转正，前 10 个月的累计值为 5.4%，与 2016 年同期相比增加 3.6 个百分点。与以上能源产品相比，清洁能源的产量增速要快很多。截至 10 月份，三大化石能源之一的天然气产量累计同比增速为 9.7%，与 2016 年同期相比增加 7.8 个百分点，比原油和原煤的增速分别高 11.9 个百分点和 4.9 个百分点；风电和太阳能发电量累计同比增速为 19.7% 和 34.1%，虽然发电总量比不上火电，但增速增幅很大。2017 年，同为清洁能源的水电发电量增幅不大，甚至连续 7 个月负增长，主要原因是降水量偏低，而非市场需求不足（见图 2.26）。

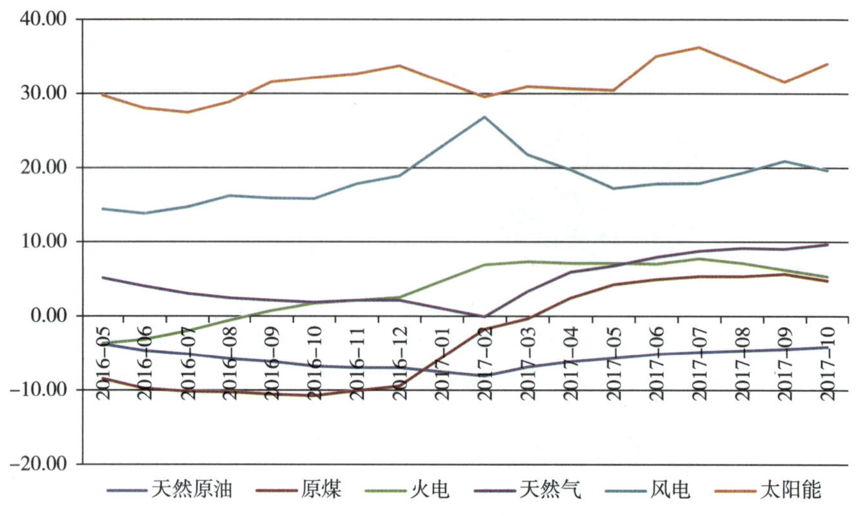

图 2.26　主要清洁能源产量较快增长态势（%）

2.3.4　新兴制造业企业发展不断提速

新兴制造业主要以高科技企业为主，在 2017 年不同程度呈现出较好发展势头，已经对制造业形成一定支撑。以工业机器人、集成电路、新能源汽车、大气污染防治设备和智能手机为例：

我国工业机器人企业起步较晚，但行业规模发展迅速，产量增速从 2016 年开始攀升。2017 年 10 月份，工业机器人产量当月同比增速为 63.7%，累计同比增速为 68.9%，分别与 2016 年同期相比提高 48.6 个百分点和 39.8 个百分点。

近年来，我国集成电路企业依托市场、要素优势快速成长。集成电路行业已经成为较有希望率先实现技术高端突破的新兴行业之一。在“十二五”期间，集成电路产品产量分别在 2011 年、2012 年和 2013 年出现过负增长，但自 2014 年开始始终保持着较快增势，自 2016 年持续实现 2 位数增长。2017 年 10 月份，当月同比增速为 12.6%，累计同比增速为 20.7%，累计同比增速与 2016 年同期相比小幅提升 1 个百分点（见图 2.26）。

我国新能源汽车产销量全球第一。新能源汽车在 2016 年实现了 58.5% 的高增长，在 2017 年的增速前低后高，整体依然保持快速增长水平。2017 年 10 月份，新能源汽车产量达到 47.3 万辆，累计同比增速为 36.7%，比汽车

5.3%的增长水平高了31.4个百分点，全球占比达到53.24%。

近两年，我国大气污染防治设备的制造水平不断提高，产量也保持了两位数字的增长。我国不断提升大气污染防治力度，相关设备需求增长较快。在市场需求的带动下，应用于火电、钢铁等大气污染重点领域的国产设备制造水平有了较快提升，绝大多数设备实现了国产替代。2016年，大气污染防治设备以29.7%的幅度快速上升。经过了2016年的设备集中升级之后，大气污染防治设备的累计同比增速在2017年下降，但到了10月份又恢复至10.7%的较快水平（见图2.27）。

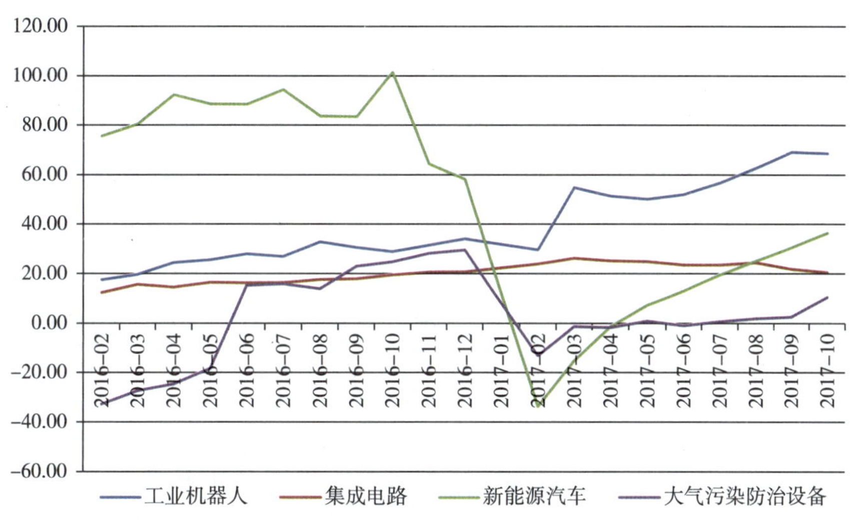

图2.27　部分高新工业产品的较快增长态势（%）

2.3.5　传统制造业企业发展质量进入提升通道

很多属于传统子行业的制造业企业通过持续创新逐渐适应新常态，国际竞争力不断提升。目前的41个制造业企业细分行业是按照传统领域划分的，每个细分行业中又包含了不同的子行业。一些新兴的制造业行业其实是含在子行业之中的，例如发展较快的集成电路行业就属于计算机、通讯和电子设备业。还有一些新型产品，例如新材料、新药品、AI医疗设备、智能仪器、应用于不同领域的智能机器人等，也分属于不同的子行业。除了以上的新兴领域，还有大量的传统子行业，例如钢铁、家电两个子行业分别属于黑色金属冶炼及压延加工业和电气机械及器材制造业。这些传统领域的制造业企业在本轮经济下行周期中受到了不同程度的冲击，目前已逐步适应了经济发展的新常态。企业适应新常态离不开创新，其中有管理创新、模式创新和技术创新等。尤其是一些制造业新兴子行业，本身即是技术创新的结果。传统领域的制造业子行业的产品不断升级，很多领域的技术创新成果也很显著。航空航天、高铁机车、专用材料、专用设备、集成电路、电子信息、智能手机、家用电器等，各个制造领域不断取得中高端技术突破，即使是大众产品，其国际市场占有率也在稳步提升。

就钢铁、家电两个传统子行业来看，我国钢铁行业的国际影响力达到了新的历史高度，钢铁企业可以根据国内、国际市场的价格状况灵活调整出口策略，当前影响行业国际化竞争的主要因素不再是技术而是出口国家的钢铁贸易政策环境。2015 年，国内产能过剩最为严重，国内钢材价格降至 2010 年以来的最低水平。钢铁企业调整策略，积极拓展国际贸易，当年的钢材出口量达到了 1.12 亿吨，创下历史最高纪录，同比增速为 19.15%。家电行业已经具备了清晰的品牌化、智能化、高端化特征。国产家电产品的全球市场份额已经超过了 50%，美的大型家电的国际市场占比居全球第二位，格力空调已掌握全球领先的双级变容积比压缩机技术，小家电新产品、新功能也在不断更新。

2017 年，传统制造业企业的经济环境基本稳定在中高速水平，规模效益的传统老路很难重复，企业竞争从国内市场扩大到全球市场的趋势更为明显，企业的发展质量进入提升通道。概括起来为：传统制造业企业发展质量提升，一是体现在突破性创新带来的增量效益，例如技术进步主导的新兴行业日益成熟；二是体现为改进型创新带来的存量升级，例如钢铁和家电等传统子行业向全球产业价值链的中高端位移和基础产品可靠性的大幅提升。两类发展相辅相成，传统子行业为新兴子行业打下了完善的工业基础，并提供了广阔的应用市场；新兴子行业的壮大也为传统子行业升级提供了必要的技术和产品支撑。

2.3.6 一些具有技术密集型特征的传统制造业企业持续向好

2017 年，6 个制造业细分行业保持了向好的运行态势，工业增加值累计同比增速始终处于制造业前 10 位。截至 10 月份，医药制造业，通用设备制造业，专用设备制造业，汽车制造业，计算机、通信和其他电子设备制造业以及仪器仪表制造业保持了较高的增长水平，工业增加值累计同比增速始终超过10%，增长水平一直保持在制造业前10位。6个细分行业在“十二五”期间也都经历了下行期，有的行业还出现了增速低于工业企业平均增速的情况，但行业内部的结构调整较快，已经基本适应了中高速发展节奏，并稳定在较好水平（见图2.28）。

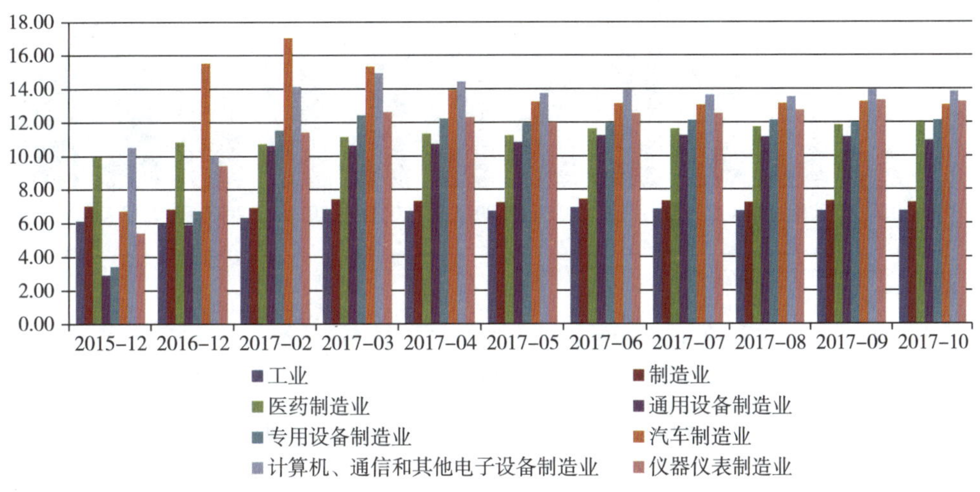

图2.28　6个发展态势较好的制造行业工业增加值累计同比增速（%）

6个行业均具有技术密集型特征，目前保持着较高的盈利水平。其中的通用设备制造业、专用设备制造业、仪器仪表制造业以及计算机、通信和其他电子设备制造业都属于装备制造领域，属于工业的核心部门，一直是我国技术进步的基础领域，对资本、技术和人力资源要求非常高。航空设备制造、集成电路等一些新兴子行业就属于这一类。当前信息化、通信和智能技术快速发展，以上4个行业的技术更迭非常快，可以用日新月异来形容。医药制造业和汽车制造业属于传统领域的技术密集型行业，世界级大企业均掌握有核心专利技术。经过近几年的结构调整和升级，我国6个行业的企业与国际一流水平的技术差距正在逐步缩小，产业配套能力在不断增长。近两年，我国加大了“去产能”的行政力度，以钢铁、煤炭等为代表的产能过剩行业的企业利润大幅度回升。与之相比，6个行业的企业利润增速总体落后于钢铁、煤炭等行业，但也在向好。除了汽车制造行业外，其他5个行业的利润总额累计同比增速均在

14%以上，专用设备制造业和仪器仪表制造业的利润总额累计同比增速甚至高于工业平均水平。2017年10月份，汽车制造业的利润总额累积同比增速为8.8%，与去年同期相比下降5.1个百分点，这与汽车市场供需结构和车企的销售策略有一定关系（见图2.29）。

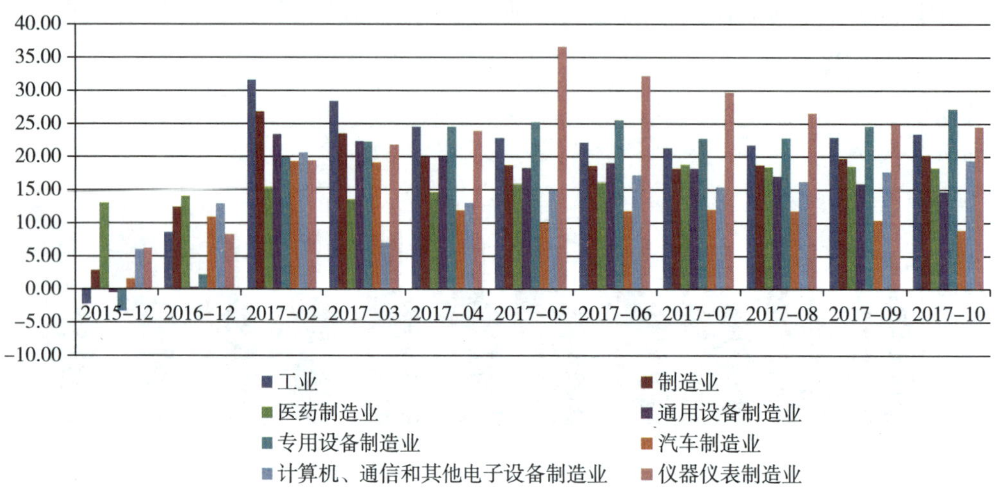

图2.29　6个发展态势较好的制造行业企业利润累计同比增速（%）

2.4　工业企业主要问题

2.4.1　采矿业企业虽然脱困但效率依然不高，结构调整仍将持续

在经济企稳向好的大环境下，采矿业依然处于“0”下运行，但利润增幅非常大，已实现脱困。2017年1~10月份，采矿业运行持续低迷。前10个月的工业增加值累计同比增速仅为-1.6%，虽然降幅没有进一步扩大，但与去年同期相比仍然增加了1个百分点。采矿业的细分行业共有7个，其中的石油和天然气开采业、煤炭开采和洗选业、黑色金属矿采选业、有色金属矿采选业均为负增长，非金属矿采选业实现0.8%的微增，只有开采辅助活动和其他采矿业保持了较高增幅。与采矿业企业生产并不活跃的态势相反，全行业利润总额的累计同比增速却高达405.4%（见图2.30、表2.2和表2.3）。

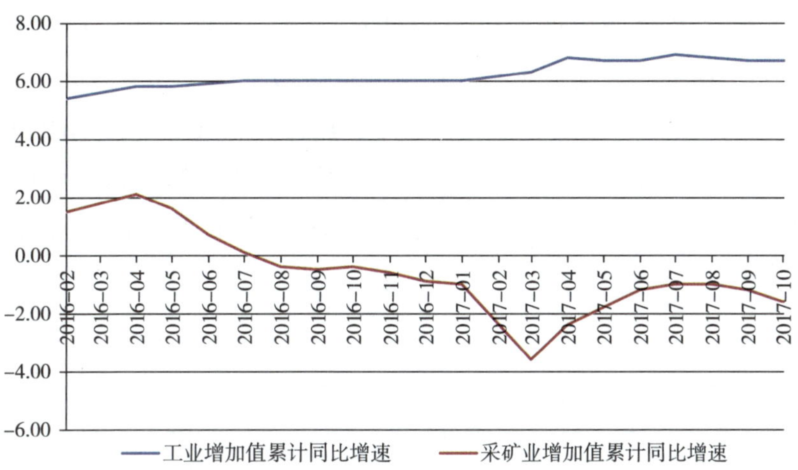

图 2.30　采矿业"0"下运行态势（%）

表 2.2　　　　采矿业利润大幅回升态势（%）

时间	工业企业	采矿业
2015－12	－2.30	－58.20
2016－12	8.50	－27.50
2017－05	22.70	7936.00
2017－06	22.00	1338.00
2017－07	21.20	788.90
2017－08	21.60	587.50
2017－09	22.80	473.80
2017－10	23.30	405.40

表 2.3　　　　采矿业细分行业的工业增加值累计同比增速对比

<工业平均水平的细分行业数量	<0 的细分行业数量	<5% 的细分行业数量	<10% 的细分行业数量
22 个：其中采矿业 4 个	5 个：其中采矿业 4 个	14 个：其中采矿业 5 个	29 个：其中采矿业 6 个

备注：共有 41 个工业细分行业，其中采矿业细分行业共有 7 个。采矿业只有开采辅助活动一个细分行业的工业增加值累计同比增速达到了 13.3% 的较好水平。

利润回升的主要原因是市场供需关系在"去产能"政策的影响下有了明显改善，但整个行业的运行效率并不高。2017 年 1～10 月份，工业企业每百万资产实现的主营业务收入为 112.1 元，采矿业企业只有 55.4 元，制造业企业和电力、热力、燃气及水的生产和供应业企业分别是 132.2 元和 41.8 元。电力、热力、燃气及水的生产和供应业具有一定公益性，所以情况较为特殊。2017年1～10月份，工业企业的人均主营业务收入为133.9万元/人，采矿业企业是90.6万元/人，制造业企业和电力、热力、燃气及水的生产和供应业企业分别是134.4万元/人和196.8万元/人。通过简单的数据比较就可发现，采矿业的资产效率和人力资源效率均落后于其他两个工业行业（见图2.31、图2.32）。

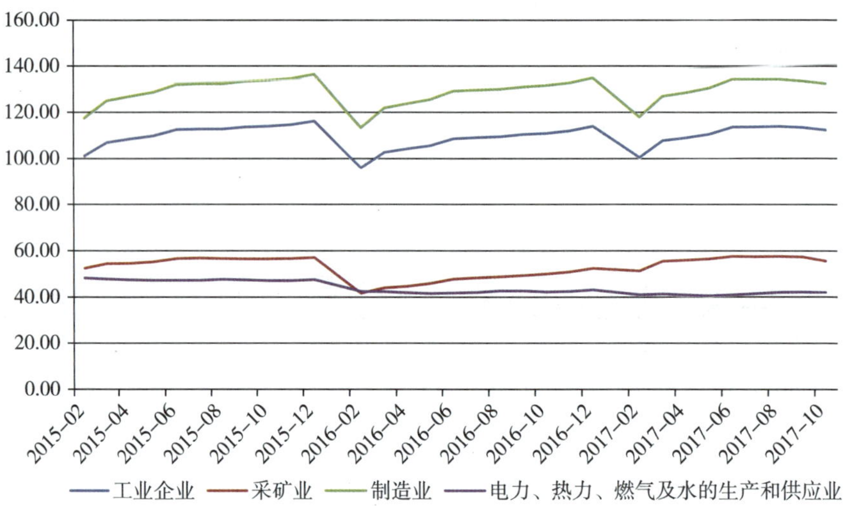

图2.31　三大工业行业每百万资产实现的主营业务收入（元）

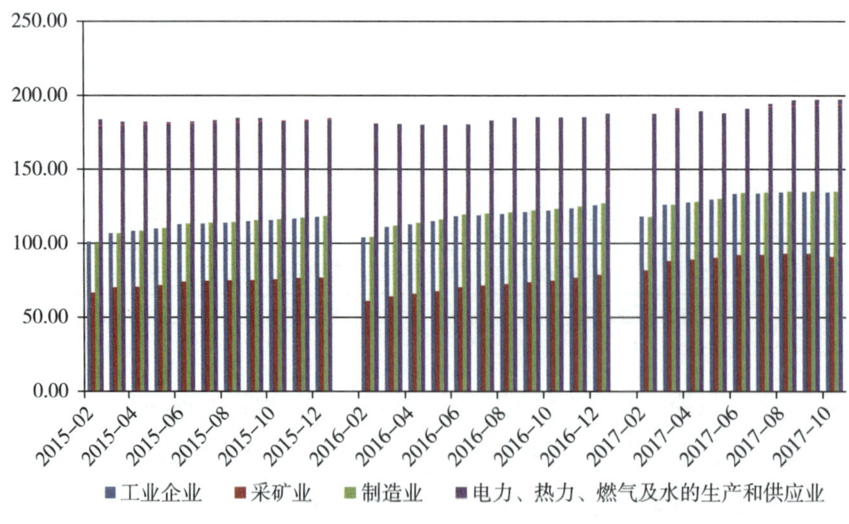

图2.32　三大工业行业人均主营业务收入（万元/人）

数据与实际情况基本吻合，能够进一步证明：采矿业企业“低效难去”的结构性难题依然存在。存量负担重，难以做到“轻装上阵”；创新方向不明，增量效益难以产生。因此，采矿业企业虽然利润大幅度回升，但只是给结构调整提供了时间和空间，今后一段时间仍将困难重重。困难主要体现在产能结构和业务结构优化难、人员负担和债务负担重等几个方面。对于国有采矿业企业而言，还存在体制和机制改革等问题。

2.4.2　部分传统制造业企业持续低位徘徊，体现出高端材料供给不足，不利于制造业整体高端位移

分属31个细分行业的制造业企业两极分化较为明显，共有16个制造业细分行业的增长水平低于工业平均增速。41个工业细分行业中有31个属于制造业，31个制造业细分行业整体稳中向好，其中的6个行业表现突出，但也有少数行业的发展落后于工业平均水平，个别行业较长期在低位徘徊。2017年1~10月份，黑色金属冶炼和压延加工业、有色金属冶炼及压延加工业持续“0”下运行，另外，还有14个行业的工业增加值累计同比增速低于工业平均水平（见表2.4）。

表2.4　　制造业企业两极分化特征（%）

2017年1~10月工业增加值累计同比增速：6.7	
通用设备制造业	10.90
医药制造业	12.00
专用设备制造业	12.10
汽车制造业	13.00
仪器仪表制造业	13.20
计算机、通信和其他电子设备制造业	13.80
废弃资源综合利用业	-0.10
黑色金属冶炼及压延加工业	0.50
有色金属冶炼及压延加工业	1.10
烟草制品业	3.90
化学原料及化学制品制造业	3.90
纺织业	4.20
石油加工、炼焦及核燃料加工业	4.20

续表

2017年1~10月工业增加值累计同比增速：6.7	
非金属矿物制品业	4.20
造纸及纸制品业	4.90
皮革、毛皮、羽毛及其制品和制鞋业	5.00
化学纤维制造业	5.30
纺织服装、服饰业	6.20
橡胶和塑料制品业	6.30
其他制造业	6.40
农副食品加工业	6.60
木材加工及木、竹、藤、棕、草制品业	6.60

注：表中数据为工业增加值累计同比增速。

以上16个低于工业平均水平的制造业行业多为传统领域，表明我国传统制造业企业仍未实现高端突破。经过多年发展，16个行业的存量部分已经具备了一定的市场份额，但国际竞争力主要集中在中低端市场，还难以实现从中低端向高端跨越。高端化的瓶颈很多，但主要是不掌握高端核心技术、不具备高端服务能力、缺少高端配套体系、缺少高端人才等几个固有的问题。在经济增速下降、消费水平提升的转型阶段，这些制造业企业普遍面临较大压力。16个传统制造业行业都拥有新兴领域，但同样受制于技术、能力和人才，目前只是在少数几个点实现了高端突破，还没有形成增量效益。

进一步分析16个行业企业的制造领域可发现，我国缺少高端材料制造企业，不利于制造业的整体高端位移。16个制造业细分行业中，多是为下游提供材料的制造企业，像黑色金属冶炼及压延加工业，有色金属冶炼及压延加工业，化学原料及化学制品制造业，纺织业，石油加工、炼焦及核燃料加工业，非金属矿物制品业，化学纤维制造业，橡胶和塑料制品业等，都属于基础领域的材料生产部门。而发展较好的6个制造行业全部是从事下游消费品制造的行业。也即：具有技术密集特征的下游消费品制造企业保持了较好的发展态势，是工业保持稳中向好态势的重要保障。但中上游材料制造企业的发展相对滞后，主要问题在于高端供给不足。具有技术密集特征的下游消费品制造业发展态势好，有两个因素非常关键：一是我国市场需求规模全球领先，带动并吸引了产品制造部门的发展和集聚；二是材料采购全球化，能够弥补国内高端材料供应不足的劣势。但国际采购高端材料也存在明显弊端，一是由于国内空白导致外商供应成本过高，二是国外对一些敏感领域的材料实施出口“封锁”。下游制造企业创新必然受制于国内高端材料供应不足，并直接影响我国制造业企业向全球价值链高端位移。

2.4.3　工业企业债务风险不容忽视

（1）工业企业利润大幅增长拉低了资产负债率，但财务费用和利息支出已恢复为正增长，还债压力仍在

2017 年，工业企业的资产负债率在利润大幅增长的情况下稳步下降。1～10 月份，工业企业的利润总额累积同比增速高达 23.3%，有效带动了资产总额的增长。2017 年 1～10 月份，工业企业资产总额累积同比增速为 7.7%。同期，工业企业的负债总额虽然也在增长，但累积同比增速为 6.7%，低于资产总额的增速。这是 2015 年以来工业企业的资产负债率持续保持下降态势的主因。1～10 月份的资产负债率累计值为 55.7%，与 2 月份相比减少 0.5 个百分点，与 2016 年和 2015 年同期相比分别减少了 0.4 个百分点和 1.1 个百分点。

利润快速增长拉低了工业企业的资产负债率，但工业企业的负债增速并没有减缓，还债压力仍在。2017 年前 10 个月的资产总额累计同比增速比 2016 年前 10 个月的值高了 0.6 个百分点，负债总额累计同比增速比 2016 年前 10 个月高了 0.4 个百分点（见表 2.5）。

表 2.5　　工业企业的利润、总资产和负债（%）

利润累积同比增速		总资产累积同比增速		负债累积同比增速	
2017 年 1～10 月份	2016 年 1～10 月份	2017 年 1～10 月份	2016 年 1～10 月份	2017 年 1～10 月份	2016 年 1～10 月份
23.3	8.6	7.7	7.1	6.7	6.3
2017 年上升 14.7 个百分点		2017 年上升 1.29 个百分点		2017 年上升 1.6 个百分点	
工业企业负债风险不可忽视：利润有效带动总资产增长，总资产的增速快于负债增速，因此资产负债率下降。但负债增速与去年同期相比仍在上升。					

工业企业的财务费用和利息支出呈现上涨趋势。1～10 月份，财务费用累计同比增速为 5.5%，与 2 月份相比提高了 6.7 个百分点，与 2016 年和 2015 年同期相比分别提高了 11.3 个百分点和 4.2 个百分点。2015 年以来，工业企

业的财务费用先降后涨，在 2016 年 8 月份降至 2015 年以来的最低增长速度 -6.2%，之后逐步回升，目前的 5.5% 的增速与 2016 年 8 月份的值相比提高了 11.7 个百分点。工业企业利息支出累计同比增长趋势基本与财务费用的趋势同步，2015 年以来的最低点出现在 2016 年 6 月份，值为 -8.2%。2017 年 1～10 月份，工业企业利息支出累计同比增速恢复至 5.2%，与 2016 年 6 月份相比提高了 13.4 个百分点（见图 2.33）。

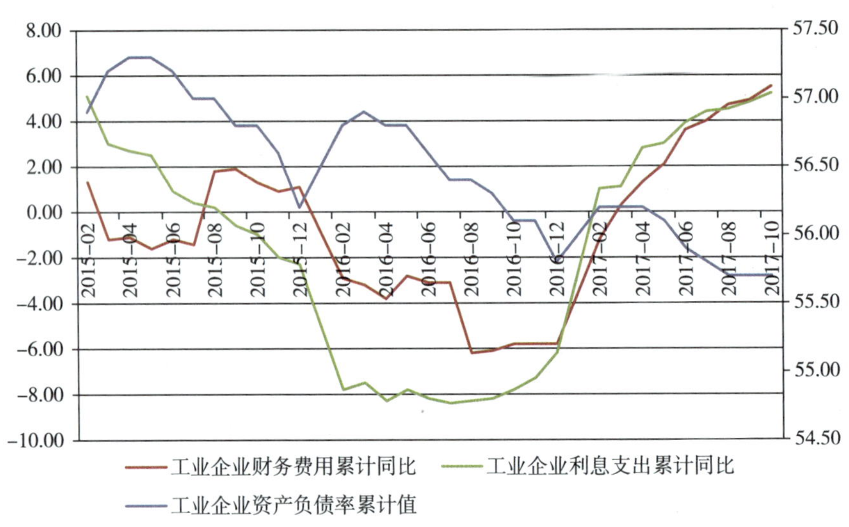

图 2.33　工业企业负债压力（%）

（2）从工业行业分析：以钢铁、煤炭等传统行业为主的工业企业资产负债率偏高

国家统计局共公布了 37 个工业细分行业的资产负债率，数值最高的 4 个行业均属于传统行业，分别是煤炭开采和洗选业，石油加工、炼焦及核燃料加工业，黑色金属冶炼及压延加工业和有色金属冶炼及压延加工业，资产负债率都超过了 63%。2017 年 1～10 月份，采矿业和制造业企业的资产负债率分别是 60.4% 和 54.2%。两者相比较，采矿业债务负担高于制造业。采矿业中，煤炭开采和洗选业的资产负债率最高，值为 68.24%，比采矿业企业平均水平高了 7.84 个百分点，比工业企业平均水平高了 12.54 个百分点；制造业中，黑色金属冶炼及压延加工业的资产负债率最高，值为 65.04%，比制造业企业平均水平高了 10.84 个百分点，比工业企业平均水平高了 9.34 个百分点（见

图 2. 34）。

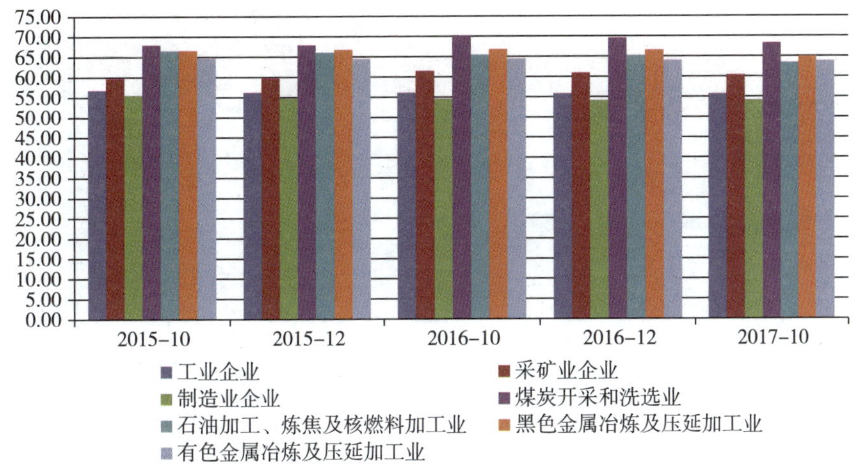

图 2. 34　资产负债率偏高的四个工业细分行业（%）

4 个资产负债率偏高的工业行业也是持续低位运行的中上游传统材料生产行业。从图 2. 34 可以看出，4 个行业企业的资产负债率一直居高不下，说明行业资产质量不高。这也是制约钢铁、煤炭等传统行业转型升级的一大瓶颈。

（3）从企业规模分析：大中型工业企业的贷款和发债风险较高

大中型工业企业的资产负债率高于规模以上小型企业。2017 年 1 ~ 10 月份，大中型工业企业的资产负债率为 56. 51%，比工业企业平均值高了 0. 81 个百分点。如果按照规模以上大中型企业和规模以上小型企业两大类型划分，规模以上小型工业企业的同期资产负债率为 53. 72%。大中型工业企业的资产负债率累计值比小型工业企业高了 2. 79 个百分点。当前，小型工业企业融资难是一个主要原因。受制于资产规模小、信用等级不高等因素，小型工业企业的融资难度要比大型工业企业大很多（图 2. 35 和图 2. 36）。

大中型工业企业的负债主要体现为银行贷款和企业债。2017 年 1 ~ 10 月份，大中型工业企业的财务费用累计同比增速为 6. 1%，比工业企业平均水平高了 0. 6 个百分点；利息支出累积同比增速也是 6. 1%，比工业企业平均水平高了 0. 9 个百分点。从财务费用和利息支出的变化趋势看，大中型工业企业的负债主要以银行贷款为主。而且，大中型工业企业目前的财务费用和利息支出的增速均高于工业平均水平。2016 年，大中型工业企业的财务费用和利息支出

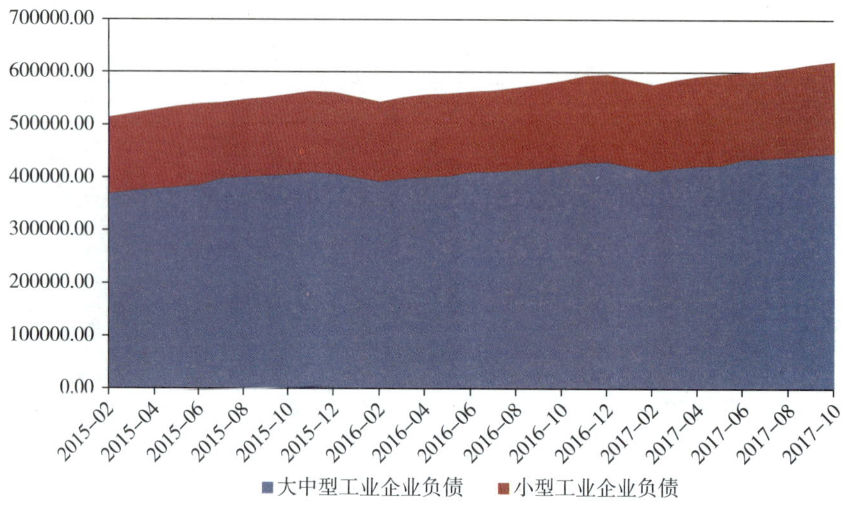

图 2.35 规模以上大中型工业企业和小型工业企业负债情况（亿元）

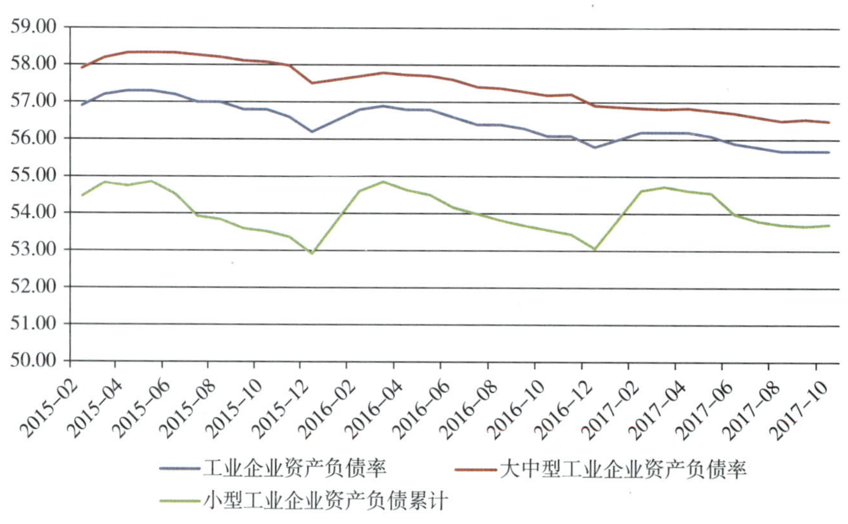

图 2.36 规模以上大中型工业企业的资产负债率偏高（%）

分别为 -7.7% 和 -8.4%。大中型工业企业银行债务和企业债在 2017 年呈现加快增长态势。

（4）从所有制类别分析：国有工业企业的债务违约风险更高

国有工业企业存在高贷、高债风险。看资产负债率，国有工业企业债务风险大。2017 年 1～10 月份，国有工业企业的资产负债率为 65.86%，比工业企业平均水平高了 10.16 个百分点。前 10 个月，国有工业企业的利润总额累计同比增速为37.8%，比工业企业平均水平高了14.5个百分点；资产总额累计同比增速为6.9%，比工业平均水平低了0.8个百分点；负债总额累积同比增速为7.9%，比工业平均水平高了1.2个百分点。国有工业企业的利润增速比工业企业平均水平高出很多，但并没有拉低资产负债率，说明历史债务的基数较高。再加上2017年以来的负债增速仍然保持了高于工业企业平均水平的较高幅度，导致国有工业企业存在较高的债务风险，而且与大中型工业企业相同，主要集中于银行贷款和企业债领域。前10个月，国有工业企业的财务费用累积同比增速为-1.3%，利息支出累积同比增速为2.2%。这组数字明显低于工业企业平均水平，但与2016年同期相比却呈现较快回升趋势。在负债增长的同时，利息支出也在较快回升，反映出国有工业企业的银行贷款和企业债的规模在2017年增幅较大。历史基数高、增量增幅大，国有工业企业面临较高的银行贷款风险（见表2.6）。

表2.6　　工业企业的利润、总资产和负债（%）

项目	2017年1~10月份		2016年1~10月份	
	工业企业	国有工业企业	工业企业	国有工业企业
利润总额累计同比增速	23.3	37.8	8.6	7.4
资产累计同比增速	7.7	6.9	6.3	10.5
负债累计同比增速	6.7	7.9	5.1	7.8
财务费用累积同比增速	5.5	-1.3	-5.8	-5.1
利息支出累积同比增速	5.2	2.2	-7.8	-4.2
国有企业债务风险偏高：债务基数较大，利润大幅增长没有带动资产增速“跑赢”负债增速。当前负债增速高于去年同期水平0.1个百分点。存量加增量，国有企业债务风险偏高，主要集中于银行贷款领域。				

国有工业企业中，中央工业企业的资产负债率高于地方国有工业企业。2017年10月份，中央工业企业的资产负债率为68.06%，比国有工业企业平均水平高2.2个百分点，比工业企业平均水平高12.36个百分点，比大中型工业企业高9.35个百分点（见图2.37）。

（5）私营工业企业的债务风险应重点关注非银行贷款领域

私营企业资产负债率和利息支出累积同比增速均低于工业企业平均水平，但财务费用累积同比增速却明显高出。2017年1~10月份，私营企业的资产负债

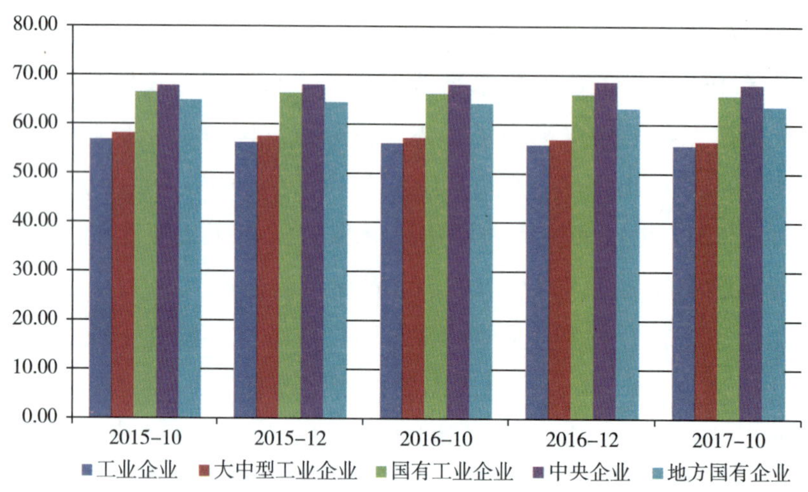

图 2.37 规模以上国有工业企业的资产负债率（%）

率为 51.44%，比工业企业平均水平低了 4.26 个百分点；利息支出累积同比增速为 4.5%，比工业企业平均水平低了 0.7 个百分点；但财务费用累积同比增速却达到了 8.5%，比工业企业平均水平高出 3 个百分点（见表 2.7）。

表 2.7 私营工业企业的资产负债率、财务费用和利息支出（%）

工业企业资产负债率	55.70
私营工业企业资产负债率	51.44
工业企业财务费用累计同比增速	5.50
私营工业企业财务费用累计同比增速	8.50
工业企业利息支出累计同比增速	5.20
私营工业企业利息支出累计同比增速	4.50

私营工业企业的融资普遍要难于国有工业企业，因此债务风险集中在银行贷款领域之外。表 2.7 中的 3 组数据存在差异，看似矛盾，其实有内在原因，即私营工业企业获得银行贷款的难度较大。2017 年 1～10 月份，私营工业企业的资产总额累积同比增速为 8.69%，负债总额累积同比增速为 8.96%。负债增速高于资产增速的趋势也与工业企业整体情况相反，说明私营工业企业的债务负担并不轻松。较低的资产负债率并非源于私营企业的债务压力小，而是源于融资渠道的不同，因此私营工业企业债务风险的集中点主要在银行贷款领域之外。这种情况在中小型私营工业企业和钢铁、煤炭等传统领域的大型私营企

业中较为多见。

2.5 政策建议

2.5.1 以提质为目标优化传统工业结构

传统工业企业对工业的拉动效应虽然减弱，但规模占比依然很大，是工业发展的重要稳定因素，目前的主要问题是效率不高。这属于结构性难题，应以提升运行质量为目标，从提高存量资产效率和工业产品品质两个方面入手。

一是提高存量资产效率。传统工业企业发展时间较长，存量资产不同程度存在效率低的问题。主要体现在三个方面：资产老化，不具备绿色、智能等现代化特征，有些产能利用率非常低的资产就是所谓的“僵尸”；运营成本高，普遍存在冗员多、社会负担重、财务成本高的问题，一些老矿还由于开采年限长、开采条件复杂而导致开采成本和安全成本双高；内部机制僵化，难以推进改革和创新。低效的存量资产缺乏市场竞争力，是传统工业企业的重要亏损源，但恰恰由于人员、债务、机制等问题，难以市场化退出。提高传统工业运行质量应首先从存量资产入手，加大供给侧结构性改革的力度，退出一批低效资产。对于一些资产总量大、职工人数多、贷款数额高的低效存量资产，相关政府部门应联合出台资产、人员、债务处置方案。可发挥试点的引导性作用，借鉴沈阳机床的改革试点方式，先行一批。

二是提高工业产品品质。产品品质不过硬是我国工业参与全球化竞争的“硬伤”，其中有技术不过关的客观原因，也有制造文化、质量管理等主观问题。提高品质需要从存量和增量两个方面下功夫：对于存量，落实质量强国战略，健全工业质量体系，强化标准化管理，做有品质的中国制造。这也是一些传统工业产品具备全球竞争力的成功经验。对于增量，建议重点引导传统工业企业根据新的市场需求强化大众产品质量和功能，做好技术改进型创新；同时，支持工业企业瞄准产业价值链中高端市场开发新型产品，通过突破性创新形成传统工业领域的增量效益。对于采矿业企业，支持的重点是改进型创新，强化流通服务，提升各种矿产资源的供应品质；对于制造业企业，要支持突破性创新，也要重视改进型创新。在鼓励制造业企业开发新产品、新功能的同时，更要完善政府在质量标准方面的基本职能。

2.5.2 引导产业链协同创新促进制造业高端升级

我国制造业上中下游的发展步伐不一致，具有技术密集特征的下游消费品制造企业发展态势较好，中上游材料制造企业发展滞后，对制造业整体高端位移形成制约。促进制造业高端升级，要提高设备、材料的国产化率，设备国产化也需要国产材料跟进。因此，制造业高端升级，仅依靠下游制造企业单方面努力是不行的，需要产业链协同创新。

一是支持制造业龙头企业建立企业协同创新网络。在全球关键技术领域，我国已经拥有了一批制造业龙头企业，掌握了一定水平的先进技术，拥有在全球采购的集成能力。但制造业龙头企业的高端突破都存在缺少国产设备和材料的难题，对此，建议国家支持这类企业建立起国内协同创新网络。例如选择高端芯片、机床、特种设备等行业的龙头企业，面向研发的高端产品需求，鼓励龙头企业建立国内创新平台，集聚一批优秀的国内系统设计、中上游设备和材料制造等各环节企业开展成套技术的系统性研发，整体提升产业链创新能力。政府可通过出台针对创新网络的激励、融资、土地、税收、补贴等支持政策巩固和增强龙头企业的领先地位。

二是面向市场应用建立特殊材料协同创新网络，及早布局新兴领域。针对我国高端材料供应不足的现状，可有重点地选择特殊材料领域打造协同创新平台。例如根据当前的技术趋势，可选择特殊合金材料和特色半导体材料。特殊合金材料具有耐腐蚀、耐高温、耐严寒、抗压力等特殊性能，可广泛应用于航空、航海、航天等领域，民用空间也越来越大。特色半导体工艺采用非硅材料，例如化合物半导体，具有硅材料无法实现的节能、高频、高速、耐高温、光电转换率高等优良特性，适用于高频传输、高速处理、无线通信等技术的发展，产品功能主要是照明、感应、光电效应等，在5G时代的应用领域非常广，包括通信、航空、导航、雷达、卫星等特殊领域以及电视、可穿戴设备、物联网、教学、医疗、种植、娱乐等消费领域。化合物半导体芯片能够在一些领域替代高端硅材料芯片，也能够将自身的传输和光电转化等优势与硅材料的存储和运算优势相结合提升未来高端智能产品的性能。建议依托我国已经建立的特殊合金材料和特色半导体产业基础，以制造企业为龙头，集聚国内已经具有一定基础的上下游企业构建特色材料协同创新网络，争取在新兴领域占领技术制高点。

三是支持协同创新项目，加速形成高端制造技术带。制造业创新网络集聚了我国最优秀的制造企业，每个企业都能共享创新网络的创新资源。建议政府进一步强化网络内各企业的创新能力，调整将各类支持政策，从重点支持单个企业创新转变为有针对性地支持产业链上、中、下游的协同创新，将政府资源向产业链上、中、下游的网络创新倾斜，加速形成更为完善的高新技术成套技术带。

2.5.3　多策并举破解工业企业债务难题

工业企业的债务压力依然较大，是目前工业运行的主要风险之一，也是低效资产虽然当退，实则难退的一个重要原因。破解债务难题，需要多项举措共同推进。

一是摸清“家底”，建立完善的企业债务数据系统。我国工业企业债务压力大，从目前的统计数据中可以看出，在企业调研中也能够得到反映。但企业债务规模到底有多大、风险等级多高、风险点在哪里，则很少有人能够说得清楚。目前的统计数据并不支持上述研究。政府在不清楚家底的情况下很难做到精准施策。建议政府立足长远，做好相关部门的数据联网工作，建立起与现代化治理要求相匹配的数据系统，强化数据预警功能。

二是创新债转股。债转股仍然是目前化解传统领域大中型国有企业债务问题的重要手段，但情况发生了变化，债转股的实施并没有达到预期的效果。首先，金融机构实施债转股是建立在盈利预期基础之上的，以前实施债转股的资产只是债务负担过重但还有价值，还具备潜在的盈利能力。企业实施债权转股权后，大大缓解了当时的还债压力，并很快步入快速发展的轨道。债转股的资产也因此进入了新一轮的盈利周期。当前银行还是希望对企业有潜在盈利能力的较高债务资产实施债转股，但实际需要通过债转股缓解还债压力的资产往往是资产价值正在大幅下降的那些已经没有发展前景的低效资产。其次，当年传统企业的股权结构较为简单，但现在债转股资产的股东很多是多元的，实施债转股首先要经过股东间的博弈。再次，目前需要债转股的资产与以前相比过于庞大，银行资金有限，难以按计划落实。当前实施债转股，必须考虑发生的变化，在方式方法上有所创新。因此，有以下两点建议：第一，明确新债转股的主要目的不是为了企业减债而转，也不仅仅是为了银行权益而转，最重要的还是要提升工业企业的效率，也即通过债转股减少低效资产。因此，在债转股的同时还要同步建立低效资产处置平台，对低效资产进行必要的优化重组。第二，创新金融机构的退出渠道，可立足不同案例资产处置的具体方式，用好“去产能”的金融政策，借力国有资本投资管理体制改革以及混合所有制改革，多渠道、市场化拓展金融资本的退出。

三是解决“去产能”后的债务难题。钢铁、煤炭等行业“去产能”进展较快，但产能去除后的债务问题一直没有得到有效解决。考虑去除的产能资产价值较低、难以重复利用等现实情况，建议尽快给出统一的司法解释，突破目前的僵局。

执笔：周健奇

第三章　国有企业发展与改革

3.1 国有企业和国有资产的总量与结构

本部分内容主要根据国家统计局、国务院国有资产监督管理委员会和财政部的公开资料，从总体情况、行业布局和地区分布等三个维度对国有企业和国有资产进行分析，并与往年情况相比较。由于数据限制，本文在分析时间序列数据时采用了历年的《中国财政年鉴》，而在分析2015年截面数据时采用了《中国国有资产监督管理年鉴2016》。

3.1.1 国有企业和国有资产的总体情况

（1）国有企业基本情况

根据财政部发布的《中国财政年鉴2016》，截至2015年年末，全国各级国有法人企业共16.7万户。其中，中央企业5.6万户；地方国有企业11.1万户。

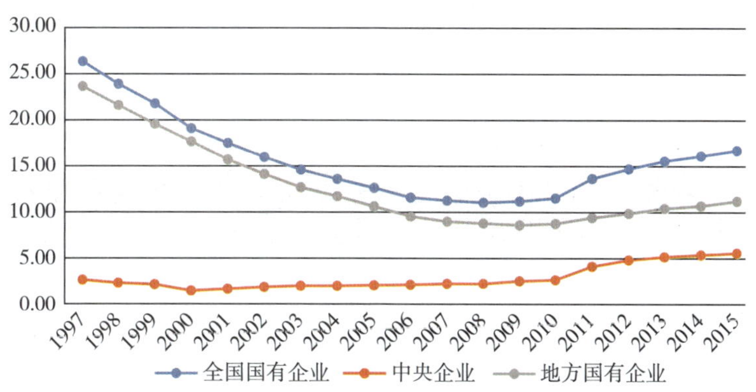

图3.1 1997～2015年国有企业户数（万户）

数据来源：历年《中国财政年鉴》。

从图3.1可以看出，全国国有企业户数从1997年开始逐年下降。从2017年开始，全国企业国有企业户数逐年增加，但增长率逐年递减。2011年全国国有企业户数较2010年增长了19.3%。然而，2015年全国国有企业户数的年增长率仅为3.7%。

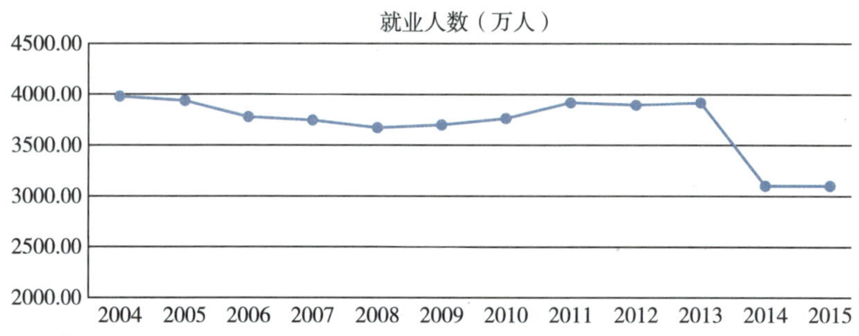

图 3.2　1997～2015 年全国国有企业职工数量（万人）

数据来源：历年《中国国有资产监督管理年鉴》。

从图 3.2 可以看出，2004～2015 年，全国国有企业职工总数在 2013 年之前呈“V”字形，但在 2014 年出现了明显下降，2015 年与 2014 年持平，为 3100.3 万人。

（2）国有资产总体情况

如表 3.1 所示，截至 2015 年底，全国国有企业资产合计为 183.84 万亿元，总负债为 113.42 万亿元，所有者权益为 70.42 万亿元，年末资产总量为 64.29 万亿元。资产负债率为 61.7%，均较去年升高。从合并数据来看，全国国有资产合计为 119.91 万亿元，负债为 80.05 万亿元，所有者权益为 39.86 万亿元，年末资产总量为 27.76 万亿元，资产负债率为 66.80%，较上年均有上升。

表 3.1　2015 年底全国国有企业资产负债表

	资产（万亿元）	负债（万亿元）	所有者权益（万亿元）	资产负债率（%）	年末国有资产总量（万亿元）
全国合并	119.91	80.05	39.86	66.80	27.76
全国合计	183.84	113.42	70.42	61.70	64.29

注：由于统计口径不同，国有资产监督管理委员会与财政部公布的数据略有不同，但整体趋势一致。
数据来源：《中国国有资产监督管理年鉴 2016》。

表 3.2　近 5 年国有资产总量情况对比

	总资产（万亿元）	净资产（万亿元）	资产负债率（%）	国有资产总量（万亿元）
2015	140.68	48.24	65.70	37.81
2014	118.47	41.88	64.70	33.69
2013	104.09	37.00	64.50	29.33
2012	89.49	31.98	64.30	25.25

续表

	总资产（万亿元）	净资产（万亿元）	资产负债率（%）	国有资产总量（万亿元）
2011	75.91	27.30	64.00	21.73
增长率（2015,%）	18.75%	15.19%	1.55%	12.23%
增长率（2014,%）	13.81%	13.19%	0.31%	14.87%
增长率（2013,%）	16.32%	15.71%	0.31%	16.16%
增长率（2012,%）	17.89%	17.13%	0.47%	16.21%

数据来源：历年《中国财政年鉴》。

从表3.2可以看出，近5年中我国国有国有企业总资产与净资产增长迅速，国有资产总量也平均以每年百分之十几的增速增长，但增长率逐年降低，2015年的增长率降为12.23%。国有企业的资产负债率保持稳定、略有增长，保持在64.5%左右。

从图3.3可以看出，1997～2015年国有资产总量逐年增长，并且2007年后增速变快。2015年我国国有资产总量已为1997年时的8.5倍左右。从图3.4可以看出，我国国有企业资产总额、净资产总额，以及利润总额总体呈现增长趋势。与国有资产总量趋势相似，国有资产总额在2007年后增长较快，2015年资产总额是1997年的11倍有余。净资产总额也有较快增长，但增速总体低于资产总额。利润总额总体的增长呈现波动增长趋势，受经济危机影响2008年利润总额下降，此后持续增长至2014年达到峰值后，2015年小幅度降为25573.9亿元。

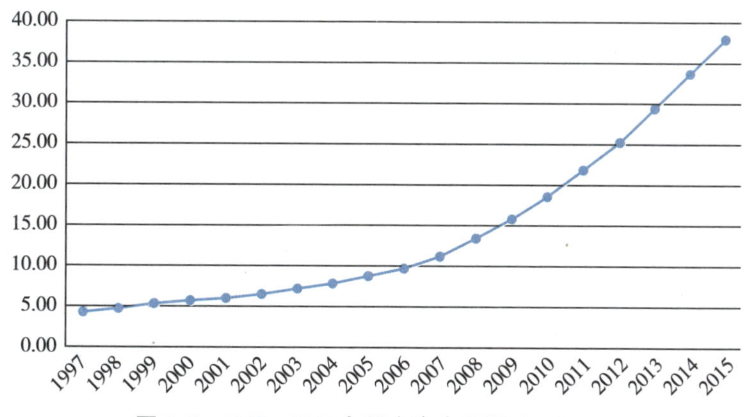

图3.3　1997～2015年国有资产总量（万亿元）

数据来源：历年《中国财政年鉴》。

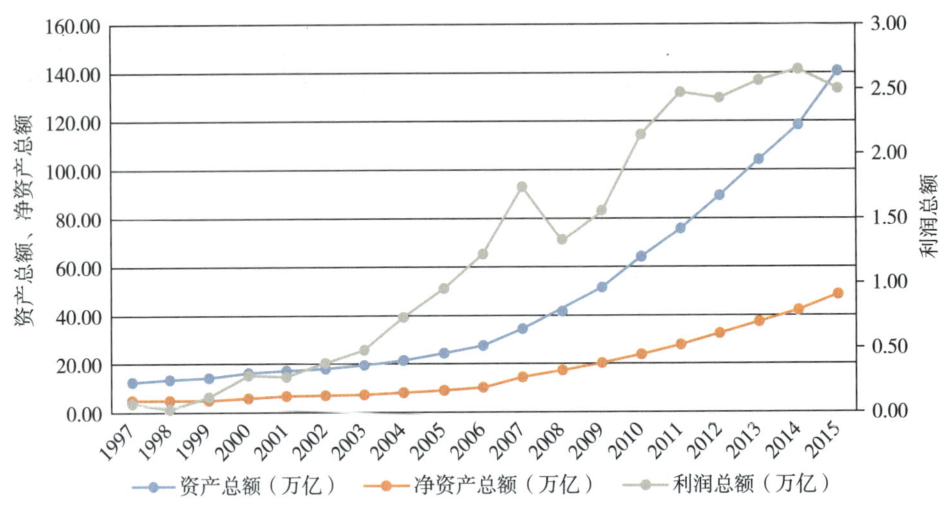

图 3.4　1997～2015 年国有企业资产基本情况统计

数据来源：历年《中国财政年鉴》。

（3）规模状况

表 3.3　　2015 年全国国有企业按规模分析（1）

	户数	户数占比（%）	年末从业人员人数（万人）	年末从业人员占比（%）	年末国有资产总量（亿元）	年末国有资产总量占比（%）
大型企业	8377	6.70	1960.4	63.12	299769.0	46.63
中型企业	25085	20.07	746.8	24.05	107777.9	16.76
小型企业	41759	33.42	322.6	10.39	111963.7	17.42
微型企业	49745	39.81	75.9	2.44	123392.2	19.19
合计	124966	100	3105.7	100	642902.8	100

数据来源：《中国国有资产监督管理年鉴 2016》。

结合表 3.3 与图 3.5，按照国有资产监督管理委员会对于企业规模的划分来看，截至 2015 年，我国大型国有企业共 8377 户、中型国有企业共 25085 户、小型国有企业共 41759 户、微型国有企业共 49745 户，分别占总户数的 6.70%、20.07%、33.42%，以及 39.81%。其中，大、中及微型企业占比相比上年有所提升，小型企业占比相比上年下降。就年末从业人员人数来看，大型国有企业共有 1960.4 万人、中型国有企业共有 746.8 万人、小型国有企业共有 322.6 万人、微型国有企业共有 75.9 万人，分别占总户数的 63.12%、24.05%、10.39%，以及 2.44%。年末国有资产总量方面，大型国有企业有 299769.0 亿元、中型国有企业共 107777.9 亿元、小型国有企业共 111963.7 亿元、微型国有企业共 123392.2 亿元，分别占总数的 46.63%、16.76%、17.42%，以及 19.19%。经分析可以看出，我国国有企业从业人员与国有资产总量的分布较为集中，大型国有企业数量仅约占全部企业数量的二十分之一，但国有资产与从业人员数量却占到了总量的一半有余。

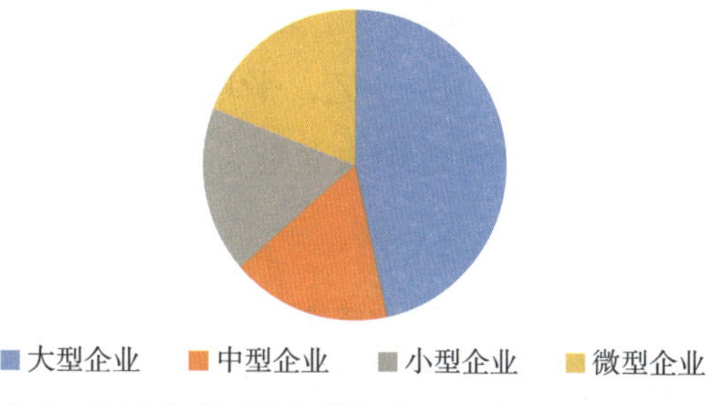

图 3.5　2015 年底不同规模国有企业国有资产总量分布

数据来源：《中国国有资产监督管理年鉴 2016》。

从表 3.4 可以看出，大型国有企业资产及负债均占总量的约 50%，较上年的 40% 有所上升，而净资产占总量的 1/3，较上年的 40% 有所下降。微型企业的各项规模指标占比较上年有所上升，而小、中型国有企业的各项占比较上年有明显下降。小型和微型国有企业的资产负债率较低，中型国有企业的资产负债率最高。

表 3.4　2015 年全国国有企业按规模分析（2）

	资产总计（万亿元）	资产占比（%）	负债合计（万亿元）	负债占比（%）	净资产总计（万亿元）	净资产占比（%）	资产负债率（%）
大型企业	89.71	48.80	56.36	49.70	33.34	47.35	62.80
中型企业	34.22	18.61	22.65	19.97	11.56	16.42	66.20
小型企业	30.00	16.32	17.96	15.84	12.04	17.09	59.90
微型企业	29.92	16.27	16.44	14.49	13.48	19.14	54.90
合计	183.84	100.00	113.42	100.00	70.42	100.00	—

数据来源：《中国国有资产监督管理年鉴 2016》。

(4) 中央企业和地方国有企业

按隶属关系来看，2015 年末我国中央企业共 42411 户，地方国有企业共 82555 户，分别占总户数的 33.94% 与 66.06%。中央企业年末从业人员共 1418.6 万人，地方国有企业共 1676.0 万人，分别占总从业人员数量的 45.84% 与 54.16%。中央企业年末国有资产总量为 109003.7 亿元，地方国有企业年末国有资产总量为 168625.6 亿元，分别占 39.26% 与 60.74%。另外，截至 2015 年末，中央企业共有总资产 47.58 万亿，负债 31.73 万亿，净资产 15.85 万亿，平均资产负债率为 66.70%。地方国有企业共有总资产 72.33 万亿，负债 48.32 万亿，净资产 24.01 万亿，平均资产负债率为 66.80%。可以看出，地方国有企业在规模上要超过中央企业，资产负债率也要高于中央企业（见表 3.5 和表 3.6）。

表 3.5　　2015 年全国国有企业按隶属关系分析（1）

	户数	户数占比（%）	年末从业人员人数（万人）	年末从业人员占比（%）	年末国有资产总量（亿元）	年末国有资产总量占比（%）
中央	42411	33.94	1418.6	45.84	109003.7	39.26
地方	82555	66.06	1676.0	54.16	168625.6	60.74
合计	124966	100.00	3094.6	100.00	277629.3	100.00

数据来源：《中国国有资产监督管理年鉴 2016》。

表 3.6　　2015 年全国国有企业按隶属关系分析（2）

	资产总计（万亿元）	负债合计（万亿元）	净资产总计（万亿元）	资产负债率（%）
中央	47.58	31.73	15.85	66.70
地方	72.33	48.32	24.01	66.80
合计	119.91	80.05	39.86	66.80

数据来源：《中国国有资产监督管理年鉴 2016》。

3.1.2　国有企业和国有资产的行业分布

(1) 按产业作用分类的分布情况

2015 年末，国资委统计的 124966 户国有企业中，基础性行业占比 30.03%，一般生产加工行业 17.87%，商贸服务及其他行业占比 52.11%。基础性行业共有从业人员 1641.80 万人，一般生产加工行业共有 856.30 万人，商贸服务及其他行业共有607.60万人，分别占52.86%、27.57%，以及19.56%。年末国有资产总量中，基础性行业占比49.31%，一般生产加工行业10.81%，商贸服务及其他行业占比39.87%。从资产分布来看，基础性行业的资产总量最高，商贸服务及其他行业次之，一般生产加工行业最低。然而，基础性行业的资产负债率最低，而商贸服务及其他行业的资产负债率最高，一般生产加工行业处于中间。

表3.7　　2015年按产业作用分类的全国国有企业分布（1）

	户数	户数占比（%）	年末从业人员人数（万人）	年末从业人员占比（%）	年末国有资产总量（亿元）	年末国有资产总量占比（%）
基础性行业	37522	30.03	1641.80	52.86	317040.30	49.31
一般生产加工行业	22326	17.87	856.30	27.57	69527.90	10.81
商贸服务及其他行业	65118	52.11	607.60	19.56	256334.60	39.87
合计	124966	100	3105.7	100	642902.8	100

数据来源：《中国国有资产监督管理年鉴2016》。

表3.8　　2015年按产业作用分类的全国国有企业分布（2）

	资产总计（万亿元）	负债合计（万亿元）	净资产总计（万亿元）	资产负债率（%）
基础性行业	77.9	44.2	33.8	56.6
一般生产加工行业	21.2	12.5	8.6	59.3
商贸服务及其他行业	84.8	56.7	28.1	66.9

数据来源：《中国国有资产监督管理年鉴2016》。

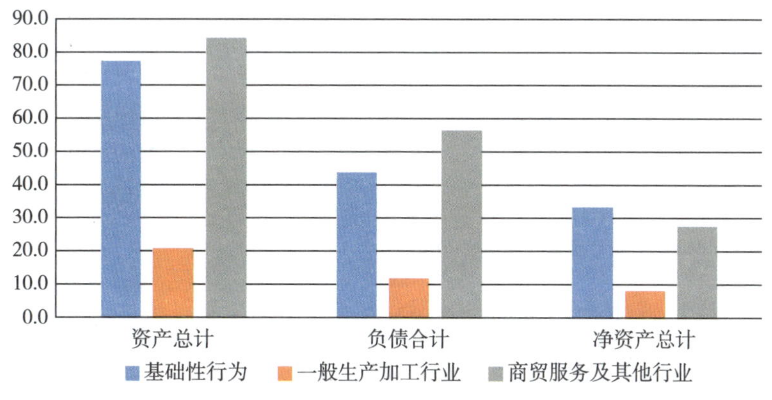

图3.6　2015年按产业作用分类的国有企业（万亿元）

数据来源：《中国国有资产监督管理年鉴2016》。

（2）细分为十五类的国有企业行业分布

2015 年末，考察全国国有企业的细分行业分布可以看出国有企业在数量方面主要集中于工业、餐饮业、社会服务业以及房地产业等行业，分别占比 29.42%、15.28%、14.37%，以及 12.23%。从年末从业人员来看，国有企业从业人员主要集中在工业与建筑业，分别占 53.84% 和 12.47%。从年末国有资产总量来看，主要集中在工业、社会服务业，以及交通运输业，分别占比 36.52%、21.97%，以及 9.70%。总体规模上看，工业仍处于我国国有经济中最为重要的地位。

表 3.9　2015 全国国有企业细分行业分布

	户数	户数占比（%）	年末从业人员人数（万人）	年末从业人员占比（%）	年末国有资产总量（亿元）	年末国有资产总量占比（%）
农林牧渔业	2838	2.27	45.00	1.45	3400.10	0.53
工业	36771	29.42	1672.10	53.84	234811.40	36.52
建筑业	8988	7.19	387.20	12.47	40272.40	6.26
地质勘查及水利业	892	0.71	11.90	0.38	3601.00	0.56
交通运输业	8089	6.47	261.00	8.40	62393.40	9.70
仓储业	3251	2.60	17.90	0.58	3397.90	0.53
邮电通信业	687	0.55	119.30	3.84	43206.70	6.72
餐饮业	19096	15.28	201.20	6.48	28683.40	4.46
房地产业	15280	12.23	85.60	2.76	49352.40	7.68
信息技术服务业	1673	1.34	19.40	0.62	1497.40	0.23
社会服务业	17961	14.37	145.30	4.68	141227.60	21.97
卫生体育福利业	556	0.44	11.50	0.37	479.50	0.07
教育文化广播业	1906	1.53	13.40	0.43	1341.90	0.21
科学研究和技术	5272	4.22	71.80	2.31	6642.00	1.03
金融业	1627	1.30	42.70	1.37	22092.20	3.44
其他	79	0.06	0.30	0.01	503.50	0.08

数据来源：《中国国有资产监督管理年鉴 2016》。

3.1.3　按区域划分的国有企业分布

（1）按区域划分的国有企业分布

从区域划分来看国有企业分布，2015 年末我国国有企业从数量上主要集中于东部沿海地区，其次是西部边远地区，最后是中部内陆地区，分别占比

55.313%、20.22%，以及24.47%。年末国有资产总量分布于企业数量相似，东部沿海地区、中部内陆地区，以及西部边远地区分别占比63.63%、16.00%，以及20.37%。从业人员数量上主要集中于东部沿海地区，其次是中部内陆地区，最后是西部边远地区，分别占比46.57%、26.91%，以及26.52%（见表3.10）。

表3.10　　2015年国有企业的区域分布（1）

	户数	户数占比（%）	年末从业人员人数（万人）	年末从业人员占比（%）	年末国有资产总量（亿元）	年末国有资产总量占比（%）
东部沿海地区	65237	55.31	1421.60	46.57	381510.30	63.63
中部内陆地区	23854	20.22	821.50	26.91	95900.50	16.00
西部边远地区	28865	24.47	809.60	26.52	122134.30	20.37
合计	117956	100.00	3052.70	100.00	599545.10	100.00

数据来源：《中国国有资产监督管理年鉴2016》。

从表3.11与图3.7可以看出，我国国有企业的资产主要集中于东部沿海地区，其次是西部边远地区，最后是中部内陆地区。三个区域的国有企业在资产负债率方面差别不大，西部边远地区的国有企业稍高。

表3.11　　2015年国有企业的区域分布（2）

	资产总计（万亿元）	负债合计（万亿元）	净资产总计（万亿元）	资产负债率（%）
东部沿海地区	105.44	63.47	41.97	60.2
中部内陆地区	28.97	18.53	10.44	64.0
西部边远地区	36.94	23.92	13.02	64.8

数据来源：《中国国有资产监督管理年鉴2016》。

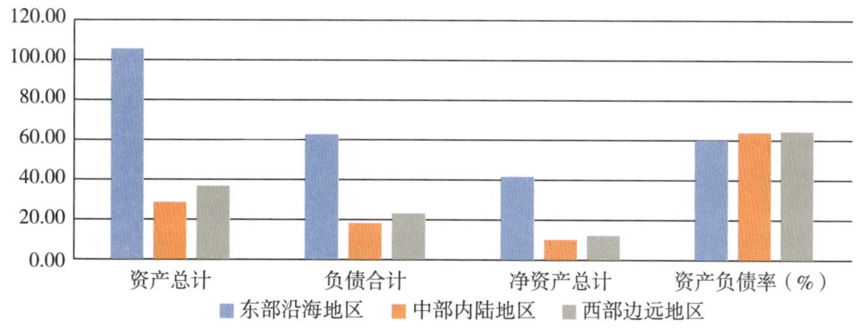

图3.7　2015年国有企业资产区域分布情况

数据来源：《中国国有资产监督管理年鉴2016》。

（2）各省（市、自治区）国有企业分布情况

根据国资委的统计，2015 年末我国地方国有企业共有 82555 户，分布情况如表 3.12 所示。可以看出，国有企业主要集中在上海、北京、广东、浙江、天津、山东，以及福建等省市。从业人员主要集中在山东、山西、北京、上海以及广东等省市。国有资产总量主要集中在上海、广东、重庆、江苏，以及安徽等省市。

表 3.12　　2015 年地方国有企业分布情况（1）

	户数	户数占比（%）	年末从业人员人数（万人）	年末从业人员占比（%）	年末国有资产总量（亿元）	年末国有资产总量占比（%）
地方小计	82555	100.00	1676.0	100.00	168625.6	100.00
北京市	7066	8.56	116.0	6.92	8439.7	5.00
天津市	4137	5.01	44.7	2.67	8303.5	4.92
河北省	1618	1.96	53.6	3.20	2098.5	1.24
山西省	3691	4.47	123.4	7.36	2653.4	1.57
内蒙古自治区	436	0.53	21.8	1.30	1844.6	1.09
辽宁省	1706	2.07	59.4	3.54	2969.5	1.76
其中：大连市	414	0.50	8.7	0.52	890.0	0.53
吉林省	599	0.73	16.6	0.99	1968.7	1.17
黑龙江省	1073	1.30	30.4	1.81	3391.0	2.01
上海市	9400	11.39	113.7	6.78	14852.7	8.81
浙江省	4313	5.22	69.9	4.17	8968.6	5.32
其中：宁波市	712	0.86	6.2	0.37	2503.1	1.48
江苏省	3463	4.19	54.2	3.23	11036.7	6.55
安徽省	2928	3.55	83.0	4.95	9897.6	5.87
福建省	3964	4.80	45.2	2.70	5450.4	3.23
其中：厦门市	1431	1.73	14.2	0.85	1490.1	0.88
江西省	1695	2.05	46.2	2.76	5012.9	2.97
山东省	4054	4.91	124.0	7.40	5090.1	3.02
其中：青岛市	758	0.92	22.9	1.37	1129.7	0.67
河南省	2040	2.47	74.4	4.44	3424.4	2.03
湖北省	2307	2.79	38.7	2.31	6462.8	3.83

续表

	户数	户数占比（%）	年末从业人员人数（万人）	年末从业人员占比（%）	年末国有资产总量（亿元）	年末国有资产总量占比（%）
湖南省	1380	1.67	29.8	1.78	4400.2	2.61
广东省	7235	8.76	108.2	6.46	13903.3	8.25
其中：深圳市	1108	1.34	16.8	1.00	3681.1	2.18
海南省	704	0.85	5.7	0.34	1126.2	0.67
广西壮族自治区	2017	2.44	64.4	3.84	5037.2	2.99
贵州省	2016	2.44	60.3	3.60	4854.6	2.88
四川省	2964	3.59	56.2	3.35	9025.5	5.35
重庆市	2618	3.17	56.4	3.37	12122.3	7.19
云南省	1876	2.27	32.6	1.95	4238.0	2.51
陕西省	2470	2.99	66.6	3.97	4413.2	2.62
甘肃省	1708	2.07	33.1	1.97	3324.9	1.97
青海省	408	0.49	9.1	0.54	1466.0	0.87
西藏自治区	246	0.30	2.4	0.14	183.4	0.11
宁夏回族自治区	483	0.59	5.1	0.30	696.8	0.41
新疆维吾尔自治区	1000	1.21	15.1	0.90	1699.7	1.01
新疆生产建设兵团	940	1.14	15.9	0.95	269.5	0.16

数据来源：《中国国有资产监督管理年鉴 2016》。

表 3.13　　2015 年地方国有企业分布情况（2）

	资产总计（万亿元）	负债合计（万亿元）	净资产总计（万亿元）	资产负债率（%）
地方小计	723307.3	483207.4	240100.0	66.8
北京市	45145.3	30656.0	14489.3	67.9
天津市	57866.2	44400.1	13466.1	76.7
河北省	13525.9	9784.4	3741.5	72.3
山西省	21421.3	16972.4	4449.0	79.2
内蒙古自治区	6065.7	3701.2	2364.5	61.0
辽宁省	12898.0	8546.4	4351.6	66.3
其中：大连市	2872.7	1548.0	1324.7	53.9
吉林省	6141.8	3580.2	2561.6	58.3
黑龙江省	7137.6	3481.6	3655.9	48.8

续表

	资产总计（万亿元）	负债合计（万亿元）	净资产总计（万亿元）	资产负债率（%）
上海市	57971.5	36126.8	21844.6	62.3
浙江省	35195.4	23996.5	11198.9	68.2
其中：宁波市	8760.1	6039.4	2720.7	68.9
江苏省	44203.6	28225.0	15978.6	63.9
安徽省	31843.4	18729.7	13113.7	58.8
福建省	24872.1	17099.8	7772.2	68.8
其中：厦门市	6479.7	4455.1	2024.6	68.8
江西省	16569.4	10136.8	6432.6	61.2
山东省	32947.9	23013.6	9934.3	69.8
其中：青岛市	7330.6	5079.1	2251.5	69.3
河南省	18177.8	12955.1	5222.7	71.3
湖北省	26915.2	17878.2	9037.0	66.4
湖南省	14180.8	8658.4	5522.4	61.1
广东省	61168.4	40226.5	20941.9	65.8
其中：深圳市	10238.6	4888.2	5350.4	47.7
海南省	3289.9	1871.5	1418.4	56.9
广西壮族自治区	19530.6	12878.6	6652.0	65.9
贵州省	19696.0	12803.0	6893.0	65.0
四川省	33737.7	22146.9	11590.8	65.8
重庆市	43158.7	28884.2	14274.5	66.9
云南省	18340.0	12041.7	6298.3	65.7
陕西省	20464.7	14205.6	6259.1	69.4
甘肃省	11721.5	7408.4	4313.1	63.2
青海省	5541.0	3638.6	1902.4	65.7
西藏自治区	953.3	503.0	450.3	52.8
宁夏回族自治区	1677.5	925.7	751.9	55.2
新疆维吾尔自治区	7491.2	5043.1	2448.1	67.3
新疆生产建设兵团	3457.9	2688.4	769.6	77.7

数据来源：《中国国有资产监督管理年鉴2016》。

从表3.13可以看出，2015年，上海市与广东省的国有企业资产较高。从资产负债率来看，较高前三位分别是山西（79.2%）、新疆生产建设兵团

(77.7%）和天津（76.7%）。其中，浙江省宁波市国有企业的资产负债率上升幅度最大，由上年的62.2%上升到68.9%；宁夏回族自治区国有企业的资产负债率降幅最大，达24.8%。资产负债率排名后三位分别是广东省(47.7%)、黑龙江省（48.8%）与西藏自治区（52.8%）。

3.2　2017年国有企业改革与发展情况

3.2.1　国有企业经营状况

（1）2016年全年主要经济效益指标情况

2016年1～12月，全国国有及国有控股企业[①]（以下简称国有企业）经济运行趋稳向好。国有企业收入和实现利润继续保持稳步增长，国有企业收入增幅有所提高，利润增幅略有下降。钢铁、化工、有色等行业亏损。

①营业总收入与营业总成本。

2016年度，我国国有企业实现营业总收入458978亿元，同比增长2.6%，其中，中央企业276783.6亿元，同比增长2%；地方国有企业182194.4亿元，同比增长3.5%。同期，我国国有企业营业总成本449885亿元，同比增长2.5%，销售费用、管理费用和财务费用同比分别增长5.9%、增长6.7%和下降3.7%。中央企业268039.9亿元，同比增长2.2%，其中，销售费用、管理费用和财务费用同比分别增长5.8%、增长7.3%和下降5.8%；地方国有企业181845.1亿元，同比增长3%，其中，销售费用、管理费用和财务费用同比分别增长6.3%、增长5.7%和下降1.5%。

相较于2015年[②]，国有企业总收入、总成本增速均扭负为正，从增量上

① 所称全国国有及国有控股企业，包括中央企业和36个省（自治区、直辖市、计划单列市）的地方国有及国有控股企业，不含国有金融类企业。

② 2015年我国国有企业营业总收入454704.1亿元，同比下降5.4%。其中，中央企业271694亿元，同比下降7.5%；地方国有企业183010.1亿元，同比下降2.3%。同期，我国国有企业营业总成本445196.1亿元，同比下降4.8%，其中销售费用、管理费用和财务费用同比分别增长1.7%、0.5%和10.2%。其中，中央企业262407.6亿元，同比下降6.9%，其中销售费用、管理费用和财务费用同比分别下降0.3%、下降0.3%和增长10.3%；地方国有企业182788.5亿元，同比下降1.6%，其中销售费用、管理费用和财务费用同比分别增长5.3%、1.7%和10%。

看，中央企业增长幅度大于地方企业。

表 3.14　　2015～2016 年国有企业部分经济效益指标情况（单位：万亿元）

	2015 年					
	中央企业	同比增	地方企业	同比增	全国	同比增
营业总收入	271694	−7.5%	183010.1	−2.3%	454704.1	−5.4%
营业总成本	262407.6	−6.9%	182788.5	−1.6%	445196.1	−4.8%
实现利润	16148.9	−5.6%	6878.6	−9.1%	23027.5	−6.7%
应交税金	29731.4	3.1%	8867.3	2.1%	38598.7	2.9%
资产	642491.8	19.9%	549557	12.7%	1192048.8	16.4%
负债	436702.3	23.8%	353968.3	12.5%	790670.6	18.5%
所有者权益	205789.4	12.3%	195588.8	12.9%	401378.2	12.6%
	2016 年					
	中央企业	同比增	地方企业	同比增	全国	同比增
营业总收入	276783.6	2%	182194.4	3.5%	458978	2.6%
营业总成本	268039.9	2.2%	181845.1	3%	449885	2.5%
实现利润	15259.1	−4.7%	7898.7	16.9%	23157.8	1.7%
应交税金	29153	−2.5%	8923.1	6%	38076.1	−0.7%
资产	694788.7	10%	622385.8	12%	1317174.5	9.7%
负债	476526	8.2%	393851.3	12.1%	870377.3	10%
所有者权益	218262.7	6.6%	228534.5	11.7%	446797.2	9.2%

数据来源：根据财政部有关资料整理。

②实现利润和纳税情况。

2016 年国有企业利润总额 23157.8 亿元，同比上升 1.7%。其中，中央企业 15259.1 亿元，同比下降 4.7%；地方国有企业 7898.7 亿元，同比上升 16.9%。国有企业应交税金 38076.1 亿元，同比下降 0.7%。其中，中央企业 29153 亿元，同比下降 2.5%；地方国有企业 8923.1 亿元，同比增长 6%。

相较于 2015 年，我国国有企业利润总额增速扭负为正，应交税金增速呈负增长，略有下降。从内部结构看，中央企业和地方企业分化明显。中央企业利润呈负增长，地方企业利润呈正增长，且增长幅度较大；中央企业应交税金为负增长，地方企业应交税金为正增长，且增速高于去年同期。

③资产、负债和所有者权益。

2016 年国有企业资产总额 1317174.5 亿元，同比增长 9.7%；负债总额

870377.3 亿元，同比增长 10%；所有者权益合计 446797.2 亿元，同比增长 9.2%。其中，中央企业资产总额 694788.7 亿元，同比增长 7.7%；负债总额 476526 亿元，同比增长 8.2%；所有者权益合计 218262.7 亿元，同比增长 6.6%。其中，地方国有企业资产总额 622385.8 亿元，同比增长 12%；负债总额 393851.3 亿元，同比增长 12.1%；所有者权益合计 228534.5 亿元，同比增长 11.7%。

2016 年国有企业资产、负债、所有者权益三项指标增速均有所下滑，其中，中央企业三项指标增速下滑显著，约为 2015 年同期一半；地方企业三项指标增速较为平稳，与 2015 年同期基本持平。从内部结构看：中央企业与地方资产规模差距有所缩小；地方企业所有者权益超过中央企业。

（2）2017 年 1 ~9 月主要经济效益指标情况

2017 年 1 ~9 月，国有企业经济运行稳中有进，国有企业收入和利润持续较快增长，利润增幅高于收入 9 个百分点，钢铁等上年同期亏损行业持续盈利。主要行业盈利情况：1 ~9 月，钢铁等去年同期亏损的行业持续保持盈利；有色、煤炭、石油石化、交通等行业利润同比增幅较大；电力等行业利润同比降幅较大。

①营业总收入和实现利润情况。

2017 年 1 ~9 月国有企业营业总收入 376443.6 亿元，同比增长 15.9%。其中，中央企业 225091.7 亿元，同比增长 14.1%；地方国有企业 151351.9 亿元，同比增长 18.8%。1 ~9 月国有企业利润总额 21788.5 亿元，同比增长 24.9%。其中，中央企业 14073.8 亿元，同比增长 17.8%；地方国有企业 7714.7 亿元，同比增长 40.3%。较 2016 年，2017 年上半年度国有企业营业总收入、利润总额同比增长迅速，销售利润率高于去年同期，稳中有升，国有企业经营状况持续回暖，趋势向好（见图 3.8）。

2017 年 9 月末，我国国有企业总体的资产回报率与资本回报率分别为 1.46%、4.32%，相较于 2016 年同期，分别上升 0.14%、0.36%（见图 3.9），说明 2017 年我国国有企业的资产与资本的利用效率高于 2016 年同期，下滑趋势得到扭转。

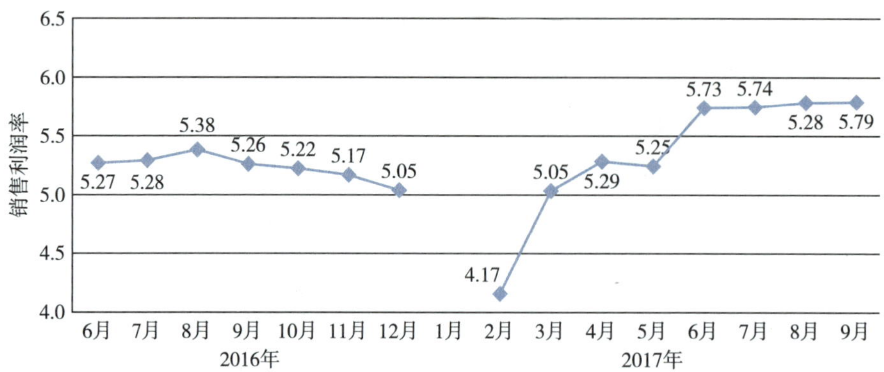

图 3.8 国有企业销售利润率变化（%）

数据来源：根据财政部有关数据整理。

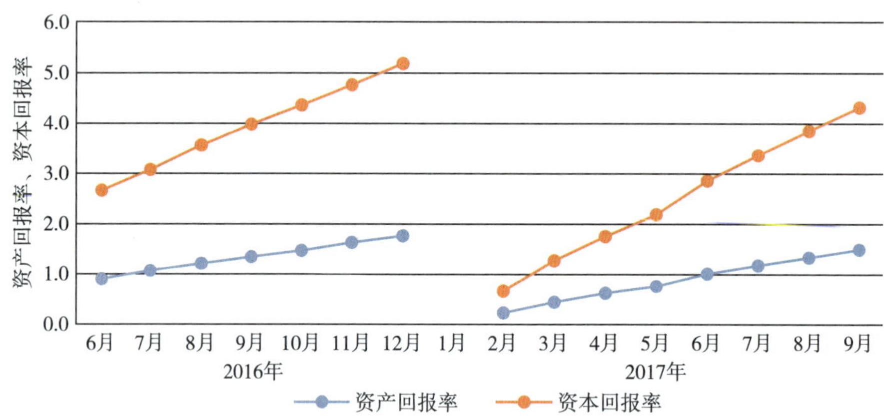

图 3.9 国有企业资产回报率与资本回报率（%）

注：由于计算资产回报率与资本回报率时使用了累计实现利润，同一年份中随着累计实现利润的增加，资产回报率与资本回报率一般会随之增加。因此，同一指标在同一年份不具比较性，但不同指标间同一时点相对大小可比，同一指标不同年份的相同时点可比，下文亦同。

数据来源：根据财政部有关数据整理。

②中央企业和地方企业盈利能力赢利差距有所缩小，二者盈利能力均有所上升。

经营总体状况。2017 年 1 ~9 月中央企业累计营业收入 225091.7 亿元，同比增长 14.1%；地方国有企业累计营业收入 151351.9 亿元，同比增长 18.8%。2017 年 1 ~9 月中央企业营业总成本 215310 亿元，同比增长 13.6%；地方国有企业营业总成本 148159.8 亿元，同比增长 17.1%。从营业成本结构看，国有企业销售费用、管理费用和财务费用同比分别增长 10.6%、7.4% 和

8.8%，其中，地方国有企业“三费”增速明显高于中央企业。

盈利能力方面。中央企业和地方国有企业差距仍然明显，但中央企业和地方企业盈利能力均回暖提升，扭转了去年同期下滑的趋势。截至2017年9月末，中央企业的销售利润率为6.25%（去年值6.02%），地方国有企业销售利润率为5.1%（去年值4.1%）；中央企业的资产回报率为1.89%（去年值1.76%），地方国有企业的资产回报率为1.04%（去年值0.87%）；中央企业的资本回报率为5.94%（去年值5.49%），地方国有企业的资本回报率为2.88%（去年值2.44%）（见图3.10～图3.12）。与2016年9月末相比，中央企业资产回报率、资本回报率分别上升了0.23%、0.45%，而地方国有企业的资产回报率、资本回报率也都出现不同程度上升，分别上升0.17%、0.44%。

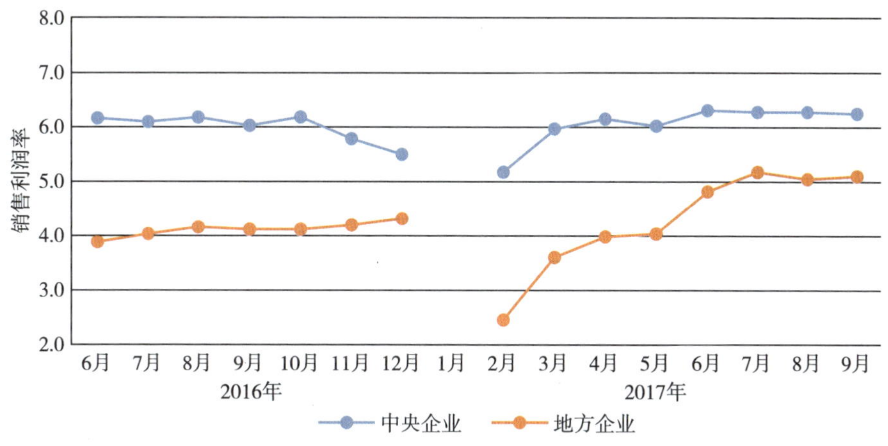

图3.10 中央企业和地方国有企业销售利润率对比（%）

数据来源：根据财政部有关数据整理。

累计资产总额方面。2017年9月末，国有企业资产总额1488709亿元，同比增长12%；负债总额984272亿元，同比增长12.1%；所有者权益合计504437亿元，同比增长11.6%。其中，中央企业资产总额744797.4亿元，同比增长9.6%；负债总额507967.8亿元，同比增长9.8%；所有者权益合计236829.6亿元，同比增长9.2%。地方国有企业资产总额743911.6亿元，同比增长14.4%；负债总额476304.2亿元，同比增长14.8%；所有者权益合计

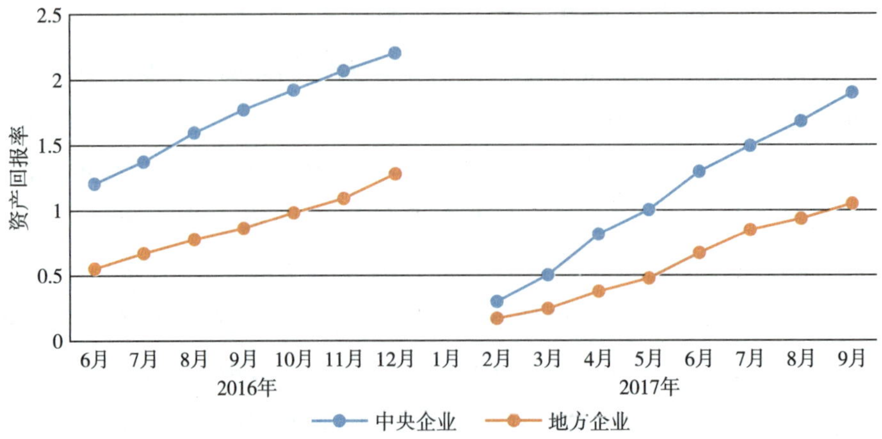

图 3.11　中央企业和地方国有企业资产回报率对比（%）

数据来源：根据财政部有关数据整理。

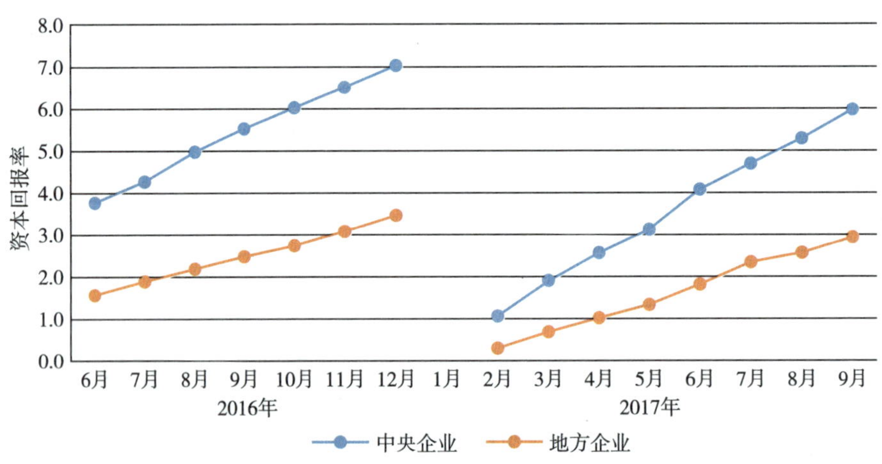

图 3.12　中央企业和地方国有企业资本回报率对比（%）

数据来源：根据财政部有关数据整理。

267607.4 亿元，同比增长 13.8%。在资产总额方面，较于 2016 年，国有企业资产总额增速有所下滑，但仍然保持两位数增长。而地方国有企业增速明显高于中央国有企业，二者在总量上趋同，若二者保持既有发展势头，地方国有企业资产总额或将于明年超过中央企业国有资产总额。

③国有企业盈利能力稳步提升，但与集体、股份制、外商及港澳台商投资企业和私营等所有制企业相比仍有较大差距。

从不同所有制工业横向对比看，2017 年 9 月末，我国国有企业主营业务销售利润率为6.57%，资产回报率为4.07%，资本回报率为10.44%；集体企业主营业务销售利润率为6.87%，资产回报率为8.07%，资本回报率为20.69%；股份制企业主营业务销售利润率为5.97%，资产回报率为6.81%，资本回报率为15.69%；外商及港澳台商投资企业主营业务销售利润率为6.85%，资产回报率为8.46%，资本回报率为18.43%；私营企业主营业务销售利润率为5.7%，资产回报率为10.53%，资本回报率为21.66%（见图3.13～图3.15）。

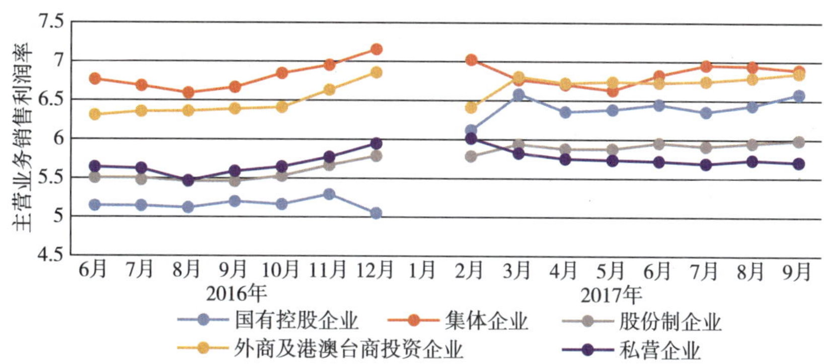

图3.13 不同所有制工业企业主营业务销售利润率对比①（%）

数据来源：根据中华人民共和国统计局有关数据整理。

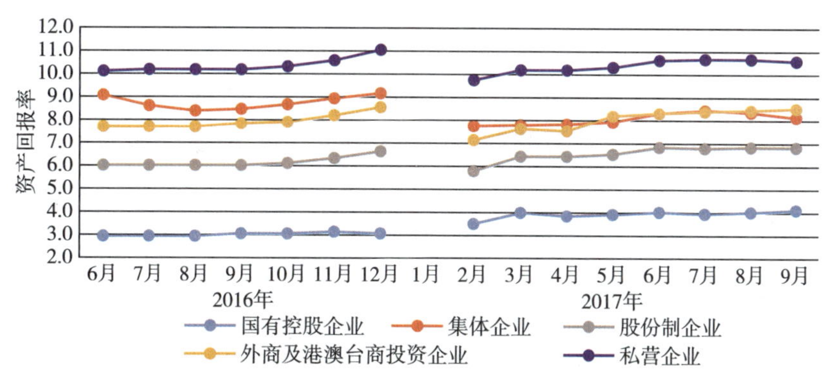

图3.14 2017年2～9月不同所有制工业企业资产回报率②（%）

数据来源：根据中华人民共和国统计局资料整理。

---

① 国有控股企业即原来的国有及国有控股企业；规模以上工业企业，即年主营业务收入为2000万元及以上的工业法人单位。

② 此处，资产、资本回报率的计算公式是：资产回报率＝利润总额/总资产，总资产＝100×主营业务收入/每百元资产实现的主要业务收入；资本回报率＝利润总额/所有者权益。

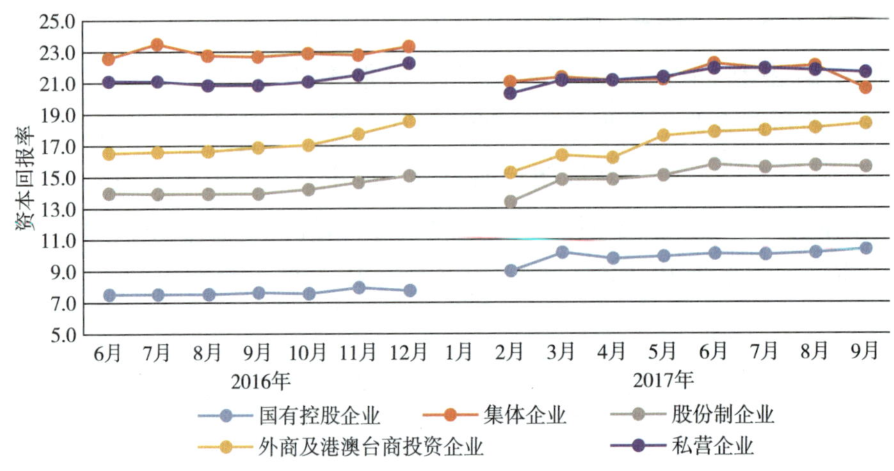

图3.15 2017年2~9月不同所有制工业企业资本回报率（%）

数据来源：根据中华人民共和国统计局资料整理。

可以看出：在主营业务销售利润率方面，较2016年同期，国有企业有很大改善，高于股份制和私营企业，跃居中游水平。在资产回报率和资本回报率方面，较2016年同期，国有企业稳步增长，但与集体、股份制、外商及港澳台商投资企业和私营等所有制企业相比，仍有较大差距。

3.2.2 2017年国有企业改革与发展的主要举措与进展

2017年以来，国资监管机构与国有企业认真贯彻落实党中央、国务院决策部署，坚持稳中求进工作总基调，以供给侧结构性改革为主线，以提高发展质量和效益为中心，国有企业整体生产经营实现稳中向好、稳中有进，综合实力显著增强。以中央企业为例，2017年前三季度，中央工业企业收入同比增长18.3%，增收额贡献率达75.3%，实现利润总额同比增长24%，增利额贡献率为64%，创五年来最好水平，国民经济“压仓石”作用、国民经济支柱地位更加凸显。

（1）国有企业改革的政策体系进一步完善

自十八届三中全会以来，经过近5年的努力，国企改革顶层设计基本完成。党中央、国务院颁布了《关于深化国有企业改革的指导意见》，出台了22个配套文件，形成了“1+N”政策体系，顶层设计的“四梁八柱”大框架基本确立。国务院国资委和各地国资监管机构都坚持问题导向，结合各个地方、各个行业和各个企业的实际，制定了很多实施的方案和操作的细则，相继展开，推动了国有企业改革向纵深推进。

截至2017年10月，为落实“1+N”文件，中央部委层面出台了102个配套文件，各个地方为落实“1+N”文件出台了926个配套文件，中央企业和各地方国有企业也根据自己改革的要求，制定了很多实施方案和操作细则。“十项改革试点”在18个集团层面的中央企业进行试点。2017年，《中央企业投资监督管理办法》《中央企业境外投资监督管理办法》《国务院国资委以管资本为主推进职能转变方案》《关于进一步完善国有企业法人治理结构的指导意见》《国资委、公安部、财政部关于国有企业办消防机构分类处理的指导意见》《中央企业主要负责人履行推进法治建设第一责任人职责规定》《中央企业公司制改制工作实施方案》等一批新的配套文件相继出台，“1+N”政策体系进一步完善。

表3.15　2017年国有企业改革“1+N”的顶层涉及政策体系新进展

发布时间	文件名称	文件内容列表	发布机构
2017年1月7日	《中央企业投资监督管理办法》	主要内容：①投资监管体系；②投资事前管理；③投资事中管理；④投资事后管理；⑤投资风险管理；⑥责任追究。	国资委
2017年1月7日	《中央企业境外投资监督管理办法》	主要目标：为加强中央企业境外投资监督管理，推动中央企业提升国际化经营水平。 主要内容：①境外投资监管体系建设；②境外投资事前管理；③境外投资事中管理；④境外投资事后管理；⑤境外投资风险管理；⑥责任追究。	国资委
2017年4月27日	《国务院国资委以管资本为主推进职能转变方案》	主要任务：推进国有资产监管机构职能转变，进一步提高国有资本运营和配置效率。 主要内容：①调整优化监管职能，精简国资监管事项43项；②改进监管方式手段，强化依法监管，实施分类监管，推进阳光监管，优化监管流程。	国务院办公厅
2017年5月3日	《关于进一步完善国有企业法人治理结构的指导意见》	主要目标：2017年年底前，国有企业公司制改革基本完成。到2020年，党组织在国有企业法人治理结构中的法定地位更加牢固，充分发挥公司章程在企业治理中的基础作用。 规范主体权责：①理顺出资人职责，转变监管方式；②加强董事会建设，落实董事会职权；③维护经营自主权，激发经理层活力；④发挥监督作用，完善问责机制；⑤坚持党的领导，发挥政治优势。	国务院办公厅

续表

发布时间	文件名称	文件内容列表	发布机构
2017年5月11日	《国资委 公安部 财政部关于国有企业办消防机构分类处理的指导意见》	目标任务：按照依法建立和职能归位相结合的原则，明确划分企业依法履行消防安全职责与政府提供消防安全公共服务的责任界限，分类处理国有企业办消防机构，2017年底前完成。对加强企业消防管理、专职消防队建设、稳妥推出企业办的市政消防机构、规范处理相关资产、做好组织实施工作等方面进行了规定。	国资委 公安部 财政部
2017年7月20日	《中央企业主要负责人履行推进法治建设第一责任人职责规定》	规范中央企业主要负责人在建设法治央企中的职责	国资委
2016年7月18日	《中央企业公司制改制工作实施方案》	目标任务：2017年底前，按照《中华人民共和国全民所有制工业企业法》登记、国务院国有资产监督管理委员会监管的中央企业（不含中央金融、文化企业），全部改制为按照《中华人民共和国公司法》登记的有限责任公司或股份有限公司，加快形成有效制衡的公司法人治理结构和灵活高效的市场化经营机制。规范操作：制定改制方案；严格审批程序；确定注册资本。政策支持：划拨土地处置；税收优惠支持；工商变更登记；资质资格承继。	国务院 办公厅

（2）供给侧结构性改革亮点突出

2017年前三季度，中央企业实现利润总额11104.8亿元，同比增长18.4%，经营业绩创下历史最好水平，发展质量与效益显著提高。中央企业在供给侧结构性改革的推进中效果显著，主要体现在五个方面：①着力推动钢铁煤炭国有企业脱困发展，主动化解过剩产能。按照国务院的总体部署，明确提出了三年化解中央企业钢铁、煤炭产能15%的目标，指导和推动企业利用市场化方式淘汰落后产能，提高供给质量。②着力优化市场资源配置，率先启动“处僵治困”。国资委将“处僵治困”作为化解过剩产能的牛鼻子，2016年在对全部中央企业开展摸底排查的基础上，确定2041户僵尸特困企业，逐户签订责任书，通过清单式管理、挂牌式督导、台账式监测，指导企业一企一策“处僵治困”，经济社会资源得到释放。③着力提高经营管理效率，全力实施“压减”工程。为切实解决中央企业法人户数多、管理链条长，影响企业管理效率有效发挥问题，中央企业开展了压缩管理层级、减少法人户数专项工作，督促企业“自我革命”。④着力推动企业轻装上阵，攻坚历史遗留问题。国资委继续推进剥离企业办社会职能和解决历史遗留问题，目前中央企业“三供一业”分离移交工作总体进度过半，哈电集团、中国一重等东北地区老国企已经先行完成，中国中车集团等17家中央企业相关工作正在加快推进；教育医疗等公共服务机构剥离、退休人员社会化管理试点等工作均取得积极突破。⑤着力防范化解潜在风险，力促中央企业稳健经营。国资委牢抓“五控”：控行业标准、控财务杠杆、控投资规模、控风险业务、控财务风险，资产负债率整体保持了平稳态势，有效遏制了杠杆率快速攀升势头。目前，中央企业通过建立多渠道降杠杆减负债机制，多个市场化债转股项目已率先落地。截至9月末，中央企业平均资产负债率为66.5%，较年初又下降了0.2个百分点，债务风险整体可控。

（3）公司制改革全面铺开，进入冲刺阶段

截至2016年年底，国资委监管的央企各级子企业公司制改制面超过92%。但由于改制成本高、耗时长等原因，一定程度上影响了改制工作进度。在101家央企中（2016年底）中，仍有69户集团公司为全民所有制企业；近5万户央企各级子企业中，仍有约3200户为全民所有制企业。2017年7月，国务院办公厅印发的《中央企业公司制改制工作实施方案》要求2017年年底央企完成公司制改制，国家电网、中船集团、国家电投、大唐集团等众多央企纷纷出台改制方案。根据国资委数据，此次改制涉及69家央企集团、8万亿元总部资产，以及3200家全民所有制子企业，将为完善政企关系、建立现代企业制度、混合所有制改革、资产证券化等系列改革举措创造前置条件。

（4）混合所有制改革取得突破，以点促面的改革效应开始出现

在中央企业层面，混改样本社会效应良好。比如，中国联通以核心资产作为混改主体，引入了中国人寿、BAT、京东等多元主体，联通集团持有中国联通股份由绝对控股变为相对控股①；东航集团放弃东航物流绝对控股权，持有

① 根据中国联通公告，拟非公开发行90.37亿股A股股份，发行价格6.83元/股，募集资金净额615.46亿元。截至目前，中国人寿、腾讯信达、百度鹏寰、京东三弘、阿里创投、苏宁云商、光启互联、淮海方舟、兴全基金9名认购对象已现金认购完成。发行前，联通集团持有中国联通62.74%股份，发行后，联通集团股比例降低为43.98%，中国人寿持股10.55%、腾讯信达持股5.33%、百度鹏寰持股3.39%、京东三弘持股2.42%、阿里创投持股2.09%、苏宁云商持股1.94%、光启互联持股1.94%、淮海方舟持股1.94%、中央汇金持股0.95%。此外，联通集团还将向中国国有企业结构调整基金股份有限公司转让持有的本公司19亿股股份，转让股份登记手续已在履行中。转让完成后，联通集团合计持有联通上市公司的股份数占公司总股本的比例37.70%，仍为中国联通控股股东，国资委仍为实际控制人。

股比 45%，其余分散在外部投资者和东航物流核心员工持股层，核心员工持股比例达 10%。在地方国企层面，江苏、上海、广东、江西、山东、山西、辽宁等在内的省市都在出文件、作部署，也探索了诸多有益经验。比如，山东省在混改制度框架下，选择二级及重要权属企业大范围试点，国资委只备案不审批，以一级企业为主研究方案、一企一策分类实施混改；江苏、上海以上市为主渠道，以发展公众公司为主要实现形式，突破区域和所有制限制，实施开放性市场化联合重组，探索股权激励和员工持股，以新办企业、新上项目为重点积极发展混合所有制经济，以混合所有制投资基金形式投资混改企业，探索多种方式创造混改条件等。

前两批 19 家中央试点企主要集中于中央企业，其中超过 1/3 的试点企业已基本完成引入不同所有制投资者、重构公司治理机制、建立内部激励机制等工作，其余也正在按照试点方案加快落实。2017 年 11 月，国家发展改革委披露已确定第三批试点国有企业 31 家，其中既有中央企业，也有地方企业。第三批 31 家混改试点聚焦于垄断行业和地方国企，地方国企的混合所有制改革将“唱大戏，担主角”“19 +31”，三批试点企业共计 50 家，中央企业与地方国企相互呼应，混改势头已初步形成。

（5）重组整合深入推进，领域进一步拓宽

2017 年，在重组整合方面，秉着“成熟一户、推进一户”的原则，国资委已先后完成中国南车与中国北车、宝钢与武钢、中国远洋与中国海运、中国国电与神华集团等 18 组 34 家企业的重组，中央企业由 117 户调整至 98 户。本轮重组围绕以下主线：①优化整体布局。通过重组整合，国有资本向关系国家安全、国民经济命脉和国计民生的重要行业和关键领域不断集中，提升中央企业的控制力、影响力、带动力。截至 2017 年 9 月，国有资本在军工、电网电力、石油石化、交通运输、电信、煤炭等企业的占比达到 80.1%。②优化行业结构，推动提升行业集中度，通过去产能、促创新，带动行业转型升级，比如中国建材与中材集团、国电集团公司与神华集团的重组。③优化行业结构，借力重组，加快业务整合，实施业务升级，推动业务向价值链高端发展，比如中国南车与中国北车的重组。四是积极推动市场化，由过去行政“拉郎配”向“自由恋爱”转变。

（6）规范董事会建设和落实董事会职权试点不断深化

中央企业规范董事会建设有助于实现科学民主决策，遏制权力寻租和利益输送现象。在实践层面，决定董事会作用和效率的核心问题有两个：企业经营层选聘和董事会决议是否得到执行。2014 年，国药集团、中国建材、中国节能、新兴际华集团 4 家央企集团开展了落实董事会职权试点，积累了一定的经验。2016 年 12 月，中央全面深化改革领导小组第三十一次会议审议通过《关于开展落实中央企业董事会职权试点工作的意见》，把中长期发展决策权、经理层成员选聘权、经理层成员业绩考核权、经理层成员薪酬管理权、职工工资分配管理权、重大财务事项管理权等 6 项权利授予企业董事会。其中规定，董事会可以在主业范围外确定 1 ~ 2 个新业务领域，进一步明确了选人用人中党组织与董事会职责定位，董事会决定经理层成员业绩考核结果和薪酬结构与水平，董事会制定本企业工资总额管理办法、决定工资分配等事项。2017 年 4 月印发的《关于进一步完善国有企业法人治理结构的指导意见》（国办发〔2017〕36 号）提出：到 2017 年，国有企业公司制改革基本完成；到 2020 年，国有独资、全资公司全面建立外部董事占多数的董事会。按照此前改革安排，董事会建设方面 3 项试点在宝武集团、国家开发投资公司和中广核集团开展，市场化选聘经营管理者和职业经理人制度试点在国家开发投资公司、中国通号等中央企业的二级企业开展。

截至 2017 年二季度末，98 家中央企业中建立规范董事会的达到 83 家，占比超过 80%；中央企业外部董事人才库已经达到 417 人，专职外部董事增加到 33 人。各省（区、市）国资委所监管一级企业中有 88% 建立了董事会，其中外部董事占多数的企业占比 13. 1%。中央企业二级国有独资、全资公司中近一半建立董事会，还在 4 家中央企业集团开展落实了中央企业董事会职权试点工作，授予经理层选聘、薪酬分配等 6 项职权。此外，为完善董事会及董事评价机制，提高科学性和有效性，国资委会同有关部门修订发布了《中央企业董事会及董事评价暂行办法》，董事会评价评价指标由原来的 13 项精减为 8 项；董事评价指标由原来的 12 项减少到内部董事 5 项、外部董事 8 项。

（7）落实“以管资本为主”完善国有企业资产监管工作

自 2016 年开始，各级国资委牢牢把握出资人职责定位，不断完善国有资产监管体制和制度，推动国资监管机构职能转变。国务院国资委专门成立职能转变机构调整领导小组和工作小组，对国资监管职能和工作事项进行全面梳理，研究制订出资人监管权力和责任清单，起草了推进职能转变和内部机构调整方案，深入开展国资监管文件清理，今年共废止政策性文件 106 件。作为创新性环节，《关于改革和完善国有资产管理体制的若干意见》（国发〔2015〕63 号）对设立国有资本投资运营公司扫清了政策障碍，明确将采取新设和改组两种方式，探索两个层级的“试点”：由国有资产监管机构授权国有资本投资运营公司履行部分出资人职责试点和政府直接授权国有资本投资运营公司履行出资人职责试点。作为实质性举措，《国务院国资委以管资本为主推进职能转变方案》（国办发〔2017〕38 号）中提出，国资委强化 3 项管资本职能，精简 43 项监管事项，进一步明确国有企业各治理主体行权履职边界，层层落实责任，着实解决国有资产监管中越位、缺位、错位问题，推进国有资产监管机构职能转变。

3.2.3 小结与评论

与 2016 年相比，2017 年我国国有企业运行环境得到明显改善，2017 年前三季度，中央企业实现利润总额 11104.8 亿元，同比增长 18.4%，经营业绩创近年最好水平。同时，反映国有企业经营状况的多项指标企稳回暖，虽与其他不同所有制企业（主要是私营企业、外商企业）的盈利能力差距依然明显，但部分重要指标（销售利润率、资产回报率、资本回报率等）均出现回好迹象，改善明显。

2017 年，国有企业改革的一些顶层设计方案相继进入实操阶段，供给侧结构性改革的持续推进、大型央企的重组整合、国有企业各个层面的混改实践、规范董事会建设和落实董事会职权试点不断深化、以管资本为主的国资监管体系建设等领域的改革取得了一定的实质性进展。为下一步落实十九大提出的“做强做优做大国有资本，发展混合所有制经济，培育具有全球竞争力的世界一流企业”奠定了基础。

执笔：梅　雄　陈　倩　项安波

第四章　中小企业发展

本章讨论的中小企业，是根据工业和信息化部等四部门联合发布的《中小企业划型标准规定》中划分的中、小、微型企业群体。从所有制上来讲，如果不考虑少数大型民营企业，中小企业概念与民营企业基本重合。因此，在某种程度上，对中小企业的研究就是对民营企业的研究。

促进中小企业持续健康发展，是我国的一项长期战略。中小企业是促进就业、改善民生、稳定社会、发展经济、推动创新的基础力量，是我国安排就业主体，是创造社会财富的主力，是科技创新骨干，是实施“大众创业、万众创新”的重要载体，也是大企业赖以生存的基础，是造就未来大企业的摇篮。新时期中小企业的发展状况，关系到我国经济社会结构调整与发展方式转变，关系到促进就业与社会稳定，关系到科技创新与转型升级，今后中国经济发展速度在一定意义上决定于中小企业成长发展的速度。当前，我国中小微企业占全国企业总数的99.7%，其中，小型微型企业占97.3%，提供城镇就业岗位超过80%，创造的最终产品和服务相当于国内生产总值的60%，上缴利税占50%。我国发明专利的65%、企业技术创新的75%以上和新产品开发的80%以上，都是由中小企业完成的。

2017年可以从四方面来看中小企业的发展状况。一是从政策角度来看，本届政府把中小企业发展政策作为重点，连续几年持续发力中小企业政策，从“大众创业、万众创新”的双创政策、商事制度改革取得显著成效等，到督促各方面出台一系列支持中小企业发展的重大举措，持续优化中小企业营商环境；二是经济发展到新阶段，新经济新商业模式带来了巨大的创业机会；三是社会上下营造出了尊重企业家精神的良好氛围；四是“互联网+”背景下的“平台+小微”模式，让创建小微企业获得了比以往更有效的平台支持和孵化。

4.1 中小企业发展情况

4.1.1 总量规模与结构

(1) 私营企业和个体工商户发展情况

截至2017年9月，全国实有企业总量2907.23万户，注册资本（金）总额274.31万亿元，相比2012年9月底的1342.80万户和80.15万亿元，分别增长116.5%和242.3%。其中，实有私营企业2607.29万户，注册资本165.38万亿元，分别占企业总量的89.7%和60.3%。截至2016年底，全国实有各类市场主体8705.4万户，全年新设市场主体1651.3万户，比上一年增长11.6%。各类市场主体中，企业2596.1万户，个体工商户5930万户，农民专业合作社179.4万户。新登记企业保持较快增长势头，全年新登记企业552.8万户，平均每天新登记企业达1.51万户。

截至2016年年底，全国个体私营经济从业人员实有3.1亿人，比2015年增加2782.1万人。第三产业个体私营经济从业人员最多，实有2.3亿人，比2015年底增加2313.4万人，占增加总量的83.2%。

我国私营企业和个体工商户的2002年到2016年纵向发展情况详见表4.1和表4.2。

表4.1　　2002~2016年全国私营企业发展情况

年份	注册户数（万户）	增长率（%）	注册资本（万亿元）	增长率（%）	人数（万人）	增长率（%）
2002	263.83	20.0	2.48	35.9	3247.5	19.7
2003	328.72	24.8	3.53	42.6	4299.1	32.3
2004	402.41	22.4	4.79	35.8	5017.3	16.7
2005	471.95	17.3	6.13	28.0	5824.0	16.1
2006	544.14	15.3	7.60	23.9	6586.4	13.1
2007	603.05	10.8	9.39	23.5	7253.1	10.1
2008	657.42	9.0	11.74	25.0	7904.0	9.0
2009	743.15	13.0	14.64	24.8	8607.0	8.9
2010	845.51	13.8	19.21	31.2	9418	9.4
2011	967.68	14.45	25.79	34.27	10353.6	9.9

续表

年份	注册户数（万户）	增长率（%）	注册资本（万亿元）	增长率（%）	人数（万人）	增长率（%）
2012	1085.72	12.20	31.10	20.59	11296.12	8.65
2013	1253.86	15.49	39.31	26.42	12521.56	10.85
2014	1546.37	23.33	59.21	50.60	14390.4	15.2
2015	1967.57	23.40	90.55	52.93	16394.86	13.89
2016	2309.20	17.36	/	/	17997.14	9.77
2017.6	2497.08	20.94	155.1	40.92	/	/
2017.9	2607.29	/	165.38	/	/	/

注：2017 年 6 月的增长率是同比增长率．即与 2016 年 6 月相比的增长率．下同。

资料来源：国家工商行政管理总局：《第八次全国私营企业抽样调查数据分析综合报告（摘要）》《2016 年度全国市场主体发展、市场监管和消费维权有关情况》《党的十八大以来全国企业发展分析》《中国统计年鉴》、中国工商报《砥砺奋进的五年：国家工商总局扶持个体私营经济发展综述》。

表 4.2　　2002～2016 年个体工商户发展情况

年份	注册户数（万户）	增长率（%）	注册资本（亿元）	增长率（%）	人数（万人）	增长率（%）
2002	2377.5	-2.3	3782.4	10.1	4742.9	-0.39
2003	2353.2	-1.0	4187.0	10.7	4299.1	-9.4
2004	2350.5	-0.1	5057.9	20.8	4587.1	6.7
2005	2463.9	4.8	5809.5	14.9	4900.5	6.8
2006	2595.6	5.3	6468.8	11.4	5159.7	5.3
2007	2741.5	5.6	7350.8	13.6	5496.2	6.5
2008	2917.3	6.4	9006.0	22.52	5776.4	5.1
2009	3197.4	9.6	11900	20.55	6585.4	14.01
2010	3453.3	8.0	13400	12.61	7097.67	7.78
2011	3756.47	8.79	16200	20.84	7945.28	11.94
2012	4059.27	8.06	19800	22.19	8628.31	8.6
2013	4436.29	9.29	24300	23.12	9335.74	8.20
2014	4984.06	12.35	29300	20.57	10584.56	13.38
2015	5995.06	8.5	36997	26.27	11682.2	10.38
2016	5929.95	-1.09	/	/	12826.01	9.79
2017.6	6153.97	10.45	48744.39	21.30	/	/

注：2017 年 6 月的增长率是同比增长率．即与 2016 年 6 月相比的增长率．下同。

资料来源：国家工商行政管理总局：《第八次全国私营企业抽样调查数据分析综合报告（摘要）》《2016 年度全国市场主体发展、市场监管和消费维权有关情况》《党的十八大以来全国企业发展分析》《中国统计年鉴》、中国工商报《砥砺奋进的五年：国家工商总局扶持个体私营经济发展综述》。

总的来看，各项改革尤其是商事制度改革激发了市场活力，企业总量快速增长。党的十八大以来，全国实有企业数量和注册资本（金）年平均增长率分别为 16.7% 和 27.9%，尤其是 2014 年商事制度改革以来，同比增速迈上新台阶，企业数量每年以 20% 左右的速度增长（见图 4.1 和图 4.2）。

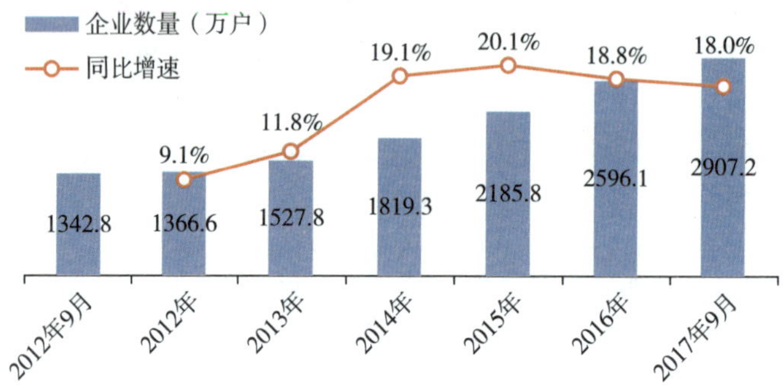

图 4.1　2012～2017 年 9 月实有企业数量发展趋势

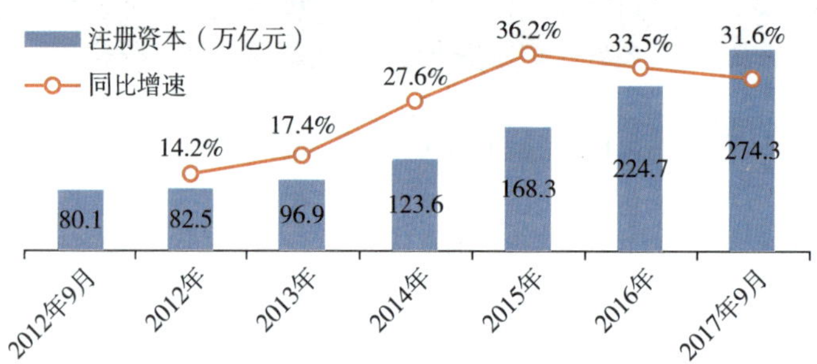

图 4.2　2012～2017 年 9 月实有企业注册资本（金）发展趋势

个体私营经济、小微企业成为 2016 年经济发展领域的亮点。2016 年一至四季度，全国新登记市场主体分别同比增长 10.7%、14.8%、14.8%、6.1%。全年新登记 1651.3 万户，同比增长 11.6%，平均每天新登记 4.51 万户。小微企业活跃度不断提升，带动就业作用愈加显著，初次创业小微企业占新设小微企业的 85.8%，新设小微企业周年开业率达 70.8%，近八成开业企业实现营业收入。

私营经济比例显著提升。截至 2017 年 9 月，全国实有内资企业 2854.96 万户，注册资本 250.94 万亿元，相比 2012 年 9 月底分别增长 119.8% 和 266.1%，其中，私营企业增长较快，2012 年以来私营企业数量增长 146.0%，较企业总体高29.5个百分点，私营企业注册资本增长454.7%，较企业总体高212.4个百分点（见图4.3），私营企业数量和注册资本（金）占比分别较2012年9月底提高10.8和23.1个百分点。2012年以来，私营企业数量和注册资本对企业总量增长的贡献率分别达98.9%和69.8%，是企业发展的主要推动力。

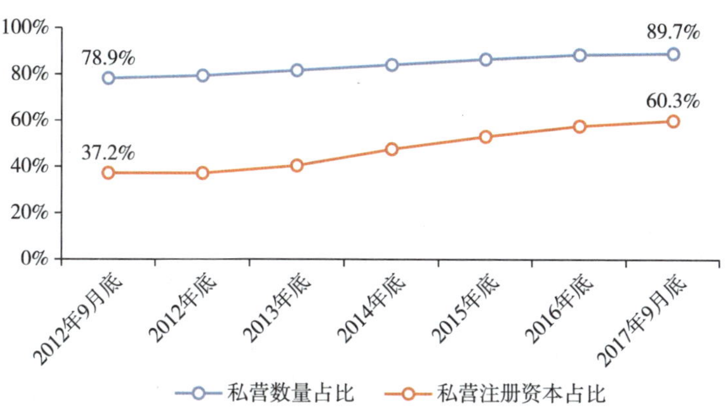

图4.3　2012年9月~2017年9月私营企业占比情况

政策效果突出，小微企业成为大众创业生力军。2012年9月~2017年9月期间，注册资本（金）在1000万元以下的中小企业成为增长主力，对企业总体数量增长贡献率达到85.0%。其中，注册资本（金）100万~500万元的企业增长数量最多，占各规模段企业比重达39.9%，年均增长率最高为25.6%，其次是注册资本（金）为500万~1000万元的企业，年均增长率为24.5%（见图4.4）。

从不同规模企业数量的增长趋势看，注册资本（金）100万~500万元的企业自2013年以来迅速增长，于2014年新增企业量超过注册资本（金）0~50万元的企业，位居各规模段新设企业量首位，2013年、2014年、2015年、2016年4年新增企业数量同比增长率分别为28.0%、91.6%、26.8%和31.5%；从增长率看，注册资本（金）500万~1000万元的新设企业量增长较快，2014年、2015年、2016年3年新增企业数量同比增长率分别为95.2%、37.6%和34.6%。反映党中央国务院各项扶持政策、包括工商行政管理部门在内的政府各部门各项支持措施发挥了重要作用，有力促进了中小企业加快发展。

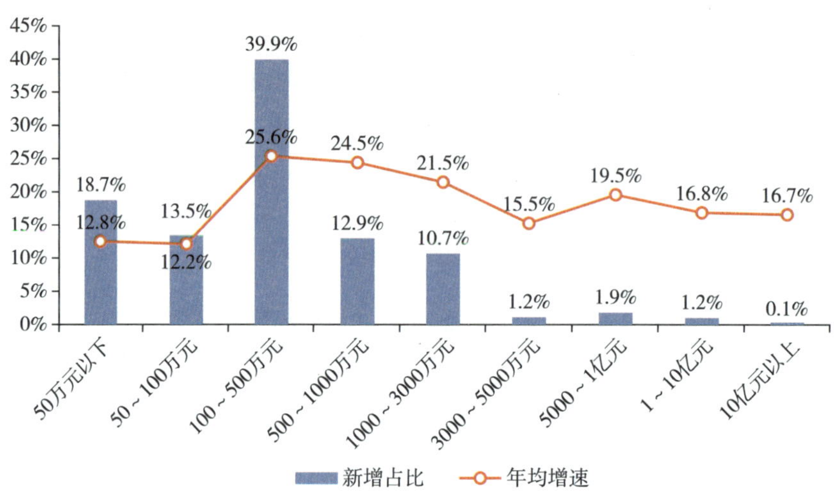

图 4.4　2012 年 9 月 ~ 2017 年 9 月不同规模企业新增户数占比和年均增长率

（2）规模以上中小工业企业发展情况

总的来看，2016 年全国规模以上工业企业实现利润总额 63554 亿元，比上年增长 8.66%。其中，国有企业实现利润总额 1748.72 亿元，比上年下降 17.04%；集体企业实现利润总额 433.16 亿元，下降 14.09%；股份合作企业实现利润总额 100.05 亿元，下降 8.21%；联营企业实现利润总额 12.20 亿元，增长 10.91%；股份有限公司实现利润总额 7678.99 亿元，增长 19.09%；私营企业实现利润总额 25494.9 亿元，增长 5.13%；其他企业实现利润总额 108.86 亿元，下降 18.76；港澳台商投资企业实现利润总额 6604.11 亿元，增长 11.03%；外商投资企业实现利润总额 10993.36 亿元，增长 10.41%（详见表 4.3）。

表 4.3　　2016 年规模以上工业企业主要指标

项目	企业单位数（个）	资产总计（亿元）	主营业务收入（亿元）	利润总额（亿元）
总计	378599	1085865.94	1158998.52	71921.43
按工业门类分				
采矿业	12546	95769.18	48077.57	1801.55
制造业	355518	835602.89	1047710.97	65280.82
电力、热力、燃气及水生产和供应业	10535	154493.87	63209.98	4839.06

续表

项目	企业单位数（个）	资产总计（亿元）	主营业务收入（亿元）	利润总额（亿元）
按登记注册类型分				
内资企业	329045	873121.52	908605.53	54323.96
国有企业	2459	67394.10	40648.98	1748.72
集体企业	2092	4923.39	5919.95	433.16
股份合作企业	946	769.77	1321.61	100.05
联营企业	110	108.96	226.82	12.20
有限责任公司	96240	405782.67	344805.22	18747.09
股份有限公司	12007	153952.57	103912.04	7678.99
私营企业	214309	239542.71	410188.06	25494.90
其他企业	882	647.35	1582.84	108.86
港、澳、台商投资企业	23429	88299.99	99172.80	6604.11
外商投资企业	26125	124444.43	151220.19	10993.36

资料来源：《中国统计年鉴》。

截至2016年末，全国规模以上中小工业企业36.90万家，占全部规模以上工业企业总数的97.46%；资产总计57.78万亿元，占53.21%；主营业务收入72.26万亿元，占62.34%；利润4.51万亿元，占62.75%。其中，规模以上中型工业企业个数为52681个，同比下降2.4157%；资产合计25.90万亿元，同比底增长6.66%；主营业务收入28.65万亿元，同比增加5.19%；利润总额1.94万亿元，同比增加7.91%。而规模以上小型工业企业为31.63万家，同比下降0.99%；资产合计31.88万亿元，同比增长4.68%；主营业务收入43.61万亿元，同比增加4.84%；利润总额2.57万亿元，同比增加4.49%（见表4.4、表4.5）。

表4.4　2003~2016年全国规模以上中型工业企业主要经济指标比较

年份	企业单位数（个）	工业总产值（亿元）	资产合计（亿元）	主营业务收入（亿元）	利润总额（亿元）	全部从业人员年平均人数（万人）
2003	21647	47065.22	58854.47	47157.78	2687.05	1917.63
2005	27271	76436.36	83738.56	75549.23	4210.33	2216.49
2006	30245	95383.60	98633.78	94575.71	5759.09	2394.27
2007	33596	121698.67	118284.42	118919.85	8214.80	2579.80

续表

年份	企业单位数（个）	工业总产值（亿元）	资产合计（亿元）	主营业务收入（亿元）	利润总额（亿元）	全部从业人员年平均人数（万人）
2008	37204	149810.20	141042.71	146074.77	9410.43	2789.17
2009	38036	159373.96	157956.50	155050.42	11368.03	2787.73
2010	42906	203925	191195	200997	17347	3082.4
2011	52236	199366	162942	195163	15310	2946.2
2012	53866	/	184741.97	218356.88	15400.33	/
2013	53817	/	201141	239304	15205	/
2014	55408	/	229069	268281.4	17802.13	/
2015	54070	/	242810	272361	17983	/
2016	52681	/	258989.44	286489.86	19405.01	/

注：全国规模以上工业企业统计范围1998～2006年为全部国有及年主营业务收入在500万元及以上非国有工业企业；2007～2010年为年主营业务收入在500万元及以上的工业企业；2011年及以后为年主营业务收入在2000万元及以上的工业企业（下同）。

资料来源：《中国统计年鉴》。

表4.5　　2003～2016年全国规模以上小型工业企业主要经济指标比较

年份	企业单位数（个）	工业总产值（亿元）	资产合计（亿元）	主营业务收入（亿元）	利润总额（亿元）	全部从业人员年平均人数（万人）
2003	172591	46291.76	43675.98	43461.46	1814.26	2524.27
2005	242061	83918.78	65967.36	79306.13	3790.78	3097.04
2006	269031	108865.95	78804.07	102715.32	5141.21	3241.95
2007	300262	142620.42	96021.81	135701.24	7528.54	3472.10
2008	385721	188170.91	125976.71	181207.61	10633.13	4077.88
2009	393074	213124.98	142612.35	206771.30	12276.54	3999.92
2010	406224	264719	165430	258730	18072	4154.4
2011	256319	288178	165790	283400	19439	2957.3
2012	280455	/	204060.83	326270.12	21339.89	/
2013	289318	/	241517	379973	22950	/
2014	312587	/	277340.46	402005.4	24001.98	/
2015	319445	/	304560	415925	24622	/
2016	316287	/	318806.1	436064.14	25728.63	/

注：全国规模以上工业企业统计范围1998～2006年为全部国有及年主营业务收入在500万元及以上非国有工业企业；2007～2010年为年主营业务收入在500万元及以上的工业企业；2011年及以后为年主营业务收入在2000万元及以上的工业企业（下同）。

资料来源：《中国统计年鉴》。

2017年以来，我国规模以上中小企业运行总体平稳，经济效益保持较快增长。统计局数据显示，2017年1～8月，全国规模以上中小工业企业营业收入和利润总额同比分别增长11.6%和14.0%，比上年同期分别提高6.2个和

5.0 个百分点；企业亏损面为 13.6%，同比缩小 1.4 个百分点。

（3）个体私营经济吸纳就业情况

个体私营经济是我国吸纳就业的主渠道，全国 1/3 就业、城镇新增就业的 90% 都集中在个体私营经济部门。近几年来，特别是推进进一步简政放权和商事制度改革以来，个体私营经济总量持续增长，吸纳就业能力持续提高，吸纳就业的渠道更加拓宽。个体私营经济吸纳就业“蓄水池”作用日益凸显。近年来，在城乡就业总规模趋于稳定的情况下，个体私营经济就业实现了长期的快速增长。

私营企业、小微企业持续激发市场经济活力和创造力。截至 2016 年底，城乡就业人员总数为 77603 万人，其中，个体私营经济从业人员达到 30859.15 万人，占所有从业人员的 39.77%。其中私营企业从业人员由 10353.6 万人增长到 17997.14 万人，增长 73.82%；个体工商户从业人员由 2011 年的 7945.28 万人增长到 12826.01 万人，增长 61.43%。2016 年度，小微企业吸纳就业约 1.26 亿人，贡献了 52.66% 的就业岗位，凸显了经济发展主力军作用。2011 ~ 2016 年的个体工商户和私营企业的从业人员增长情况详见表 4.6 和表 4.7。

表 4.6　2011 ~ 2016 年全国就业人员与个体私营经济从业人员对比

年份	城乡就业人员（万人）	个体私营经济从业人员（万人）	占比（%）
2011	76420	18298.88	23.95
2012	76704	19924.43	25.98
2013	76977	21857.3	28.39
2014	77253	24974.96	32.33
2015	77451	28077.06	36.25
2016	77603	30859.15	39.77

资料来源：《中国统计年鉴》。

表 4.7　2011 ~ 2016 年私营企业及个体工商户从业人员增长情况

年份	私营企业		个体工商户	
	从业人员（万人）	增长率（%）	从业人员（万人）	增长率（%）
2011	10353.6	9.94	7945.28	13.38
2012	11296.12	8.65	8628.31	8.6
2013	12521.56	10.85	9335.74	8.20
2014	14390.4	15.2	10584.56	13.38
2015	16394.86	13.89	11682.2	10.38
2016	17997.14	9.77	12826.01	9.79

资料来源：《中国统计年鉴》。

4.1.2 规模特点

从从业人员规模来看，2016 年全国私营企业户均从业人员为 7.79 人，相比 2015 年底减少了 9.27%。在个体工商户方面，2016 年个体工商户户均从业人员为 2.16 人，与 2015 年持平（详见表 4.8 和表 4.9）。

表 4.8　　全国私营企业户均规模及就业人数

年份	户数（万户）	注册资金（亿元）	户均资金规模（万元）	增长率（%）	从业人员（万人）	户均就业规模（人）	增长率（%）
2011	967.68	257900	266.51	17.32	10353.60	10.7	-3.95
2012	1085.72	311000	286.45	7.48	11296.12	10.4	-2.80
2013	1253.86	393100	323.51	9.46	12521.56	9.99	-3.94
2014	1546.37	592100	382.90	22.12	14390.4	9.31	-6.80
2015	1908.23	905539	474.54	23.94	16394.86	8.59	-7.73
2016	2309.20	/	/	/	17997.14	7.79	-9.27
2017.6	2487.08	1551000	621.13	/	/	8	/

资料来源：《2008～2009 年中国民营经济发展报告》《2011 年上半年全国市场主体发展总体情况》《2011 年市场主体统计分析》《2012 年上半年全国市场主体发展总体情况》《2012 年全国市场主体发展总体情况》《2013 年全国市场主体发展总体情况》《2014 年度全国市场主体发展、工商行政管理市场监管和消费维权有关情况》《2015 年上半年全国市场主体发展、市场监管、消费维权有关情况》《中国统计年鉴》，中国工商报《砥砺奋进的五年：国家工商总局扶持个体私营经济发展综述》。

表 4.9　　全国个体工商户户均规模及就业人数

年份	户数（万户）	注册资金（亿元）	户均资金规模（万元）	增长率（%）	从业人员（万人）	户均就业规模（人）	增长率（%）
2011	3756.47	16200	4.31	11.08	7945.28	2.12	4.43
2012	4059.27	19800	4.88	12.99	8628.31	2.13	0.47
2013	4436.29	24300	5.48	12.73	9335.74	2.10	-1.40
2014	4984.06	29300	5.88	7.29	10584.56	2.12	0.95
2015	5407.92	36997	6.84	16.13	11682.2	2.16	1.89
2016	5929.95	/	/	/	12826.01	2.16	0
2017.6	6153.97	48744.39	7.92	/	/	2.8	/

资料来源：《2008～2009 年中国民营经济发展报告》《2011 年上半年全国市场主体发展总体情况》《2011 年市场主体统计分析》《2012 年上半年全国市场主体发展总体情况》《2012 年全国市场主体发展总体情况》《2013 年全国市场主体发展总体情况》《2014 年度全国市场主体发展、工商行政管理市场监管和消费维权有关情况》《2015 年上半年全国市场主体发展、市场监管、消费维权有关情况》《中国统计年鉴》，中国工商报《砥砺奋进的五年：国家工商总局扶持个体私营经济发展综述》。

目前来看，我国中小企业的规模普遍偏小。数据显示，在近 3000 万中小法人企业中，75% 的企业营业收入少于 100 万元，82% 的企业收入不超过 1000 万元，98% 的企业收入少于 5000 万元，只有 1% 的企业收入大于 1 亿元。

4.1.3　区域发展分布

全国各省市自治区私营企业分布的统计数据表明，全国私营企业户数超过 100 万户的 6 个省（市），总数量达到了 1137.10 万户，占总数的 49.24%。其中，广东第一，317.17 万户；江苏第二，222.91 万户；山东第三，174.95 万户；浙江第四，152.14 万户；上海第五，148.95 万户；北京第六，120.97 万户。私营企业户数少于 10 万户的共两个省，分别是西藏 3.53 万户、青海 6.37 万户，这两个省加起来只有 9.9 万户，仅占总数的 0.8743%。进一步统计分析表明，各省私营企业户数与各省 GDP 的相关系数高达 0.8791。从万人拥有私营企业户数来看，超过 200 个的一共有 8 个省（市），分别是上海 615.51 户、北京 556.70 户、广东 288.37 户、江苏 278.67 户、浙江 272.17 户、天津 237.46 户、福建 209.15 户、重庆 205.90 户。万人拥有私营企业个数少于 100 个的一共有 5 个省，分别是湖南 77.12 户、黑龙江 79.51 户、河南 95.39 户、新疆 95.65 户、甘肃 96 户。进一步统计分析表明，各省万人拥有私营企业户数与各省人均 GDP 的相关系数为 0.7273（见表 4.10）。

从全国各地个体工商户分布的情况分析来看，全国个体工商户超过 300 万户一共有 7 个省，总数量达到了 2761.27 万户，占总数的 46.56%。其中广东第一，541.17 万户；山东第二，501.76 万户；江苏第三，438.83 万户；浙江第四，352.61 万户；四川第五，314.67 万户；河南第六，307.37 万户；湖北第七，304.85 万户。有两个省的户数低于 30 万户，占总数的 0.65%，其中西藏 14.15 万户、青海 24.33 万户。进一步统计分析表明，各省个体工商户数与各省 GDP 的相关系数高达 0.8253。从万人拥有个体工商户个数来看，数量超过 500 户的一共有 8 省，分别是浙江 630.78 户、江苏 548.61 户、吉林 538.56 户、内蒙古 532.38 户、湖北 518.01 户、宁夏 507.41 户、山东 504.43 户、辽宁 504.12 户。数量低于 300 的一共三个省市，分别是上海 176.30 户、天津 257.19 户、北京 279.86 户。（见表 4.11）。

表 4.10　2016 年全国各地区私营企业分布情况

地区	户数（万户）	就业人数（万人）	城镇就业人数（万人）	乡村就业人数（万人）	人口数（万人）	GDP（亿元）	万人拥有私营企业数（户）	户均就业人数（人）	私营企业就业数占人口数（%）	人均 GDP（万元）
全国	2309.20	17997.14	12083.42	5913.72	138271.00	744127.20	167.01	7.79	13.02	5.38
广东	317.17	2356.60	2084.84	271.76	10999.00	80854.91	288.37	7.43	21.43	7.35
江苏	222.91	2312.24	1680.22	632.02	7999.00	77388.28	278.67	10.37	28.91	9.67
山东	174.95	1298.24	481.75	816.49	9947.00	68024.49	175.88	7.42	13.05	6.84
浙江	152.14	1765.41	1086.33	679.08	5590.00	47251.36	272.17	11.60	31.58	8.45
上海	148.95	1139.02	603.97	535.04	2420.00	28178.65	615.51	7.65	47.07	11.64
北京	120.97	951.32	633.79	317.53	2173.00	25669.13	556.70	7.86	43.78	11.81
四川	92.01	817.03	725.22	91.82	8262.00	32934.54	111.37	8.88	9.89	3.99
河北	91.57	300.83	184.64	116.19	7470.00	32070.45	122.58	3.29	4.03	4.29
河南	90.93	529.40	356.78	172.63	9532.00	40471.79	95.39	5.82	5.55	4.25
湖北	81.17	620.76	313.15	307.61	5885.00	32665.38	137.93	7.65	10.55	5.55
福建	81.02	713.59	564.98	148.61	3874.00	28810.58	209.15	8.81	18.42	7.44
安徽	73.33	496.71	386.71	110.00	6196.00	24407.62	118.35	6.77	8.02	3.94
重庆	62.76	786.07	603.38	182.69	3048.00	17740.59	205.90	12.53	25.79	5.82
辽宁	59.46	355.49	220.65	134.85	4378.00	22246.90	135.81	5.98	8.12	5.08
湖南	52.61	304.68	105.54	199.14	6822.00	31551.37	77.12	5.79	4.47	4.62
广西	51.53	360.13	247.37	112.77	4838.00	18317.64	106.52	6.99	7.44	3.79
陕西	50.74	183.59	144.80	38.78	3813.00	19399.59	133.07	3.62	4.81	5.09
云南	48.87	379.70	163.58	216.12	4771.00	14788.42	102.43	7.77	7.96	3.10
江西	47.95	490.85	279.72	211.13	4592.00	18499.00	104.42	10.24	10.69	4.03
贵州	40.23	295.57	80.55	215.02	3555.00	11776.73	113.17	7.35	8.31	3.31
山西	38.72	247.43	136.40	111.03	3682.00	13050.41	105.17	6.39	6.72	3.54
天津	37.09	133.76	119.11	14.66	1562.00	17885.39	237.46	3.61	8.56	11.45
黑龙江	30.20	58.51	50.28	8.23	3799.00	15386.09	79.51	1.94	1.54	4.05

续表

地区	户数（万户）	就业人数（万人）	城镇就业人数（万人）	乡村就业人数（万人）	人口数（万人）	GDP（亿元）	万人拥有私营企业数（户）	户均就业人数（人）	私营企业就业数占人口数（%）	人均 GDP（万元）
内蒙古	28.54	220.77	176.81	43.96	2520.00	18128.10	113.27	7.73	8.76	7.19
吉林	28.43	239.82	182.02	57.81	2733.00	14776.80	104.01	8.44	8.77	5.41
甘肃	25.06	207.22	109.59	97.63	2610.00	7200.37	96.00	8.27	7.94	2.76
新疆	22.94	163.14	148.38	14.76	2398.00	9649.70	95.65	7.11	6.80	4.02
海南	15.80	104.36	83.37	20.98	917.00	4053.20	172.26	6.61	11.38	4.42
宁夏	11.23	86.14	66.19	19.96	675.00	3168.59	166.44	7.67	12.76	4.69
青海	6.37	29.65	18.26	11.39	593.00	2572.49	107.34	4.66	5.00	4.34
西藏	3.53	49.11	45.06	4.04	331.00	1151.41	106.69	13.91	14.84	3.48

资料来源：根据《中国统计年鉴 2017》数据计算整理。

表 4.11　　2016 年全国各地区个体就业人数

地区	户数（万户）	就业人数（万人）	城镇就业人数（万人）	乡村就业人数（万人）	人口数（万人）	GDP（亿元）	万人拥有私营企业数（户）	户均就业人数（人）	私营企业就业数占人口数（%）	人均 GDP（万元）
全国	5929.95	12862.01	8626.98	4235.03	138271.00	744127.20	428.86	2.17	9.30	5.38
广东	541.17	1281.20	986.47	294.73	10999.00	80854.91	492.02	2.37	11.65	7.35
山东	501.76	1074.44	433.70	640.74	9947.00	68024.49	504.43	2.14	10.80	6.84
江苏	438.83	801.90	616.27	185.62	7999.00	77388.28	548.61	1.83	10.02	9.67
浙江	352.61	800.30	519.59	280.71	5590.00	47251.36	630.78	2.27	14.32	8.45
四川	314.67	588.85	409.93	178.93	8262.00	32934.54	380.86	1.87	7.13	3.99
河南	307.37	645.40	523.63	121.77	9532.00	40471.79	322.46	2.10	6.77	4.25
湖北	304.85	944.44	516.47	427.97	5885.00	32665.38	518.01	3.10	16.05	5.55
河北	292.66	680.89	326.09	354.80	7470.00	32070.45	391.78	2.33	9.12	4.29
安徽	235.65	559.47	493.12	66.35	6196.00	24407.62	380.32	2.37	9.03	3.94

续表

地区	户数（万户）	就业人数（万人）	城镇就业人数（万人）	乡村就业人数（万人）	人口数（万人）	GDP（亿元）	万人拥有私营企业数（户）	户均就业人数（人）	私营企业就业数占人口数（%）	人均 GDP（万元）
湖南	225. 12	430. 30	362. 91	67. 39	6822. 00	31551. 37	329. 99	1. 91	6. 31	4. 62
辽宁	220. 71	471. 93	301. 55	170. 38	4378. 00	22246. 90	504. 12	2. 14	10. 78	5. 08
云南	199. 12	368. 96	147. 61	221. 36	4771. 00	14788. 42	417. 35	1. 85	7. 73	3. 10
福建	185. 82	435. 70	281. 60	154. 10	3874. 00	28810. 58	479. 65	2. 34	11. 25	7. 44
贵州	166. 21	288. 69	113. 30	175. 39	3555. 00	11776. 73	467. 53	1. 74	8. 12	3. 31
江西	165. 58	407. 76	267. 80	139. 97	4592. 00	18499. 00	360. 58	2. 46	8. 88	4. 03
广西	154. 36	343. 26	252. 41	90. 85	4838. 00	18317. 64	319. 05	2. 22	7. 10	3. 79
陕西	149. 64	334. 76	295. 94	38. 82	3813. 00	19399. 59	392. 46	2. 24	8. 78	5. 09
黑龙江	147. 59	304. 02	263. 10	40. 92	3799. 00	15386. 09	388. 49	2. 06	8. 00	4. 05
吉林	147. 19	375. 33	257. 85	117. 48	2733. 00	14776. 80	538. 56	2. 55	13. 73	5. 41
重庆	144. 41	273. 39	221. 42	51. 98	3048. 00	17740. 59	473. 80	1. 89	8. 97	5. 82
山西	140. 19	305. 97	186. 70	119. 27	3682. 00	13050. 41	380. 75	2. 18	8. 31	3. 54
内蒙古	134. 16	304. 49	250. 65	53. 85	2520. 00	18128. 10	532. 38	2. 27	12. 08	7. 19
甘肃	105. 79	208. 22	115. 43	92. 79	2610. 00	7200. 37	405. 34	1. 97	7. 98	2. 76
新疆	97. 25	171. 52	148. 97	22. 55	2398. 00	9649. 70	405. 54	1. 76	7. 15	4. 02
北京	60. 81	95. 41	51. 36	44. 05	2173. 00	25669. 13	279. 86	1. 57	4. 39	11. 81
上海	42. 66	55. 20	37. 23	17. 97	2420. 00	28178. 65	176. 30	1. 29	2. 28	11. 64
海南	40. 86	73. 49	55. 89	17. 60	917. 00	4053. 20	445. 59	1. 80	8. 01	4. 42
天津	40. 17	75. 89	59. 95	15. 94	1562. 00	17885. 39	257. 19	1. 89	4. 86	11. 45
宁夏	34. 25	66. 57	40. 86	25. 71	675. 00	3168. 59	507. 41	1. 94	9. 86	4. 69
青海	24. 33	52. 10	49. 36	2. 74	593. 00	2572. 49	410. 35	2. 14	8. 79	4. 34
西藏	14. 15	42. 15	39. 81	2. 34	331. 00	1151. 41	427. 58	2. 98	12. 73	3. 48

资料来源：《中国统计年鉴 2017》。

4.1.4　产业与行业分布

从规模以上工业私营企业所在行业分布情况来看，2016 年全国最多的 8 个行业与 2015 年一致，这 8 个行业的户数均超过了 10000 户，总数量达到了 114636 户，其中，非金属矿物制品业 20883 户，农副食品加工业 16165 户，通用设备制造业 14106 户，纺织业 13614 户，化学原料和化学制品制造业 13377 户，电气机械和器材制造业 13086 户，金属制品业 12774 户，橡胶和塑料制品业 10631 户。户数小于 100 的 4 个行业也与 2015 年一致，分别是烟草制品业 4 户、石油和天然气开采业 8 户、其他采矿业 16 户、开采辅助活动 43 户（见表 4.12）。

表 4.12　　　　2016 年按行业分规模以上工业私营企业主要指标

行业	企业单位数（个）	资产总计（亿元）	主营业务收入（亿元）	利润总额（亿元）	平均用工人数（万人）
总计	214309	239542.71	410188.06	25494.90	3397.76
非金属矿物制品业	20883	19728.97	32824.88	2188.25	294.75
农副食品加工业	16165	14250.28	33908.51	1874.81	214.12
通用设备制造业	14106	12945.24	21715.71	1403.55	187.50
纺织业	13614	11498.94	22141.46	1304.55	230.55
化学原料和化学制品制造业	13377	18962.82	33403.15	2169.70	190.45
电气机械和器材制造业	13086	17201.35	26519.07	1746.20	219.01
金属制品业	12774	12266.78	22834.95	1405.35	179.38
橡胶和塑料制品业	10631	9435.89	16834.59	1086.67	146.39
专用设备制造业	9957	11918.34	17815.56	1159.61	143.63
纺织服装、服饰业	8922	5404.23	11128.96	667.26	188.32
汽车制造业	7328	9898.88	14402.79	933.03	130.49
木材加工和木、竹、藤、棕、草制品业	6689	3844.54	10247.55	638.11	93.85
计算机、通信和其他电子设备制造业	6493	10204.25	16395.73	966.29	153.72
黑色金属冶炼和压延加工业	5503	13197.46	23400.50	1066.31	118.35
文教、工美、体育和娱乐用品制造业	5214	3909.76	8085.68	523.55	92.79

续表

行业	企业单位数（个）	资产总计（亿元）	主营业务收入（亿元）	利润总额（亿元）	平均用工人数（万人）
皮革、毛皮、羽毛及其制品和制鞋业	5207	2819.82	6893.46	437.15	107.42
食品制造业	4860	4315.90	8464.18	584.54	83.34
有色金属冶炼和压延加工业	4019	8966.35	16524.98	822.02	66.58
造纸和纸制品业	3939	3365.82	5907.92	333.62	56.47
酒、饮料和精制茶制造业	3779	3462.39	6115.84	498.91	53.91
家具制造业	3665	2614.32	4792.88	315.91	61.02
医药制造业	3308	5597.58	8148.86	649.99	62.51
印刷和记录媒介复制业	3239	2285.53	4169.15	273.63	42.82
铁路、船舶、航空航天和其他运输设备制造业	2629	4105.67	6069.21	405.61	54.24
煤炭开采和洗选业	2621	4867.19	4595.92	330.09	49.84
非金属矿采选业	2311	1566.80	3177.67	230.97	25.37
仪器仪表制造业	2059	2504.39	3833.77	304.91	34.33
化学纤维制造业	1260	2192.12	3236.74	143.81	18.51
黑色金属矿采选业	1205	2938.69	3249.02	289.25	20.60
电力、热力生产和供应业	1121	3777.95	990.75	119.50	9.72
其他制造业	1056	585.97	1341.86	75.76	16.65
石油加工、炼焦和核燃料加工业	933	5631.06	6087.92	240.73	19.65
废弃资源综合利用业	865	932.62	1920.66	109.54	8.57
有色金属矿采选业	763	1247.81	1955.95	135.99	13.38
燃气生产和供应业	326	521.94	611.87	27.39	2.77
水的生产和供应业	198	324.10	163.69	12.12	1.94
金属制品、机械和设备修理业	132	128.27	166.00	7.00	3.52
开采辅助活动	43	70.30	51.55	4.93	0.71
其他采矿业	16	11.38	20.55	1.01	0.21
石油和天然气开采业	8	21.00	25.37	1.84	0.26
烟草制品业	5	20.03	13.22	5.46	0.09

资料来源：《中国统计年鉴 2017》。

4.2　年度政策措施及重大事件

4.2.1　新版《中小企业促进法》出台

经第十二届全国人大常委会第二十九次会议表决通过，新修订的《中华人民共和国中小企业促进法》（以下简称“新法”）于2018年1月1日起正式施行。新法将现行法律由7章扩展为10章，由45条增加为61条。

①明确设立发展专项资金。明确提出“中央财政应当在本级预算中设立中小企业科目，安排中小企业发展专项资金。”并规定中小企业发展专项资金将“重点用于支持中小企业公共服务体系和融资服务体系建设。”同时，对中小企业发展基金的性质和操作运营进行补充细化，明确规定“国家中小企业发展基金应当遵循政策性导向和市场化运作原则，主要用于引导和带动社会资本支持初创期中小企业。”值得一提的是，新法还将部分现行的税收优惠政策上升至法律层面，对缓征企业所得税、增值税和减免行政事业性收费等税费优惠措施作出规定，明确“国家对小型微型企业行政事业性收费实行减免等优惠政策”。

②将“融资促进”单设一章，合理提高不良贷款容忍度。新法体现了对促进中小企业融资工作的重视程度，从宏观调控、金融监管、普惠金融、融资方式等层面多措并举。在金融监管层面，进一步提出开展小型微型企业金融服务应当定制差异化监管政策，采取合理提高小型微型企业不良贷款容忍度等措施。在普惠金融层面，引导银行业金融机构向县域和乡镇等小型微型企业金融服务薄弱地区延伸网点和业务，国有大型商业银行应当设立普惠金融机构，为小型微型企业提供金融服务。在融资方式层面，提出健全多层次资本市场体系，多渠道推动股权融资，发展并规范债券市场，促进中小企业利用多种方式直接融资。完善担保融资制度，支持金融机构为中小企业提供以应收账款、知识产权、存货、机器设备等为担保品的担保融资。

③增设“权益保护”专章，加大中小企业权益保护力度。实践中关于营造公平的市场秩序、增强中小企业权益保护的呼声和要求很高，新法增设了“权益保护”专章，在收款权益、涉企收费、现场检查等方面保护中小企业合

法权益。设立拖欠货款解决条款；并规定建立和实施涉企行政事业性收费目录清单制度，严禁行业组织依靠代行政府职能或利用行政资源擅自设立收费项目，提高收费标准。

④增设“监督检查”专章，强化中小企业管理部门监督检查职能。为加强法律执行情况监督检查，保障法律有效实施，新法增设“监督检查”专章。

此外，新修订的《中小企业促进法》对创业创新、市场开拓、服务措施等方面也做了不少重要的补充和修改。

4.2.2 推进中小企业信息化，落实“互联网 +”行动

为进一步提升中小企业创业创新活力，形成经济发展新动能，针对“十三五”期间推进中小企业信息化发展工作，2016 年 12 月 30 日工业和信息化部发布了《关于进一步推进中小企业信息化的指导意见》，作为落实《国务院关于积极推进“互联网 +”行动的指导意见》（国发〔2015〕40 号）、《国务院关于深化制造业与互联网融合发展的指导意见》（国发〔2016〕28 号）的配套文件，以加快转变经济发展方式为主线，以推动落实“互联网 +”、中国制造 2025、大众创业万众创新为方向，提出了八个方面的重点任务：

①以信息技术提升研发设计水平。《指导意见》提出，要充分发挥计算机辅助（CAD/CAE/CAPP/CAM）系统应用的作用，通过构建基于互联网的开放式研发平台，推广应用数字化产品建模工具、三维及虚拟现实模拟设计方式，为中小微企业提供用户参与式的研发设计、仿真与验证分析，实现大中小企业协同研发与产品设计的网络化。

②以信息技术改造生产制造方式。推进生产制造流程的柔性化改造，发展网络众包、分享经济、个性化定制、服务型制造等新模式，《指导意见》提出，要充分发挥工业互联网和自主可控的软硬件产品为支撑作用，推广“智能制造”信息化集成应用产品和解决方案，提升智能工业控制系统的应用水平，推进生产制造流程的柔性化改造和智能化转型。

③以信息技术提升经营管理能力。《指导意见》提出，要充分利用云计算、大数据、移动互联网等信息技术提升中小企业以租代建、支持核心业务发展、覆盖企业经营管理链条的便捷信息化服务水平，推动经营管理信息化向商业智能（BI）转变和关键环节的整合与创新，提高经营效率和管理水平，提升

经营管理信息系统的集成程度，为中小企业降低信息化应用的成本和门槛，实现中小企业内外部管理信息的互通与共享。

④以信息技术优化市场营销。《指导意见》提出，要充分利用信息化拓展市场空间，发展社交型电子商务和基于大数据的精准营销，构建覆盖采购、生产和销售等全链条的产品品质追溯系统，优化互联网产品质量监督环境，为精准化营销提供更为广阔的发展空间，实现中小企业营销模式的网络化、精准化。

⑤探索互联网金融缓解中小企业融资难。《指导意见》提出要加快拓宽中小企业融资渠道，发展投融资公共服务平台，通过互联网金融具有交易成本低、突破时空限制的独特优势，与中小企业融资需求存在天然的“适配性”，集聚各类金融资源，协作解决小微企业融资难题。

⑥引导大型信息化服务商服务中小企业。《指导意见》提出要充分利用大型信息化服务商在人才、网络、服务和资源整合等方面具有强大的优势，探索政府支持、大型信息化服务商让利、中小企业受益的信息化推进服务模式，要支持大型服务商向小微企业和创业团队开放各类资源，支持大型信息化服务商与地方政府、有关部门、工业园区、产业集群等开展务实合作，培育第三方信息化服务市场，通过开展有针对性的专项行动，加快中小企业信息化应用水平。

⑦完善中小企业信息化服务体系。《指导意见》提出要推动服务机构专业化发展，打造特定行业、领域的信息化服务平台，建设各种中小企业创新创业服务平台，通过集聚整合专业服务资源，为中小企业信息化难题提供对策。

⑧加强案例研究和应用宣传。《指导意见》建议通过加强跨区域合作与交流，总结和推广中小企业信息化建设的成功模式和经验。

4.2.3　七部门推动《小微企业应收账款融资专项行动工作方案（2017～2019年）》

2017年4月25日，人民银行、工业和信息化部会同财政部、商务部、国资委、银监会、外汇局联合印发了《小微企业应收账款融资专项行动工作方案（2017～2019年）》的通知。

专项行动的主要任务与要求包括：①开展应收账款融资宣传推广活动。各地要开展各种形式的应收账款融资宣传推广活动，向小微企业普及应收账款融资知识，加大对平台服务小微企业融资的宣传推广力度，加强对应付账款较多企业、供应链核心企业、大型零售企业的宣传培训工作，引导供应链核心企业提高供应链管理意识，以增强供应链黏度，扩大应收账款融资知晓度。动员更多的小微企业、供应链核心企业、金融机构、服务机构等主体注册为平台用户，打通小微企业通过平台实现融资的“入口”，在线开展应收账款融资业务。完善平台对接供应链核心企业管理系统的功能，方便供应链核心企业在平台上及时确认账款。②支持政府采购供应商依法依规开展融资。各地要推动地方政府为中小企业开展政府采购项下融资业务提供便利，加强“政银企”对接，鼓励中小企业在签署政府采购合同前明确融资需求，在签署合同时注明收款账号等融资信息。地方政府要督促政府采购部门及时在中国政府采购网依法公开政府采购合同等信息，确保相关信息真实、公开、有效。金融机构开展融资服务时，要及时通过在中国政府采购网核对合同信息等方式确认合同真实性，原则上不得要求供应商提供担保。③发挥供应链核心企业引领作用。各级国有资产监督管理、工业和信息化（经信）、商务等部门要积极组织动员国有大企业、大型民营企业等供应链核心企业加入平台，支持小微企业供应商开展应收账款融资业务，督促企业按时履约，及时支付应付款项，带头营造守法诚信社会氛围。逐步实行应收账款融资核心企业名单制，重点将本地区应付账款较多的供应链核心企业纳入名单管理。鼓励供应链核心企业与平台进行系统对接，开展反向保理融资业务，以点带链、以链带面，形成规模业务模式和示范效应，惠及更多小微企业。④优化金融机构等资金提供方应收账款融资业务流程。金融机构等资金提供方要积极回应企业通过平台推送的融资需求信息，在做好贸易背景真实性调查基础上，合理确定融资期限和授信额度；加强贷后管理和企业现金流监管，通过平台确定回款路径，及时锁定债务人到期付款现金流。完善应收账款融资规章制度，优化应收账款融资业务流程，改进小微企业应收账款融资风险评估机制。商业保理公司要专注于小微企业应收账款融资业务，提供贸易融资、销售分户账管理、客户资信调查与评估、应收账款管理与催收等综合服务。⑤推进应收账款质押和转让登记。人民银行要推动建立健全应收账款登记公示制度，开展面向金融机构、商业保理公司等应收账款融资主体的登记和查询服务。金融机构、商业保理公司等资金提供方应根据《中华人民共和国物权法》和《应收账款质押登记办法》(中国人民银行令〔2007〕第4号发布)相关规定办理应收账款质押查询、登记。支持应收账款融资主体在人民银行征信中心动产融资统一登记系统办理保理项下小微企业应收账款转让登记、资产证券化项下小微企业应收账款类基础资产转让登记、资产转让交易项下小微企业应收账款类资产转让登记，避免权利冲突，防范交易风险。⑥优化企业商业信用环境。人民银行各级分支机构要推动地方政府加强企业信用体系建设，引导企业通过平台每月报送债务人的付款信息，丰富企业信用档案，建立应收账款债务人及时还款约束机制，规范应收账款履约行为，推动优化社会整体商业信用环境。积极推进信用担保、信用保险机构参与应收账款融资业务，协助确认应收账款真实性，合理控制应收账款的风险。人民银行逐步向开展应收账款融资业务的非银行融资机构开放征信系统。

专项行动方案要求建立定期通报制度，每年1月31日前将上年度工作开展情况、本年度工作计划报送人民银行金融市场司和工业和信息化部中小企业局。

4.2.4　国务院办公厅加快推进“多证合一”改革

2017年5月5日，国务院办公厅发布《关于加快推进“多证合一”改革的指导意见》(以下简称《意见》)。部署推进“多证合一”改革，进一步优化营商环境，解决目前仍然存在的各类证照数量过多、“准入不准营”、简政放权措施协同配套不够等问题。

《意见》指出，按照能整合的尽量整合、能简化的尽量简化、该减掉的坚决减掉的原则，全面梳理、分类处理涉企证照事项。对于没有法律法规依据、非按法定程序设定的涉企证照事项一律取消。对于市场机制能够有效调节、企业能够自主管理的事项以及可以通过加强事中事后监管达到原设定涉企证照事项目的的，要逐步取消或改为备案管理。对于关系公共安全、经济安全、生态安全、生产安全、意识形态安全的涉企证照事项继续予以保留，加强准入管理，强化事中事后监管。

《意见》明确，将信息采集、记载公示、管理备查类的一般经营项目涉企证照事项，以及企业登记信息能够满足政府部门管理需要的证照事项整合到营业执照上，实行“多证合一”，使企业在办理营业执照后即能达到预定可生产经营状态，最大程度便利企业市场准入。《意见》提出，要坚持互联互通与数据共享相结合，大力推进信息共享，打通信息孤岛，实现企业申请资料从“反复提交”向“一档管理”转变。要利用“互联网+”提高政府服务效能，加快一体化网上政务服务平台建设，最终实现各种材料“一次提交、部门流转”。《意见》提出，各地要在“五证合一”登记制度改革工作机制及技术方案的基础上，继续全面实行“一套材料、一表登记、一窗受理”的工作模式，申请人办理企业注册登记时只需填写“一张表格”，向“一个窗口”提交“一套材料”，不断完善工作流程。登记部门直接核发加载统一社会信用代码的营业执照，相关信息在国家企业信用信息公示系统公示，并及时归集至全国信用信息共享平台。企业不再另行办理“多证合一”涉及的被整合证照事项，相关部门通过信息共享满足管理需要。已按照“五证合一”登记模式领取加载统一社会信用代码营业执照的企业，也不需要重新申请办理“多证合一”登记，由登记机关将相关登记信息通过信用信息共享平台提供给被整合证照涉及的相关部门。《意见》强调，各地区、各部门要切实转变理念，精简事前审批，加强事中事后监管，探索市场监管新模式。全面推行“双随机、一公开”制度，按照“谁审批、谁监管，谁主管、谁监管”的原则，强化主动监管、认真履职意识，明确监管责任。通过信用管理等方式，降低市场交易风险，提高监管效能，使事中事后监管成为放宽市场准入门槛后保障市场秩序的强有力手段。

4.2.5 工商总局深入推进“放管服”多措并举助力小型微型企业发展

工商总局于2017年5月出台《关于深入推进“放管服”多措并举助力小型微型企业发展的意见》，提出要充分利用小微企业名录数据资源，与金融、人社、教育、科技等部门合作，为落实各项小微企业扶持政策提供可靠的数据基础，并形成小微企业相对统一完善的统计体系和相对准确的数据系统，及时了解小微企业生存状态。

①准入放宽松。小微企业涉足的大多是文化创意、咨询、零售等“轻”领域，在企业名称、注册资本、股东结构方面比较简单。要推进全程电子化登记，在保留原有纸质登记的基础上，实现网上登记注册。鼓励有条件的地区可

以探索“网上申请、网上受理、网上审核、网上公示、网上发照”一整套电子化登记和营业执照快递送达服务，实现登记“零见面”。在全国范围内推行电子营业执照，推进电子营业执照在电子政务和电子商务环境的应用。对于不涉及红线的名称，《意见》明确将推进名称登记制度改革。全面开放名称库、建立完善名称查询比对系统，对查询申请的名称进行自动筛查服务。简化申请审核流程，申请人可以通过比对系统以“即查即得”的方式直接提交申请，探索建立快速处理机制，为申请名称和加强名称保护提供最大便利。

②全面推行“双随机、一公开”抽查制度。按照综合监管、简约监管原则，规范政府部门对小微企业的监管。加强竞争执法和竞争倡导，大力查处垄断协议和滥用市场支配地位的垄断案件，依法制止滥用行政权力排除、限制竞争行为，破除地方保护和行业垄断，充分发挥我国统一大市场的优势和潜力，为小微企业公平参与竞争创造条件。

③推进商标注册便利化改革。拓展商标申请渠道，优化商标注册申请和质权登记受理窗口服务，加快推进商标注册全程电子化进程，为小微企业申请商标提供便利；指导小微企业利用注册商标质押融资，拓宽小微企业融资渠道，降低融资成本等。支持小微企业较为集中区域的行业商（协）会或其他社会组织牵头打造区域品牌、申请注册集体商标和证明商标，加强集体商标和证明商标的运用和保护，促进小微企业发展。

4.2.6　五部门联合推动小型微型企业创业创新基地发展

2016 年 12 月 14 日，工业和信息化部、国家发展和改革委员会、财政部、国土资源部、国家税务总局联合发布了《关于推动小型微型企业创业创新基地发展的指导意见》。

主要任务包括：①完善公共基础设施，实现服务信息化。推动小微企业双创基地完善信息网络基础设施，提高云计算、大数据、物联网等信息技术的应用能力，利用工业互联网、云计算平台、大数据中心等公共服务设施，为企业提供便捷、稳定、广覆盖、低成本的信息网络基础设施和研发、设计、制造、经营管理、营销、融资等全方位应用服务。②集成内外部服务资源，实现服务平台化。推动小微企业双创基地以平台化的方式集聚优质创业创新资源。鼓励小微企业双创基地完善服务制度、提升服务水平、提高服务效率；鼓励各类服务机构入驻小微企业双创基地，提供专业化服务；鼓励发展众创、众包、众筹、众扶新模式，提高创业创新服务的能力和水平；鼓励建立并完善小微企业创业创新数据库，为入驻企业提供一站式、个性化服务。③构建服务质量管理体系，实现服务规范化。引导小微企业双创基地建立规范的创业服务质量管理和评估体系，明确服务标准，规范服务流程，依据企业对服务效果满意度的评价意见对服务机构进行动态管理，推动小微企业双创基地服务质量不断提升。④推动产业有机联动，实现小微企业双创基地生态化发展。引导小微企业双创基地构建各类创业创新主体紧密协作的网络，围绕产业链、打造创新链、优化供应链、完善资金链，形成产业资源集聚、企业多元互补、服务功能完备的创业生态环境。建设技术交易、信息技术服务、科技咨询、创业培训等公共服务平台，促进创新成果转化，加强知识产权保护和应用。构建入驻企业资源共享、原料互供机制，加强专业化协作。推动骨干企业与入驻企业合作共享，打造生产协同、创新协同、战略协同的创新产业圈。引导银行、投资机构、中小企业信用担保机构与入驻小微企业对接。引导和鼓励有条件的小微企业双创基地直接设立或引入专业股权投资基金，构建与创业创新相协调的资金链。⑤打造环境友好型基地，引导小微企业双创基地绿色化发展。推动小微企业双创基地全面推行绿色发展理念。鼓励利用闲置厂房、楼宇等场所改建小微企业双创基地，完善“三废”集中处理等公共基础设施；鼓励小微企业双创基地为入驻企业开展能耗在线监测与预警服务，帮助入驻企业降能耗、降成本，开展清洁生产技术改造，提升能源资源利用效率。推动新能源的使用和节能减排，实现小微企业双创基地绿色发展。⑥提升信息技术应用能力，推动小微企业双创基地智慧化发展。加强小微企业双创基地与“互联网+”融合，加强智慧物流、智慧仓储、智能监控、智慧能源等平台建设，推动项目智能评估、健康体检、实时监控等精细化管理系统的应用，逐步提高小微企业双创基地智慧化水平。⑦发挥各类主体优势，推动小微企业双创基地特色化发展。对于依托经济技术开发区、工业园区、产业集群（园区）等为基础建设运营的小微企业双创基地，要重点发挥产业资源集聚功能，构建从孵化到产业化的全链条企业培育能力。对于依托高校和科研院所建设运营的小微企业双创基地，要重点发挥科技创新的引领作用，提高科研成果转化率，打造科技含量高、影响力大、创新能力强、孵化效果好的小微企业双创基地。对于行业骨干企业设立运营的小微企业双创基地，要发挥骨干企业的带动作用，以及在研发资源、市场资源、信息资源等方面的优势，加强专业化协作和配套，支持入驻企业专精特新发展。

政策扶持包括：①推动用地政策落实。对利用闲置土地、厂房、楼宇建设创业创新基地有贷款需求的项目，各地中小企业主管部门应积极协调，组织金融机构进行对接并给予支持。②加强财政支持力度。统筹现有资金渠道，探索PPP、政府购买服务等模式支持小微企业双创基地基础设施改造、信息化建设、服务能力提升，以及对厂房场地租金予以补助，对优秀小微企业双创基地予以奖励。③完善金融保障力度。推动小微企业双创基地与银行、创业投资机构、股权投资机构对接，联合设立或引进创业投资基金、股权投资基金并优先投资于小微企业双创基地内企业和项目。鼓励小微企业双创基地与中小企业信用担保机构对接，为小微企业双创基地内中小企业提供增信和融资担保，支持保险机构在小微企业双创基地内积极发展产品和服务。④落实税收优惠政策。小微企业双创基地符合科技企业孵化器、大学科技园税收政策条件的，可享受有关税收优惠。

4.2.7　财政部、税务总局、科技部等提高科技型中小企业研究开发费用税前加计扣除比例

2017年5月2日，财政部、税务总局、科技部联合发布《关于提高科技型中小企业研究开发费用税前加计扣除比例的通知》，提高科技型中小企业研究开发费用（以下简称研发费用）税前加计扣除比例：①科技型中小企业开展研发活动中实际发生的研发费用，未形成无形资产计入当期损益的，在按规定据实扣除的基础上，在2017年1月1日至2019年12月31日期间，再按照实际发生额的75%在税前加计扣除；形成无形资产的，在上述期间按照无形资产成本的175%在税前摊销。②科技型中小企业享受研发费用税前加计扣除政策的其他政策口径按照《财政部　国家税务总局　科技部关于完善研究开发费用税前加计扣除政策的通知》（财税〔2015〕119号）规定执行。

4.2.8　工业和信息化部组织开展首个“中小微企业日”宣传活动

2017年6月20日工业和信息化部办公厅发布《关于组织开展首个“中小

微企业日”宣传活动的通知》，为增进各方对中小微企业在促进创新和人人享有体面工作等方面重要作用的认识，支持联合国首次于2017确定的每年6月27日为“中小微企业日”，决定组织开展“中小微企业日”宣传活动。以首个“中小微企业日”为契机，大力宣传党的十八大以来党中央、国务院关于促进中小微企业发展的一系列方针政策；着力宣传各地促进中小微企业发展的经验做法和出台的政策措施；积极宣传中小微企业在促进国民经济和社会发展中的地位和作用，加强政策解读，提振中小微企业信心，让中小微企业了解政策、享受政策，推动各项惠企政策落到实处。

4.2.9 工信部联合中国国际贸易促进委员会印发了《关于开展支持中小企业参与“一带一路”建设专项行动的通知》

2017年7月27日，工信部联合中国国际贸易促进委员会印发了《关于开展支持中小企业参与“一带一路”建设专项行动的通知》，重点工作包括以下几个方面。

①支持中小企业参加国内外展览展销活动。重点邀请沿线国家共同主办，并设立“一带一路”展区，继续为中小企业参展提供支持。

②共同搭建“中小企业‘一带一路’合作服务平台”，为中小企业提供沿线国家经贸活动信息。鼓励中小企业服务机构和企业到沿线国家建立中小企业创业创新基地，开展技术合作、科研成果产业化等活动。吸引沿线国家中小企业在华设立研发机构，促进原创技术在中国孵化落地。

③鼓励中小企业运用电子商务开拓国际市场。大力推进中国贸促会“中国跨境电商企业海外推广计划”，针对中小企业在通关报检、仓储物流、市场开拓、品牌建设等方面的需求，引入第三方专业机构，提供定制化服务，帮助中小企业利用跨境电子商务开展国际贸易。

④促进中小企业开展双向投资。支持在有条件的地方建设我国与沿线国家中小企业合作区，组织中小企业赴境外园区考察，鼓励中小配套企业积极跟随大企业走向国际市场，形成综合竞争优势。

⑤加强经贸信息、调研等服务。加大信息收集、整理、分析和发布力度，用好网站、微信公众号、报纸杂志等载体，提供沿线国家的政治环境、法律法规、政策准入、技术标准、供求信息、经贸项目、商品价格、文化习俗等信

息，重点发布沿线国家投资风险评估报告和法律服务指南。注重收集并向沿线国家政府反映我中小企业合理诉求，维护其在当地合法权益。支持建立产学研用紧密结合的新型智库，鼓励中小企业服务机构、商业和行业协会到沿线国家设立分支机构，发挥中国贸促会驻外代表处、境外中资企业商协会和企业作用，探索在条件成熟的沿线国家设立“中国中小企业中心”。

⑥强化商事综合服务。构建面向中小外贸企业的商事综合服务平台，提供商事认证、商事咨询、外贸单据制作、国际结算、出口退税等综合服务。继续完善“中小企业外贸综合服务平台”功能，为广大中小企业提供贸易投资咨询、通关报检、融资担保、信用评级等一揽子外贸服务。

⑦完善涉外法律服务。建立健全中小企业风险预警机制，帮助中小企业有效规避和妥善应对国际贸易投资中潜在的政治经济安全和投资经营风险。开通中小企业涉外法律咨询热线，及时解答企业涉外法律问题并提供解决方案。建立健全中小企业涉外法律顾问制度，提供一体化综合法律服务。组织经贸摩擦应对，帮助中小企业依法依规解决国际经贸争端，维护海外权益。深入实施中小企业知识产权战略推进工程，降低中小企业知识产权申请、保护、维权成本，推动知识产权转化。帮助中小企业开展境外知识产权布局，妥善应对涉外知识产权纠纷。

⑧开展专题培训。进一步发挥国家重大人才工程的作用，深入实施中小企业领军人才培训计划，共同开展中小企业国际化经营管理领军人才培训，加大对中小企业跨国经营管理人才培训力度。

⑨提高中国品牌海外影响力。开展“中国品牌海外推广计划”，帮助中小企业有选择地赴海外参展，组织产品发布会等活动，宣传推介自创品牌及产品，为中国品牌“抱团出海”搭建促进平台。

⑩引导企业规范境外经营行为。引导中小企业遵守所在国法律法规，尊重当地文化、宗教和习俗，保障员工合法权益，做好风险防范，坚持诚信经营，抵制商业贿赂。注重资源节约利用和生态环境保护，主动承担社会责任，实现与所在国的互利共赢、共同发展。

4.3 中小企业当前面临的困难与特点

目前中小企业发展面临的问题仍很多，传统的要素资源如融资、用工、土地、技术等制约中小企业发展的瓶颈仍然需要持续努力改进，而营商环境尤其是具有“外部性”的公共产品严重不足。如中小企业的信用体系建设，需要公权力结合第三方社会化征信机构共同建立，目前在政府数据打通和政务信息公开上仍然存在问题。另一个突出的问题是，大企业拖欠中小企业货款问题始终没有解决，2016 年、2017 年我国经济呈现 L 型发展态势，导致这一问题愈发突出。这些问题都是依靠单个市场主体难以解决的，需要通过政府部门的“放管服”改革来推进解决。

4.3.1 中小企业经营状况总体止跌但仍未走出谷底

中小企业协会发布的数据显示：2017 年三季度中国中小企业发展指数（SMEDI）为 92.9，比上季度略升 0.2 点，升降幅度不大的特点持续 6 个季度。分行业指数 5 升 2 持平 1 降，分项指数 7 升 1 降，上升的面较上一季度有所扩大。中小企业发展指数继续保持平稳，与宏观经济运行的总体特征大体一致。

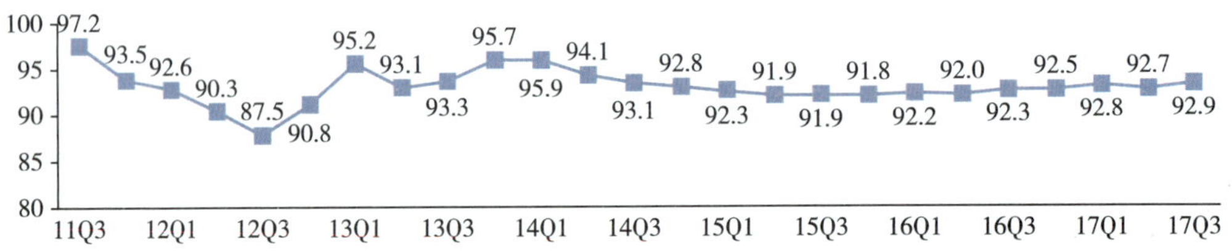

图 4.5　中国中小企业发展指数运行图

国家工业和信息化部中小企业发展促进中心、浙江工业大学中国中小企业研究院、对外经济贸易大学及杭州市经济和信息化委员会等四家单位共同发布的《中国中小企业景气指数研究报告 2017》显示，2017 年中国中小企业“景气指数”探底回升，基于工业总产值加权计算的全国中小企业平均景气指数从 2016 年的 77.20 上升到 84.60，增长幅度近 10%，显示 2017 年度中国中小企业生产经营企稳回升，发展基本面良好。报告指出近年来经济下行压力虽然较大，但中国推进供给侧结构性改革初步取得成效，实体经济基本面回暖，中小板、创业板及新三板上市企业扩容，投融资环境有所好转，创业创新活力进一步增强，多种利好政策释放红利，使得 2017 年全国中小企业景气指数探底回升。

4.3.2　解决中小企业“融资难”仍然任重道远

互联网金融交易规模增长速度看，中小企业的融资需求旺盛。负债的中小企业约 80% 有民间借贷行为，这几年异常火爆的 P2P 平台贷款年化利率通常在 20% ~30% 之间，从贷款价格上充分说明了中小企业资金短缺的程度。2017 年 4 月中国中小企业上市服务联盟、洞见资本研究院共同发布《2017 中小企业融资发展白皮书》显示，98% 的中小企业主要问题仍然是融资难，融资贵。中小企业在商业银行信贷融资方面，某大行的数据显示，其 509 万户法人客户中只有 14 万户有融资余额，可见多数中小企业仅仅为其提供存款，而无法获得贷款，其他商业银行的客户情况也大同小异。

一方面，金融系统目前的贷款规模存在杠杆风险问题，另一方面，居民的资金又缺乏投资渠道，除了房地产和证券市场外，各类理财产品尤其是互联网金融成为居民资金的主要流向处。2016 年中国互联网金融行业市场规模在 20 万亿左右，未来 5 年行业年均复合增长率约 25%，到 2020 年预计将达 43 万亿。由于信息不对称。大多数需要融资的中小企业没有更多的机会接触好的投资者，互联网金融目标多是 B2C 模式，缺乏企业级的金融服务平台。且由于发展迅速良莠不齐，也存在巨大的监管风险。

4.3.3　营商环境凸显差距，权益维护难，制度遵循成本高

十八大以来，我国政府持续简政放权、放管服结合、商事登记制度改革、“三去一补一降”方面实施供给侧改革等，在十九大之前完成了《中小企业促进法》的修订颁布，并多次提高中小企业免征税收的标准，中小企业营商环境已经得到很大的提高。但与世界水平相比，尤其是成熟的市场经济国家相比，我国的企业营商环境尤其是中小企业的营商环境还有很大的提升空间。

世界银行从开办企业、办理许可、获得电力、登记财产、获得信贷、少数投资者保护、纳税、跨境贸易、执行合同和办理破产 10 个议题，对全球 190 个国家和地区进行了调查和统计排名。世行统计报告经多年实践，已经较为成熟和客观，具有一定的实践指导意义。《2017 年营商环境报告：人人机会平

等》报告显示，去年全世界有 137 个经济体实行了关键性的营商改革，让中小企业成立和运营更加容易。中国数据虽有提升，但仍略显落后，一些关键数据远低于世界平均水平。中国的营商环境总排名第 78 位，其中建筑许可时间 244.3 天，排名 177 位；纳税指标的税负程度排名 131 位；开办企业程序共 9 项，开办要花费当地人均年收入的 0.7%，开办企业便利度排名 127 位；对小股东权利保护排名 123 位；电力供应时间 143.2 天，排名 97 位；外贸指标第 96 位；获取贷款便利度排名 62 位；办理破产第 53 位；产权登记 19.5 天，排名 42 位；执行合同第 5 位。

报告指出我国营商环境存在以下突出问题：施工许可办理难度大，纳税问题突出，开办企业过程需精简，中小投资者保护不足，电力获得存在困难，开展跨境贸易仍存难度等。在建筑许可领域，耗时 244.3 天，在 190 个国家中排名 177 位，这是我国排名最低的议题。在电力领域，有投资者反映南方电力企业对新建工厂的服务到位，主动建设供电设施，服务企业。而北方一些地区的电力企业则需要额外付出成本才能供电。少数投资者保护指标的数据主要来自于公司治理结构的调查和司法部门的信息，此项数据低下，说明我国公司治理水平普遍低下，与司法部门对股权纠纷的处理情况也有关系。自 2014 年注册资本登记制度改革开始，三年间，商事登记已发生翻天覆地的变化。但在办理营业执照环节大幅减少了时间，而其他环节改善有限。世行调查发现，在不需要特殊许可的前提下，中国企业开办要有 9 个程序。而香港是 2 个程序，新西兰只有 1 个程序，排名第一位，排名 189 位的委内瑞拉，是 20 个程序。

根据中国贸促会问卷调查，“政策不够稳定”成为企业目前经营遇到的前五大问题之一。例如，一些地方政府根据国务院 2014 年 12 月印发的《关于清理规范税收等优惠政策的通知》取消之前写入合作协议的优惠政策，损害了企业的利益和投资信心。国务院 2017 年 1 月出台的利用外资新政策规定“允许地方政府在法定权限范围内制定出台招商引资优惠政策”。一些地方政府不愿根据新政策来执行原协议中的优惠政策。这显示出涉企政策法规的连续性和稳定性不够。政策执行精细化程度不够。一些部门在执行政策时未区分不同情况，采取“一刀切”做法，伤害了企业利益。部分化工类企业称，天津滨海新区爆炸后，所有危险化学品运输、仓库单位的延期许可证一律停发。这一政策有效降低了危险化学品的公共安全风险，但也使得部分守法合规企业的正常运营受到影响。

对违法违规行为的惩处力度不够。部分企业表示，政府制定的政策法规较为严格，但有些企业采取某些涉嫌违法违规的“灵活做法”，执法时对违法违规行为处罚力度不够。大部分企业由于担心违规风险，严格遵守所有的法律法规，导致制度遵循成本高，从而在市场竞争中处于不利地位。

4.3.4 小微企业面对“互联网+平台”的发展趋势，机遇与威胁并存

一些互联网企业为小微企业提供第三方服务，解决小微企业自身难以解决的营销、交易、支付等问题，吸引大量小微企业加入，形成产业链高度关联的生态系统，发展出“互联网平台+小微企业”的新模式。“互联网平台+小微企业”模式有助于克服小微企业的规模不经济问题，比政府提供的公共服务更加高效，弥补了小微企业天然弱质性，发挥了小微企业灵活性个性化特点，形成了网络上的产业集群。“互联网平台+小微企业”模式出现后，无论是“淘宝网”等传统电子商务平台，还是“滴滴”“饿了么”等交通、餐饮撮合交易平台和“蚂蚁金服”等第三方信用服务平台，都较好地解决了小微企业市场开拓中的规模不经济等问题，极大地改善了企业发展的市场环境。小微企业没有能力自建的业务，完全可以通过低价租用平台的高质量服务来解决，如“阿里”平台上可以为小微企业提供物流/仓储、电子商务、内部管理、云安全、店铺互动、图片拍摄/处理、软件服务等各种类别的服务。同时，除了平台提供的服务之外，大量小微企业在平台上也为其他小微企业提供服务，形成完整的产业生态。互联网平台提供的服务已经远远超越了科技、工信和商务等部门设立的传统服务平台提供的服务，如“阿里”电商平台为中小企业提供市场撮合服务、交易支付结算服务、信用评级服务、应收账款抵押融资服务、物流服务等，“滴滴”叫车平台为专车司机和乘客提供需求匹配服务、交易支付结算服务、信用评级服务等。据部分数据显示，仅提供市场服务方面，“阿里巴巴”平台、“淘宝网”就解决了1100万家小微企业市场交易的便利性，年成交额已达到上万亿元。面向个体性质司机服务的“滴滴”“易道”叫车平台为1200万以上专车司机创造了每月2000元以上、部分地方甚至5000元以上的稳定收入。

在“互联网平台＋小微企业”模式下，小微企业不用自己购买服务器，不用组建财务、物流、人才部门，就能从网上将信息系统支持服务、财务支持服务、第三方物流服务、人才外包服务作为一种产品购买获得，实现组织结构虚拟化、网络化、平台化，实现融资渠道的大众化与多元化。在促进小微企业创新转型发展方面，互联网平台通过重塑创新各环节要素体系，以众包、众创、众筹等模式聚合了人才、科技、资本等各方资源，小微企业不一定投入大量的人力、物力和财力，也一样可以起到意想不到的市场推广效果和研发创新成效，从而节约出大量资源和时间，更好的专注于本领域的客户服务、产品质量和创新开发，在组织转型上呈现出用户中心主义、企业平台化、员工创客化趋势。

“互联网平台＋小微企业”的组织形式呈现为“海量小前端＋巨型平台”的商业形态，为中小企业创新发展开辟了崭新空间和机遇，大量新兴初创的中小企业快速涌现出“独角兽”企业。如初创企业小米科技公司是互联网众包研发、消费众筹、营销创新的典型案例；又如红岭服装、索菲亚衣柜等公司成为互联网平台大批量个性化制造模式创新的典型案例。

但数字经济时代“赢者通吃”的特点，对那些没有能力把握住发展趋势、不能实现自我转型发展的小微企业，会越来越被边缘化，且留下巨大的发展鸿沟。

4.4 政策建议

4.4.1 实施与小微企业社会功能相适应的差异化社保和税收政策

小微企业的主要社会功能是解决就业，不使个体沦落为失业者成为国家财政的负担，因此小微企业不宜成为税收贡献的主体。由于在各种大型工程招投标以及政府采购方面，小微企业由于在资金保障、人员实力、技术储备、品牌等多方面不完善，不具备大企业所具有的资质，无法获取大型项目和政府采购的收益，因此，承担的社保费用义务应该与大企业有所差异，不宜承担与大企业一样的养老保障责任。小微企业本身处于发展初级阶段，各方面实力都很弱，同样的社保缴费比例，其缴费额度占比以及衍生出来的经办管理人员的财务成本，对大企业来讲占经营成本比例较低，但小微企业来说占比却很高，尤其是对以高技术人才为主的科技型中小企业和主要以人工成本为主的服务业企业，社保支出占企业经营成本的比例远高于大型企业。即使从缓解社保费用收支财政压力来看，大企业降费1个点，对社保费用的收支压力影响较大，但对大企业的经营成本改善有限。而小微企业社保缴费比例大幅度降低，对社保基金收入来说相对影响不那么大，但涉及的企业面却很广，对小微企业降成本的改善效果也非常明显。

建议实施与小微企业社会功能相适应的社保和税收政策，根据企业的规模确定差异化的缴费政策，对小微企业给予更大的降费比例，而不是与大企业“一刀切”的缴费比例。

4.4.2　大力推进动产融资，包容发展普惠金融

继续鼓励传统的银行信贷间接融资向中小企业投放更多的政策（如对金融机构向农户、小型企业、微型企业及个体工商户发放小额贷款取得的利息收入，免征增值税），发展多层次资本市场提高企业直接融资比重，大力支持和鼓励银行进行贷款业务创新，如鼓励银行业开发设计“年审制”“循环贷”“无间贷”等符合小微企业融资特点的还款方式，解决贷款期限错配问题。

此外，还应大力推进动产融资，使之成为中小微企业的主要融资方式。企业只要活着，尽管没有不动产，却有包括应收账款、存货、保证金、各类收费权、知识产权、设备等在内的各种动产。解决中小微企业融资难问题，应大力发展动产融资。在信贷市场发达的国家约有60%～70%的企业贷款是全部或部分用动产作为担保品来发放的。过去几年，应收账款融资发展加快，以中国人民银行征信中心的应收账款融资服务平台为例，通过平台促成的应收账款融资已经超过5.5万亿，预计2017年会累计超过六万亿，2019年到2020年超过十万亿。平台上注册用户已经超过13万家。但与近3000万家庞大的中小企业数量相比，仍需扩大大力推进动产融资，尤其是存货融资的发展。

另外，还需要采用包容的监管政策来发展普惠金融。支持合法的互联网融资机构与政府公共服务平台合作，吸引社会资金，解决中小企业尤其是中小商贸流通企业的融资难、贵、周期长的问题。加快建立健全社会信用体系等行业基础设施建设，大力扶持规范本土社会征信评级机构发展，培育具有权威性的

第三方专业信用评级机构，引导其创新征信产品，提升信用评级服务质量，扶持正规金融平台，曝光恶意骗取投资者钱财或经营不善良的平台。积极规范引导企业运用活跃的民间资本，拓宽中小企业直接融资渠道。

4.4.3 平等保护产权，落实政府守信践诺机制，激发企业家精神，改进营商环境

《关于完善产权保护制度依法保护产权的意见》明确提出了“有恒产者有恒心”的共识，并将平等保护各种所有制经济财产权这一理念贯穿全文，从产权保护的倡导到明确要求落实，再到制度的完善以及政府行为的规范，都触到了当前产权问题的痛点。但由于我国的产权保护制度起步较晚，不论对公有制经济还是非公有制经济财产权的保护力度都明显不够，其中对非公有制经济财产权的保护力度更是远远落后于公有制经济。近年来，对公有制和非公有制财产的保护政策之所以一直强调公平、公正，是因为不公平的现象时有发生。从法律规定上看，在保护公有制财产方面，有专门的《国有企业资产法》，但相对地却没有制定出非公有企业的资产保护法规。同样的侵害财产权的行为，对公有财产的贪污可以直接上升到刑法，而对私有企业的财产侵害量刑依据主要还是来自于《物权法》《民法》《商法》等，而且量刑也会轻很多。需要落实推进民法典编纂工作，完善物权、合同、知识产权相关法律制度，清理有违公平的法律法规条款，加大对非公有财产的刑法保护力度。

落实政府守信践诺机制。保护产权的重点在规范政府守信践诺行为上。对利用公权力侵害私有产权、违法查封扣押冻结民营企业财产的现象，要有行政诉讼机制的落实，还需要切实废除对非公有制经济各种形式的不合理规定，消除各种隐性壁垒，大力推进法治政府和政务诚信建设。在执行过程中还要警惕极左思想的干扰中央文件的执行贯彻，例如有些人认为公有资产高于个人，优先保护国有资产而不是平等保护私人财产。加快政府信息披露共享机制建设，健全社会信用体系

激发企业家精神关键在保障权益。把“依法保护企业家财产权”和“依法保护企业家创新权益”作为激发企业精神最关键的两条任务，及时甄别纠正社会反映强烈的产权纠纷申诉案件，剖析侵害产权案例，研究建立因政府规划调整、政策变化造成企业合法权益受损的依法依规补偿救济机制，需要从中央

到地方各级党委新一轮对政府部门、司法部门的巡视中，将“甄别纠正”任务作为一项主要巡视内容和整改措施，抓出一批典型案例。在市场秩序方面，把“强化企业家公平竞争权益保障”和“健全企业家诚信经营激励约束机制”作为重要任务，应对第三方的市场化信用评价体系予以重视和认可，淘宝等电商，为中小企业提供了市场交易平台、信用评价、融资等方面的服务，值得鼓励、发展。在市场失灵的地方加强市场监管和惩处力度，如打击假货不能交给没有执法权的平台企业去承担。对部分地方“市场秩序官场化”或放任自流无序化而导致的“劣币驱逐良币”现象，需要引起各级政府高度重视落实。对企业家的公共服务方面。将“完善涉企政策和信息公开机制”作为一项重要措施和任务，通过“建立涉企政策信息集中公开制度和推送制度。加大政府信息数据开放力度。强化涉企政策落实责任考核，充分吸收行业协会商会等第三方机构参与政策后评估”等措施，从支持两个百年目标之“实现国家治理体系现代化”的高度来推进对企业家的公共服务。

加大减轻企业负担的力度，降低企业税费、融资、人工、用能、物流和制度性交易成本，减少中介服务事项和机构的涉企收费。企业减负需政策“落地生根”，要有企业参与评定是否真正为企业减轻了负担的监管评估机制。提供延伸性的公共服务降低企业的维权成本。

4.3.4　支持“互联网平台＋小微企业”发展模式，促进“大众创业、万众创新”

建议降低自然人进入平台经济的登记门槛，采取宽松政策环境以鼓励“互联网平台＋小微企业”模式发展。互联网平台经济是“微经济、平台经济、共享经济”的“三位一体”的新经济，一些大型企业正在向“平台＋中小企业（个人）”的组织模式转变，促进了“大众创业、万众创新”，实现了过去政府扶持小微企业发展难以取得的效果。建议采取宽松的政策环境以鼓励市场化的技术创新，通过“互联网平台＋小微企业”模式创新解决小微企业发展中的问题。在共享经济、平台经济里面，最关键的突破是个人准入。《网络交易管理办法》确立的自然人网店准入是实践中重大的制度创新，既体现了社会对互联网创新的宽容，也深刻体现了自然人的商业经济权利。建议对“互联网平台＋小微企业”模式的发展采取“适度监管原则”，降低监管门槛、去审批化，而不是提高自然人网店、个体司机、个体家修等小微市场主体进入“互联网平台 + 小微企业”模式的门槛。建议进一步放宽自然人小微市场主体的独立承包运营资质门槛标准，如研究在网约车领域放宽私家车的运营资质，以保障一旦发生事故时获得相应保险赔付的需求。在大力推进商事登记便利化的同时，完善第三方平台的免责条款，给新的商业模式创新留出一定的试错空间和发展空间。

建议由互联网平台与自然人小微市场主体自主协商决定二者之间适用劳务承包关系还是劳动雇佣关系，给予自主选择权，预留创新空间。“互联网平台 + 小微企业”的模式不断创新，网络平台与小微市场主体的关系越来越复杂。以网约车平台为例，神州专车、滴滴出行、易到用车等为代表的中国特色网约车服务包含网约租车平台、司机、汽车租赁公司、劳务派遣公司等主体，但四方主体之间关系比较复杂，重资产和轻资产的各个企业做法也不尽相同。对于创新经济模式中出现的新劳动现象，不应简单套用以“公司 + 雇员”为主的《劳动合同法》，需要在总结商业模式创新经验基础上，不断完善新的劳权保护方式，形成符合“平台 + 个体”这一新兴经济形式的法律规范，以保护各方的利益，实现网约租车平台发展与劳动者保障双赢的局面。区别劳务关系和劳动关系，主要判断劳动者是独立的还是从属的。劳务关系以劳动结果作为支付依据，企业并不对劳动者的工作过程进行管理，支付的依据是劳动结果而不是出勤时间。如自然人网店同时在多个电商平台注册网店，网约车司机大多同时接受多个叫车平台的派单，并不从属于某个特定的网约车平台，生产资料由劳动者自己提供，且可以完全自由安排自己的时间，不同于一般就业，目前对劳务关系的调整主要由合同法和民法通则实现。建议进一步完善独立劳务承包个体等非传统正规就业者的社会保障，研究并颁布适应“平台 + 个体”的公平对等的劳务承包合同范本或制度，防止平台公司滥用市场优势地位侵犯小微市场主体的权益，以促进“平台 + 个体”的分享经济的蓬勃发展。

建立和实施政府、平台、小微企业、消费者共同参与的互联网商业治理模式，提高监管有效性。政府部门应建立类似银行征信系统的公共信用平台和失信惩罚与限制准入管理制度；各互联网平台公司有义务审查并建立小微市场主体黑名单制度，将本平台的黑名单及时上报公共信用平台，并在平台注册环节建立向公共信用平台查询和落实限制准入管理制度、建立信用保证金收缴、预先代付消费者损失、失信惩罚制度，还可以充分利用平台的大数据优势，建立小微企业与消费者共同参与的第三方信用评价体系；小微企业和自然人市场主体有义务接受平台公司的信用监管、失信保证金机制和失信惩罚结果，严格规范自身市场行为；鼓励消费者积极参与信用评价，发挥消费者的监督作用；推行消费者实名注册，实现前台匿名、后台实名，避免网络“水军”的“刷信用”的虚假评价。通过多方参与的治理模式，共同维护互联网市场的秩序，促进“互联网平台＋小微企业”共享经济模式的持续健康发展。

中小企业自身的创新发展也要紧密结合新经济。服务型中小企业可以紧密结合新经济和共享经济的发展，从“移动互联网＋”方面着手实现服务模式和品质的转型升级。对于制造型中小企业来说，抓住万物互联和智能制造的时代趋势，提升大规模个性化定制以及柔性制造、智能制造能力，是提升企业核心竞争力的关键；应充分利用“互联网平台企业＋小微企业”的商业模式创新来着手提升市场响应能力、筹资能力、研发众包能力等，从而实现中小制造企业的转型升级。

执笔：许春燕　王继承　董　炜

第五章 | 企业跨境投资

5.1 中国对外直接投资的基本情况与特点

5.1.1 2016 年中国对外直接投资流量创历史新高，蝉联全球第二

2016 年世界经济增长乏力，全球外国直接投资复苏之路依旧崎岖。在继上年强劲上扬后，2016 年全球对外直接投资流量 1.45 万亿美元，呈现小幅下降。但中国企业主动融入全球化进程的步伐加快，2016 年中国对外直接投资创下 1961.5 亿美元的历史新高，同比增长 34.7%，蝉联全球第二位。其中，新增股权投资 1141.3 亿美元，占 58.2%；当期收益再投资 306.6 亿美元，占 15.6%；债务工具投资 513.6 亿美元，占 26.2%。

表 5.1　　2016 年中国对外直接投资流量、存量分类构成情况

分类＼指标	流量			存量	
	金额（亿美元）	同比（%）	比重（%）	金额（亿美元）	比重（%）
合计	1961.5	34.7	100	13573.9	100
金融类	149.2	-38.5	7.6	1773.4	13.1
非金融类	1812.3	49.3	92.4	11800.5	86.9

数据来源：中国对外直接投资统计公报 2016。

自 2002 年以来，中国对外直接投资实现了 14 年连增。2016 年对外直接投资流量是 2002 年的 72.6 倍，占全球比重已经由 2002 年的 0.5% 提升至 13.5%，首次突破两位数，在全球外国直接投资中的地位和作用日益凸显；2002～2016 年的年均增长速度高达 35.8%；2016 年中国对外直接投资再次超过吸引外资（1340 亿美元），连续两年实现双向直接投资项下的资本净输出。

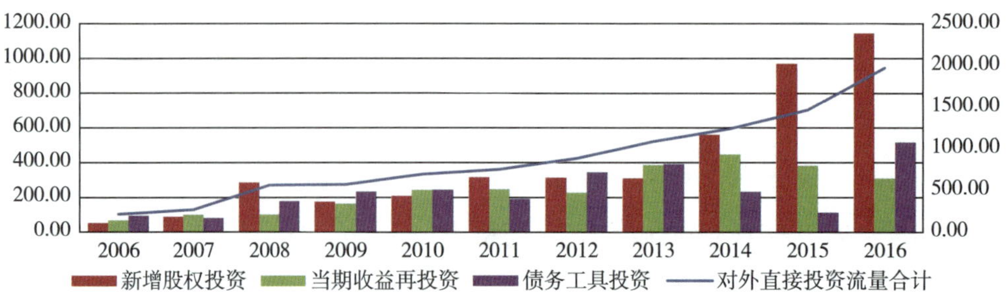

图 5.1 2006～2016 年中国对外直接投资流量及投资方式（单位：亿美元）

数据来源：中国对外直接投资统计公报 2006～2016。

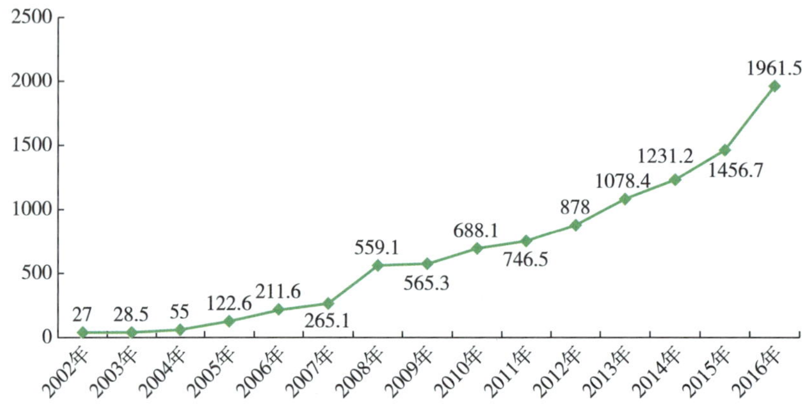

图 5.2 2002～2016 年中国对外直接投资流量情况（单位：亿美元）

数据来源：中国对外直接投资统计公报 2016。

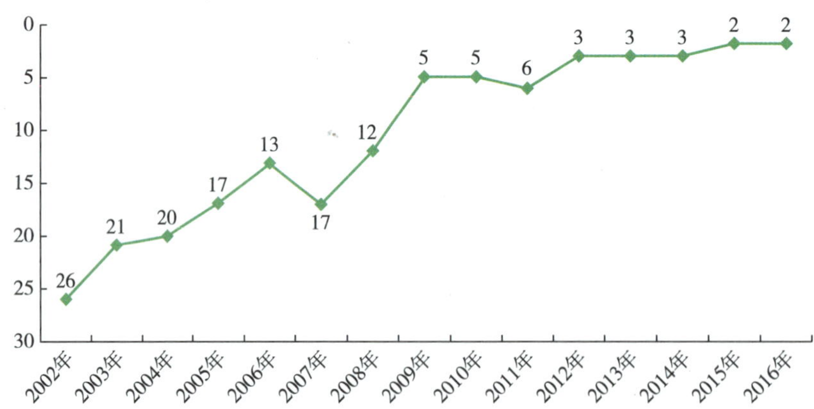

图 5.3 2002～2016 年中国对外直接投资流量全球排名

数据来源：中国对外直接投资统计公报 2016。

5.1.2　2017年我国对外直接投资呈现稳中趋缓态势

2016年中国对外直接投资分别占全球当年流量、存量的13.5%和5.2%，流量承2015年继续位列全球国家（地区）第2位，比较上年占比提升3.6个百分点，存量由第8位跃至第6位，占比提升0.8个百分点。但是自2016年12月起至2017年8月中国非金融类直接投资当月同比增长率均为负值，有明显下滑。

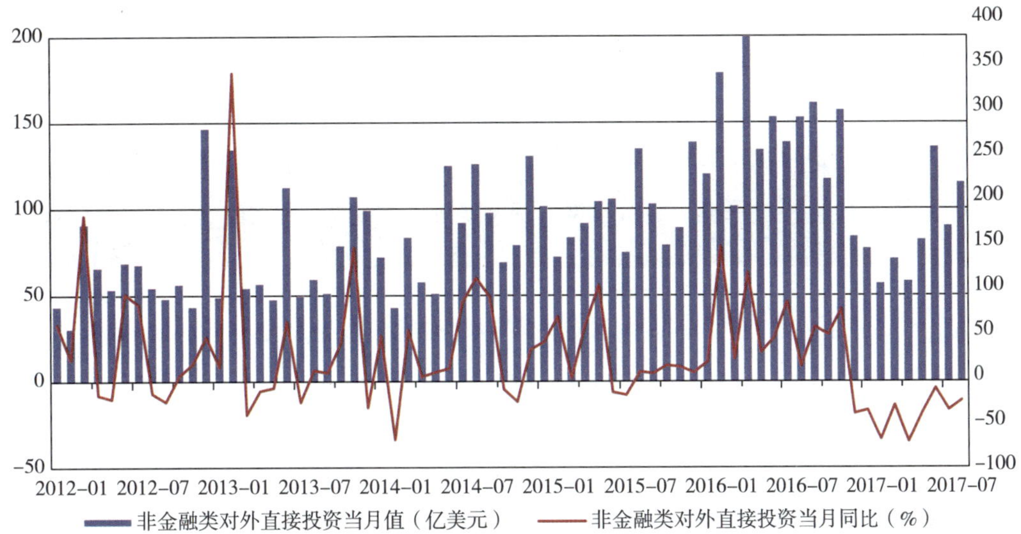

图5.4　2012年1月－2017年8月中国非金融类直接投资当月值（单位：亿美元）

数据来源：中华人民共和国商务部。

2017年中国对外直接投资呈现降幅收窄，行业结构持续优化的态势。1～6月，对外投资主要流向租赁和商务服务业、制造业、批发和零售业以及信息传输、软件和信息技术服务业，分别占同期投资总额的28.3%、18.3%、12.7%和11.4%。房地产业对外投资同比下降82.1%，占同期对外投资总额的2%；文化、体育和娱乐业对外投资同比下降82.5%，占同期对外投资总额的1%。2017年6月当月，对外直接投资达到2016年12月以来最高值，为136亿美元，同比下降11.3%，降幅进一步收窄，环比增长65.5%，实现连续第二个月正增长。

5.1.3 2017年制造业对外直接投资下降明显

2016年，我国流向制造业的对外直接投资达到310.6亿美元，同比增长116.7%，其中流向装备制造业的投资178.6亿美元，是上年的2.5倍，占制造业对外投资的57.5%，占同期总投资额的10.5%。

但是2017年以来我国流向制造业（尤其是装备制造业）的投资较2016年持续下滑，下降比率自4月以来维持在40%以上。流向装备制造业的投资占制造业对外直接投资的比例已从1月的75.4%下降至56.8%，占同期投资总额的比例已经下降到不到10%。

表5.2　2017年1~10月中国制造业和装备制造业的对外直接投资

	流向制造业的投资		流向装备制造业的投资			
	累计金额（亿美元）	较上年同期增长	累计金额（亿美元）	较上年同期增长	占制造业对外投资的比例	占同期总投资额的比例
1~10月	147	-44%	83.5	-47.9%	56.8%	9.7%
1~9月	134.7	-44.8%	77.8	-48.3%	57.8%	10%
1~8月	116.2	-45%	66.7	-52.6%	57.4%	9.7%
1~7月	105.2	-45.7%	62	-52.4%	58.9%	12.9%
1~6月	88	-50%	53.2	-55.8%	60.5%	11%
1~5月	66.1	-56.4%	40.7	-61.6%	61.6%	11.8%
1~4月	56.6	-42.4%	36.4	-41.2%	64.3%	13.8%
1~3月	50.7	-6.1%	34.5	30.2%	68%	16.8%
1~2月	39.9	1.6%	30.1	70%	75.4%	22.4%

数据来源：中华人民共和国商务部。

5.2 2017年中国对外直接投资特征的主要外部原因

2017年国内经济持续向好的大背景下，投资者倾向于将更多资金留在国内。与此同时，国际环境不稳定不确定因素增加，国际金融市场波动加大，如部分国家收紧外资准入等，个别发达国家对中国投资特别是国有企业投资的限制壁垒增多，也对中国对外投资产生了负面影响。另一方面，2016年底以来，我国加强了对外投资的真实性、合规性审查，非理性的对外投资得到有效遏制，涉及房地产、酒店、影视娱乐、体育等领域的对外投资大幅下降。具体原因如下。

5.2.1 发达国家的对外投资壁垒增多，不确定性增加

2016 年中国对美国、欧盟、澳大利亚投资均创新高，但也使得部分国家逐步收紧外商投资规定，数据显示 2016 年中国对东盟和俄罗斯联邦投资同比呈现负增长态势，分别为 -29.6% 和 -56.3%。

表 5.3　**2016 年中国对主要经济体投资情况表（单位：亿美元）**

经济体名称	流量			存量	
	金额	同比（%）	比重（%）	金额	比重（%）
中国香港	1142.33	27.2	58.2	7807.45	57.5
欧盟	99.94	82.4	5.1	698.37	5.1
东盟	102.79	-29.6	5.2	715.54	5.3
美国	169.81	111.5	8.7	605.80	4.5
澳大利亚	41.87	23.1	2.1	333.51	2.4
俄罗斯联邦	12.93	-56.3	0.7	129.80	1.0
合计	1569.67	26.3	80.0	10290.47	75.8

数据来源：中国对外直接投资统计公报 2016。

当前由于发达国家投资安全审查不断升级，中国企业对外投资遇到了许多风险和挑战。美国、欧盟、澳大利亚等国家和地区将国家安全、基础设施和高新技术纳入外国投资审查范畴，审查越来越严苛，受到审查的中国企业越来越多。由于这些安全审查程序不透明、标准不清晰、随意性很大，且通常采取个案审查的方式，大大增加了中国企业的投资风险①。

2017 年 9 月 26 日，北京四维图新科技股份有限公司正式发布公告称，因在审核期截止日，仍未能获得美国监管机构的批准，四维图新、合作伙伴腾讯以及新加坡政府投资公司（GIC，新加坡主权基金）已经放弃了购买欧洲数字地图提供商 Here10% 股份的计划。2016 年 12 月，Here 曾宣布，腾讯、四维图新科技和新加坡政府投资公司将从德国 3 家汽车企业（宝马、奥迪以及戴姆勒）取得 Here10% 的股权。据国外媒体报道，中资企业联合收购 Here 地图

① 刘立峰："中国对外投资面临的困难及政策调整"，中国经济时报，2017 年 8 月 21 日。

10%股份的计划泡汤，原因可能在于美国当局担心汽车收集的详细地图信息被中方获得，因为Here在欧美车载导航仪用地图领域掌握80%市场份额，但美国外资投资委员会（CFIUS）对此尚未回应。同样在2017年9月，在三次未获得CFIUS批准之后，中国私募基金Canyon Bridge Capital Partners对美国芯片制造商莱迪思（Lattice Semiconductors）提出13亿美元报价的收购交易被阻止，美国政府还表示将严密审查中国在半导体技术的投资。据环球网报道，目前有多家中国公司对美国公司收购的交易申请都在审查中，中国企业对外投资面临重重困难。

5.2.2 发展中国家的政治风险上升，权益保护严格

造成当前中国对外直接投资呈现“稳中趋缓”态势的因素中，发展中国家的政治风险和权益保护不容忽视。由于优质资源几乎全被发达国家企业所占据，中国企业不得不到那些政治风险高、法律制度不完备、投资环境较差的国家去寻找投资机会，面临的战争战乱、政党更替、政策不可持续等风险因素不断增加。相较发达国家，这些国家不仅缺乏法治观点和契约精神，而且社会和政局动荡不安，政府撕毁合约的现象时有发生。

东道国实行严格的本国权益保护也对中国企业对外投资造成阻碍。近年来，一些发展中国家频繁针对外资及外企出台新政策，如企业注册、劳务许可、控股权、税收、企业采购、环境保护等，许多都是限制性的措施。例如，工程、服务合同中，本地制造或加工商品要占一定比重，本地员工要占所有员工比例的一定比重。中国企业在与东道国企业、政府签订合同时经常面临着诸多本国权益保护性条款和协议，在对外投资活动的推进过程中举步维艰。

5.2.3 加强对海外投资的审查，支持企业真实合法的对外投资

当前，由于中国企业对外投资存在一定的盲目性，对外投资企业普遍缺少共商、共建、共享的政策平台支持，缺乏对投资目标国市场全面、深入的了解，缺少相关的法律法规知识和法律保障，并且存在基于乡缘的“抱团出海”和搭大企业“顺风车”现象，中小企业对外投资的盲目跟风更为严重。为此，国家发展改革委、商务部、人民银行、外汇局明确了监管部门对境外投资的公开态度，即：坚持实施新一轮高水平对外开放，坚持实施“走出去”战略，坚持企业主体、市场原则、国际惯例、政府引导，坚持实施以备案制为主的对

外投资管理方式，把推进对外投资便利化和防范对外投资风险结合起来，按有关规定对一些企业对外投资项目进行核实。

2016 年 12 月 6 日，发展改革委、商务部、人民银行、外汇局四部门负责人就当前对外投资形势下中国相关部门将加强对外投资监管答记者问时也明确提到，我国支持国内有能力、有条件的企业开展真实合规的对外投资活动，参与“一带一路”共同建设和国际产能合作，促进国内经济转型升级，深化我国与世界各国的互利合作。同时，监管部门也密切关注近期在房地产、酒店、影城、娱乐业、体育俱乐部等领域出现的一些非理性对外投资倾向，以及大额非主业投资、有限合伙企业对外投资、“母小子大”“快设快出”等类型对外投资中存在的风险隐患①。在坚持实施“走出去”的战略不变、坚持支持合法合规的对外直接投资方向不变、坚持推进贸易投资便利化中注意防范对外投资风险的原则不变的大背景下，2017 年对外投资呈现出新的特征，其重要原因之一是加强了对外投资的真实性、合规性审查，非理性的对外投资得到有效遏制。

5.2.4　《中央企业境外投资监督管理办法》为央企对外投资进行规范

2017 年1 月7 日国务院国有资产监督管理委员会公布了《中央企业境外投资监督管理办法》，首次明确引入中央企业境外投资负面清单制度，为中央企业境外投资严格划出红线。近年来，中央企业利用国际国内两种资源两个市场，在国际分工中占据更有利的地位，但也暴露出一些问题。办法规定，国资委按照以管资本为主加强监管的原则，强调战略规划引领、坚持聚焦主业，明确央企原则上不得在境外从事非主业投资，推动中央企业强化境外投资行为的全程全面监管。

办法指出，国资委将继续完善制度建设、规范经营严格管理、严肃问责打击腐败、推动开放合作，加强央企海外资产监管，防止国有资产流失。同时，中央企业境外投资应当遵循战略引领、依法合规、能力匹配和合理回报的原则，建立境外投资管理体系，健全境外投资管理制度，科学编制境外投资计

① 中华人民共和国国家发展和改革委员会、商务部、人民银行、外汇局四部门负责人答记者问，http：//www. ndrc. gov. cn/fzgggz/wzly/zhdt/201612/t20161209_ 829682. html。

划，研究制定境外投资项目负面清单，切实加强境外项目管理，提高境外投资风险防控能力，组织开展境外检查与审计，按职责进行责任追究①。

5.3 “一带一路”成为中国企业“走出去”的重要战略推动

5.3.1 2017年中国对“一带一路”沿线国家直接投资情况

我国对“一带一路”沿线国家投资合作总体上稳步推进。2017年1～6月，我国企业对“一带一路”沿线的47个国家有新增投资，投资总额合计66.1亿美元，占同期投资总额的13.7%，比去年同期增加6个百分点。在“一带一路”沿线国家新签对外承包工程合同总额达714.2亿美元，占同期总额的57.7%，比去年同期增加6.1个百分点；总计实现营业额330.7亿美元，占同期总额的49.2%，比去年同期增加2.7个百分点。

2017年1～7月，对“一带一路”国家非金融类对外直接投资金额平均环比增长率为8.22%，较2016年相比增长约7个百分点。总体来看，2017年1～7月平均增速较2016年相比有较大提升，单月投资金额较2016年1～7月同期相比仍有小幅增长。2017年1～7月，对“一带一路”国家非金融类对外直接投资占同期总额比例平均为13.6%，相比2016年平均值同期总额占比增长了约5个百分点。

5.3.2 央企是“一带一路”项目最重要参与者

“一带一路”倡议提出3年多来，相关建设取得了丰硕成果，也为世界经济复苏和可持续发展增添了活力。中央企业是“一带一路”项目的最重要的参与者。根据2017年5月8日国务院新闻办公室新闻发布会上国务院国有资产监督管理委员会主任肖亚庆介绍，3年多来，共有47家中央企业参与、参股、投资、合作共建1676个“一带一路”项目。在此过程中，中央企业充分运用自己在技术、资金、人才等各方面的优势，按照市场化的原则积极“走出去”，积极参与了“一带一路”的各个方面的建设。

① 国务院国有资产监督管理委员会令第35号《中央企业境外投资监督管理办法》。

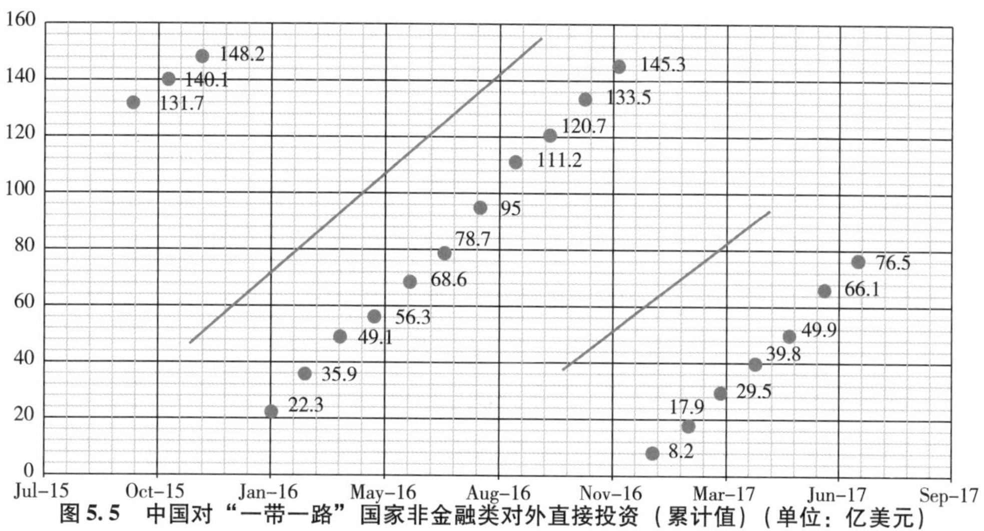

图 5.5　中国对“一带一路”国家非金融类对外直接投资（累计值）（单位：亿美元）

数据来源：中华人民共和国商务部。

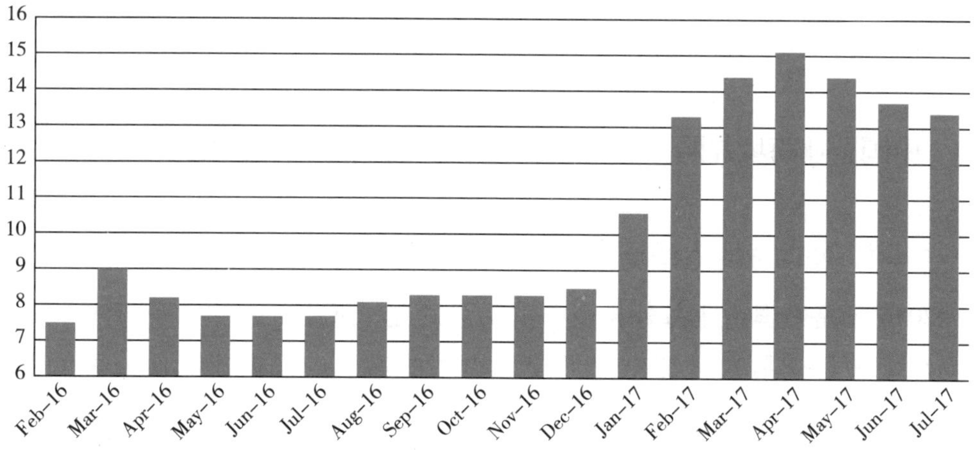

图 5.6　中国对“一带一路”国家非金融类投资占同期对外直接投资总额比例（%）

数据来源：中华人民共和国商务部。

以中国石油为例，目前与“一带一路”沿线 19 个国家开展了 50 个项目合作，极大地促进了相关国家的油气供应和经济社会发展。在基础设施建设方面，中国石油从西北、东北、西南和东部逐步建成了中亚、中俄、中缅及海上等 4 大油气运输通道，初步形成了联通中外、贯穿惠及多国的油气供应和市场网络[①]。中国机械工业集团同样是一个典型代表。在“一带一路”沿线国家中，中国机械工业集团已经完成和正在执行的项目达到 733 个，合同总金额超过 736 亿美元。

5.3.3 民营企业在“一带一路”中重要性上升

面对“一带一路”的战略机遇，嗅觉敏锐的中国民营企业也已成为“一带一路”建设的重要力量。在“走出去”的过程中，涌现出了诸如华为、华立、正泰、联想、三一重工、吉利、红豆、万达、美的、力帆等一大批着眼全球、实施国际化战略和资本运作的优秀民营企业。

“一带一路”倡议提出以后，海外市场潜力在民企中不断放大。在中国民企 500 强中，超过 6 成企业正在谋划海外战略。在浙江民企中，这个比例甚至超过 80%。同时，企业打破行业界限，形成了企业联盟、产业联盟共同开拓海外市场。在开拓海外市场的过程中，民营企业自身也在不断成熟，进一步适应国际化发展环境[②]。

5.4 中国企业跨境并购

5.4.1 2017 年中企跨境并购回归理性，后劲十足

2016 年是中国企业海外投资并购交易跨越式增长的一年，无论是宣布的交易金额还是交易数量都出现了较大幅度的增长。根据胡润研究院和易界（Deal Globe）发布的《2017 中国企业跨境并购特别报告》，2016 年中国企业已经宣布且有资料可查的海外投资并购投资交易达到 438 笔，较 2015 年的 363 笔交易增长了 21%；而累计宣布的交易金额为 2158 亿美元，较 2015 年大幅增长了 148%。

进入 2017 年以来，跨国并购因监管趋严而有所改变。根据并购市场（Mergermarket）的数据显示，2017 年上半年中国跨国并购交易共有 302 宗，并购交易总额 657 亿美元，同比下降 51%。从具体季度数据来看，2017 年第一季

① “一带一路”建设央企担当先行，《国企管理》，2017 年第 11 期。

② 让民企在“一带一路”中发挥更大作用，《经济日报》，2017 年 9 月 21 日。

度跨境并购数量为80宗，并购总金额为1623.95亿元，同比增长-63.46%，环比增长-25.47%；第二季度跨境并购交易为103宗，并购金额为804.81亿元，同比增长-55.58%，环比增长-50.44%；第三季度跨境并购交易数量89宗，并购金额为1291.34亿元，同比增长26.23%，环比增长60.45%。由数据可见，尽管一、二季度并购金额持续下滑，但下降趋势逐渐减缓，并在第三季度出现明显回升，这表明中国企业的海外并购一方面由此前的高峰期走向平稳期，另一方面也仍然具有很强的可持续性。

5.4.2 中国企业跨境并购热点行业分析

2016年中国企业海外并购交易数量最集中的十大行业依次是制造业、金融服务、能源、计算机、文化娱乐、消费、汽车零配件、半导体、传媒和医疗健康。2017年前三季度能源电力和物流行业集中了大额并购交易。随着工业4.0概念的普及，与先进制造业相关的并购交易数量和金额双双增长，在2017年前三季度的大额海外并购交易中，工业类交易表现活跃，成为国有企业和民营企业的共同目标。

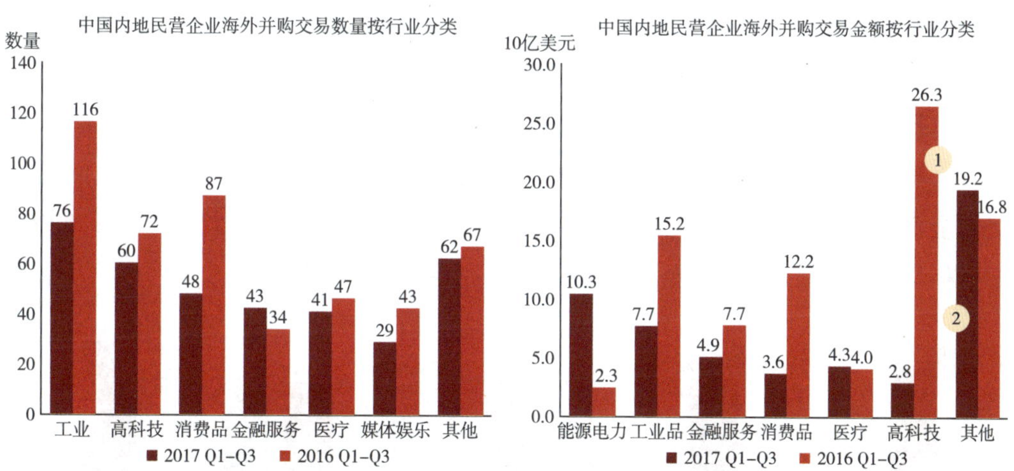

1：腾迅以86亿美元收购芬兰游戏开发商Supercell，天津天海投资以60亿美元收购美国电脑、网络和软件分销商英迈（Ingram Micro）。
2：以万科为首的中国财团以116亿美元收购新加坡物流地产巨头普洛斯（GLP）

图5.7 2017年前三季度中国企业跨境并购行业分析（一）

数据来源：普华永道，《2017年前三季度中国内地企业海外并购市场回顾与前瞻》。

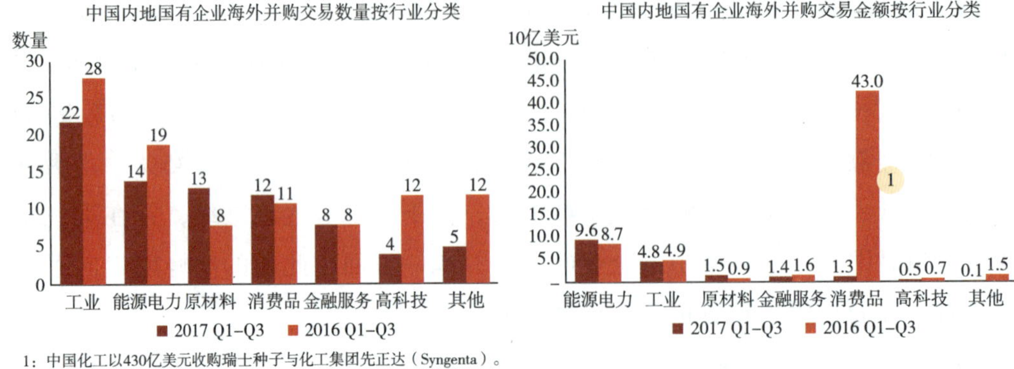

图 5.7　2017 年前三季度中国企业跨境并购行业分析（二）

数据来源：普华永道，《2017 年前三季度中国内地企业海外并购市场回顾与前瞻》。

5.4.3　民营企业成为跨境并购的主力军，上市公司尤为活跃

从 2016 年的数据来看，民营企业成为了中国企业海外并购的主要推动力量，其交易数量较 2015 年增加了三倍，并在交易金额上超过了国有企业。根据普华永道（PwC）发布的《2017 年前三季度中国内地企业海外并购市场回顾与前瞻》，民营企业仍为中企“走出去”的主力军。2017 年前三季度宣布交易 359 宗，接近国有企业的 5 倍，在总共 572 宗交易中占 63%，这一比例与去年基本持平。而从金额上看，2017 年前三季度民营企业的海外交易金额有所下滑，除若干大额物流、地产项目外，缺乏引人瞩目的巨型交易，并购活动的交易金额整体呈下滑态势，其中，超过 10 亿美元的大额交易数量 11 宗（2016 年全年为 27 宗），而国有企业在交易金额上保持稳定。

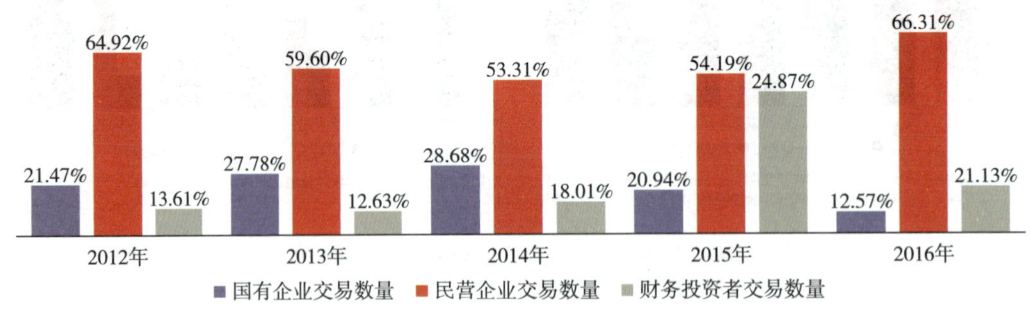

图 5.8　中国企业跨境并购交易投资者性质分析

数据来源：易界—胡润中国企业跨境并购特别研究。

序列	买家	交易金额（百万美元）	标的公司	标的行业	标的国家	交易宣布日期	标的概述
1	中国化工	43000	Syngenta	农化	瑞士	2016 年 2 月	世界领先的农业科技公司，全球 500 强企业、世界第一大植保公司、第三大种子公司
2	国家电网	12400	CPFL Energia S. A.	基建/公共事业	巴西	2016 年 7 月	巴西最大私营电力企业
3	渤海金控	9995	CIT Group 飞机租赁资产	金融	美国	2016 年 10 月	CIT 的商用飞机业务是全球十大飞机租赁业者之一，旗下拥有大约 330 架飞机
4	腾讯控股	8600	Supercell 的多数股份	TMT	芬兰	2016 年 6 月	公司发行和运营两款手机游戏，Hay Day 和 Clash Of Clans，是 App Store 收入最多的游戏发行商
5	安邦保险集团	6500	Strotegic Hotle & Resorts Inc.	不动产	美国	2016 年 3 月	地产股权投资基金，持有高档奢侈酒店和度假村物业
6	海航旅游	6496	Hilton Worldwide Holdings 部分股权	文教娱乐	美国	2016 年 10 月	希尔顿集团是全球知名的酒店和度假村物业运营开发商
7	天津天海投资等	6009	Ingrom Micro Inc，100% 股权	TMT	美国	2016 年 2 月	全球最大的技术产品和供应链服务供应商，也是全球领先的技术销售、营销和物流公司
8	海尔集团	5400	GE 家电业务	消费品	美国	2016 年 1 月	美国白色家电领域的知名品牌
9	巨人集团等	4400	Playtika Holding Corp	TMT	以色列	2016 年 7 月	Playtika 开发和制作多款移动社交休闲游戏
10	美的集团	4200	Kuka	工业制造	德国	2016 年 5 月	世界领先的工业机器人制造商之一
11	湖北沙隆达	3936	ADAMA	农业/食品	以色列	2016 年 9 月	全球农化领域的主要制造商和销售商
12	万达集团	3500	Legendary Pictures	文教娱乐	美国	2016 年 1 月	美国独立的电影制版公司
13	珠海艾派克等	3440	Lexmark International Inc.	TMT	美国	2016 年 4 月	激光打印的开发及生产商，主要服务对象为商业用户
14	德利讯达、中航信托、沙钢集团等	2750	Global Switch Limited 51% 股权	TMT	英国	2016 年 12 月	欧洲规模最大的第三方数据中心运营商
15	北京建广资产	2750	NXP 旗下 Standard Products 部门	半导体	荷兰	2016 年 6 月	全球前十大半导体公司
16	泛海控股集团	2700	Genworth Financial	金融	美国	2016 年 10 月	美国最大的长期护理保险公司，并经营寿险和年金业务，也是全美最主要的住房按揭保险之一
17	洛阳栾川铝业	2650	Tenke Fungurume Mining 56% 的股份	能源/矿产	刚果（金）	2016 年 11 月	标的铜钴矿是全球储量最大、品位最高的铜钴矿之一
18	中国天楹股份	2487	Urbaser	环保	西班牙	2016 年 9 月	城市服务及市政固废和工业废弃物处理服务商
19	上海电力	2342	K－Electric Ltd 66. 4% 股份	能源/矿产	巴基斯坦	2016 年 10 月	巴基斯坦主要的电力供应商
20	中国忠旺集团	2330	Aleris Corportion	工业制造	美国	2016 年 8 月	目标公司是制造和销售铝压延产品的全球领先者，于北美、欧洲和中国拥有 13 个生产工厂

图 5. 9 2016 中国企业前 20 大跨境并购交易

数据来源：易界—胡润中国企业跨境并购特别研究。

5.5 外资企业在华投资总体情况

利用外资是我国对外开放基本国策和开放型经济体制的重要组成部分。通过不断提高开放水平，促进投资便利化，我国逐步成为全球跨国投资主要目的地之一。自1993年以来，我国吸引外资规模一直居发展中国家首位。自2008年以来，保持在全球前三位。截至2016年底，我国累计吸引外资超过1.77万亿美元。

2016年以来，全球经济仍处于深度调整阶段，国际政治的不稳定性加剧了投资的不确定性，全球外国直接投资的不确定性增大。2016年，在全球跨国投资总量有所下滑的背景下，我国吸引外资8132.2亿元人民币，同比增长4.2%，特别是美国、欧盟28国对华实际投资大幅增长，同比分别增长52.6%和41.3%。中国在2016年全国新批设立外商投资企业27908家，同比增长4%，实际使用外资金额1337.11亿美元，同比下降0.21%，保持在全球第三位。2017年1~9月全国新批设立外商投资企业23534家，同比增长10.53%，实际利用外资金额为920.90亿美元，同比下降3.2%。根据联合国贸易和发展组织（UNCTAD）发布的2017世界投资报告，美国、中国和印度仍为外国投资的理想地。

5.5.1 实际利用外资金额出现负增长，外商投资企业数同比仍增长

2017世界投资报告显示，2016年外国直接投资流量小幅下降2%至1.75万亿美元。我国的实际利用外资则有所下降。

由于国内近年来劳动力成本不断提升，国内经济态势导致的投资回报水平有所下降，以及一些行业投资限制等因素，外商投资受到了一定影响，2016年的实际利用外资金额稍降，而2017年1~9月的实际利用外资则同比下降了3.2%。2016年外商直接投资企业数增长4%，2017年1~9月外商直接投资企业数增长10.53%。

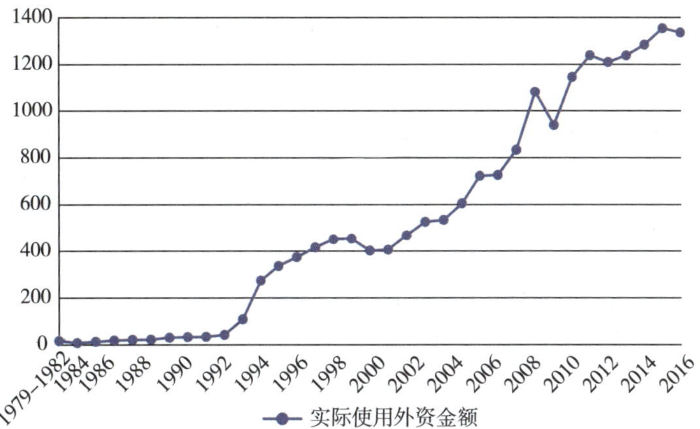

图 5.10　1979～2016 年中国实际使用外资金额（单位：亿美元）

数据来源：国家统计局。

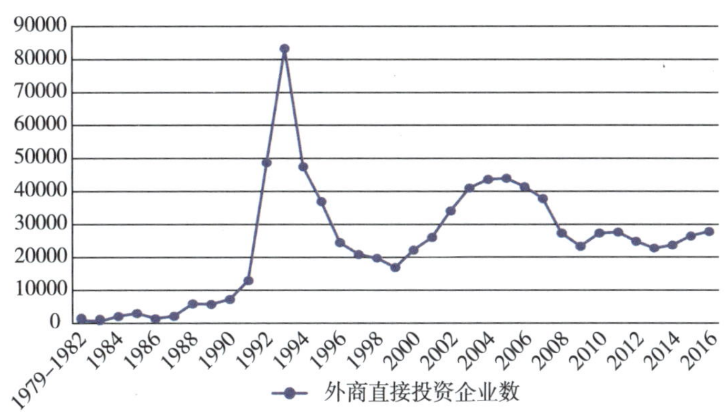

图 5.11　1979～2016 年外商直接投资企业数量

数据来源：国家统计局。

图 5.12　月度实际使用外资金额及当月同比（2016 年 1 月～2017 年 9 月）

数据来源：中华人民共和国商务部。

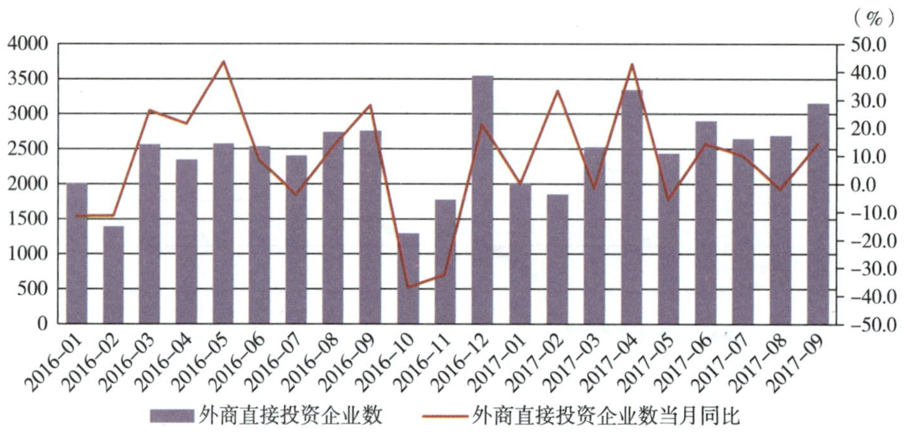

图 5.13　月度外商直接投资企业数及当月同比（2016 年 1 月 ~ 2017 年 9 月）

数据来源：中华人民共和国商务部。

5.5.2　2017 年外商投资企业进出口总额同比上升

从进出口看，2017 年外商投资企业进出口总额同比上升，外资对进出口的贡献率继续下降。2016 年全国外商投资企业进出口总值为 16871 美元，同比下降 8.04%。当年我国进出口总值为 36849.3 亿美元，同比下降 6.8%，外商投资企业进出口占比为 45.78%。2017 年 1 ~ 10 月，全国外商投资企业的进出口总值为 14820 亿美元，同比增长 8.87%，低于同期中国进出口整体的同比增长值 11.6%。占全国进出口总值的 44.81%。外商投资企业贸易顺差为 950 亿美元，同比下降 27%。

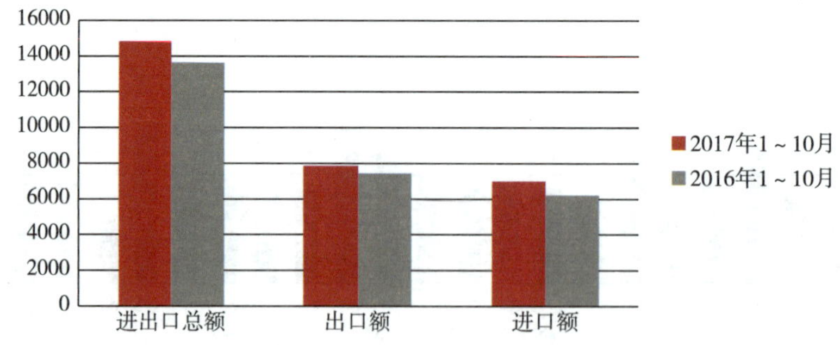

图 5.14　2017 年 1 ~ 10 月外商投资企业进出口情况（单位：亿美元）

数据来源：中华人民共和国商务部。

5.6　2017年中国利用外资的基本特点

5.6.1　投资方式以外资企业为主

外商直接投资的方式以外资企业为主，2017年1～8月累积批准的项目数中占比为72.9%，利用外资金额占67.9%，中外合资方式项目数占比为26.3%，利用外资金额占23.9%。2017年1～8月，外资类外商直接投资批准项目数累计增长5.53%，但在实际利用金额上则有下降；中外合资类外商直接投资项目数累计增长24.24%，实际利用金额比去年同期下降。外商投资股份制形式利用的资金在6.7%。由于投资项目增长而实际利用资金的下降，外商投资的项目平均规模更小。

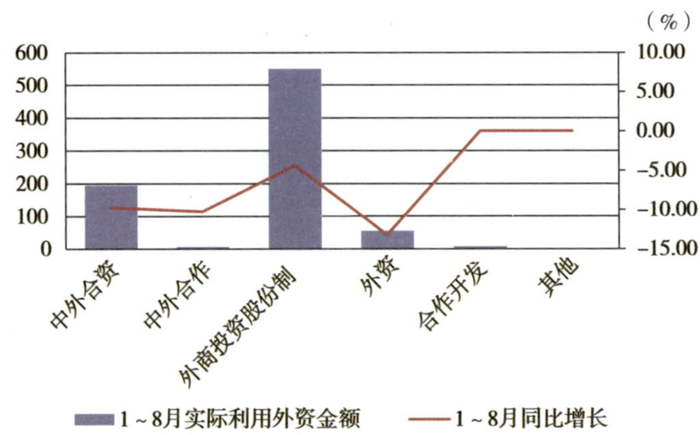

图5.15　外商直接投资不同方式的实际利用金额及同比增长情况（2017年1～8月）

5.6.2　各行业外商直接投资情况

根据2017年1～10月份分行业的数据，制造业吸收外资继续增长，高技术制造业和高技术服务业延续良好增长态势。1～10月，制造业实际使用外资1959.1亿元人民币，同比增长6.1%，占外资总量比重的28.9%。其中，化学原料及化学制品制造业同比增长31.1%，医药制造业同比增长8.5%，通用设备、计算机及其他电子设备制造业同比增长20.7%。

服务业实际使用外资4705.2亿元人民币，占外资总量的69.3%。其中，电力、燃气及水的生产和供应业同比增长74.3%，建筑业同比增长27.6%，信息传输、计算机服务和软件业同比增长19.8%，租赁和商务服务业同比增长10.2%，科学研究、技术服务和地质勘查业同比增长18%。高技术制造业实际使用外资566.5亿元人民币，同比增长22.9%，其中，电子及通信设备制造业、计算机及办公设备制造业、医疗仪器设备及仪器仪表制造业同比增长26.4%、46.9%和28.8%。高技术服务业实际使用外资950.1亿元人民币，同比增长20%，其中，信息服务、研发与设计服务、科技成果转化服务实际使用外资同比分别增长20.7%、8.5%和36.8%。

表5.4　　2017年1~8月分行业外商直接投资合同项目数累计

	2017-1	2017-2	2017-3	2017-4	2017-5	2017-6	2017-7	2017-8
农、林、牧、渔业	38	63	121	162	204	255	294	341
采矿业		3	3	3	5	9	11	11
制造业	300	521	920	1242	1624	2150	2552	2990
纺织业	8	10	25	36	45	58	75	92
化学原料及化学制品制造业	21	37	56	72	91	117	141	156
医药制造业	10	17	30	41	45	59	68	78
通用设备制造业	29	55	95	138	188	278	324	372
专用设备制造业	40	63	95	138	183	243	279	319
通信设备、计算机及其他电子设备制造业	29	46	77	103	147	188	246	308
电力、燃气及水的生产和供应业	28	51	77	106	140	179	208	233
建筑业	13	30	65	92	133	181	213	247
交通运输、仓储和邮政业	27	54	86	129	165	209	234	275
信息传输、计算机服务和软件业	137	282	472	738	916	1117	1334	1571
批发和零售业	665	1198	2004	3257	4059	4984	5814	6687
住宿和餐饮业	38	61	113	173	227	296	351	410
金融业	168	395	528	644	750	886	1052	1171
房地产业	50	77	131	184	244	301	340	393
租赁和商务服务业	282	618	999	1629	1975	2381	2834	3218

续表

	2017－1	2017－2	2017－3	2017－4	2017－5	2017－6	2017－7	2017－8
科学研究、技术服务和地质勘查业	194	378	638	986	1239	1505	1754	2032
水利、环境和公共设施管理业	4	13	22	33	47	56	65	80
居民服务和其他服务业	20	40	61	98	115	151	182	208
教育	14	20	41	68	83	109	130	143
卫生、社会保障和社会福利业	8	14	24	31	41	51	53	66
文化、体育和娱乐业	24	42	78	150	191	232	281	312

表 5.5　2017 年 1～8 月分行业外商直接投资实际使用金额累计（单位：万美元）

	2017－1	2017－2	2017－3	2017－4	2017－5	2017－6	2017－7	2017－8
农、林、牧、渔业	8419	16027	24450	37189	54550	57894	61706	65265
采矿业	2755	3002	3183	4857	9363	10531	79856	79856
制造业	301491	501647	883660	1063729	1324660	1900656	2048102	2338876
纺织业	11154	12288	14613	16303	18505	24057	27792	32963
化学原料及化学制品制造业	44128	55963	70212	91269	101804	128266	140017	178904
医药制造业	2028	14666	31938	46146	58962	129701	131265	168563
通用设备制造业	20364	40515	77108	98226	132228	172011	184012	215589
专用设备制造业	16985	34434	59195	65609	83894	145663	156657	172149
通信设备、计算机及其他电子设备制造业	65004	87628	148073	170072	215717	293958	321618	362756
电力、燃气及水的生产和供应业	78991	106081	129849	137370	161894	201385	231734	249646
建筑业	30596	52243	105564	114980	126943	159492	171845	178112
交通运输、仓储和邮政业	121350	132183	228366	256838	273323	304249	320336	333052
信息传输、计算机服务和软件业	47243	112359	242153	302505	420368	561511	610856	717540
批发和零售业	104801	220552	322588	400947	481670	564604	650562	772299
住宿和餐饮业	6231	9970	16178	22984	24525	29045	30898	31696
金融业	69632	118356	178940	292900	322835	404460	417458	493948

续表

	2017-1	2017-2	2017-3	2017-4	2017-5	2017-6	2017-7	2017-8
房地产业	102158	333085	489222	642424	735962	913888	986147	1112682
租赁和商务服务业	238384	326465	522324	670457	745578	945898	1043157	1100481
科学研究、技术服务和地质勘查业	70499	112581	188475	258103	323036	419408	453357	514859
水利、环境和公共设施管理业	3601	9005	14265	25855	30112	34444	40218	44260
居民服务和其他服务业	1654	2512	11415	17266	21036	23508	31239	38507
教育	16	127	627	1777	1782	1801	1801	1916
卫生、社会保障和社会福利业	2925	4169	5963	8317	8712	9990	11594	14582
文化、体育和娱乐业	9037	9993	10945	11615	15067	18749	20158	59776

5.6.3 外商投资地区特征

外商投资仍以亚洲地区为主要来源地，2017 年 1～8 月，来自亚洲主要投资对象（中国香港、中国台湾、日本、韩国和新加坡）的投资占比为 84%。

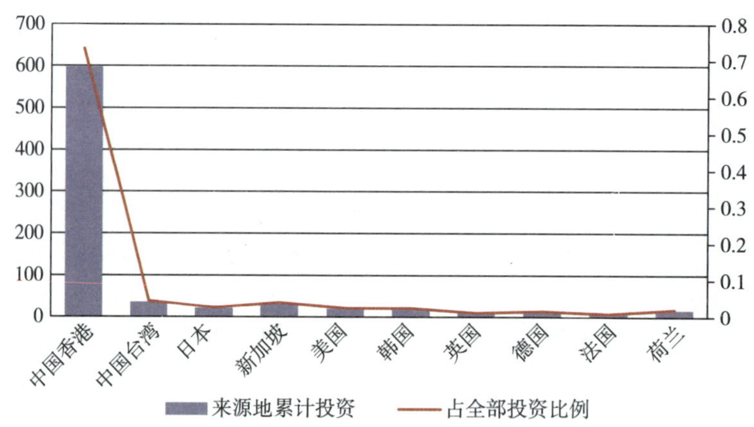

图 5.16 不同来源地外商投资及占比（2017 年 1～8 月）

2017 年 1～10 月，东盟对华投资新设立企业 1027 家，同比增长 11.3%，实际投入外资金额 43.1 亿美元，同比下降 20.3%。欧盟 28 国对华投资新设立企业 1526 家，同比增长 8.5%，实际投入外资金额 76.3 亿美元，同比下降 8.8%。“一带一路”沿线国家对华投资新设立企业 3149 家，同比增长

38.3%，实际投入外资金额46.3亿美元，同比下降17.4%。

5.7 中国利用外资政策的新进展

外商投资在我国经济发展和深化改革进程中发挥了积极作用，促进了对外贸易、技术进步、产业升级和市场竞争。我国作为配套齐全的制造业基地和快速增长的消费市场，也为广大外资企业提供了广阔空间和发展机遇。利用外资是我国互利共赢开放战略的成功实践。当前，全球跨国投资和产业转移呈现新趋势，各国都高度重视引资工作，我国经济深度融入世界经济，经济发展进入新常态，利用外资面临新形势新任务。

5.7.1 颁布利用外资工作的指导性文件

《中共中央国务院关于构建开放型经济新体制的若干意见》（简称《若干意见》）提出要改善投资环境，放宽市场准入，转变管理模式，营造规范的制度环境和稳定的市场环境。2017年1月17日，国务院正式公布了《国务院关于扩大对外开放积极利用外资若干措施的通知》（简称《若干措施》），目的是贯彻落实《若干意见》，进一步部署全面做好利用外资工作。

《若干措施》包括三个方面20条措施，着眼于国内外形势变化，强调要进一步积极利用外资，营造优良营商环境，继续深化简政放权、放管结合、优化服务改革，降低制度性交易成本，更好地实现互利共赢、共同发展，是当前和今后一段时期我国利用外资工作的指导性文件。

其主要政策导向：一是坚持开放发展，推动实施新一轮高水平对外开放，以开放促改革、促发展。二是致力于优化营商环境，进一步促进内外资企业公平竞争。三是促进引资引技引智相结合，增强对制造业外资的吸引力，构建开放的创新体系，提高利用外资质量和水平。四是建设统一的市场体系，加强和优化服务，鼓励外资企业深耕发展。五是加大改革力度，按照内外资一致原则，简化对外资的审批监管制度，提高投资便利化程度。其主要内容和政策目标：一是进一步扩大对外开放；二是进一步创造公平竞争环境；三是进一步加强吸引外资工作。

2017年3月28日，国务院公布了《关于落实〈政府工作报告〉重点工作部门分工的意见》，国务院在此文件中把相关事宜落实到了9大部委，分别是：国家发展改革委、科技部、工业和信息化部、财政部、商务部、海关总署、工商总局、质检总局、证监会。按照国务院精神，9大部委要按职责分工对上述工作负责落实，切实优化外商投资环境，从各自角色中抓好“招商引资优惠政策”的落实工作。

5.7.2 地方政府出台招商引资优惠政策

《若干措施》中尤为值得强调的明确提出允许地方政府在法定权限范围内制定出台招商引资优惠政策，支持对就业、经济发展、技术创新贡献大的项目，降低企业投资和运营成本，依法保护投资企业及其投资者权益，营造良好的投资环境。

2017年3月5日，十二届全国人大第五次会议在北京开幕，国务院总理李克强作政府工作报告。地方政府制定出台优惠政策第一次被正式写入总理的《政府工作报告》中，招商引资也正式被国务院提升为国家战略。这一方面意味着招商引资受到国家层面的高度重视，在经济发展中角色吃重；另一方面也意味着各地招商引资竞争将进一步加剧，招商难度逐步加大。

优惠政策一直以来都是各地招商引资的重要利器，《若干措施》出台后，全国各地有一大批招商引资优惠政策出炉。在招商引资中，进一步凸显本地的“洼地效应”，打开外向型经济发展的“新大门”，形成招商、亲商、安商、富商的投资环境，是各地方政府政策措施的重中之重。

表5.6 地方政府《若干措施》落实进展

序号	地方	政策文件	日期	主要内容
1	陕西省	《陕西省人民政府关于扩大对外开放积极利用外资的实施意见》（陕政发〔2017〕45号）	2017年9月28日	贯彻落实吸引外资20条措施的综合配套文件
2	新疆生产建设兵团	《新疆生产建设兵团贯彻落实〈国务院关于扩大对外开放积极利用外资若干措施〉的分工方案》（新兵办发〔2017〕157号）	2017年9月28日	贯彻落实吸引外资20条措施的综合配套文件
3	云南省	《云南省人民政府办公厅关于印发云南省省级重大招商引资项目推进工作办法的通知》（云政办发〔2017〕100号）	2017年9月22日	贯彻落实吸引外资20条措施的配套文件
4	湖南省	《湖南省人民政府关于积极推进招商引资工作的通知》（湘政发〔2017〕28号）	2017年9月5日	贯彻落实吸引外资20条措施的配套文件

续表

序号	地方	政策文件	日期	主要内容
5	宁波市	《宁波市人民政府关于进一步扩大对外开放提高利用外资水平的实施意见》（甬政发〔2017〕63 号）	2017 年 8 月 27 日	贯彻落实吸引外资 20 条措施的综合配套文件
6	青海省	《青海省人民政府办公厅关于印发青海省贯彻落实国务院扩大对外开放积极利用外资若干措施工作方案的通知》（青政办〔2017〕152 号）	2017 年 8 月 16 日	贯彻落实吸引外资 20 条措施的综合配套文件
7	天津市	《天津市人民政府关于扩大对外开放积极利用外资的若干意见》（津政发〔2017〕26 号）	2017 年 8 月 8 日	贯彻落实吸引外资 20 条措施的综合配套文件
8	河南省	《河南省人民政府关于扩大对外开放积极利用外资的实施意见》（豫政〔2017〕26 号）	2017 年 7 月 23 日	贯彻落实吸引外资 20 条措施的综合配套文件
9	山东省	《山东省人民政府关于新时期积极利用外资若干措施的通知》（鲁政发〔2017〕16 号）	2017 年 7 月 16 日	贯彻落实吸引外资 20 条措施的综合配套文件
10	山西省	《山西省人民政府关于贯彻落实国务院扩大对外开放积极利用外资若干措施的实施意见》（晋政发〔2017〕30 号）	2017 年 7 月 7 日	贯彻落实吸引外资 20 条措施的综合配套文件
11	新疆维吾尔自治区	《新疆维吾尔自治区人民政府关于贯彻落实国务院扩大对外开放积极利用外资若干措施的实施方案》（新政发〔2017〕94 号）	2017 年 7 月 4 日	贯彻落实吸引外资 20 条措施的综合配套文件
12	河北省	《河北省人民政府关于落实国务院扩大对外开放积极利用外资若干措施的意见》（冀政发〔2017〕6 号）	2017 年 6 月 22 日	贯彻落实吸引外资 20 条措施的综合配套文件
13	浙江省	《浙江省人民政府关于扩大对外开放积极利用外资的实施意见》（浙政发〔2017〕22 号）	2017 年 6 月 4 日	贯彻落实吸引外资 20 条措施的综合配套文件
14	四川省	《四川省人民政府印发关于扩大开放促进投资若干政策措施的意见》（川府发〔2017〕36 号）	2017 年 6 月 4 日	贯彻落实吸引外资 20 条措施的综合配套文件
15	江西省	《江西省人民政府关于进一步扩大开放打造招商引资新优势的实施意见》（赣府发〔2017〕20 号）	2017 年 5 月 22 日	贯彻落实吸引外资 20 条措施的综合配套文件
16	辽宁省	《辽宁省人民政府关于进一步扩大对外开放积极利用外资的实施意见》（辽政发〔2017〕24 号）	2017 年 5 月 18 日	贯彻落实吸引外资 20 条措施的综合配套文件

续表

序号	地方	政策文件	日期	主要内容
17	安徽省	《安徽省人民政府关于进一步做好招商引资工作的意见》（皖政〔2017〕70号）	2017年5月8日	贯彻落实吸引外资20条措施的配套文件
18	上海市	《上海市人民政府关于进一步扩大开放加快构建开放型经济新体制的若干意见》（沪府发〔2017〕26号）	2017年4月26日	贯彻落实吸引外资20条措施的综合配套文件
19	厦门市	《厦门市人民政府关于印发贯彻落实国务院扩大开放积极利用外资若干措施工作方案的通知》（厦府〔2017〕144号）	2017年4月20日	贯彻落实吸引外资20条措施的综合配套文件
20	深圳市	《深圳市人民政府关于印发进一步扩大利用外资规模提升利用外资质量若干措施的通知》（深府函〔2017〕74号）	2017年4月10日	贯彻落实吸引外资20条措施的综合配套文件
21	江苏省	《江苏省人民政府关于扩大对外开放积极利用外资的若干政策措施的意见》（苏政发〔2017〕33号）	2017年4月7日	贯彻落实吸引外资20条措施的综合配套文件
22	湖北省	《湖北省人民政府关于扩大对外开放积极利用外资的实施意见》（鄂政发〔2017〕13号）	2017年3月18日	贯彻落实吸引外资20条措施的综合配套文件
23	福建省	《福建省人民政府关于印发贯彻落实国务院扩大对外开放积极利用外资若干措施实施方案的通知》（闽政〔2017〕10号）	2017年3月7日	贯彻落实吸引外资20条措施的综合配套文

5.7.3 支持中西部地区承接外资产业转移

经国务院批准，国家发展改革委、商务部于2017年2月17日发布第33号令，全文公布《中西部地区外商投资优势产业目录（2017年修订）》，自2017年3月20日起施行。新版《中西部目录》共639条，比2013年版《中西部目录》增加139条。其中，新增173条，删除34条，修改84条。具体遵循以下原则：一是适应外资产业转移新趋势。支持中西部地区承接产业转移，发展外向型产业集群。二是充分发挥地方比较优势。立足中西部地区基础产业、资源、劳动力等优势，支持地方特色、优势产业的发展和培育。三是优化利用外资结构。改造提升传统产业、促进服务业、严格控制产能过剩行业，提高利用外资质量。四是与招商引资实际相结合。注重《中西部目录》的实效性，重点支持对当地经济发展带动能力强的产业。

从事《中西部目录》的外商投资项目，主要可以享受三方面政策：一是在投资总额内进口自用设备实行免征关税政策；二是对于集约用地的项目优先供应土地，在确定土地出让底价时可按不低于所在地等别相对应的《全国工业用地出让最低标准》的70%执行；三是对于符合条件的西部地区外商投资企业可以享受企业所得税优惠政策。

5.7.4　自贸试验区特别管理措施

2017年3月，国务院印发《中国（辽宁、浙江、河南、湖北、重庆、四川、陕西）自由贸易试验区总体方案》。国务院鼓励在自贸试验区内建设国际化创新创业孵化平台，促进国际先进技术向自贸试验区转移转化；推动国际交通物流通道建设；提高国际产能合作能力；努力在自贸区营造法治化、国际化、便利化营商环境。

6月，国务院办公厅发布《自由贸易试验区外商投资准入特别管理措施（负面清单）（2017年版）》，新版负面清单比2015减少10个条目、27项措施。2017版自贸试验区负面清单划分为15个门类、40个条目、95项特别管理措施。与2015版相比，2017版减少的项目涉及制造、金融、交通运输、信息技术服务、租赁和商务服务等领域的27项具体措施。此外，2017版自贸试验区负面清单在金融、保险、新闻出版等领域的限制措施给出了更为细化的要求，并且在教育、广播电视领域新增了限制措施。

5.7.5　不同行业准入政策分化

《若干措施》中涉及进一步对外资扩大开放的内容中，针对不同行业对外资准入的限制分别使用了“放宽”“放开”“推进”“取消”等字眼，体现不同的开放程度。其中，“放宽”外资准入限制主要体现在金融、证券、保险及采矿业领域；“放开”外资准入限制体现在会计审计、建筑设计、评级服务等领域；“取消”外资准入限制，主要体现在部分制造业领域；而“推进”开放体现在电信、互联网、文化、教育、交通等领域。

尤为值得强调的是，制造业是振兴实体经济的关键。为鼓励外商在制造业加大投资、优化结构，《若干措施》提出了一系列政策措施。一是明确外商投资企业和内资企业同等适用“中国制造2025”战略的政策措施。鼓励外商投资高端制造、智能制造、绿色制造等，以及工业设计和创意、工程咨询、现代物流、检验检测认证等生产性服务业，改造提升传统产业。二是进一步放开制造业，取消轨道交通设备制造、摩托车制造、燃料乙醇生产、油脂加工等领域外资准入限制。三是地方政府在法定权限范围内制定出台的招商引资优惠政策，重点支持制造业项目。四是对于集约用地的鼓励类外商投资工业项目，继续优先供应土地，并在确定土地出让底价时可按不低于所在地等别相对应的《全国工业用地出让最低价标准》的70%执行。

5.7.6 全面实施外商投资准入负面清单

根据2015年全面深化改革若干重大问题的决定，中国会开展市场准入管理制度的改革，由“正面清单”的管理模式转变为“负面清单”的管理模式。在负面清单的管理模式下，中国会推出两个负面清单，一个是市场准入负面清单，另一个是外商投资负面清单。其中市场准入负面清单是适用于境内外投资者的一致性管理措施，目前正在上海、广东、天津、福建四个地区试点；而外商投资负面清单，即由发展改革委、商务部发布的《外商投资产业指导目录(2017年修订)》适用于境外投资者在中国投资经营行为，其适用于全国所有地区。2017版《目录》首次提出在全国范围内实施的外商投资准入负面清单，7月28日起，我国在全国范围内实施外商投资准入负面清单。作为对外商投资实行准入前国民待遇加负面清单管理模式的基本依据，负面清单之外的领域，原则上不得实行对外资准入的限制性措施。2017版《目录》中的负面清单由原鼓励类中有限制的条目与限制类、禁止类措施组成。负面清单之外的领域实施备案管理。

2017版《目录》进一步放开了外资投资制造业的限制，特别是针对高端制造业，如电动汽车、新能源汽车电池等领域，取消了外资准入的限制。同时，2017版《目录》将虚拟现实（VR）、增强现实（AR）设备研发与制造、3D打印设备关键零部件研发与制造等加入到鼓励类条目中。对外资投资高端制造业领域的放开，符合我国产业结构调整优化的方向，也体现鼓励外资积极参与“中国制造2025”战略。

服务业开放有松有紧，体现利用外资的不同态度。金融、保险、互联网业开放程度不变。《若干措施》提到会放宽外资在金融、保险、证券行业的准入限制，并推进互联网行业的开放；然而2017版《目录》针对这些行业并没有进一步放开，相反在银行业明确了相关限制条件。专业服务业进一步开放。

2017版《目录》取消资信调查与评级服务、会计审计等专业服务领域的外资准入限制，这一放开不仅与新版自贸试验区负面清单口径一致，也体现了《若干措施》对专业服务领域开放的承诺。文化宣传等领域对外资收紧。2017版《目录》新增了外资在文化宣传等领域的限制，例如禁止投资图书、报纸、电子出版物等编辑，禁止从事互联网新闻信息服务、互联网公众发布信息服务等业务，新增外资在这些领域的限制，与早前中国发布的《网络安全法》以及《互联网新闻信息服务管理规定》相吻合。

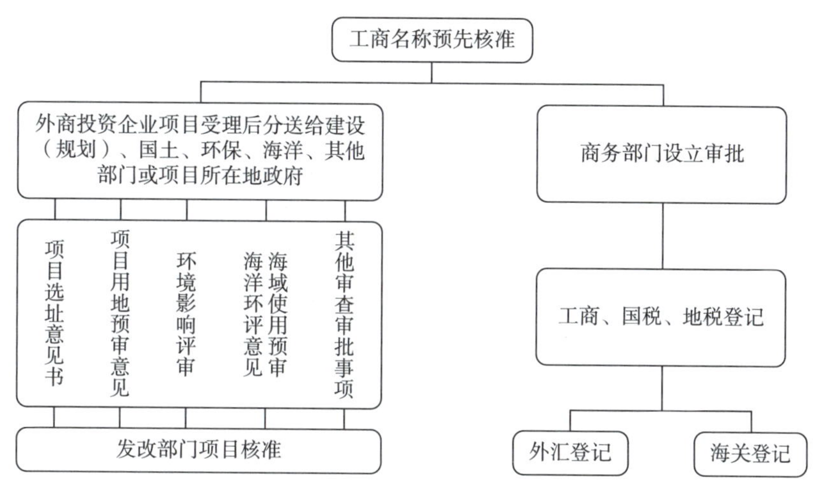

图5.17　外商投资负面清单之内的审批流程

5.8　外商直接投资企业在华发展的新趋势、新挑战

5.8.1　中国及全球经济发展利好外商投资

6.5%、6.6%、6.7%、6.8%，国际货币基金组织（IMF）分别在2017年1月、4月、6月和10月四度刷新中国经济2017年增速预测。短短1年内，连续4次向上修正一国的经济增速，这在IMF近年的经济展望报告历史上较为罕见。与此同时，世界银行、亚洲开发银行和花旗银行也不约而同地将今年中国经济的预期增速调高了0.2个百分点。

2017年以来，我国经济主要指标超预期已成为各界关注的焦点。国家统计局数据显示，2017年上半年，我国GDP增长6.9%，好于市场预期的

6.8%；全国固定资产投资增长8.6%，好于预期的8.5%；社会消费品零售总额增长10.4%，好于预期的10.3%；规模以上工业增加值增长6.9%，好于预期的6.7%。中国经济的稳中向好与世界经济的广泛复苏，两者形成共振，产生溢出效应，助推各界的乐观判断。

随着“中国制造2025”、创新驱动战略等的实施，互联网与制造业融合发展不断深化，智能化生产、个性化定制、服务型制造等一批新模式、新业态百花齐放，我国实体经济强劲发力，推动产业结构迈向中高端，推动中国经济持续向好。2017年前8个月，我国规模以上工业增加值同比实际增长6.7%，增速同比加快0.7个百分点；工业出口交货值同比增长10.3%，增速同比加快10.2个百分点；工业用电量同比增长6.1%，增速同比加快4.1个百分点；全国铁路货运量同比增长15.3%。2017年9月份，我国制造业PMI为2012年5月份以来的最高点。工业生产的显著提升，支撑着总体经济的平稳运行。

图5.18　2017年我国工业增加值情况

数据来源：国家统计局。

2017年10月10日，国际货币基金组织（IMF）发布了最新一期《世界经济展望报告》。IMF预计，受到欧元区、新兴市场经济复苏驱动，2017年和2018年全球经济增速分别为3.6%和3.7%，较7月的预测均上调0.1个百分点。IMF首席经济学家奥布斯特费尔德表示，这一预期远高于金融危机后的最低增长率，也就是2016年时的3.2%。IMF在《世界经济展望报告》中称，预计今年全球 75% 的经济体增速都将加快，这也是全球经济近十年来最大范围的增长提速。科尔尼咨询公司日前发布 2017 全球 FDI 信心指数报告称，全球 3/4 的企业将在未来三年内大幅增加境外投资计划，结果相对于去年有所增长。尽管全球政治充满了不确定因素，逆全球化日益风行，投资者仍然对未来全球跨境投资趋势充满信心。60% 的全球投资者更加看好今年的全球经济前景，这一比例显著高于去年，去年持乐观态度的投资者占 50%。

与此同时人民币 2017 年升值势头明显，额外的汇兑收益也吸引了外资对中国的投资兴趣。

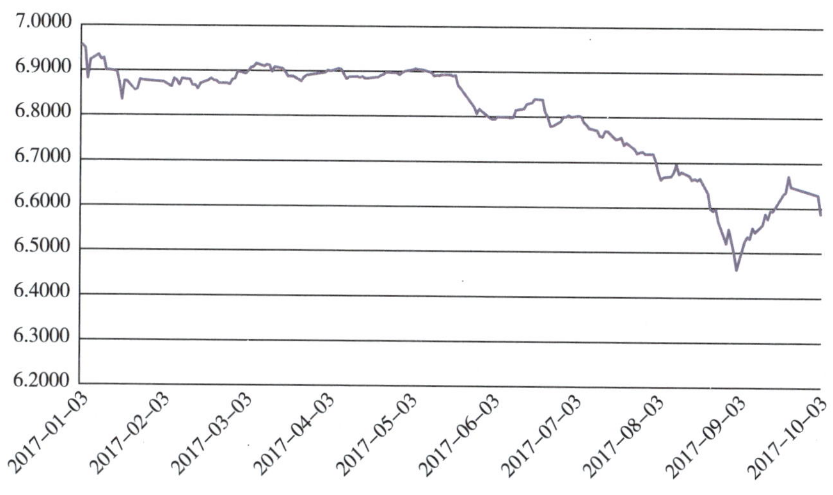

图 5.19　美元兑人民币即期汇率（2017 年 1～10 月）

5.8.2　中国营商环境持续优化

市场准入方面，党的十八届五中全会提出，形成对外开放新体制，完善法治化、国际化、便利化的营商环境，全面实行准入前国民待遇加负面清单管理制度。这为改善营商环境指明了方向。最新公布的《外商产业投资指导目录（2017 年修订）》将外资限制措施由上一版的 93 条减少到 63 条，开放水平大幅提高。简政放权方面，2015 年我国提前完成减少 1/3 行政审批事项的目标，2016 年又减少 165 项国务院部门及其指定地方实施的审批事项，企业生产经营活动便利度明显提高。生产成本方面，全面推进“营改增”、清理整顿涉企收费、完善价格形成机制、提高物流运输集约化水平等一系列“降成本”措施初见成效，2016 年降低企业成本 1 万亿元左右。知识产权保护方面，政府采取了知识产权保护专项行动、加强重点领域知识产权执法等系列措施，我国知识产权保护状况明显改善。

在企业对优化营商环境的诉求明显增加的背景下，中国坚持对内外资企业一视同仁，大力改善外商投资环境。外资领域“放管服”改革深入推进，投资便利化程度不断提高。根据世界银行发布的《2017 全球营商环境报告》，中国营商便利度近三年在全球排名跃升 18 位，其中开办企业便利度大幅上升 31 位。瑞士洛桑管理学院 2017 年度的世界竞争力报告，表明中国在经济表现和政府效率、营商效率方面，得分均有明显提升。据中国美国商会、中国欧盟商会调查，2017 年，69% 的美国企业将扩大在华投资，约 1/3 欧盟企业将中国作为前三大研发投资目的地。这些情况表明，中国投资环境受到外商广泛认可。

2017 年 6 月出访欧盟期间，李克强总理向中欧工商界代表表示，中国会继续扩大开放，进一步优化营商环境。他在四五月的两次国务院常务会议上强调，在全球竞争加剧的大背景下，各级政府要进一步增加紧迫感，给市场以良好预期，切实提振市场信心。“必须下大工夫、真功夫，进一步深化‘放管服’改革，持续优化我国的营商环境。”7 月 17 日，中央财经领导小组第十六次会议召开，专门研究改善营商环境、扩大对外开放的问题。强调要稳定外资和民间投资，稳定信心，加强产权保护，扩大外资市场准入，增强营商环境对投资者的吸引力。7 月 28 日，国务院常务会部署加大引进外资力度，营造更高水平对外开放的环境。

5.8.3　外商直接投资结构与方向调整

随着中国经济转型及中国提出“一带一路”“中国制造”“互联网 +”“新型城镇化”等一系列发展战略，外企在华投资布局的结构与方向也相应调整，以求抓住新时代的机遇。2017 年高技术制造业和高技术服务业外商直接投资保持较强增长势头。随着中国经济进入“新常态”，创新驱动代替要素驱动，推动了中国产业和消费的升级，当前中国经济的转型升级，既是中国的机遇，也是外资的机会。中国经济转型升级的资本需求和外资投资需求正在对接，一些外商投资低端制造生产环节“迁离”，更多的外商企业加大投资高附加值的行业，进退之间，不断提升的是外商投资的“含金量”，也符合中国经济转型升级的客观需要。

2017 年 1 ~ 10 月，制造业实际使用外资 1959.1 亿元人民币，同比增长 6.1%，占外资总量比重的 28.9%。其中，化学原料及化学制品制造业同比增长 31.1%，医药制造业同比增长 8.5%，通用设备、计算机及其他电子设备制造业同比增长 20.7%。服务业实际使用外资 4705.2 亿元人民币，占外资总量比重的 69.3%。其中，电力、燃气及水的生产和供应业同比增长 74.3%，建筑业同比增长 27.6%，信息传输、计算机服务和软件业同比增长 19.8%，租赁和商务服务业同比增长 10.2%，科学研究、技术服务和地质勘查业同比增长 18%。

高技术制造业实际使用外资 566.5 亿元人民币，同比增长 22.9%，其中，电子及通信设备制造业、计算机及办公设备制造业、医疗仪器设备及仪器仪表制造业同比增长 26.4%、46.9% 和 28.8%。高技术服务业实际使用外资 950.1 亿元人民币，同比增长 20%，其中，信息服务、研发与设计服务、科技成果转化服务实际使用外资同比分别增长 20.7%、8.5% 和 36.8%。

经济结构调整包括产业结构调整、产品结构调整、技术结构调整、区域结构调整。产业结构调整注重高端制造业的发展，高端装备制造、节能环保、新一代信息技术、生物制药、新能源、新材料和新能源汽车等高技术含量、高附加值的高端制造业的发展得到政策性支持，一些技术水平高、在高端制造业具有领先地位的跨国公司凭借自身得天独厚的优势，将获得更多投资机会，高端制造业领域的外商投资将显著增加。升级一般制造业、外商面临我国传统制造业设备更新升级、工艺流程改造、产品设计加工质量提升等带来的机会，有利于外商发挥优势，稳定一般制造业领域的外商投资，延缓一般制造业外商投资撤离的速度。

随着居民收入的增长，不仅居民最终消费需求规模扩大，而且消费结构面临升级，由生存型消费向享受型和发展型消费升级、由物质型消费向服务型消费升级、由传统消费向新型消费升级是我国消费结构演化的必然趋势。随着供给侧结构性改革深化，外商投资市场准入放宽，高端制造业、现代服务业外商投资自由化程度提高，外商必然抓住我国消费结构升级的机遇，调整投资结构和供给结构，扩大投资的规模。

同时，全要素生产率的提高，将使包括外商投资在内的投资者获得更多优质高效的生产要素，有利于依赖技术创新和要素效率提高现存的外商投资企业在中国市场的成长，会对技术领先、效率高的外商投资企业产生新的吸引力。技术领先、创新能力强，在产品设计、研发、制造、营销、服务等全球价值链的各环节具有优势的跨国公司更符合中国的发展要求，也将获得更多与中国国内企业的合作机会，在高端制造领域、技术密集型产业和新兴产业的投资会更快增长。

执笔：马晓白　何　琳　王晓宇

第六章　行业与企业创新：以集成电路产业为例

6.1 推进我国集成电路产业发展的思路与建议

集成电路产业是信息技术行业的核心，是支撑经济社会发展和保障国家安全的战略性、基础性和先导性产业。为了实现国家制定的产业追赶战略，建议充分利用市场和政策两种资源，依靠创新，形成综合性的竞争优势，突破后发劣势的制约；采取“应用牵引、主攻制造、带动上游、整体提升”的策略，重点突破，完善生态，力争实现国家发展纲要提出的目标。

6.1.1 我国集成电路产业快速发展但仍处于爬坡追赶阶段

近年来，我国集成电路产业快速发展，但总体上仍处于跟随者和学习者的角色，爬坡追赶任务极其艰巨，其深层次原因在于集成电路产业具有技术密集、资金密集和人才密集等特征，我国产业起步晚、体量小，后发劣势较为突出。

（1）我国集成电路产业取得了长足进步，具备了进一步突破发展的基础

进入21世纪以来，国家持续给予政策支持，特别是《鼓励软件产业和集成电路产业发展的若干政策》（2000年）、《进一步鼓励软件产业和集成电路产业发展的若干政策》（2001年）、《国家集成电路产业发展推进纲要》（2014年）等重要文件的出台，我国集成电路产业依托国内庞大的整机制造需求，保持高速发展态势。2016年国内集成电路产业完成收入4335亿元，同比增长20.1%，远高于全球1.1%的增长速度，连续六年保持两位数高增长。其中，设计业占全产业收入之比达到38%，首次超过封测业成为集成电路产业最大的部分；制造业增速首次超过设计业和封测业，连续两年保持高位增长势头，如表6.1所示。

一批骨干企业崭露头角，产业生态体系初步形成。据统计，2016年我国

有 9 家企业入围全球芯片设计 50 强[①]，华为海思、紫光展锐分列第 7 和第 9 位，两家的芯片设计水平已达到 16/14 纳米，即将上市的海思麒麟 970 芯片甚至采用当今最先进的 10 纳米工艺，直逼高通等领先企业。中芯国际、华虹半导体入围全球制造十强，其中，中芯国际 28 纳米工艺量产、14 纳米工艺在研。长电科技、天水华天、通富微电入围全球封测业十强。在国家重大科技专项和国家集成电路产业投资基金支持下，先后有 30 多种高端装备和上百种关键材料产品研发成功并进入海内外市场，其中，中微半导体装备已经进入 10 纳米、7 纳米工艺节点，是进入台积电 7 纳米制程蚀刻设备的唯一大陆本土设备商。在产业链各个环节上的这些骨干企业相互支持，已经初步形成了较好的产业生态。

表 6.1　中国集成电路产量和产业规模

指标	单位	2010	2011	2012	2013	2014	2015	2016
集成电路产量	亿块	653	762	823	867	1016	1087	1318
	增长率（%）	30.7	6.5	14.4	5.3	12.4	7.1	21.2
集成电路销售额	亿元	1440	1934	2159	2509	3015	3610	4336
	增长率（%）	29.7	34.3	11.6	16.2	20.2	19.7	20.1
其中，设计业	亿元	364	526	622	809	1047	1325	1644
	增长率（%）	34.8	44.7	18.1	30.1	29.5	26.5	24.1
制造业	亿元	447	432	501	601	712	901	1127
	增长率（%）	31.1	-3.5	16.1	19.9	18.5	26.5	25.1
封测业	亿元	629	976	1036	1099	1256	1384	1564
	增长率（%）	26.3	55.1	6.1	6.1	14.3	10.2	13.0

资料来源：工业和信息化部官网、中国半导体行业协会。

（2）要清醒看到我国集成电路产业与全球先进水平相比差距还较大，追赶发展任务艰巨

我国企业与全球领军企业相比在关键技术和核心产品方面存在较大代际差距。在先进制造技术方面，相差三代，或者五年左右。从制程水平看，2014 年台积电和三星 20 纳米工艺量产；2015 年台积电 16 纳米和格罗方德 14 纳米量产；2016 年台积电和三星 10 纳米量产；2017 年上半年台积电 7 纳米工艺已

① 分别是海思、紫光展锐（Spreadtrum）、中兴微电子（ZTE Micro）、大唐（DATANG）、南瑞智芯（Nari Smart Chip）、中国华大（CIDC Group）、瑞迪科（RDA）、澜起科技（Montage）、全志（Allwinner）。

开始试产，三星将于2018年量产7纳米工艺。而我国最先进的工艺是28纳米，差距在五年左右。在高端通用芯片，如CPU或存储器领域，市场几乎全由境外企业主导。以存储产品3D NAND为例，2014~2016年三星陆续推出32层、48层、64层产品，2017年海力士推出72层产品。按照业界估计，从32层增加到48层，单位存储成本将下降40%左右。而我国刚刚布局，长江存储计划于2017年底推出32层堆叠3D NAND闪存的样品，落后三星公司3到4年，成本不占优势，一旦量产很可能会面临三星等降价带来市场风险，追赶之路并不平坦。

技术上的差距，最终表现为企业规模、盈利能力、资本和研发支出等方面的差距。从集成电路设计、制造、封测、装备材料等产业链各个环节看，我国龙头企业与全球领先企业相比，在销售收入、净利润、资本和研发支出等指标上存在数量级的差别，详见表6.2、表6.3。特别需要关注的是，资本和研发支出的巨大差距，增加了国内企业追赶的难度。

表6.2　各环节领军企业资本投入和研发支出对比

各环节	公司	销售额（亿美元）	净利润（亿美元）	净利润/销售额（%）
芯片设计	高通	235.2	57.1	24.3
	华为海思	37.7	—	—
	紫光展锐	18.4	0.3	1.5
代工制造	台积电	294.9	104.1	35.3
	中芯国际	29.1	3.6	12.4
	华虹半导体	7.2	1.29	17.9
封装测试	日月光	85.5	6.9	8.1
	长电科技	28.8	-0.5	-1.7
装备	美国应用材料	108.3	17.2	15.9
	中微半导体	0.62	-0.23	-37.1
材料	SUMCO	19.3	0.6	3.1
	上海硅产业	0.39	-0.11	-28.2
IDM企业	英特尔	594.0	103.0	17.3
	三星	1711.0	192.4	11.2
	SK海力士	145.7	25.1	17.2

注：黑体字为大陆企业。在IDM（一体化）领域，大陆尚无龙头企业。

资料来源：企业财报数据。

表 6.3　　2016 年产业链各环节领军企业盈利能力对比

各环节	公司	销售额（亿美元）	净利润（亿美元）	净利润/销售额（%）
芯片设计	高通	235.2	57.1	24.3
	华为海思	37.7	—	—
	紫光展锐	18.4	0.3	1.5
代工制造	台积电	294.9	104.1	35.3
	中芯国际	29.1	3.6	12.4
	华虹半导体	7.2	1.29	17.9
封装测试	日月光	85.5	6.9	8.1
	长电科技	28.8	-0.5	-1.7
装备	美国应用材料	108.3	17.2	15.9
	中微半导体	0.62	-0.23	-37.1
材料	SUMCO	19.3	0.6	3.1
	上海硅产业	0.39	-0.11	-28.2
IDM 企业	英特尔	594.0	103.0	17.3
	三星	1711.0	192.4	11.2
	SK 海力士	145.7	25.1	17.2

资料来源：公司财报数据。

（3）由于集成电路产业具有规模经济显著和赢者通吃的产业特征，我国后发劣势非常突出

集成电路行业一直沿着摩尔定律推进，产业初期投入大、后期边际成本低，规模经济特征非常显著。尤其随着芯片设计、制造工艺不断向物理极限推进（3 纳米），芯片设计成本翻倍增长，要降低单位芯片设计成本，只有提升芯片市场份额；一条芯片制造生产线的建设成本在百亿美元左右，要摊薄单个芯片制造成本，只有提升产能利用率和产品良率。对于先发企业而言，由于其市场份额大、成本优势突出，很容易走上“企业盈利能力强→资本投入和研发投入越大→技术水平越先进→市场份额扩张→盈利能力进一步增强”的加速发展路径。

我国集成电路产业起步较晚，在全球市场上所占份额较低，企业运营成本较高，难以利用规模经济效应来提升盈利水平。从设计企业看，全球领先企业高通的销售额是我国紫光展锐的 13 倍，其净利润水平则是 190 倍，反映出领

先者规模经济显著，成本优势突出。从制造企业看，台积电的月产能达到198.5万片晶圆（以8英寸计），是中芯国际月产能36.2万片晶圆的5.5倍，但销售额是后者的10倍，净利润则进一步放大到29倍，这一方面由于台积电单片晶圆收入比中芯国际要高出80%以上，另一方面由于台积电单片晶圆成本要远低于中芯国际。在封装测试、装备材料环节，我国企业位于盈亏边缘，难以形成自我造血能力，后发劣势极为突出，如表6.3所示。总之，后发企业进入该行业就可能面临长期亏损的局面，无法像传统产业走“依靠低成本优势进入、逐步向中高端升级”的发展道路。

此外，集成电路产业还是一个国际化程度很高的行业，我国作为后来者，不可能关起门来发展，但会挤占国内企业市场空间，导致国内产业生态难以培育，民间资本投资严重不足。如2013年以来，我国集成电路进口额每年都超过2000亿美元，超越石油成为第一大进口产品。再如“两端在外”问题突出，一方面设计企业严重依赖海外第三方IP核，设计出的28纳米以下高端产品只能在海外或外资企业代工，另一方面集成电路制造企业尚未建立起完整的设计服务、客户支持体系，通常依赖设计企业自带工艺进行加工，协同发展难以深入。

6.1.2 我国面临着全球产业格局深度调整的外部形势

在产业发展高度全球化背景下，我们需要关注全球产业格局深度调整的新形势，主要包括以下几个方面：

（1）产业和细分领域集中度不断提高

最近三年来，全球集成电路市场规模在3600亿美元上下波动，领先企业为了强化核心环节控制力，通过构建联盟、抱团发展、兼并重组等方式加快了产业整合步伐，寡头垄断格局进一步巩固。2015年、2016年全球半导体产业并购交易高企，分别达到创纪录的1033亿美元和985亿美元，而2010～2014年五年合计仅629亿美元；其中，美国买主占并购交易额的51.8%，我国只占4.1%。在半导体市场上，前五家企业销售收入合计占到40%，比十年前提高了8个百分点。在芯片制造环节方面，2016年台积电、格罗方德和联电三家合计占到71%的代工份额。从日益重要的存储器产品看，DRAM产品供货主体越来越少，从2000年的19家减到2010年的11家，再到2016年的三星、海力士和美光三家寡头；NAND产品只剩下三星、东芝、闪迪、美光、海力士五家寡头。市场份额持续集中巩固了领先者地位，后来者的追赶难度进一步加大。

（2）产业链垂直分工趋势越发明显

随着单位面积上集成的晶体管数量不断翻倍，建设一条生产线的成本越来越高，如建设一条 5 万片 12 英寸集成电路生产线约需 50 亿美元，极高的建设成本导致越来越多的企业不愿跟进投入。过去采用设计、制造、封测一体化模式（即 IDM 模式）的企业，则开始把晶圆制造环节独立出来，这加速了产业链设计、制造和封测各环节的垂直分工，如三星公司今年 5 月宣布将把芯片制造业务剥离出来，成为一个独立业务部门，以抢占晶圆代工市场；随后 SK 海力士也宣布剥离旗下芯片制造部门。以全球芯片制造市场收入构成看，2010 年到 2016 年，芯片代工企业的收入由 270 亿美元增长到 503 亿美元，占制造环节市场收入的比例由 84.6% 持续提升到 90.5%，而 IDM 企业的制造收入占比反而从 15.4% 一路下降到 9.5%。产业垂直分工进一步提升了专业化水平，降低了产业成本，也为后发者选择进入领域和创新商业模式创造了条件。

（3）领军企业加快人工智能芯片布局

一直以来，应用场景的变化决定着集成电路技术创新方向。在固定 PC 时代，以 X86 架构为代表的英特尔主导着计算平台和产业生态；移动互联网时代，基于 ARM 架构各类移动计算平台承载着产业生态。当前，国外企业纷纷加快人工智能芯片布局，主要有几条路线：一是图形处理芯片（GPU），目前英伟达（Nvidia）占据 GPU 市场 70% 以上份额，2 万多家企业采购其产品进行深度学习计算，已拥有先发优势。二是现场可编程逻辑阵列（FPGA），英特尔公司 2015 年耗资 167 亿美元收购 FPGA 制造商 Altera，推出基于 FPGA 的专用深度学习加速卡。三是专用集成电路（ASIC），它以较低的精度来提高性能，功耗可降到 GPU 的 10% 左右，如谷歌公司推出张量处理芯片（TPU），结合其 Tensorflow 人工智能平台，软硬结合的生态雏形渐显。四是模仿人脑神经元阵营，以 IBM TrueNorth 芯片为代表，目前已广泛应用在 Watson 医疗服务产品上。总体上看，面向人工智能的芯片革命刚刚启幕，几条路线并行推进，市场机遇与掉队风险并存。

（4）全球产业重心加速向中国大陆转移

与欧美国家集成电路市场需求下降不同，我国是当前需求增速最快的市场。2010～2016年，我国集成电路市场规模由750亿美元增长到1120亿美元，占全球市场份额由28%提升到38%，这主要源于我国是全球第一整机制造大国，如2016年生产智能手机19亿部，计算机2.9亿台，智能电视0.9亿台，产量占到全球80%以上。在庞大的国内需求吸引下，全球集成电路产业链往中国转移已是大势所趋，包括英特尔、三星、台积电、格罗方德、海力士、联电、力晶等领军半导体公司近年来纷纷扩大在中国大陆的投资计划或扩产计划。据统计，目前国内新建12英寸生产线共26条，占到全球计划建设12英寸生产线的42%。伴随着新生产线在未来几年陆续投产，我国晶圆制造能力将从2016年的每月185万片（按8英寸折合统计）增长到2020年的291万片，将超越北美地区，成为仅次于韩国、中国台湾和日本的第四大集成电路制造基地。

（5）领先国家和地区加大对我产业发展的阻挠力度

2014年我国推出《国家集成电路产业发展推进纲要》以来，领先国家和地区显著提升了防范水平。例如，2015年7月美国国会成立半导体核心小组，2016年10月美国总统科学技术顾问委员会（PCAST）成立半导体工作组，2017年1月发布《确保美国在半导体行业长期领先地位》报告，指责中国"威胁"美国半导体产业和国家安全，据此一方面将采取推动本土人才培养、完善签证政策、吸引全球人才、强化半导体等领域研发等政策；另一方面将统筹贸易保护工具，包括敦促中国提升产业政策透明度、阻挠海外收购、联合盟友抑制中国产业发展等方面。从两年来的实践看，美国外资审议委员会（CFIUS）联合盟友已否决我国企业发起的多起并购申请。韩国也出台了半导体产业基金以助力本土企业发展，中国台湾地区也已经禁止大陆企业的并购投资，国际上对我国产业发展保持高度警惕态度，多方阻挠可能成为常态。

6.1.3 推进我国集成电路产业发展的总体思路

集成电路是信息化发展的根基，是全球技术创新竞争的高地和保障国家安全的屏障，因此国家制定了专门的发展战略。为了落实国家发展战略，建议综合利用市场和政策两种资源，依靠创新，形成综合性的竞争优势，突破后发劣势的制约；按照"应用牵引、主攻制造、带动上游、整体提升"的思路，重点突破，完善生态，在全球产业竞争中占有一席之地。

（1）充分利用市场和政策两种资源，依靠创新，形成综合性的竞争优势，突破后发劣势的制约

日本、韩国及中国台湾地区发展集成电路产业的经验表明，综合利用市场和政策两种资源，可以突破后发劣势。我们可以借鉴这些成功经验，充分利用我们的优势资源，依靠创新，形成综合性的竞争优势，主要包括以下几个方面。

一是市场资源。我国拥有全球规模最大的集成电路市场，近年来，在移动互联网、云计算、物联网、大数据等新技术带动下，我国集成电路市场需求保持快速增长，全球产业链争相向我国布局。IC sights 预测，预计到2021 年，我国集成电路市场需求将占全球的44%，在2016 年占38%的基础上进一步提高六个百分点，国内需求的扩张为国内企业提供了巨大的市场机会和成长空间。

二是产业基础。我们的产业基础要远强于日本、韩国和中国台湾地区的起步时期。从2000 年到2016 年，我国集成电路产业从180 亿元增长到4336 亿元，在16 年时间里翻24 倍；与此同时，以华为海思、紫光展锐、中芯国际、长电科技、中微半导体等为代表，涵盖设计、制造、封测和装备各环节的一大批企业进入国际行列，为我国产业由小到大、由低端到高端的跃升奠定了根基。尤其可喜的是，各个领域的龙头企业都具有远大的抱负和创新的活力，不管是民营企业还是混合所有制企业，都建立了规范的公司治理和长期性的激励机制，为创新发展建立了制度基础。

三是技术变革的机遇。一方面，由于材料、设备和技术本身的限制，先进制程工艺的推进步伐越来越慢，摩尔定律即芯片上集成晶体管数量翻一倍的时间已经由18 个月延长到30 个月，这增加了我们追赶的可能；另一方面，人工智能和新材料技术发展可能带来集成电路产业的大变革，只要我们紧密跟踪世界前沿技术，我们完全有可能在新的起点上获得更多发展机遇。

四是政策支持。日本、韩国和中国台湾地区的经验表明，政策支持是克服后发劣势的前提条件，没有政策支持，民间资本永远不会投资。我国也借鉴了这些经验，通过重大专项、减免税收、资本投入等多方面举措支持集成电路产业发展，特别是2014 年出台《国家集成电路产业发展推进纲要》，设立国家集成电路产业投资基金，进一步坚定了产业界信心，撬动地方政府、社会主体等

各方加大投入。

（2）应用牵引、主攻制造、带动上游、整体提升

面对产业链的整体劣势，建议采取“应用牵引、主攻制造、带动上游、整体提升”的策略，力争用十年左右时间，形成有竞争力的产业生态。

一是依托国内市场优势，充分挖掘专用芯片长尾需求，并在下一轮技术革命中寻找高端通用芯片的发展机遇。以华为海思、紫光展锐等企业为代表的集成电路设计企业，正在进入全球领先阵营，既支撑了信息化应用，也带动了产业下游的发展。最近两年来，万物互联进程加快、人工智能迅速应用，对各类传感器芯片、控制芯片的小批量、个性化需求激增；同时对新型计算、存储器等关键通用芯片提出新需求。支持芯片设计和应用，可以成为集成电路产业发展的重要牵引。

二是集中资源主攻集成电路制造业，打下产业发展的坚实基础。首先，集成电路制造业适合有计划地追赶。集成电路制造工艺技术发展方向相对明确，节奏相对稳定，市场预期相对清晰，日本、韩国和中国台湾地区的经验表明，后发企业如果投入到位，实现追赶的可能性较大。其次，我国当前产业发展现状需要制造环节发挥中枢作用，一方面支撑相对领先的芯片设计和应用，一方面带动相对薄弱的上游材料和设备。再次，我国制造业企业初步探索出充分开发中国市场的商业模式，在紧跟先进制程技术的条件下，通过提高生产柔性、加强服务，与全球领先企业开展差异化竞争，更好利用国内的长尾市场。

三是抓住制造环节代际升级契机，为国内装备材料产业提供试用机会和需求空间，逐步增强产业配套能力。我国装备和材料领域差距最大，一方面是因为过去国内芯片制造环节薄弱，市场订单需求少，另一方面国际上制造与装备材料环节产业配套关系紧密，我国企业即使技术水平相当，也很难参与境外产业配套。随着国内生产线的陆续上马和制造产能的不断扩大，对装备材料产业的订单需求大幅增长，要充分利用好最近几年这个时间窗口，通过首购补贴等举措，激励芯片制造企业给予国产装备材料上线试用和性能验证的机会，积累试用时间，加快其商用化进程，不断提升产业配套水平。

四是强化产业协同发展，统筹产业链四大环节相互支持，推动产业发展水平的整体提升。建议国家集成电路产业投资基金串联各方需求，或通过成立合

资公司、相互入股、签订战略协议等方式，提升“设计—制造—封测—装备材料”协同性，从更大视角看，还要构建涵括“芯片—软件—整机—系统—信息服务”的大产业生态。

6.1.4 相关政策建议

既要发挥政策的作用，又要实现政策与市场的协调，形成综合优势。主要政策建议如下：

（1）继续发挥国家的协调作用

国家制定了总体发展战略，还需要国家集成电路领导小组和行业主管部门发挥统筹协调作用，主要作用包括：根据产业发展状况和市场变化，调整政策策略，让市场和政策形成最大合力；针对我国要素市场的不完善，特别是金融体制改革滞后导致的融资难、融资贵问题，制定针对性政策，解决产业发展的重大瓶颈；协调各部门之间、各层级政府之间的关系，合理配置资源，预防政绩冲动带来的资源争夺和恶性竞争，抬高材料、人才等要素成本。

（2）尽快落实国家资金的持续投入

在国际领先企业体量大、资本支出大、研发投入大的情况下，要实现产业赶超，除了超常规资金投入外别无选择。在这方面，必须杜绝过去那种“脉冲式”的投资策略，尽力避免因资金的“间歇性”停滞，导致前功尽弃，产业差距越拉越大。为此，一方面在国家集成电路产业投资基金第一期投放即将完毕的情况下，抓紧安排启动第二期资金及后续资金的募集工作。另一方面在国家科技重大专项陆续收尾的情况下，抓紧考虑安排后续计划，重点解决共性关键技术领域的研发和未来技术的跟踪布局，不断提升自主技术水平。

（3）多渠道加强人才队伍建设

在资金到位的情况下，业界反映人才正成为产业发展的突出短板，尤其是高端人才短缺严重。短期内，可借鉴日韩早期培植集成电路产业的经验，制定专项激励性政策，支持在全球范围内引进紧缺急需的高端人才和骨干专业人员，包括在解决居留权、子女教育、住房医疗、出入境便利等方面给予绿色通道等。中长期看，要落实好已出台的政策文件，包括《关于支持有关高校建设示范性微电子学院的通知》《关于加强集成电路人才培养的意见》等，支持对员工开展继续教育、在职教育和专业培训，探索产学研用相结合的人才培养机制。

（4）完善财税金融等支持性产业政策

即便像美国这样的产业领先国家，也会采用多种政策工具，对内予以支持，对外予以抑制。建议在继续贯彻落实好国家已经出台的财税支持政策的基础上，有针对性地解决产业发展的突出矛盾。例如：针对产业资金密集的特点，完善市场化融资相关政策，包括上市、银行贷款、企业债、融资租赁等，解决我国集成电路企业资金成本远高于竞争对手的突出矛盾；在产品推广应用方面，在关系国计民生的关键信息基础设施行业可要求优先采购国产芯片或整机系统；对制造企业首购国内装备或材料产品进一步加大政策支持力度。

6.2　我国集成电路设计业的发展思路和政策建议

集成电路设计企业是直接面向用户的产品开发商，承担着芯片开发的收益和风险，由于将制造、封装、测试等环节外包，故常常被称为设计企业。庞大的国内市场是我国克服集成电路产业发展面临突出后发劣势的基本依托，开发国内市场的关键是发展集成电路设计业，实现应用牵引，带动相关技术发展，构建“芯片—软件—整机—系统—信息服务”产业链。

6.2.1　集成电路设计的产业特征

掌握集成电路设计业的产业特性，才能为产业发展创造良好环境。集成电路设计业主要有以下特点：

（1）人才要求高

集成电路设计的人才培养周期长、成本高。以进入企业的硕士毕业生为起点，通常需要2~3年培养才能够完成一般设计工作，成为合格的开发人员；经过4~8年培养才能够完成核心重要模块设计，成长为高级开发人员；经过10年左右才能独立设计技术架构，主持一款芯片产品开发；设计公司的CTO等高管往往需要20年的行业经验。对集成电路设计企业而言，从外部挖人往往比自己培养更合算。我国集成电路设计业总体规模不大，全国的从业人员目前约有4.5万人，企业间的人才争夺大多限于国内人才，明显加剧了内耗。

（2）投资风险大，技术积累周期长

集成电路设计存在技术和市场两方面的不确定性。一是流片失败的技术风险，即芯片样品无法通过测试或达不到预期性能。对于产品线尚不丰富的初创设计企业，一颗芯片流片失败就可能导致企业破产。二是市场风险，芯片虽然生产出来，但没有猜对市场需求，销量达不到盈亏平衡点。对于独立的集成电路设计企业，市场风险比技术风险更大。对于依托整机系统企业的集成电路设计企业，芯片设计的需求相对明确，市场风险相对较小。

集成电路设计的资本回报周期长，包括研发周期和成本收回周期。芯片量产前需要提前多年进行研发和产品布局，量产后又需要多年才能收回成本。以智能手机芯片为例，每代芯片大致需要提前 10 年进行研发，资金投入约 2 亿美元；基带、射频、无线网络、电源管理等细分领域芯片研发周期一般要 3 ~ 5 年，资金投入约 3000 万 ~ 1 亿美元。

（3）规模经济效应强

集成电路设计存在较高的进入门槛，而芯片量产后单位生产成本很低，这与软件产业相似。通常情况下，一款 28 纳米芯片设计的研发投入约 1 亿 ~ 2 亿元，14 纳米芯片约 2 亿 ~ 3 亿元，研发周期约 1 ~ 2 年。研发投入主要包括研发人员成本、购买知识产权（IP）和流片成本三部分。其中，研发人员成本是最大支出，约占总成本的 50% ~ 60%，包括工资及社保等相关费用。购买 IP 约占 20% ~ 30%。流片成本约占 10% ~ 20%，目前，28 纳米芯片一次流片成本约 200 万美元，14 纳米芯片约 500 万美元，流片一般需要 1 ~ 2 次。

前期固定成本高和量产单位成本低，使得集成电路设计具有很强的规模经济效应。销量高能摊薄固定成本，销量能否超过盈亏平衡点是判断一款芯片是否成功的关键。从应用角度看，目前系统芯片的盈亏平衡点是 10 万片，终端应用的消费类芯片是 3000 万片。从工艺角度看，采用 10 纳米先进制程技术开发的最新手机芯片，盈亏平衡点要达到 5000 万片。随着技术进步，芯片设计的固定成本持续增加，盈亏平衡点也在不断抬高①。

① 对比来看，集成电路设计门槛显著高于互联网产品研发门槛。互联网创业企业的 A 轮融资金额多在几百万元量级，集成电路的设计成本要达到亿元量级。但是，相比集成电路制造，设计的进入门槛又很低，一条 28 纳米工艺集成电路生产线的投资额约 50 亿美元，20 纳米工艺生产线高达 100 亿美元。

（4）产品种类多，性质差异大

集成电路产品高度个性化、多样化。从技术复杂度和应用广度来看，集成电路主要可以分为高端通用和专用集成电路两大类。

高端通用集成电路的技术复杂度高、标准统一、通用性强，具有量大面广的特征。它主要包括处理器、存储器，以及 FPGA（现场可编程门阵列）、AD/DA（模数—数模转换）等。近年来移动互联网高速发展，移动处理器出货量已超过 PC 处理器①。随着大数据的发展，未来对存储器的需求将爆发式增长，这也是我国集成电路产业追赶的一个重要切入点。

专用集成电路是针对特定系统需求设计的集成电路，通用性不强。每种专用集成电路都属于一类细分市场。例如，通信设备需要高频大容量数据交换芯片等专用芯片。汽车电子需要辅助驾驶系统芯片、视觉传感和图像处理芯片，以及未来的无人驾驶芯片等。

（5）产业分工日趋细化，核心 IP 和 EDA 作用越来越大

核心知识产权（IP，Intellectual Property）和电子设计自动化工具（EDA，E-lectronic Design Automation）是集成电路设计的共性环节。核心 IP 主要包括两类。一是基础架构，目前，ARM 架构和 X86 架构分别主导了移动处理器和 PC 处理器设计，全球超过 90% 的移动芯片采用了 ARM 架构。二是实现标准接口的 IP 模块。EDA 是集成电路设计的开发工具，它能让程序代码转成实际的电路图并进行验证。

随着集成电路设计分工的深化，一批只出售 IP 的设计企业应运而生，它们为芯片设计公司提供工具、经过验证的完整功能单元、电路设计架构与咨询服务。设计公司直接从外部购买 IP 比自己从头研发成本更低。整个集成电路设计业都是围绕核心 IP 和 EDA 成长起来的。全球前四大 IP 供应商占据了集成电路 IP 市场的绝大部分市场份额，有很强的垄断力量。

6.2.2　我国集成电路设计业发展状况

（1）产业总体发展迅速

近年来，我国集成电路设计业在全球增速下滑的背景下逆势增长，是产业

① 2016 年移动处理器、PC 处理器出货量达到 17.9 亿块、5.29 亿块。2016 年全球 DRAM、Flash 两种存储器的出货量分别达到 155 亿块、161 亿块。以全球 70 多亿总人口计算，每年人均需要 4 块存储器。

链中发展最快的环节。2016 年我国集成电路产业销售额为 4335.5 亿元，其中设计业为 1644.3 亿元，占比最大。设计占集成电路产业比重从 2010 年的 25% 增长到 2016 年的 40%（见表 6.4）。目前，国内主流设计水平采用 90 — 28 纳米工艺，先进水平已开始采用 16/14 纳米工艺[①]，与全球主流设计水平基本同步，略有落后[②]。

表 6.4　　我国集成电路销售收入规模及增长

指标名称	单位	2010 年	2011 年	2012 年	2013 年	2014 年	2015 年	2016 年
集成电路产业	合计（亿元）	1440.2	1933.7	2158.5	2508.5	3015.4	3609.8	4335.5
设计业	销售额（亿元）	363.9	526.4	621.7	808.8	1047.4	1325	1644.3
	增长率（%）	34.8	44.6	18.1	30.1	29.5	26.6	24.1
制造业	销售额（亿元）	447.1	431.6	501.1	600.9	712.1	900.8	1126.9
	增长率（%）	31.1	-3.6	16.1	19.9	18.5	26.5	25.1
封测业	销售额（亿元）	629.2	975.7	1035.7	1098.8	1255.9	1384	1564.3
	增长率（%）	26.3	55.1	6.1	6.1	14.3	10.2	13

资料来源：中国半导体行业协会。

（2）专用芯片快速追赶，正迈向全球第一阵营

我国专用集成电路追赶较快，部分细分领域的国产芯片已具有较强的国际竞争力。国内龙头设计企业已进入全球第一阵营，国际竞争力明显提升，已成为美国、日本、韩国以及我国台湾地区企业的重要竞争对手。2016 年华为海思、紫光展锐两家中国企业进入全球集成电路设计前十强，9 家中国企业进入全球前 50 强。

但总体来看，集成电路细分领域众多，我国能够赶上世界先进水平的企业还是少数，这主要有两类。一是成本驱动型的消费类电子，如机顶盒芯片、监

---

① 例如，上海是国内集成电路设计业的龙头地区之一。2017 年，上海集成电路设计业的主流设计技术为 90 — 65 — 40 纳米，先进技术已进入 16/14 纳米领域，10 纳米的设计技术正在研发之中。数模混合电路芯片的设计技术普遍采用 0.18 — 0.13μm 嵌入式存储器或嵌入式处理器、SoC 技术，模拟电路芯片普遍采用 0.35 — 0.13μmBCD 技术。这些芯片设计技术在国内均处于先进或领先地位。参见“上海集成电路设计业首成产业链龙头”，《中国电子报》，2017 年 3 月 14 日。

② 目前，英特尔的最先进设计工艺是 10 纳米处理器，但技术尚未完全成熟，还没有进入量产阶段。ARM 已发布了 7 纳米芯片的设计工具。

控器芯片等[1]。二是通信设备芯片，例如，华为400G核心路由器自主芯片，2013年推出时领先于思科等竞争对手，并为市场广泛认可。上述芯片设计能较好地兼顾性能、功耗、工艺制程、成本、新产品推出速度等因素，具备很强的国际竞争力。但是，在高端智能手机、汽车、工业以及其他嵌入式芯片市场，我国差距仍然很大。

我国专用集成电路快速追赶的原因主要有三方面。一是国内企业更贴近市场，了解客户需求，在通信设备、消费电子等领域，巨大的国内市场规模能够支撑起自主芯片设计。二是专用集成电路技术难度相对较低，功能相对单一，与系统需求紧密结合，不需要实现通用性能，对产业生态的要求相对较低。三是专用集成电路不一定追求最先进工艺制程，不单纯追求最高性能和最快上市，因而竞争强度比高端通用芯片弱。因此，国内的市场规模和产业配套优势能够充分发挥作用，克服集成电路产业特征对技术追赶的制约。

在专用芯片领域，以华为和中兴为代表，我国成功探索出了以整机系统带动芯片设计的模式，有效地将市场规模优势转换为技术优势。华为海思和中兴微电子已成为我国集成电路设计业的龙头企业。中兴通讯从生产通信设备起家，在规模做大后，逐步自主设计芯片，并将中兴微电子从中兴通讯中独立出来。按价值计算，目前中兴微电子供应了中兴通讯设备芯片需求的30%，正逐步从低端芯片到中高端芯片实现国产化替代。

我国专用芯片的未来目标是发展高端产品，但这存在两大困难。第一，要克服芯片国产化替代中首次应用的难题。芯片是整机系统的关键部件，但很多国内整机企业已被国外芯片设计企业“锁定”：对于长期使用进口芯片的整机系统企业而言，它们已深度嵌入国外芯片企业的产业链和服务体系中，在国产芯片的可靠性得到充分验证之前，转向采购国内设计芯片存在巨大风险，也存在很高的转换成本。因此，对于独立的芯片设计企业，国产化替代难度很大[2]。

---

① 此外，紫光展锐在低端智能手机芯片领域也具有明显优势，2016年出货量占全球低端市场的42%，销售额占37%，规模已进入全球智能手机芯片的前三强。当然，对智能手机芯片属于高端通用芯片还是专用芯片，有不同的理解。由于智能手机芯片实际上是集合了基带、射频、无线网络等多个功能的“套片”，每个单一功能的芯片具有一定的专用芯片属性。

② 对于华为海思、中兴微电子等依托整机系统的芯片设计企业，国产化替代是企业内部问题，难度相对较小。

例如，在交换机芯片领域，苏州盛科已研制出具有竞争力的交换机芯片，但国际龙头博通（Broadcom）已经垄断了市场，国内交换机整机企业用盛科芯片替代博通芯片积极性很低。

第二，补齐核心 IP 和 EDA 短板，夯实产业发展基础。国内集成电路设计企业几乎无一例外，都是购买国外 IP 之后进行二次开发。这些核心 IP 大都是实现某种功能的最优方案，直接买来用对单个设计企业而言是成本最低的。但是，核心 IP 类似黑箱，内部代码要么不公开、要么过于复杂无法解析每段功能，从信息安全角度看，直接拿来使用可能会存在隐患。

（3）高端通用芯片与国外先进水平差距大，是重大短板

在高端通用芯片设计方面，我国与发达国家差距巨大，对外依存度很高。我国集成电路每年超过 2000 亿美元的进口额中，处理器和存储器两类高端通用芯片合计占 70% 以上。英特尔、三星等全球龙头企业市场份额高，持续引领技术进步，对产业链有很强的控制能力，后发追赶企业很难获得产业链上下游配合。

国内外差距主要有四个方面。首先，移动处理器的国内外差距相对较小。紫光展锐、华为海思等在移动处理器方面已进入全球前列①。其次，在个人电脑处理器方面，英特尔垄断了全球市场，国内相关企业有 3 ~ 5 家，但都没有实现商业量产，大多依靠申请科研项目经费和政府补贴维持运转。龙芯近年来技术进步较快，在军品领域有所突破，但距离民用仍然任重道远。再次，存储器国内外差距同样较大。武汉长江存储试图抓住 3D Nand Flash（闪存）的技术机遇，但目前仅处于 32 层闪存样品阶段，而三星、英特尔等全球龙头企业已开始陆续量产 64 层闪存产品。最后，对于 FPGA、AD/DA 等高端通用芯片，国内基本空白。

对于高端通用芯片设计企业，掌握技术、实现量产、具备成本优势是企业竞争力的三个不同阶段。首先，掌握技术意味着企业能够通晓技术原理，设计的芯片稳定性高、兼容性强。第二，实现量产意味着在掌握技术的基础上，芯片能够通过流片试验，大规模制造的良率足够高。第三，具备成本优势意味着

① 但是，二者仍然是在购买国外核心 IP 的基础上设计芯片，技术尚未达到自主可控。

在能够量产的基础上，芯片成本足够低，可以低于对手定价，占据较高市场份额。这三个阶段层层递进，是集成电路设计企业竞争力提升的三个标志。目前，国内高端通用芯片普遍徘徊在能否掌握技术的阶段，距离量产和成本优势还很远。

中央处理器（CPU）是追赶难度最大的高端芯片。CPU 的发展离不开完善的产业生态，主要是与之配套的操作系统、基础软件、应用软件等软件生态系统。目前，Wintel（Windows + Intel）和 AA（Android + ARM）两大生态体系分别主导了个人电脑和移动设备，绝大部分软硬件开发、增值服务都是围绕这两大体系，形成了规模庞大、平台化的产业生态。因此，龙芯等国内 CPU 设计企业虽然能够做出 CPU 产品，而且在单一或部分指标上可能超越国外 CPU，但由于缺乏产业生态支撑，无法与占主导地位的产品竞争。

6.2.3　发展思路和政策建议

（1）发展思路

集成电路设计业发展应分类施策：继续支持专用芯片设计向高端发展，带动集成电路产业链，促进行业应用；继续缩小高端通用芯片与国际先进水平的差距，抓住技术革命带来的新机遇，争取在下一代产品中获得一席之地。

专用集成电路虽然发展态势良好，但仍要高度重视。我国在该领域已经形成良性发展的基础，未来应以市场力量为主，政府的作用主要是优化产业发展环境，从人才、技术、需求等方面入手，巩固产业发展基础，力争在 10 年内实现全球领先。

高端通用芯片是我国的重要短板，是政策关注重点。在传统的技术、产品和生态环境下，我国企业发展空间有限，只能尽量缩小与领先水平的差距，但仅靠市场机制难以解决追赶难题。在起步阶段，政府要在技术、资本等方面给予长期的政策支持；短期政策目标是全面跟踪，国产存储器和处理器的定位主要是能够实现在必要时刻“顶得上”的替补作用；适宜采取“通用芯片专用化”策略，优先满足公文处理、数据存储等简单应用场景需求，在党政军、金融、电信等骨干行业，试用并逐步推广国产芯片。长期政策目标是抓住人工智能和物联网等新技术机遇，在新的生态环境下拓展我国企业的发展空间。

（2）政策建议

一是加强对集成电路产业的人才培养和引进。调整高等学校相关专业设置，大幅增加集成电路设计专业招生数量，从源头上缓解人才供应不足问题。鼓励企业加强内部人才培养，提倡边干边学、终生学习的人才培养理念。加大对集成电路海外高端人才的引进和利用，除了美国、日本、韩国，以及我国台湾地区等发达经济体人才外，也要重视印度等发展中国家人才。采取多种灵活方式吸引海外高端人才为我所用，可以回国，也可以在当地设立研发机构，可以全职，也可以兼职，因人因事而异。对于回国人才，制定优惠的个人所得税和社保政策，在医疗、子女教育、出入境管理等方面给予良好保障。

二是持续支持高端通用芯片基础技术研究。适当延长“核心电子器件、高端通用芯片及基础软件产品”国家科技重大专项，加大专项资金规模，长期支持集成电路产业基础研究。加强对未来技术路线的前瞻性预判，对量子计算、物联网、人工智能、新一代移动通信等重点潜力领域要提前布局，加大研发投入，寻找未来产品机遇，力争在下一代集成电路产业竞争中建立优势。

三是为集成电路设计企业创造良好的市场环境。充分利用反垄断等政策工具，加强对行业龙头企业不正当竞争行为的监管，扶持中小设计企业快速发展。灵活运用知识产权工具，鼓励国内设计企业建立研发合作联盟和专利池，逐步增强核心 IP 和 EDA 等共性环节的自主可控程度。

四是加大对集成电路设计国产化替代中首次应用的支持。加大政策扶持和引导，克服集成电路“用户锁定”难题。开发适合集成电路设计业发展的保险产品，分散芯片开发和国产化替代风险。政府采购对国产芯片设定优先条件或加分政策。在具备条件的情况下，要求电信、金融、电力、交通等信息安全等级要求高的重点行业优先采购国产芯片或包含国产芯片的整机系统。

五是鼓励社会资本投资集成电路设计业。加大对集成电路产业私募股权投资基金的税收优惠力度。为集成电路设计企业 IPO 提供便利通道，完善社会资本的退出渠道。提高集成电路设计企业研发费用资本化比例。放宽对集成电路产业投资基金对外投资和并购的出境审核。

6.3　我国集成电路制造业突破后发劣势的思路与建议

6.3.1　集成电路制造业的特点

（1）资本密集

集成电路制造业投资密集，是当前信息技术制造业中投资最大的产业。全球集成电路制造企业 2005～2010 年的资本支出总额为 489 亿美元，2011～2016 年的资本支出总额为 1235 亿美元，翻了 2.5 倍，仅 2016 年的资本支出就达到 220 亿美元。以全球领先的制造代工企业为例，过去 5 年，四家领先企业的资本支出占销售总额的比重都高于 30%，在技术换代的关键时期甚至超过 100%（表 6.5）。

表 6.5　全球领先 IC 制造代工企业资本支出占销售额比重（%）

企业	2000	2006	2007	2008	2009	2010	2011	2012	2013	2014	2015	2016
TSMC	94	25	26	18	30	45	51	49	49	38	30	35
UMC	76	27	25	11	20	47	48	47	28	33	43	55
Global Foundries	N/A	N/A	N/A	N/A	34	78	169	73	55	115	79	27
SMIC	N/A	61	55	49	18	47	58	32	33	49	63	89
IC 行业平均	28	22	22	16	11	17	21	19	17	18	18	18

资料来源：IC Insights。

IC 制造业资本投入巨大、回报周期长、投资风险大。从企业层面来看，一条 12 英寸 32/28 纳米的生产线投资额达 50 亿美元，20 纳米的生产线投资额更高达 100 亿美元。加上技术更新速度快，每两年一个工艺节点推进，需要持续投入建设生产线，仅依赖一条生产线难以形成规模优势。以 28 纳米生产线为例，一般前两年为建厂期，后两年为产能爬坡期，从投入到产出至少需要 5 年。前期庞大的资金投入使得行业投资回报周期较长，加之 IC 行业技术进步瞬息万变，投资时机、投资方向等方面把握稍有不慎，就有可能招致巨大亏损。

（2）技术与人力资本密集

集成电路行业遵循两年换代一次的摩尔定律，企业为了保持竞争力，必须在研发上持续高强度投入，开发先进的工艺技术。根据 IC Insights 的统计，IC 行业的研发支出比例超过其他所有主要工业领域，2016 年占行业全球销售收入的 15.5%，超过生物技术和制药行业（15%）、软件和计算机服务业（10.6%）、技术硬件与设备（8.4%）、消费电子（5.9%）以及航空航天和国防（4.3%）。从 IC 行业全球巨头英特尔（Intel）自 1995 年以来的研发支出情况，可以看出不论是研发支出金额还是占销售额的比例都保持上升趋势。

人作为知识和技术的载体，在技术发展中起决定作用。IC 制造业需要大量的复合型人才。作为一个异常复杂的系统工程，对团队的要求很高，更需要有好的掌舵者带领团队不断前进，关键技术、工艺等都需要领军人才带领研发。1996～2016 年，美国 IC 行业每位员工的总投资以每年约 5% 的速度增长，2006 年该支出超过了 10 万美元，在 2016 年达到前所未有的 15 万美元。

（3）规模经济显著，全球市场集中度高

在集成电路制造业，有“第一名吃肉、第二名喝汤、第三名勉强维持收支平衡”的说法。从大企业发展经验看，早期进入的厂商凭借其先发优势获取市场份额，赚取高额利润，然后将部分利润投入研发，取得技术上的领先，从而形成了如今市场上强者恒强的局面。

2016 年全球前十的 IC 制造企业总销售额达到 524 亿美元，占全球市场份额（556 亿美元）的 94%。下表是全球五大 IC 代工企业近三年的销售情况。其中台积电（TSMC）以 295 亿美元名列第一，占全球市场份额一半以上，是第二名格罗方德（Global Foundries）的 5.3 倍，是第四名中芯国际（SMIC）的 10 倍（表 6.6）。

表 6.6　　全球领先 IC 制造代工企业销售情况　　（单位：百万美元）

企业	地区	2014			2015			2016		
		销售额	增长率（%）	市场份额（%）	销售额	增长率（%）	市场份额（%）	销售额	增长率（%）	市场份额（%）
TSMC	中国台湾	25138	25	59	26574	6	58	29488	11	59
Global Foundries	美国	4355	6	10	5019	15	11	5545	10	11

续表

企业	地区	2014			2015			2016		
		销售额	增长率（%）	市场份额（%）	销售额	增长率（%）	市场份额（%）	销售额	增长率（%）	市场份额（%）
UMC Group	中国台湾	4331	9	10	4464	3	10	4582	3	9
SMIC	中国	1970	0	5	2236	14	5	2921	31	6
Powerchip	中国台湾	1291	9	3	1268	-2	3	1275	1	3
汇总	—	37085	—	87	39561	—	87	43811	—	88

资料来源：IC Insights。

6.3.2 本土集成电路制造业发展面临突出的后发劣势

（1）与海外领先企业存在巨大技术差距

制程水平是反映制造企业技术水平的重要指标。海外领先制程水平为 14 纳米成熟制程，领先企业进入 7 纳米研发。以台积电为例，早在 2013 年底就已开始 16 纳米 Fin - FET 先进试程，在 2015 年三季度开始成熟制程。目前，台积电的 10 纳米 Fin - FET 制程已量产并率先进入 7 纳米先进制程，预计 2017 年底可投入生产。台积电更于 2016 年 9 月底透露，正积极规划 5 纳米制程，并已组织了 300 ~ 400 人的 3 纳米制程研发团队。对比来看，本土制造技术最先进的中芯国际预计到 2018 年仍然处于 28 纳米量产 14 纳米研发状态。2020 年前，与全球领先水平还会保持 5 ~ 6 年时间三代产品（分别为 20 纳米、16/14 纳米、10 纳米）的差距。

制造工艺技术方面，海外领先企业已相继在晶圆制程中引入 Fin - FET 工艺，英特尔早在 32 纳米节点芯片量产时即已应用 Fin - FET 工艺，台积电、三星、格罗方德也分别在 16/14 纳米节点量产时引入 Fin - FET 工艺；FD - SOI 也已经量产。目前本土企业的 Fin - FET 器件技术、FD - SOI 器件技术尚处于研发阶段（表 6.7）。

表 6.7　　全球主要制造企业制造工艺演进时间表

	2012	2013	2014	2015	2016	2017	2018
英特尔	—	—	14 纳米 Fin – FET	—	14 纳米 + Fin – FET	10 纳米 Fin – FET	—
格罗方德	28 纳米	—	—	14 纳米 Fin – FET 20 纳米 BEOL	22 纳米 FDSOI	—	7 纳米 Non – EUV
三星	—	28 纳米	20 纳米	28 纳米 FDSOI	10 纳米 Fin – FET 14 纳米 BEOL	—	7 纳米 Non – EUV
台积电	—	—	20 纳米	16 纳米 + Fin – FET 20 纳米 BEOL	10 纳米 Fin – FET 16 纳米 BEOL	7 纳米 Non – EVU 10 纳米 BEOL	—
联电	—	28 纳米	—	—	—	14 纳米 Fin – FET 20 纳米 BEOL	—
中芯国际	28 纳米						

资料来源：IC Insights。

生产能力方面，目前全球已建成的 12 英寸线共 95 条。包括海力士、三星、英特尔等在华投资企业在内，大陆地区已建成 12 英寸线 9 条，其中大陆本土企业只有 5 条，在先进制造能力方面明显不足。

（2）显著的后发劣势导致追赶难度加大

集成电路制造产业具有显著的规模效应，规模领先的企业容易形成成本优势，获得更大市场份额和更高利润，有能力为创新投入更多资本，用于技术研发和设备更新，从而按照摩尔定律的速度革新技术，保持行业领先地位（表 6.8 ~ 表 6.10）。

以台积电为例，除了先进的制程技术，相比于其他 IC 制造企业，还具有显著的成本优势，主要来源于更高的制造良率和生产效率，以及制程设备的共享性。台积电产品的良率为 90% 左右，遥遥领先于良率为 70% 左右的其他厂商。其生产流程效率化、自动化，月产能约为 13 万枚，是第二名格罗方德的近3倍。另一方面，台积电的技术经验沿用性很高，20纳米和16纳米制程的设备至少有90%可以共享，极大地节省了成本。另外，高市场占有率也给企业在设备采购、原材料采购等方面带来显著的成本优势。2014年台积电的晶圆生产成本为136.57万美元/千片，而中芯国际的晶圆生产成本为255.21万美元/千片，比台积电高出87%。

虽然成本更低，台积电的产品单价却更高。2016年台积电的单片晶元收入为1364美元，前四名制造代工企业的平均单片晶元收入为1144美元，对比中芯国际（全球第四）的单片晶元收入仅为733美元，台积电比中芯国际高出了86%。对比两家公司的盈利能力，2016年台积电的净资产收益率为25.99%，而中芯国际只有9.56%，约为台积电的1/3。

表6.8　　台积电与中芯国际利润对比

	公司名称	英文名称	2013	2014	2015	2016	2017Q1
毛利率（%）	台积电	TSMC	48	47	50	49	52
	中芯国际	SMIC	22	25	31	29	28
	比例		45.8	53.2	62.0	59.2	53.5
净利润（百万美元）	台积电	TSMC	6340	8703	9673	10412	2819
	中芯国际	SMIC	174	126	231	362	70
	比例（%）		2.7	1.4	2.4	3.5	2.5

资料来源：IC Insights。

高收入和高利润为高额的研发投入提供了充足资本，保证了台积电有能力自己建厂自己研发，快速开发先进制程。相比之下，大陆企业由于利润水平较低，无法在研发和技术换代上大规模投入。如中芯国际的销售额仅为台积电的1/10，毛利率仅为台积电的一半，净利率只有台积电的1/3，净利润总额仅为台积电的3%。从中芯国际2004年上市以来的年报数据看，亏损年份超过盈利年份。因此，在显著的规模经济下，大陆企业实现技术追赶的难度是非常巨大的。

表6.9　　台积电与中芯国际收入对比

	公司名称	英文名称	2013	2014	2015	2016	2017Q1
集团收入（百万美元）	台积电	TSMC	20135	25160	26600	29488	7524
	中芯国际	SMIC	2069	1970	2236	2914	793
	比例（%）		10.3	7.8	8.4	9.9	10.5

续表

	公司名称	英文名称	2013	2014	2015	2016	2017Q1
半导体销售收入（百万美元）	台积电	TSMC	20121	25138	26574	29488	7524
	中芯国际	SMIC	1847	1865	2135	2804	793
	比例（%）		9.2	7.4	8.0	9.5	10.5

资料来源：IC Insights。

表 6.10　　台积电与中芯国际的资本和研发支出对比

	公司名称	英文名称	2013	2014	2015	2016	2017Q1
研发支出（百万美元）	台积电	TSMC	1623	1874	2068	2215	624
	中芯国际	SMIC	145	190	237	318	108
	比例（%）		8.9	10.1	11.5	14.4	17.3
资本支出（百万美元）	台积电	TSMC	9709	9522	8089	10249	3290
	中芯国际	SMIC	770	1014	1573	2695	727
	比例（%）		7.9	10.6	19.4	26.3	22.1

资料来源：IC Insights。

6.3.3　本土企业克服后发劣势的基本思路

由于集成电路制造的基础性、关键性的地位，我国必须坚定不移地实施追赶战略，为我国信息化发展和信息安全提供坚实保障。我国集成电路制造业要突破后发劣势的制约，应借鉴日本、韩国以及中国台湾地区的成功经验，通过加强政府与企业之间的合作，整合资源，开展创新，形成综合性的竞争优势。我国集成电路制造业要形成自己的竞争优势，需要综合考虑以下几方面措施。

（1）充分利用后发者的学习机会

后发者通过学习可以大幅降低投资成本。根据日本、韩国和我国台湾地区 IC 产业的发展经验，学习途径包括：高薪聘请境外专才；引进境外先进技术；收购海外企业；与领先企业建立合资公司；与境外的上下游企业建立战略合作关系；通过外包、OEM、ODM 等方式加入全球产业链等。例如，1983 年韩国三星决定引进 64K DRAM 生产技术时，日本和美国的多数企业都予以拒绝，最终从当时“羽翼未丰”的美光获得设计技术，从日本夏普获得加工技术，三星以高达公司主席三倍的工资从美国大公司引进十几位集成电路工程师，同时高薪聘请大量的日本兼职工程师，大幅缩短了追赶时间。我国企业面临的技术封锁要远超日本、韩国和中国台湾地区起步时的状况，美、日、韩等国家在集成电路技术和人才方面都加强了对中国的封锁，但在市场机制作用下，仍然存在较大空间可资利用。

（2）努力利用后发者的创新机会

后发企业仅仅通过学习无法建立竞争优势，必须在部分领域开展创新，从而在综合实力上获得优势。后发企业是“一张白纸”，具有选择最好方法的条件。后发企业的创新可以来自三个方面：一是在条件允许的情况下选择最先进的技术路线，在获得新技术授权的同时持续高强度开发，以免技术再次落后。韩国的三星和现代在获取最新64K DRAM 技术的同时，还大力投资研发，在硅谷和本土分别设立研发团队，开展内部竞赛，其经验值得借鉴。二是商业模式创新，如我国台湾地区的台积电创造了“代工”模式，深化了产业分工，促进了专业化发展，获得了新的市场空间。三是企业管理创新，如台积电实施了短期和长期激励相结合的薪酬体系，激发创新活力，留住关键人才。我国企业也只有通过创新才能杀出一条血路，否则永远只能在后面追赶，直至资源耗尽而亡。

（3）充分挖掘本土市场优势

我国集成电路市场总体上是开放的，但在涉及国家安全领域也有一定的文章可做，这也是世界各国通行的做法。实际上，即使在完全开放的市场，本土优势也是存在的，国内企业可以挖掘地理和文化优势，通过深入了解本土市场需求，更好地服务本土用户。例如，中芯国际在技术要求高、单品产量大的高端市场竞争不过台积电，但正积极开发中小客户，通过增加共性 IP 模块、提高生产线的弹性、整合封测服务等方式，在中小型客户市场形成竞争优势。从这几年的发展趋势看，我国 IC 制造业的进步支撑了设计业的发展，IC 设计业的发展又为制造业提供了难得的历史机遇。根据 IC Insights 的预测，中国集成电路市场在 2016 ~2021 年的复合增长率将达到 8.2%，显著高于同期全球市场 4.9% 的增长率，2021 年中国 IC 市场将占到全球市场的 44%。

（4）发挥政策推动力

要克服民营资本不愿进入的难题，只能依靠政策推动。日本、韩国和中国台湾地区都在一定程度上采用了“日本创生新产业模型”，即“通产省模型”，包括7个方面：根据产业发展前景和发展规律制定产业规划和基本政策；开发银行给予资金支持，通产省给予外汇支持；给予技术进口许可；将新生企业确定为“战略性”企业，给予投资优惠和实施加速折旧；在土地供给和收费上给予支持；给予税收优惠，如免征设备、零部件进口关税，免征出口税；通产省通过行政指导限制企业间过度竞争。除此之外，政府还在教育、科技等方面给予大力支持。我国发展集成电路制造业面临经济全球化的新环境，政策工具受到更多限制，但政策支持仍是必不可少的。我们要针对国内产业发展的主要矛盾，提高政策的针对性，真正打破后发劣势带来的进入壁垒。

总之，虽然追赶面临巨大障碍，但只要我们综合利用好国内外资源，逐步形成竞争优势，经过10年左右的努力，完全可能在集成电路制造业的全球竞争中站稳脚跟。

6.3.4 政策建议

集成电路制造业在追赶时期，后发劣势显著，民营资本不愿进入，需要发挥政府引导作用。我国于2014年6月颁布了《国家集成电路产业发展推进纲要》，提出了“成立国家集成电路产业发展领导小组”“设立国家产业投资基金”“加大金融支持力度”“落实税收支持政策”等八个方面的措施。从最近3年的实践来看，促进IC制造业发展还需继续加强以下方面的政策。

（1）进一步加强国家集成电路领导小组的协调作用

国家集成电路领导小组在设立产业投资基金、解决体制障碍、协调支持性政策等方面发挥了重要作用。随着我国IC产业进入产业追赶的关键期，政府的支持仍然不能放松，包括：协调制定和调整产业发展的战略思路；继续给予引导性资金支持；解决资本、人才、产品等市场存在的体制性障碍；协调中央和地方的关系；协调各部门之间关系等。在产业追赶的较长时期内，国家集成电路领导小组在坚定投资信心、协调资源方面发挥着关键作用。

（2）尽快落实国家产业投资基金的后续资金

在民间资本不愿进入的情况下，国家资本在带动民间资本进入方面发挥重要作用，这是日本、韩国和我国台湾地区克服后发劣势的重要经验。例如，我国台湾地区在集成电路产业发展早期，工研院衍生出联电时初始资本中70%来自政府部门和国有企业，30%来自私营企业；工研院衍生出台积电时初始资本48.3%来自政府部门，24.2%来自台塑、台聚等传统行业的私营企业，27.5%来自荷兰飞利浦。国家设立集成电路产业投资基金也是借鉴海外经验，基金成立3年以来，募集的1400亿元资金主要投入集成电路制造业，已经发挥了重要的引导作用。随着国内IC制造业投资的加速，募集资金即将安排完毕，后续资金需要提前募集，以便产业投资计划顺利衔接。

（3）尽快落实国家科技专项的后续计划

2008年国务院批准实施国家科技重大专项02专项“极大规模集成电路制造装备及成套工艺”（简称集成电路专项），对行业技术创新发挥了显著的促进作用。之前，国内集成电路制造最先进的量产工艺为130纳米，研发工艺为90纳米；现在，55/40/28纳米三代成套工艺研发成功并实现量产，22/14纳米先导技术研发取得突破，形成了自主知识产权。然而，除了重大专项外，国家其他科技计划基本上没有集成电路相关的科研经费投入，且重大专项资金逐年减少，平均每年的研发投入不过40亿~50亿元人民币，不及Intel年研发费用的6.2%~7.7%。而全国每年用于集成电路研发的总投入不超过300亿元人民币，仅占行业销售额的6.7%，也不及Intel一家公司年研发投入的50%。在本土企业实力较弱且处于技术追赶的关键时期，建议尽快落实国家科技专项的后续计划，重点支持制造工艺的改进、制造业高端设备和关键材料的研制。

（4）进一步提升企业创新的动力和活力

企业是产业追赶的主体，韩国依靠三星、现代等传统行业的民营企业的投资实现追赶，我国台湾地区依靠混合所有制企业实现追赶，其共同点是企业具有长期目标和创新活力。我国的集成电路制造企业既有民营企业，也有国有企业，还有混合所有制企业。有些企业，特别是国有企业，在创新方面缺乏动力和活力，根本原因是没有建立起激励创新的公司治理制度，主要体现在两个方面，一是缺乏包容创新试错的机制，二是缺乏将员工利益与公司长期发展捆绑的长期性激励机制。建议有关部门特别是国资管理部门进一步解放思想，允许和鼓励企业加快制度创新，吸引和激励人才，释放创新活力。

（5）注重人才培育和引进

解决集成电路制造业的人才需求需要采取培养和引进“两手抓”策略。一方面，要制定专门政策，加大对海外高端人才的引进，包括外籍人才引进，这是韩国和中国台湾地区的重要经验。考虑到我国特殊的制度条件，人才引进方面存在许多客观限制，更需要加强政策力度，具体措施包括：帮助解决入籍、落户、居留权等问题，解决子女上学难题，提供廉价住房，降低个人税费负担等。通过以上措施，吸引海内外高端人才聚集。另一方面，要改进“产学研”的人才培养机制和模式，教育部门要根据产业发展需要及时调整教育计划，积极培养适合国情的多元化复合型人才，从根本上解决集成电路制造业人才匮乏的问题。当然，企业自身也要加强人才培养，通过内外结合，对初、中、高级人员分别进行继续教育和终生教育，建设完整的人才教育和培训制度，形成完整的人才链。

6.4 我国集成电路设备企业高端突破的政策建议

我国集成电路设备发展已经具备一定基础，下一步的目标是实现高端突破。这也是我国集成电路产业迫切需要解决的瓶颈问题。

6.4.1 集成电路设备企业的全球竞争优势主要体现为技术领先性和设备配套性

集成电路设备是芯片从设计、制造到量产的基本前提，可重点分为晶圆制造设备、封装设备、测试设备三大类。关键核心设备主要集中在晶圆制造领域，包括光刻机、刻蚀机、气相沉积设备、测量设备等。实践证明，新一代关键核心设备至少要经过1年的运营检测之后才能达到新一代芯片量产所需的稳定性和良率。这就意味着，关键核心设备创新必须“先行一步”。如果设备创新受阻，芯片创新就会延后甚至停滞。“先行一步”创新也因此成为全球领先的集成电路设备企业的核心竞争力。技术领先性和设备配套性是核心优势的两大主要形成要素。

一是凭借全球领先技术垄断高端供应市场，以核心产品高售价取胜，做大企业规模。集成电路设备属于定制化的技术密集型产品，涉及50多种科学技术及工程领域，具有很强的专用性，尤其是达到全球领先水平的关键核心设备仅能供应为数不多的下游高端芯片制造企业。在技术难度大和市场需求小的双重影响下，高端集成电路设备企业比较容易成为供应市场的垄断者。但是，占据全球高端垄断地位的集成电路设备企业并非以销售数量取胜，而是以技术领先带来的高售价取胜。越是具有全球领先技术的关键核心设备，其市场销量越低，但产品单价高。根据高德纳（Gartner）咨询公司最新发布数据，2016 年，全球半导体①市场规模为 3435 亿美元。其中，半导体设备市场规模为 374.07 亿美元，全球占比为 10.9%。全球前五大半导体设备供应商在半导体设备销售市场的合计占比为 67.7%。10.9% 的产业份额与设计、制造等环节相比并不高，而且由前五大供应商控制了其中的近七成，反映出集成电路设备市场“一少一高”的特点，即销售台数少、设备单价高。这也是集成电路设备行业年销售额占比不高的一大主因。在关键核心设备领域，前五大设备供应商的市场占有率更是超过了 90%。全球领先的设备企业虽然产品销售量不大，但销售额和利润高，并以此支撑了企业的规模扩张。例如荷兰的阿斯麦（ASML）垄断了全球高端投影光刻机市场，市场规模达到每年 60 亿～70 亿美元，占全球每年集成电路装备销售额的 15% 以上。根据相关资料，2016 年阿斯麦销售的光刻机总量也才 139 台。

二是具有高效配套能力是集成电路设备企业成为全球领先企业的重要保障。全球晶圆设备企业仅有 40 家左右，能够制造关键核心设备的企业有 10 家左右，掌握全球领先的关键核心设备技术的企业只有 3 家。少数几家掌握核心技术的大企业之间已经形成了较为稳固的设备供应市场格局，每家芯片制造企业的关键核心设备和其他设备形成相互配套关系，并被配套采购。配套体系之外的新设备将花费较长的时间与既有体系磨合，且很难在固有的配套体系中占据重要位置。已有的全球领先设备企业已经形成了与其他环节设备的高效配套能力，当其中某个企业的技术水平达不到配套要求的时候，这家企业将面临被高端领域淘汰的困境。同样，后来者迈入全球领先行业也必须具备与其他环节的高端设备相配套的能力。高效配套能力一方面源于技术，另一方面需要突破

① 半导体产业主要由集成电路、半导体分立器件、光电器件、传感器等构成。集成电路是最大组成部分，占半导体产业规模的 80% 以上。

既有格局设定的市场垄断门槛。

6.4.2 我国集成电路设备企业技术水平处于全球中低端，与高端相比差距较大

国内主要的集成电路设备企业基本是在2000年以后成立的，都得到了国家相关政策的支持。最早是国家“863”重大科技专项对产业发展发挥了重要的引导作用，此后，国家“01”专项和“02”专项分别在“十一五”和“十二五”期间重点支持设备企业的技术研发，国家集成电路产业投资基金重点支持设备企业的创新成果产业化。目前，我国主要的集成电路设备企业通过多年技术攻关都形成了本企业的主打产品。这些设备应用于集成电路设计、芯片制造和封测等不同环节。例如上海微电子的光刻设备、中微半导体的刻蚀设备、沈阳拓荆的薄膜沉积设备、长川的封测设备、北方华创的刻蚀和清洗设备等，见图6.1。这些设备在国内主要芯片制造企业开始应用的事实证明，我国集成电路设备已经具备一定的基础。

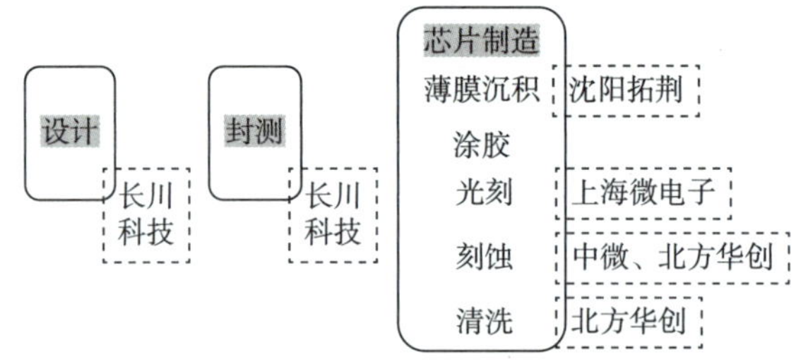

图6.1 我国主要集成电路设备企业的主打产品种类

由于我国集成电路设备行业起步晚，整体上与世界领先设备企业相比差距较大。根据国际半导体产业协会数据，2016年，我国半导体设备销售额为64.6亿美元。根据中国电子专业设备工业协会（CEPEA）数据，2016年国内半导体设备企业销售收入为57.33亿元人民币。这就意味着，我国国产半导体设备的国内市场份额不足15%。国产设备的国际市场份额更低，尤其是高端领域的市场份额接近于0。按照集成电路设备从研发到量产的时间周期，我国关键核心设备与世界领先水平的差距平均超过10年。

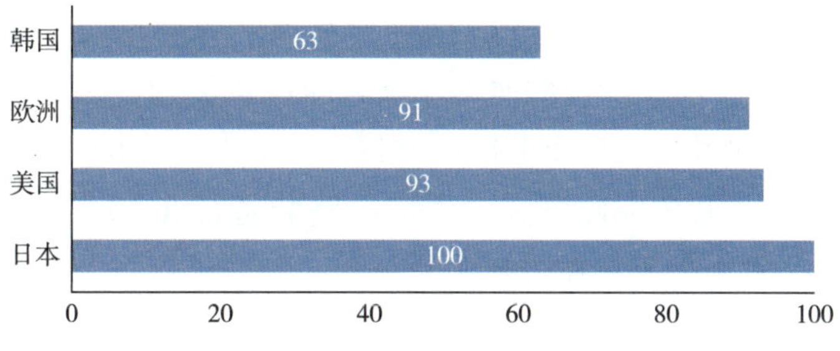

图 6.2　全球半导体设备产业竞争力水平

资料来源：韩国半导体产业协会（KSIA）。

国内市场应用的关键核心设备主要被美国、日本、欧洲垄断。韩国半导体产业协会曾经对全球半导体设备产业竞争力进行过评价，结果显示，美国、日本和欧洲处于全球半导体设备行业的第一梯队，见图 6.2。全球集成电路设备市场份额最大的企业约有 20 家左右，几乎都分布在第一梯队国家。20 家左右企业的全球市场份额合计超过了 80%，在一些关键核心设备领域达到了 100%。韩国、中国台湾地区和中国大陆的集成电路设备消费量居全球前三位，关键核心设备依然需要从美国、日本和欧洲国家的集成电路设备龙头企业进口。根据韩国半导体产业协会（KSIA）统计：2015 年，韩国半导体设备的国产化率为 30% 左右。中国大陆的集成电路设备对国依存度更高。根据行业内测算数据，集成电路整体设备国产化率仅为 5% ~8%，高端关键核心设备对第一梯队国家的依存度甚至达到 100%。

6.4.3　我国集成电路设备企业技术相对落后主要源于“两少两难”

我国集成电路设备企业技术水平显著落后于世界先进企业，主要是四个方面的原因，可总结为“两少两难”。

（1）缺少足够的研发投入

集成电路产业是知识密集型、投资密集型产业，每一项技术突破都需要持续的研发投入。美国半导体设备企业每年的研发强度高达 10% ~15%。美国应用材料公司每年的研发费用超过 12 亿美元、美国科林每年的研发费用超过 8 亿美元、日本东京电子每年的研发费用超过 6 亿美元。

我国主要集成电路设备企业每年的研发投入强度较高，但由于销售收入明显低于国际龙头企业，因此实际每年的研发投入额度并不高，而且资金来源主要是政府支持。例如长川科技，2016年的研发强度高达20.11%，但总额仅为2500万元。2016年中微半导体的研发强度更高，为48.75%，研发费用总额也只有3亿元左右。而且，这些企业的研发投入还需要政府的专项资金支持，但财政资金相对有限，我国财政资金对集成电路装备行业10年的研发总投入还不足10亿美元（不含光刻机研发投入）。

（2）缺少大规模的设备企业

世界领先的集成电路设备企业之所以能够保持巨大的研发投入，主要还是因为企业规模大，利润总额高。世界领先的集成电路企业从20世纪70年代起步，经过了不断资源整合才具有了今天的垄断规模。2016年，美国应用材料公司、美国泛林研究公司、荷兰阿斯麦、日本东京电子、日本尼康的营业收入分别是108.25亿美元、58.86亿美元、71.57亿美元、59.12亿美元、73.27亿美元；利润分别是17.21亿美元、9.14亿美元、15.5亿美元、6.94亿美元、1.98亿美元。

我国集成电路设备企业规模普遍偏小，缺少与大企业抗衡的实力。2016年，中微半导体、上海微电子、长川科技、沈阳拓荆的营业收入分别是6.13亿元、2.7亿元、1.2亿元和1.11亿元。由北方微电子和七星电子整合而成的北方华创2016年的营业收入也只有16亿元左右。几家企业收入合计27亿元左右，不及国外一家大企业的1/10。国内设备企业的利润更少，合计不足5亿元人民币。

（3）难以进入下游成套设备的供应链

全球集成电路设备行业的市场格局较为固定，领先企业之间已经形成了稳固的产品配套关系。在芯片制造企业的车间里，一套完整生产线设备的供应商也是基本固定的，几乎都是由美国、日本、欧洲几家大企业所垄断。这些企业的产品已经走过了最初的磨合期，标准统一，性能稳定，配套性好，而且提供互保服务，因此，其他厂家的单个设备很难进入成套设备的供应链。

国产集成电路设备还形不成配套生产线。一是我国集成电路设备企业仅实现了少数单点突破，设备种类不足于支撑整条生产线。一条芯片制造生产线需要的设备数量过百，我国仅能制造少数几类，而且是以28—90纳米制程的中端设备为主，根本无法组成以国产设备为主的中高端生产线。二是受发展阶段制约，我国集成电路设备企业目前主要是立足于自身所擅长的领域开展技术创新，相互缺乏协同合作。在行业发展的早期阶段，企业主要是以独立研发为主，随着行业成熟度提升，企业之间的协作也会增强。技术领先的集成电路大企业也是走过了从独立研发到协同合作的过程。设备行业的高垄断性加深了不同环节先进设备企业之间的合作程度。我国集成电路设备行业还处于追赶阶段，仍然以企业独立研发为主。本企业产品是否与其他国产设备和国产材料配套并不是研发的内容，以致形成产业化阶段的被动局面。

我国集成电路设备企业毕竟取得了显著进步，目前所处的阶段不同于最初的起步期，个别设备企业已经开始协同创新。例如沈阳拓荆和中微半导体的设备分属芯片制造设备的薄膜沉积和刻蚀两个环节，两家企业已经在设备协同方面开展了深度合作。北方华创也与我国主要的集成电路材料企业安集微电子在中高端设备专用材料领域开展合作。企业和企业之间的合作有利于国产设备的成套制发展，但距离形成生产线配套还需要时间。

（4）难以在上游建立起配套高端突破的国内采购体系

集成电路设备由众多专用程度非常高的零部件集成而成，对各类材料的要求也非常高。高端集成电路设备企业在掌控关键核心环节设备制造技术的同时，也都建立了供应稳定、满足定制服务需求和成本合理化的全球采购体系。考虑到集成电路产业的战略意义以及我国的赶超速度，处于全球第一梯队的国家均不同程度地对我国集成电路设备企业采取了技术封锁和贸易限制，我国企业的跨国并购也受到抵制。因此，我国集成电路设备企业能否建立起以国内为主的采购体系，尤其是关键核心零部件和材料实现国内采购，对于打破高端垄断、突破高端封锁、攻克高端配套至关重要。

当前，我国集成电路设备企业的关键核心零部件和材料采购是以国际市场为主。例如中微半导体，不同设备产品的国内采购比重在35%～65%之间，若要达到50%～70%的水平还需要至少5年时间。沈阳拓荆的全球供应链合作伙伴共90家，其中有65家为中国大陆厂商，国内采购商数量占比已经达到了72%。但其余的25家属于核心供应商，包括11家北美厂商、2家欧洲厂商和12家亚洲厂商，在一定时间内还无法实现国内替代。由于国外采购产品更为核心，沈阳拓荆的国外采购额比重达到了62.2%。在国内企业中，北方华创的一些产品设备国产化率最高，已经达到了98%。但其余2%的进口设备均是核心设备，采购额比重达到了 30%，创造的价值比重超过 60%。其他主要集成电路设备企业也是如此。集成电路产业高端突破需要装备先行，同样道理，装备企业高端突破也需要上游先行。我国制造业基础整体薄弱，规模虽大但技术滞后，仅能支持集成电路设备企业开展以中低端为主的局部创新，是目前设备企业高端突破面临的一个主要问题。

6.4.4 我国集成电路设备企业高端突破的政策建议

我国集成电路设备企业起步晚，经过多方努力已经具备一定的基础，但与全球领先企业相比仍有至少 10 年的技术差距。我国集成电路设备企业下一步的目标是实现高端突破，支撑我国集成电路产业实现赶超。在企业实力较弱且后发劣势显著的情况下，政策支持发挥重要作用。为此，建议如下。

（1）进一步提升集成电路设备企业的资本实力

我国集成电路企业规模小，后发劣势明显，民间资本不愿进入，为此，国家的政策支持至关重要。一是提高国家集成电路产业投资基金对设备企业的支持比例，建议由目前的 2% 左右提高至 10% 左右；二是为集成电路设备企业上市融资创造条件，如适当放宽盈利条件限制，拓展设备企业市场化融资渠道。

（2）培育集成电路设备产业集群

产业集群有助于设备企业与上游设备和材料企业、下游芯片制造企业协同创新，共同提高设备国产化率和设备企业的国产化率。一是选择我国主要的集成电路设备企业所在地为重点支持的空间集聚地，吸引上游各类设备和材料制造企业以及相关研究机构进驻，以设备企业为龙头、以知识为纽带，形成几个关键核心设备的创新园区；二是集聚国内外资金、人才、技术等集成电路关键核心设备的创新资源，针对集群的创新需求出台人力资源、企业融资等相关政策，打造中央和地方政府支持集成电路设备企业发展的政策高地；三是通过培育集成电路设备产业集群促进地方经济转型升级。

（3）支持集成电路设备企业整合发展

我国主要的集成电路设备企业规模较小，创新资源短缺，产品市场也比较单一。扩大主要设备企业的规模是高端突破的重要保障，为此可以支持企业并购整合。一是利用好国家集成电路产业投资基金的国有资本投资职能，促进设备企业之间、设备企业与科研院所、设备企业与上游核心设备制造和关键材料制造企业之间的并购整合，形成创新的合力；二是高度重视境外并购的机会，通过并购境外企业获取知识产权和进入现有成套设备供应链的机会；三是并购整合的渠道应多元化，既可以通过股权并购，也能以知识产权等无形资产入股，还可以由两家或多家企业和机构共同发起设立新公司。

（4）建立国家级集成电路关键核心设备公共实验室

新设备制成之后到批量生产之间需要经过设备企业和芯片制造企业进行一系列的严格、规范试验并不断优化之后才能达到稳定性、良率等标准要求。这个过程费钱、费时，但不可省略，对设备企业和芯片制造企业都是不小的负担。芯片制造企业还会因为一台设备的国产化承担整套生产线设备为之改变所带来的风险。而且，同一台设备进入不同芯片制造企业都要经过相同的实验过程。为打破国外设备的配套体系，提高国产关键核心设备的实验效率，建议我国建立国家级集成电路关键核心设备公共实验室。一是服务于设备企业、芯片制造企业和设备上游企业，促进我国集成电路产业链不同环节企业之间协同创新；二是采用政府提供基础性资金、相关设备企业联合投入的方式支持实验室开展制程试验和生产线机台验证，为设备高端突破提供公共服务，减轻关键核心设备国产化的企业负担；三是积累关键核心设备创新的实验大数据，研发国产集成电路设备配套的技术标准，尽快形成以国产化设备为主的配套体系。

（5）国家支持领域向集成电路设备行业上游的制造业延伸

上游制造业技术水平达不到高端突破的要求是我国集成电路设备企业创新面临的一个主要问题。世界领先设备企业拥有完整的采购体系，能够采购到最高技术水平的部件和材料。但我国集成电路设备企业并不在其列，至今采购不到关键核心设备所需的核心部件和关键材料。其中有领先国家对追赶国家技术封锁的外因，也有我国企业实力不足的内因。建议从集成电路关键核心设备制造的采购需求出发，支持上游关键部件和核心材料企业的技术研发。一是支持已经取得突破的关键核心设备企业提高制造环节国产化率，选择仍然依赖进口的设备核心部件和关键材料设立国家技术研发专项，支持国内有实力的上游企业与设备企业共同合作攻关；二是支持已经实现国产化的设备核心部件企业提升工艺水平，跟上关键核心设备企业的技术升级步伐；三是支持尚未取得突破的关键核心设备企业在全球范围内建立采购体系，在寻求国内上游技术突破的同时，加强与美国、日本、荷兰、德国等集成电路设备及其核心部件和关键材料领先国家的贸易谈判，促成相关技术引进。

6.5 我国晶圆制造材料行业的发展现状与建议

半导体材料分为晶圆制造材料和封装材料。晶圆制造材料种类多，纯度、精度以及稳定性要求极高，是我国集成电路产业薄弱环节。本文讨论我国晶圆制造材料行业发展的现状、前景和政策。

6.5.1 全球半导体材料市场分布与中国材料市场状况

（1）全球半导体材料市场相对集中

全球半导体材料市场分布如表 6.11 所示，总体规模相对稳定，国家和地区所占份额有变化。中国台湾连续多年排名第一，韩国和中国的排名上升，日本份额下降。2016 年全球半导体材料市场规模为 443 亿美元，比 2015 年增长 2.4%。制造材料为 247 亿美元，封装材料为 196 亿美元，分别增长了 3.1% 和 1.4%。中国台湾、韩国、日本、中国排名前四。

表 6.11　　全球半导体材料市场规模①

	2016 年		增长率（%）			2012 年	
	市场规模（十亿美元）	增长率（%）	2015 年	2014 年	2013 年	市场规模（十亿美元）	排名
中国台湾	9.79	3.9	-1.9	8	0	8.97	1
韩国	7.11	0.2	2.1	2	-4	7.22	3
日本	6.74	2.8	-6.28	0	-12	8.24	2
中国	6.53	7.3	1.8	3	4	5.50	5
其他地区	6.12	0.6	-5.3	0	-6	7.17	4
北美	4.90	-1.4	0	5	0	4.75	6
欧洲	3.12	1.5	0	1	4	2.95	7
总计	44.32	2.4	-1.5	3	-3	44.80	

注：其他地区指新加坡、马来西亚、菲律宾、东南亚其他地区和较小的全球市场。

① 根据 SEMI 发布的数据整理。

（2）中国半导体材料市场增长快、前景广阔

中国市场规模与韩国、日本的差距不大，且近几年稳定增长，2016 年增长率 7.3% 全球第一，是全球增长率的 3 倍，也远远高于其他国家和地区。随着半导体行业向中国的转移趋势，预计 2020 年左右中国半导体材料市场规模将排名前两位。

（3）中国晶圆制造材料市场需求约占 15%，供给约占 4%

中国材料企业快速成长。中国企业收入的复合增长率为 22%，但来自半导体行业的收入偏低，只占全球市场的 4%、中国市场的 23%，远低于中国市场占全球的比例（见表 6.12）。在细分领域发展不平衡，硅片和 SOI 占 75%①，其他比例均较低。特别是掩膜版、光刻胶、电子气体、靶材等领域的份额微乎其微。

表 6.12　　晶圆制造材料市场的供求结构（亿元人民币）

	市场		中国企业			
	全球	中国（占比%）	收入（占比%）	复合增长率（%）	半导体收入（占比%）	半导体收入占全球（%）
硅片和 SOI	541.7	104.6（19）	57.5（49）	17	49.1（75）	9
掩膜版	218.3	36.6（17）	0.2（0）	—	0.2	0
光刻胶	92.9	15.4（17）	2.9（3）	29	1.2（2）	1.3
高纯化学试剂②	187.9	28.2（15）	29.1（25）	24	5.6（9）	3
电子气体	236.0	37.7（16）	18.3（16）	29	2.2（3）	1
靶材	42.7	7.3（17）	5.1（4）	38	4.0（6）	1
CMP 材料	106.4	18.1（17）	1.6	30	0.9（1）	1
其他材料	199.3	27.33（14）	2.7	—	2.5（4）	4.6
总计	1625.8	275.2（17）	117.4	22	65.7	4

注：美元与人民币汇率为 6.78。复合增长率为 2009～2014 年。

资料来源：《中国半导体支撑业发展状况报告》，中国半导体材料协会，2015 年，表中数据为 2014 年。

（4）跨国公司垄断市场，中国企业布局起步

半导体材料行业随着半导体工业的发展而兴起，较早涉足该领域的日本、

① SOI（绝缘层上的硅，"SI/绝缘层/SI" 三层结构）和硅片合计数值较大，掩盖了硅片领域是我国的薄弱环节的实际情况。

② 包括光刻胶配套试剂和工艺化学品。

美国及欧洲的综合型公司或专业性大公司垄断市场。日本公司在大部分领域都很强势，全球份额占 50% 以上。美欧公司在一些细分领域，如气体、抛光材料领域有很强的竞争力，市场份额高。韩国、中国台湾公司在部分材料领域亦有一定竞争力。中国材料企业在产业链多数环节已有布局。少数企业进入国内制造企业供应系列，甚至开始成为国际制造企业的供应商（见表 6. 13）。

表 6. 13　　　　中外企业晶圆制造市场份额

	国际企业及市场份额	中国企业
硅、硅基材料	日本 Shin — Estu，30%、日本 SUMCO，30%、德国 WackerSiltronic，13%、美国 SunEdison，11%、韩国 LG Siltron，10%，5 家企业 90% 以上	有研半导体、上海新傲、洛阳单晶硅等
掩膜版	Intel、TSMC 等自己制造，外包趋势明显	中芯国际
光刻胶	JSR 等 5 家日本企业 70% 以上	北京科华、苏州瑞红等
高纯电子气体	法国液化空气集团、美国空气化工产品公司、德国林德公司、美国普莱克斯公司、德国梅塞尔集团，5 家公司 80% 以上	七一八所、南大光电、佛山华特等
抛光材料 抛光液 抛光垫 金刚石修整盘	美国 Cabot 约 40%，其余 4 家 5% ~20% 不等 DowChemical 约 80%，Cabot 约 10% 美国 3M、中国台湾 KLNLK、韩国 Saesol 共约 60%	上海安集（2%）、时代立夫
工艺化学品	欧美传统化学品公司 37% 日本公司 34% 中国台湾、韩国公司 17%	巨化凯圣、上海新阳、湖北兴福、苏州晶瑞等
靶材	JX 日矿日石金属株式会社、Honeywell、Tosoh、Praxair 共约 60%	宁波江丰（0. 44%）、有研亿金等

注：中国企业部分，括号内数字为全球市场份额，下划线标明企业为中芯国际供应商。

资料来源：许兴军："半导体材料国产替代打造中国'芯'时代"，《集成电路应用》，2015 年 12 月。

6. 5. 2　产业发展的国际经验

国际材料公司基本上是随着半导体产业的兴起而发展起来的，或者经过几十年的技术积累或者经过多次的收购兼并，已形成寡头竞争的市场结构，并和下游制造公司形成稳定的合作关系。他们的发展经验揭示了这个产业的发展规律，值得我国学习借鉴：

技术壁垒高，重视持续的技术开发和积累。制造材料的技术要求很高，材料产品的纯度、组分的精度要求几乎接近极限，品质管控要求做到极致，价格还要具有经济性。材料企业需要掌握的关键技术，只有经过长期技术开发和生产实践才能真正掌握。日本材料企业2000年全球市场份额占70%以上，2015年仍保持50%以上，重要原因是企业发展几乎与半导体发展同步，大部分材料企业都是“百年老店”，有长期积累的材料产业技术或相关产业技术。

材料产业超前发展。半导体产业按摩尔定律不断向前演进，要求材料产业超前发展，对材料的纯度、精度、质量、成本及安全环保等的要求越来越高。

技术诀窍起关键作用。除技术专利外，材料研发、生产过程中的技术参数、实验曲线等技术诀窍是关键性的影响因素。日本硅片全球领先的技术因素：生产过程非标准化，或者说以企业标准为主；日企积累的以生产现场为中心的技术诀窍，极其严格的保密措施（黑箱化），别的企业不易学习①。

细分的市场小，研发和设备投资巨大。材料品种、规格繁多，细分市场未必很大，因此供应商较少是提供单一产品的专业公司，往往是大型集团公司的一个部门或子公司。作为大公司，通过垄断技术在细分市场占领大部分市场份额，并通过技术协同不断横向扩张和垂直整合，将业务触角扩展到各个相关应用领域。材料行业研发所需的关键工艺设备和检测仪器价格昂贵，要跟随制造技术的进步甚至超前性，不断对设备和仪器进行升级和重新配置，因而需要持续不断地巨额投入。

上下游企业紧密协作。为最大限度地保证半导体产品的技术先进性，制造企业要求上游原材料企业不断创新。多数材料的研发、样品开发和产品验证都需要与下游企业及设备企业的紧密配合。制造企业选择材料供应商，非常注重其未来的技术开发能力。国外制造企业积极支持本国材料企业的发展：20世纪70年代，日本半导体企业和材料企业紧密协作，充分利用半导体企业的人、财、物及技术诀窍等经营资源，经过长时间努力，始终保持领先世界地位。

后发国家的材料行业也可以取得突破。韩国半导体业20世纪90年代初开始突破，当时的材料市场规模也迅速从1990年的5.1亿美元增长到1996年的20多亿美元，国内企业供应量相应地从32%提高到44%②（见表6.14）。

---

① 芳贺之，“半导体关联产业上下游企业支配性竞争因素的异同—日本硅片企业竞争力考察”，日本经营诊断学会第43回全国大会论文。

② 约翰·马修斯、赵东成著，刘立等译.《技术撬动战略》，北京大学出版社2009年版。

表 6.14　　对韩国生产商的材料供应（1990～1996 年）

	1990	1991	1992	1993	1994	1995	1996
销量（百万美元）	510	570	713	945	1354	2048	2005
进口率（%）	68	66	63	63	59	54	56
国内供应量（%）	32	34	37	37	41	46	44

资料来源：约翰·马修斯、赵东成著，刘立等译：《技术撬动战略》，北京大学出版社 2009 年版。

国家政策的大力支持。主要包括三个方面：第一是持续的资金支持。日本政府在硅产业发展前期给予多种优惠政策及补贴之外，1989 年通产省再次制定了三期（1991～2000 年）共 160 亿日元的“硅类高分子材料研究开发基本计划”，为以信越化学为首的有机硅企业提供了资金和技术的大力支持。第二是促进研发合作。日本在 2003 年 3 月成立了 CASMAT①（材料领域有竞争力的企业为中心），帮助材料企业选择多种新材料与多种备选方案的“最优解”。1987 年美国成立“半导体制造技术研究联合体”（简称 SEMATECH）。1993 年韩国成立先进基本半导体技术（ABST）私有部门联合开发项目。这些机构主要任务，是促进各大厂商就竞争前的基本问题进行合作研究，以公益性非营利法人的形式运作，政府部分出资或提供低息/免息贷款，研究成果各成员公司共享。第三是促进与外资合作。韩国在促进合资企业上起到了积极作用，不仅为这些企业提供财政支持（银行低息贷款），而且还提供其他一些激励措施（如免税期）②。

6.5.3　中国企业：现状、机遇与挑战

（1）现状

2000 年中国出台《鼓励软件产业和集成电路产业发展若干政策》，明确中国要大力发展集成电路行业。此后，中国晶圆制造材料行业才真正开始起步。近年，在市场拉动和国家政策支持下，制造材料企业加快了发展步伐。

①技术差距③明显：差距大和差距中等的领域较多，少数领域技术接近。

---

① 最初参加的企业是 JSR 株式会社、住友化学、东京应化、日产化学等十家公司。

② 藤本隆宏、桑嶋健一著，《日本型プロセス産業：ものづくり経営学による競争力分析》，2009。

③ 技术差距分三种情况：相差 1—2 代为技术接近，相差 2—3 代为技术差距中等，4 代以上为差距大。

国际半导体材料进入 28 纳米稳定供货阶段，14 — 10 纳米产品开始进入批量供货阶段，国际先进材料公司与位列前三名的台积电、英特尔和三星合作，已在开发 7 纳米工艺用材料。

中国企业整体技术水平差距明显，如光刻胶、工艺化学品等差距较大（见表 6. 15）。少部分产品技术接近，如抛光材料、靶材等接近达到 14 纳米工艺要求。

表 6. 5　　国内半导体制造材料产业技术总体水平

技术节点	0. 25μm	0. 18μm	0. 13μm	90 纳米	65 纳米	45 纳米	28 纳米	22 纳米	14 纳米	10 纳米	7 纳米
硅材料	√	√	√	√	√	●	●	◆	◆	◆	◆
光刻胶	√	√	√	●	◆	◆	◆	◆	◆	◆	◆
工艺化学品	●	●	●	●	◆	◆	◆	◆	◆	◆	◆
电子气体	√	√	√	√	●	◆	◆	◆	◆	◆	◆
掩模	√	√	√	√	√	√	√	●	●	◆	◆
抛光材料	√	√	√	√	√	√	√	●	●	◆	◆
靶材	√	√	√	√	√	√	√	●	●	◆	◆
√表示已达到				●表示正在开展的有望 2 年内达到					◆表示尚未达到		

资料来源：集成电路材料产业技术创新战略联盟整理，2016 年。根据调研访谈，对硅材料情况进行了调整，45 — 28 纳米工艺用 12 寸硅片正在开发，预计 2018 年能够提供产品。

②多数材料集中于低端市场。

少部分材料已开始批量进入 8 寸制造厂，CMP 工艺用抛光液、溅射靶材、铜电镀液、高纯三氟化氮和六氟化钨、安全离子源磷烷、砷烷等材料已应用于 12 寸生产线，还有一批材料正在进行应用认证考核。

多数材料集中于低端市场。如国内硅材料以中小尺寸为主，6 寸和 8 寸的国产化率分别为 50% 和 10%，12 寸完全依赖进口，而预计未来 8 寸和 12 寸的应用占比将超过 85%。光刻胶仅北京科华和苏州瑞红能生产半导体光刻胶，光刻胶需要长期依赖进口。

③综合实力相差巨大。

收入、资产、利润、研发费、市场占有率等指标差距都在十倍以上（见附表 1）。

国外公司经过几十年的技术积淀，垄断市场；都是上市公司；收入和利润数额巨大且稳步增长；产品线丰富，半导体收入比例低，如信越的半导体硅片只占总收入的20%；全球布局，如信越来自海外的收入占72%；持续的巨额研发和设备投入，如Fujimi每年的研发费和设备投资额分别为约1亿元和2亿元人民币（2012~2016年），分别约占收入的5%和10%。

国内企业成立时间短（十年左右），市场份额小；上市公司数量少（不足十家）；收入和利润增长快但基数小；产品线单一，半导体占总收入80%以上；企业的客户主要在国内；研发和设备投入比例高但数额小，如安集研发费1700万元占收入约10%。

（2）案例企业的讨论

上海新昇、中船七一八所、上海安集、宁波江丰四个案例企业，在市场拉动和国家政策的支持下，实现了技术和市场的突破，四个企业的发展情况如表6.16所示。

①发展历程。

经过十几年的发展，已接近国际先进水平，成为国内主要制造企业的主力供应商，并成为国际制造公司的合格供应商。这些企业发展良好，对未来的发展目标充满信心。

长期的技术积累。从公司成立开始算，最初产品研发成功需要约3年时间，产品认证需要约2~3年，进入国内供应商体系需要约5年时间，进入国际供应商体系需要约6年时间，国内量产需要十年以上时间。即使进入国际供货体系，也多是排名2~3位的供货商。

最初的技术来源多种。主要分三类：人带来技术，掌握关键技术的海归人员回国创业，如安集、江丰；传统产业技术相关，行业渗透、延伸，如718所从传统气体领域进入高纯电子气体领域；有技术基础加海外合作，如上海新昇以上海硅冶金所人员为基础，引进国际领军团队。

初始资金来源多样化、研发费得到科技专项支持。初始资本金多种来源：风险投资，安集主要来自海外，江丰来自国内；自有资金，如718所投入约2000万元资金用于研发三氟化氮（占晶圆制造所需气体总价值的约40%）；上海新昇公司目标是生产300mm硅片，一期资金来源于国家集成电路产业投资基金、国有企业等。从成立开始，研发费持续得到国家科技专项支持，特别是

02 专项（极大规模集成电路制造装备及成套工艺重大专项）。

企业体制各异，有国企、上市公司、有限公司等。718 所，是国有管理体制，但电子气体实质上是实行市场化机制的子公司，它的成功说明只要有技术基础、好的团队和适当的激励机制，传统企业可以延伸到半导体材料领域。

②关键要素（技术、资金、人才）的持续投入。

通过多种方式提高技术水平。上海新昇母公司硅产业集团，海外全资收购芬兰 Okmetic（全球第八）、增资法国 Soitec 成为并列第一大股东，并通过购入关键设备引入技术；上海安集与美国材料公司 ATMI 和美国应用材料公司（Applied Materials）成为战略合作伙伴；718 所和宁波江丰都与国内各高校及研究机构建立了广泛的合作关系。从国际公司引入人才也是这几个公司共同的引入技术的方式。

持续不断地进行巨大的研发和设备投资。如上海安集，抛光材料研发所需关键工艺设备和检测仪器价格昂贵，最初产品研发花费 2000 万元，现在 28 纳米已规模量产并进入 14/10 纳米研发，在前期投入还没有收回的情况下，又要对关键工艺设备和检测仪器进行升级及重新配置。近 5 年累计研发投入超过 2 亿元。未来如研发 7 纳米，还需要投入约 2 亿元。

③外部环境。

国家支持半导体产业发展的政策环境逐步完善。主要包括三类（见附表 2）：专门针对半导体产业的政策，特别是《鼓励软件产业和集成电路产业发展若干政策》（2000）及《国家集成电路产业发展推进纲要》（2014）；针对高科技企业的政策；以及更宽泛意义上，有利于产业发展和结构升级的基础性政策，如国企改革政策等。

国内制造企业在材料企业样品测试及销售等方面作用极大。目前，来自中芯国际的收入，分别占上海安集 70%、718 所的 90%、宁波江丰的 20%。上海安集、宁波江丰的样品测试及首次销售的客户都是中芯国际，特别是这三个企业的后续投资都是在实现销售后才陆续进入的。

（3）中国企业的机遇和挑战

机遇：政策优势，国家产业政策明确大力支持集成电路产业的发展，不仅有资金等实在的措施，更重要的是提振市场信心，减少投资的不确定性；市场优势，未来 5 ~ 10 年，中国将成为全球半导体领域发展最快、投资最大的地区；集成电路大产业基金的全产业链布局，支持的制造企业起到很好的拉动作用，而且协调各环节的发展，制造企业愿意与材料企业配合；中国有色金属、有机、无机化工产业基础较为完备，有可能延伸到半导体材料产业；已出现一批有竞争力的材料企业，具有较强的持续技术开发能力、可靠的产品质量、快速反应的服务能力以及价格优势（20% ~30%）；中国有技术基础和开发能力，有人才积累和组织能力。

挑战：中国企业的“后发劣势”，包括国外企业垄断市场，技术诀窍“黑箱化”，受到捆绑销售、专利打压等手段的精准压制；随着技术节点的逐步发展，研发难度不断增大，需要持续投资，中国企业技术差距大、综合实力差、经验不足；材料准入门槛高，为保证生产线的稳定运行，制造厂轻易不愿更换供应商。即使我国制造商愿意积极配合，认证周期也需要约 2 年时间，材料企业在此期间无法实现产品销售，还必须保持生产线稳定运行并不断向用户供应产品；由于对行业的发展规律认识不够，国家政策缺乏持续性（大产业基金是否延续）、力度不够（对材料产业的支持力度小）等。

6.5.4 行业发展的基本思路及建议

（1）基本思路

根据国家战略、行业发展的技术经济规律和企业的实际情况，再经过十年左右时间，中国材料行业供给占全球市场的 10% 左右，国内市场的 50% 左右；产业链相对完整；在一半以上的细分领域，材料产品在高端领域应用取得突破；出现 3 ~5 家综合性材料公司。

立足于自主研发，同时鼓励合资、海外并购等方式。针对产业链的薄弱环节，发挥材料联盟的作用，搭建合作研究平台。

国家需要持续投入，政策支持方式多种多样。包括风险投资等各个阶段，资本金、研发费、低息贷款等各种资金、加强企业协调等各种方式。

重点支持基础好的企业，并充分挖掘新的支持对象。发展较好的企业经过市场竞争的充分“磨炼”，已有较好的技术基础、管理经验、销售网络和品牌效应，继续支持这样的企业的发展，事半功倍。继续在掌握关键技术的归国创业企业、有相关技术积累的产业类院所和传统化工等企业中，充分挖掘新的支持对象。

（2）建议

①支持掌握关键技术的人员创业，加强风投阶段的支持力度。

②继续支持取得突破的材料企业，包括研发和银行低息贷款等。

③加强企业间的协调，包括材料企业和设备制造企业之间、材料上下游企业之间，也包括下游泛半导体行业如液晶显示器、太阳能电池等。

④加大对产业联盟等新型产业合作组织的支持力度。为制造企业、材料企业、相关研究机构和大学搭建合作研究平台，促进各机构就竞争前的基本问题合作研究，提高半导体方面的基本科研能力。

⑤建立“专业性实验工厂”，降低材料的准入门槛。借鉴国际经验，建立一个完整工艺流程的“专业性实验工厂”，使国产材料有一个专业、高效、低成本的检测平台。可以有两个方案选择：一是由国家和企业（包括集成电路制造企业和材料企业）各出部分资金，按公益非营利机制运作；二是改造现有机构，如上海集成电路研发中心，改变股权结构，解决单一股东对公益性目标的干扰，并保障机构的行业共享属性。

执笔：陈小洪　马　骏　马淑萍　周健奇
石　光　亓长东　马　源　马晓白

第七章 我国制造业上市企业创新投入强度评价

我国制造业上市企业创新评价所需的主要数据均来源于企业每年公布的年报。

我国制造业上市企业创新投入强度评价研究已经连续进行了3年。课题组以企业研发投入强度和人均人力资本投入为评价指标[①]，每年对主板、中小企业板和创业板的制造业企业创新投入进行综合评价。截至2016年12月底，按照全口径统计，我国制造业上市企业共有2473家，其中有1770家企业公布了2016年度相关数据，有1294家企业连续5年公布了相关数据。占比分别为71.57%和52.33%。结果显示，我国制造业企业的创新投入正在逐年提升。2016年，1770家企业的创新投入强度为2.93，比2015年的1747家企业创新投入强度高0.1个百分点；人均人力资本投入为10.5万元，比2015年高0.71万元。2012～2016年连续公布相关数据的1294家制造业上市企业，创新投入强度从2.3%提升至2.9%，人均人力资本投入从7.75万元提升至10.58万元。分析数据，我国制造业上市企业创新投入整体好于全国水平，但仍然低于国际领先国家，而且行业间的差异较为明显，存在的问题也很突出。

7.1　2016年我国制造业上市企业创新投入强度的总体评价

本章的研究数据主要来自于上市企业的年报，包括企业的研发投入、营业收入、人力资本投入和员工总数。其中：每家上市企业均会公布营业收入和员工总数，但未必公布研发投入和人力资本投入。截至2016年12月底，我国共有1770家制造业上市企业在2017年的年报中公布了以上4组数据。因此，本部分关于2016年总体情况分析的样本量为1770家。总体看：我国制造业上市企业的创新投入继续保持逐年增长趋势，依然高于全国平均水平，并超过了OECD国家的平均水平，但行业间存在较大差异。

7.1.1　研发投入强度领先全国平均水平

2016年制造业上市企业的创新投入高于2015年。2016年，1770家制造业

① 创新投入强度（%）＝研发投入/营业收入；人均人力资本投入（万元）＝人力资本投入/员工总数。

上市企业的营业收入总额为103513.3亿元，研发投入总额为3031.2亿元，研发投入强度为2.93%，比2015年微增0.01个百分点；人均人力资本投入达到10.5万元，比2015年提高0.71万元。

研发投入强度总体保持全国领先，并高于OECD平均水平。2017年10月份，国家统计局、科技部和财政部联合发布的《2016年全国科技经费投入统计公报》显示，2016年我国研发经费投入强度为2.11%。1770家制造业上市企业的研发总投入占全国研发经费投入总量的比重为19.34%，研发投入强度比全国平均水平高了0.82个百分点，比OECD国家2.4%的平均水平高了0.53个百分点。

7.1.2 创业板企业研发强度增长快，中小企业板企业人力资本投入增速高

2016年，1770家公布创新投入数据的制造业上市企业中，有主板上市企业779家、中小企业板上市企业613家、创业板上市企业378家。三大上市板块研发强度分别是2.63%、3.67%和5.26%，创业板的研发强度最高；人均人力资本投入分别是11.4万元、8.9万元和8.6万元，主板企业对人的投入最多（见表7.1）。

表7.1　　2016年三大上市板块制造业企业的创新投入强度

上市板块	企业数量（家）	研发投入（亿元）	研发强度（%）	员工总数（万人）	人均人力资本投入（万元）
主板	779	2117.2	2.63	581.4	11.4
中小企业板	613	688.3	3.67	236.3	8.9
创业板	378	225.6	5.26	66.5	8.6
总计	1770	3031.2	2.93	884.2	10.5

7.1.3 创新投入的行业差异较大

本年度报告仍然选择16个公布创新数据企业数量较多的制造业上市行业作为分析重点。2016年，16个主要行业的制造业上市企业共有1655家，占1770家样本企业的比重为93.5%（见表7.2）。

表 7.2　　2016 年公布创新投入相关数据的制造业上市企业行业分布（家）

行业分类	企业数量	备注
计算机、通信和其他电子设备制造业	257	16 个行业合计 1655 家，占 1770 家企业的比重为 93.5%
电气机械和器材制造业	186	
化学原料和化学制品制造业	182	
专用设备制造业	169	
医药制造业	165	
通用设备制造业	113	
食品加工制造业	97	
汽车制造业	92	
纺织服装业	69	
非金属矿物制品业	64	
有色金属冶炼和压延加工业	58	
橡胶和塑料制品业	53	
金属制品业	50	
铁路、船舶、航空航天和其他运输设备制造业	36	
仪器仪表制造业	35	
黑色金属冶炼和压延加工业	29	

首先，16 个行业中，研发投入强度位于［1.1%，5.8%］的区间，低于均值的行业以传统领域为主，中上游材料制造业总体偏低。高于平均值2.93%的行业共有 8 个，按照强度值从高到低排列分别是仪器仪表制造业（5.8%），计算机、通信和其他电子设备制造业（5.6%），通用设备制造业（4.2%），专用设备制造业（4.0%），铁路、船舶、航空航天和其他运输设备制造业（4.2%），医药制造业（3.8%），电气机械和器材制造业（3.7%），橡胶和塑料制品业（3.6%）。低于平均值的行业也有 8 个，按照强度值从高到低排列分别是汽车制造业（2.7%），非金属矿物制品业（2.3%），化学原料和化学制品制造业（1.9%），纺织服装业（1.8%），黑色金属冶炼和压延加工业（1.8%），金属制品业（1.8%），有色金属冶炼和压延加工业（1.2%），食品加工制造业（1.1%）。其他制造业上市行业的研发强度为 1.5%。从研发强度的行业差异来看，低于均值的 8 个行业多数属于传统领域。16 个行业中有 4 个

属于中上游材料制造，其中有3个的研发强度低于均值，分别是化学原料和化学制品制造业、黑色金属冶炼和压延加工业和有色金属冶炼和压延加工业。橡胶和塑料制品业的研发强度高于均值，但也是8个高于均值行业中的最低一个。在第二章关于我国工业企业主要问题的分析中，一个判断是“部分传统制造业企业持续低位徘徊，体现出高端材料供给不足，不利于制造业整体高端位移”。主要的制造业上市行业体现的行业差异与第二章的结论相符合。

其次，16个行业中，人均人力资本投入在［7万元，13.2万元］的区间，研发投入强度较高行业的人均人力资本投入未必高。铁路、船舶、航空航天和其他运输设备制造业的人均人力资本投入最高，投入值是13.2万元。纺织服装业人均人力资本投入只有7万元，是16个行业的最低值。最高行业投入值是最低行业投入值的1.89倍。16个行业中，同样有8个行业的投入值高于（或等于）制造业上市企业的均值，有8个行业的投入值低于均值。16个行业中，仪器仪表行业的研发投入强度最高，但人均人力资本的投入值为9.8万元，低于均值；汽车制造业的研发投入强度不高，值为2.7%，人均人力资本投入较高，位于16个行业的第二位；黑色金属冶炼和压延加工业的研发投入强度仅为1.8%，但人均人力资本投入却位列16个行业的第三位，值为11.9万元。8个研发投入强度高于平均水平的行业中，只有4个行业的人均人力资本投入高于10.5万元，分别是计算机、通信和其他电子设备制造业，通用设备制造业，专用设备制造业和铁路、船舶、航空航天和其他运输设备制造业（见表7.3）。

表7.3　　2016年16个行业的制造业上市企业创新投入强度

行业	研发投入强度（%）		人均人力资本投入（万元）
仪器仪表制造业	5.8	高于2.93%的均值	9.8（低于10.5万元均值）
计算机、通信和其他电子设备制造业	5.6		10.5
通用设备制造业	4.2		11.6
专用设备制造业	4.0		11.9
铁路、船舶、航空航天和其他运输设备制造业	4.0		13.2
医药制造业	3.8		9.5（低于10.5万元均值）
电气机械和器材制造业	3.7		10.3（低于10.5万元均值）
橡胶和塑料制品业	3.6		9.3（低于10.5万元均值）

续表

<table>
<tr><th>行业</th><th colspan="2">研发投入强度（%）</th><th>人均人力资本投入（万元）</th></tr>
<tr><td>汽车制造业</td><td>2.7</td><td rowspan="9">低于2.93%的均值</td><td>12.4</td></tr>
<tr><td>非金属矿物制品业</td><td>2.3</td><td>8.5（低于10.5万元均值）</td></tr>
<tr><td>化学原料和化学制品制造业</td><td>1.9</td><td>10.6</td></tr>
<tr><td>纺织服装业</td><td>1.8</td><td>7.0（低于10.5万元均值）</td></tr>
<tr><td>黑色金属冶炼和压延加工业</td><td>1.8</td><td>11.9</td></tr>
<tr><td>金属制品业</td><td>1.8</td><td>10.6</td></tr>
<tr><td>有色金属冶炼和压延加工业</td><td>1.2</td><td>9.0（低于10.5万元均值）</td></tr>
<tr><td>食品加工制造业</td><td>1.1</td><td>9.6（低于10.5万元均值）</td></tr>
<tr><td>其他制造业</td><td>1.5</td><td>8.4（低于10.5万元均值）</td></tr>
</table>

7.2　基于二维评价模型的2016年制造业上市企业创新投入强度分析

本部分研究继续以1770家制造业上市企业作为分析样本。

7.2.1　接近7成企业的研发投入强度高于1770家企业平均水平

2016年，1770家制造业上市企业中：研发强度和人均人力资本投入均高于平均水平的“双强”企业占比为23.1%，均低于平均水平的“双弱”企业占比为22.8%，研发投入强度高于平均水平但人均人力资本投入低于平均水平的“研投单强”企业占比为45.1%，人均人力资本投入高于平均水平但研发投入强度低于平均水平的“人投单强”企业占比为9.0%（见图7.1）。

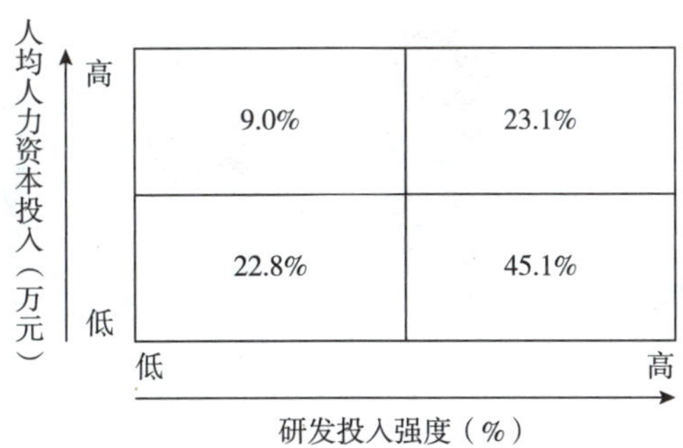

图7.1　2016年我国制造业上市企业创新投入强度的整体二维分布

以上四类企业中，高研发投入强度的企业占比最多。首先，“研投单强”企业的比重为45.1%，远高于其他三类企业。其次，1770家企业中，共有68.2%的企业研发投入强度高于平均水平，仅有32.1%的企业人均人力资本投入高于平均水平。

7.2.2 “研投单强”企业总数多，其中多数为中小企业板上市公司

1770家企业中，“研投单强”企业的数量最多。“双强”“双弱”“研投单强”“人投单强”企业的数量分为408家、404家、798家和160家。“双强”与“双弱”企业的数量很接近，“人投单强”企业只有160家，“研投单强”企业数量一枝独秀，数量占比为45.08%。

1770家企业中，主板上市企业最多，数量为779家，占比为44.01%，但在“研投单强”区域中数量最多的一类却是中小企业板上市企业。在“双强”“双弱”和“人投单强”三个区域中，企业数量最多的均是主板上市企业。唯有在“研投单强”区域，企业数量最多的是中小企业板上市企业，数量为331家，在798家“研投单强”企业中的数量占比为41.48%，主板和创业板上市的企业数量占比分别为30.45%和28.07%（见图7.2）。

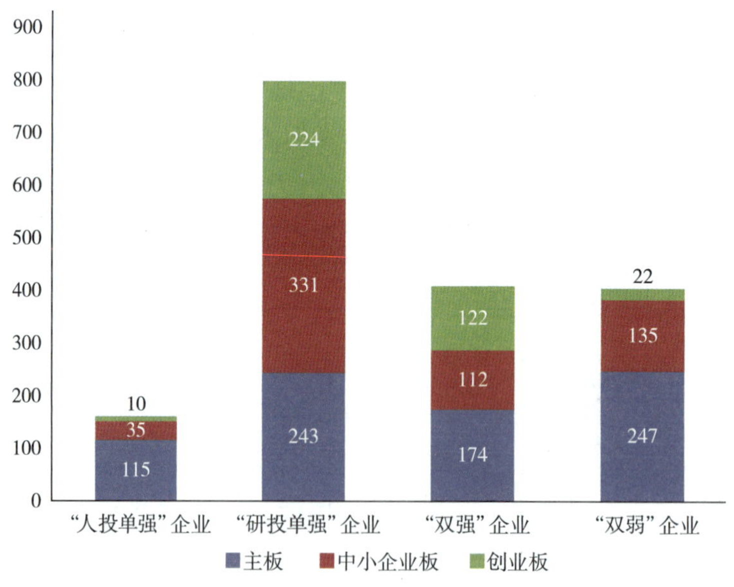

图7.2 2016年制造业上市公司创新投入强度的上市板块分布

7.2.3　处于和邻近“双强”区域是4个设备制造行业，处于和邻近“双弱”区域的行业共有7个

16个行业中共有4个行业是设备制造业，分别是铁路、船舶、航空航天和其他运输设备制造业，专用设备制造业，通用设备制造业和计算机、通信和其他电子设备制造业，均在2016年取得了较高的创新投入强度。其中：前3个行业位于二维评价模型的“双强”区域，计算机、通信和其他电子设备制造业虽然位于“研投单强”区域，但极为临近双高区域，人均人力资本投入为10.45万元，与10.5万元的平均水平相比仅低了0.5万元（见图7.3）。

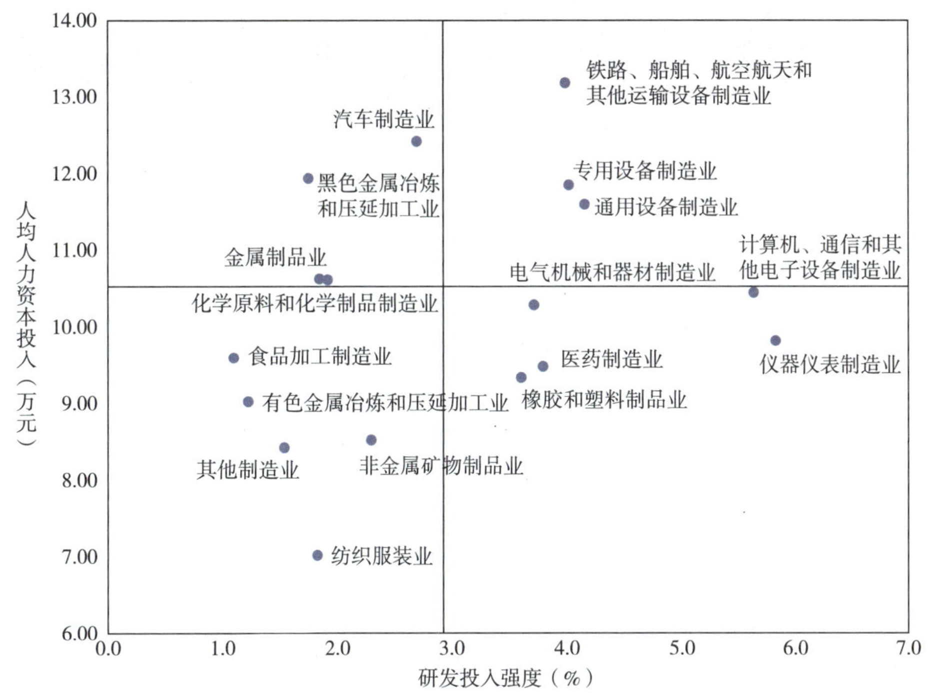

图7.3　2016年我国制造业上市企业创新投入强度的行业二维分布

如图7.3所示，5个行业处于“双弱”区域，行业数量略多。16个行业中，3个行业处于“双强”区域，5个行业处于“双弱”区域，5个行业处于“研投单强”区域，4个行业处于“人投单强”企业。“双弱”行业的数量略多些。而且，在4个“人投单强”行业中，金属制品业以及化学原料和化学制品制造业比较邻近“双弱”区间，2个行业的人均人力资本投入分别是10.63

万元和 10.62 万元，只是略高于 10.5 万元的平均水平。

7.2.4 “双强”企业比例最高的是计算机、通信和其他电子设备制造业，“双弱”企业比例最高的是服装纺织业

基于二维评价模型分析，16 个行业的企业分布不尽相同，“双强”企业比重最多的是计算机、通信和其他电子设备制造业，“双弱”企业比重最多的是服装纺织业，“研投单强”企业比重最多的是仪器仪表制造业，“人投单强”企业比重最多的是黑色金属冶炼和压延加工业（见表 7.3）。

表 7.3　2016 年制造业上市企业创新投入的“16+1”行业结构

行业分类	企业数量	“双强”	“双弱”	“研投单强”	“人投单强”
计算机、通信和其他电子设备制造业	257 家	39.7	6.2	50.2	3.9
电气机械和器材制造业	186 家	30.1	13.4	53.2	3.2
化学原料和化学制品制造业	182 家	17.6	27.5	39.6	15.4
专用设备制造业	169 家	36.7	6.5	50.9	5.9
医药制造业	165 家	24.2	19.4	49.7	6.7
通用设备制造业	113 家	24.8	10.6	62.8	1.8
食品加工制造业	97 家	7.2	54.6	14.4	23.7
汽车制造业	92 家	20.7	15.2	52.2	12.0
纺织服装业	69 家	2.9	62.3	27.5	7.2
非金属矿物制品业	64 家	9.4	34.4	50.0	6.3
有色金属冶炼和压延加工业	58 家	6.9	50.0	31.0	12.1
橡胶和塑料制品业	53 家	13.2	30.2	52.8	3.8
金属制品业	50 家	6.0	26.0	54.0	14.0
铁路、船舶、航空航天和其他运输设备制造业	36 家	36.1	13.9	27.8	22.2
仪器仪表制造业	35 家	37.1	0.0	62.9	0.0
黑色金属冶炼和压延加工业	29 家	17.2	27.6	17.2	37.9
其他制造业	115 家	7.8	47.8	31.3	13.0

按照统计企业数量从高到低排列，基于二维评价模型的各行业企业分布具体如下：

①计算机、通信和其他电子设备制造业。2016 年的样本量为 257 家，平均

研发强度为5.6%，平均人均人力资本投入为10.45万元。257家企业中，“研投单强”企业数量最多，比重为50.2%，“双强”“双弱”和“人投单强”企业比重分别为39.7%、6.2%和3.9%。高达89.9%的企业研发投入强度高于1770家企业的平均值。

②电气机械和器材制造业。2016年的样本量为186家，平均研发强度为3.7%，平均人均人力资本投入为10.29万元。186家企业中，“研投单强”企业数量最多，比重为53.2%，“双强”“双弱”和“人投单强”企业比重分别为30.1%、13.4%和3.2%。高达83.3%的企业研发投入强度高于1770家企业的平均值。

③化学原料和化学制品制造业。2016年的样本量为182家，平均研发强度为1.9%，平均人力资本投入为10.62万元。182家企业中，“研投单强”企业的比重是39.6%，“双强”“双弱”和“人投单强”企业比重分别为17.6%、27.5%和15.4%。57.2%的企业研发投入强度高于1770家企业的平均值。

④专用设备制造业。2016年的样本量为169家企业，平均研发强度为4.0%，人均人力资本投入为11.86万元。169家企业中，“研投单强”企业的比重达到50.9%，“双强”“双弱”和“人投单强”企业比重分别为36.7%、6.5%和5.9%。87.6%的企业研发投入强度高于1770家企业的平均值。

⑤医药制造业。2016年的样本量为165家，平均研发强度为3.8%，人均人力资本投入为9.48万元。165家企业中，“研投单强”企业的比重达到49.7%，“双强”“双弱”和“人投单强”企业比重分别为24.2%、6.7%和19.4%。73.9%的企业研发投入强度高于1770家企业的平均值。

⑥通用设备制造业。2016年的样本量为113家，平均研发强度为4.2%，人均人力资本投入为11.60万元。113家企业中，“研投单强”企业的比重达到62.8%，“双强”“双弱”和“人投单强”企业比重分别为24.8%、10.6%和1.8%。87.6%的企业研发投入强度高于1770家企业的平均值。

⑦食品加工业。2016年的样本量为97家，平均研发强度为1.1%，人均人力资本投入为9.60万元。97家企业中，“双弱”企业的比重达到54.6%，“双强”“研投单强”和“人投单强”企业比重分别为7.2%、14.4%和23.7%。21.6%

的企业研发投入强度高于1770家企业的平均值，30.9%的企业人均人力资本投入高于1770家企业的平均值。

⑧汽车制造业。2016年的样本量为92家，平均研发强度为2.7%，人均人力资本投入为12.42万元。92家企业中，“研投单强”企业的比重达到52.2%，“双强”“双弱”和“人投单强”企业比重分别为20.7%、15.2%和12.0%。72.9%的企业研发投入强度高于1770家企业的平均值。

⑨纺织服装业。2016年的样本量为69家，平均研发强度为1.8%，人均人力资本投入为7.02万元。69家企业中，“双弱”企业的比重达到62.3%，“双强”“研投单强”和“人投单强”企业的比重达到2.9%、27.5%和7.2%。30.4%的企业研发投入强度高于1770家企业的平均值。

⑩非金属矿物制品业。2016年的样本量为64家，平均研发强度为2.3%，人均人力资本投入为8.53万元。64家企业中，“研投单强”企业的比重达到50.0%，“双强”“双弱”和“人投单强”企业比重分别为9.4%、34.4%和6.3%。59.4%的企业研发投入强度高于1770家企业的平均值。

⑪有色金属冶炼和压延加工业。2016年的样本量为58家，平均研发强度为1.2%，人均人力资本投入为9.03万元。58家企业中，“双弱”企业的比重为50.0%，“双强”“研投单强”和“人投单强”企业的比重分别为6.9%、31.0%和12.1%。37.9%的企业研发投入强度高于1770家企业的平均值。

⑫橡胶和塑料制品业。2016年的样本量为53家，研发投入强度为3.6%，人均人力资本投入为9.34万元。53家企业中，“研投单强”企业的比重为52.8%，“双强”“双弱”和“人投单强”企业的比重分别为13.2%、30.2%和3.8%。66.0%的企业研发投入强度高于1770家企业的平均值。

⑬金属制品业。2016年的样本量为50家，研发投入强度为1.8%，人均人力资本投入为10.63万元。50家企业中，“研投单强”企业的比重为54.0%，“双强”“双弱”和“人投单强”企业的比重分别为6.0%、26.0%和14.0%。60%的企业研发投入强度高于1770家企业的平均值。

⑭铁路、船舶、航空航天和其他运输设备制造业。2016年的样本量为36家，研发投入强度为4.0%，人均人力资本投入为13.18万元。36家企业中，“双强”企业的比重为36.1%，“双弱”“研投单强”和“人投单强”企业的

比重分别为13.9%、27.8%和22.2%。63.9%的企业研发投入强度高于1770家企业的平均值，58.3%的企业人均人力资本投入强度高于1770家企业的平均值。

⑮仪器仪表制造业。2016年的样本量为35家，研发投入强度为5.8%，人均人力资本投入为9.82万元。35家企业中，“研投单强”企业的比重为62.9%，“双强”企业的比重为37.1%，没有企业分布在“双弱”和“人投单强”区域。100%的企业研发投入强度高于1770家企业的平均值。

⑯黑色金属冶炼和压延加工业。2016年的样本量为29家，平均研发强度为1.8%，人均人力资本投入为11.94万元。29家企业中，“人投单强”企业的比重为37.9%，“双强”“双弱”和“研投单强”企业的比重分别为17.2%、27.6%和17.2%。55.1%的企业人均人力资本投入高于1770家企业的平均值，34.4%的企业研发投入强度高于1770家企业的平均值。

⑰其他制造业。2016年，115家制造业上市企业属于其他行业，平均研发强度为1.5%，人均人力资本投入强度为8.43万元。115家企业中，“双弱”企业的比重为47.8%，“双强”“研投单强”和“人投单强”企业的比重分别为7.8%、31.3%和13.0%。31.9%的企业研发投入强度高于1770家企业的平均值。

7.3 2012~2016年制造业上市企业创新投入强度变化的主要特征

截至2016年12月底，我国主板、中小企业板和创业板共有上市企业2473家，其中连续公布本报告研究所需的相关创新投入数据的企业有1294家，占比为52.33%。在1294家样本中，没有铁路、船舶、航空航天和其他运输设备制造业企业，因此本样本的主要分析行业有15个，比1770家样本分析减少1个。本部分研究以1294家制造业上市企业为分析样本。

7.3.1 超过平均水平的强创新投入企业比重下降，“双弱”企业比重上升

一是“双强”企业比重下降。如果以1294家连续公布创新投入数据的企业为样本，2016年分布在“双强”区域的企业比重为23.6%，比2015年下降1.3个百分点。

二是“单强”企业比重下降。2016年，1294家企业的“双强”“双弱”“研投单强”和“人投单强”的比重分别为23.6%、22.0%、45.1%和9.3%。因此，研发投入强度超过平均水平的企业比重为68.7%，人均人力资本投入超过平均水平的比重为32.9%。2015年，研发投入强度超过平均水平的企业比重为70.4%，人均人力资本投入超过平均水平的比重为34.2%。与2015年相比，2016年的创新投入平均值虽然上升，但强投入企业的占比却有所下降。

三是“双弱”企业比重上升。2016年，1294家分布在“双弱”区域的比重为22.0%，比2015年上升了1.7个百分点（见图7.4）。

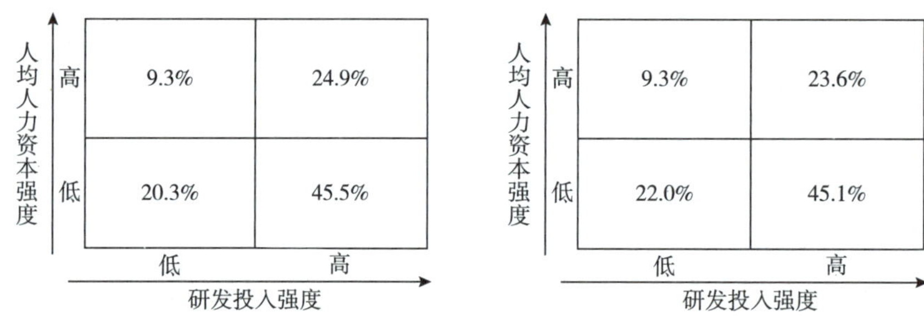

图7.4　2016年制造业上市企业的创新强投入企业比重相比2015年下降

7.3.2　创新投入的资金总量增速加快

2016年的研发强度增速回落，但研发投入总量较快提升。2012年以来，1294家制造业上市企业的创新强度逐年增长，研发投入强度从2012年的2.3%增加到2016年的2.9%，人均人力资本投入从2012年的7.75万元增加到2016年的10.58万元，年均增长率分别是6.12%和8.09%。2016年，1294家企业的研发投入强度为2.9%，仅比2015年上升0.1个百分点，增速为1.6%。1.6%的增速与2016年相比下降了7.6个百分点，主要原因是2016年的企业营业收入总额也有了较大增幅。2016年，营业收入增速为16.93%，比2015年提高15.38个百分点。2015年，1294家制造业上市企业的研发投入总量为1979.5亿元，增速为10.9%；2016年的投入总量为2352.3亿元，增速为18.8%。2016年研发投入总量增速比2015年快了7.9个百分点，比营业收入总额增速快了1.87个百分点，带动2016年的研发投入强度微增0.1个百分点。见表7.4。

表 7.4　　2012～2016 年制造业上市企业研发投入的资金总量较快增长

年份	研发投入总量			营业收入总额			研发投入强度		
	绝对值（亿元）	增长（%）		绝对值（亿元）	增长（%）		绝对值（%）	增长（%）	
2012	1342.7	—	年均增速 15.05	58837.2	—	年均增速 8.41	2.3	—	年均增速 6.12
2013	1573.0	17.2		65080.1	10.6		2.4	5.9	
2014	1785.6	13.5		68449.4	5.2		2.6	7.9	
2015	1979.5	10.9		69508.4	1.5		2.8	9.2	
2016	2352.3	18.8		81274.7	16.9		2.9	1.6	

如表 7.4，2012～2016 年间，1294 家制造业上市企业的研发投入总量年均增速为 15.05%，营业收入总额的年均增速为 8.41%，研发投入强度的年均增速为 6.12%。研发投入的资金总量上升速度要快于营业收入增幅，而且在 2016 年实现 2012 年以来的最大增幅。

7.3.3　人均创新投入量增长较快

2016 年，1294 家制造业上市企业的人均投入资金量也有了较快增长。2016 年，人均研发投入值为 3.5 万元，同比增速为 9.3%，是 2012 年以来的最快增速；人均人力资本投入值为 10.58 万元，同比增速为 9.8%，同样是 2012 年以来的最高增幅（见表 7.5）。

表 7.5　　2012～2016 年制造业上市企业创新人均投入的资金总量较快增长

年份	人均研发投入			人均人力资本投入		
	绝对值（万元）	增长（%）		绝对值（万元）	增长（%）	
2012	2.5	—	年均增速 8%	7.75	—	年均增速 8.09%
2013	2.8	9.0		8.19	5.7	
2014	3.0	8.4		8.99	9.8	
2015	3.2	5.2		9.64	7.2	
2016	3.5	9.3		10.58	9.8	

7.3.4　多数行业的研发投入强度没有出现负增长，所有行业的人均人力资本投入逐年递增

2012 年以来，9 个行业的研发投入强度没有出现负增长。8 个行业分别是电气机械和器材制造业，纺织服装业，非金属矿物制品业，化学原料和化学品

制造业，计算机、通信和其他电子设备制造业，食品加工制造业，通用设备制造业以及医药制造业。出现过负增长的7个行业是黑色金属冶炼和压延加工业，金属制品业，汽车制造业，橡胶和塑料制品业，仪器仪表制造业，有色金属冶炼和压延加工业以及专用设备制造业。其中，只有金属制品业，有色金属冶炼和压延加工业以及专用设备制造业3个行业2016年的研发投入强度低于2012年。此外，其他制造业的研发投入强度自2012年以来始终保持着正增长（见表7.6）。

表7.6　　2012年以来“15+1”个制造业上市行业研发投入强度趋势

行业	2012年	2013年	2014年	2015年	2016年	备注
电气机械和器材制造业	3.4	3.6	3.7	3.7	3.8	没有出现过负增长
纺织服装业	1.7	1.7	1.7	1.7	1.7	
非金属矿物制品业	2.0	2.0	2.1	2.5	2.7	
化学原料和化学品制造业	1.4	1.2	1.3	1.6	1.6	
计算机、通信和其他电子设备制造业	3.6	5.0	5.3	5.7	5.9	
食品加工制造业	1.0	0.9	0.9	1.0	1.0	
通用设备制造业	3.1	3.2	3.7	3.8	4.1	
医药制造业	2.9	3.1	3.3	3.7	3.8	
其他制造业	1.8	1.9	2.0	2.1	2.4	
黑色金属冶炼和压延加工业	1.3	1.6	1.8	2.0	1.7	出现过负增长，但2016年强度高于2012年
汽车制造业	2.4	2.3	2.6	2.7	2.7	
橡胶和塑料制品业	2.6	2.8	3.0	2.9	3.0	
仪器仪表制造业	5.4	5.9	5.9	5.8	5.6	
金属制品业	2.8	2.0	1.8	1.9	1.8	2016年强度低于2012年
有色金属冶炼和压延加工业	1.3	1.3	1.3	1.1	1.2	
专用设备制造业	4.0	4.2	4.2	4.3	3.9	

多数行业的人均研发投入实现高增长。2016年，人均研发投入增速高于平均值9.3%的行业共有9个，增速值在［9.9%，18.7%］的区间内。其他制造业的增速值也达到了9.9%。与“9+1”个人均研发投入高增长行业相比较，有5个行业人均研发投入取得了正增长，增速值在［1.5%，7.6%］的区间。只有金属制品业的人均研发投入增速低于“0”，值为－28.1%（见

表 7.7)。

表 7.7　　2016 年“15 +1”个制造业上市行业人均研发投入的同比增速

类别	行业	人均研发投入（元）	同比增长率（%）
高增长类	非金属矿物制品业	21178.7	18.7
	有色金属冶炼和压延加工业	30440.6	18.6
	汽车制造业	46967.7	14.5
	纺织服装业	9999.1	12.6
	食品加工制造业	10202.7	11.1
	医药制造业	33021.8	10.9
	电气机械和器材制造业	41251.8	10.8
	仪器仪表制造业	38118.3	10.0
	其他	23118.1	9.9
	计算机、通信和其他电子设备制造业	52536.9	9.9
平缓增长类	橡胶和塑料制品业	35595.3	7.6
	通用设备制造业	40338.7	7.3
	专用设备制造业	38143.8	6.8
	化学原料和化学品制造业	23842.2	6.4
	黑色金属冶炼和压延加工业	31049.6	1.5
负增长类	金属制品业	14161.9	-28.1

2012 年以来，不同行业人均人力资本投入的增速存在差异，但所有行业的人均人力资本投入都保持了正增长。区间值为［3.5%，11.2%］。2012 年以来，所有行业年均增速的平均值为 8.1%，高于平均值的行业有 10 个，其他制造业的年均增速为 8.8%，也高于平均值。6 个人均人力资本年均增速低于平均值的行业分别是非金属矿物制品业，黑色金属冶炼和压延加工业，计算机、通信和其他电子设备制造业，通用设备制造业，有色金属冶炼和压延加工业以及专用设备制造业（见图 7.5）。

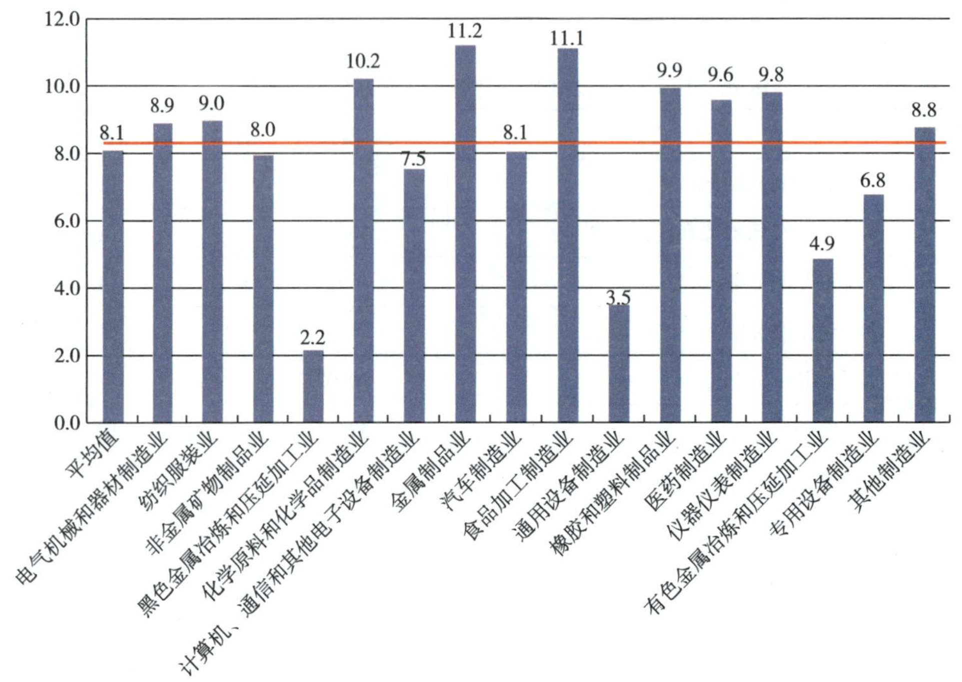

图 7.5　2012 年以来“15 +1”个制造业上市行业人均人力资本投入年均增速（%）

7.4　评价结论

7.4.1　我国制造业上市企业的创新投入强度体现了行业特性

在 2016 年强度评价的 1770 家样本中，共有“16 +1”个行业，分别处于“双强”“双弱”“研投单强”和“人投单强”4 个不同的强度区域，充分体现了行业特性和发展特征。

处于或临近“双强区域”的我国设备制造行业拥有比较好的产业基础，目前在少数领域取得了重大技术突破，但世界高新技术发展迅速，我国与世界领先水平相比仍然存在明显差距，正处于从中低端向高端升级的阶段。“双强区域”分布有专用设备制造业，通用设备制造业以及铁路、船舶、航空航天和其他运输设备制造业。我国 3 大设备制造业都经历了较长期的发展历程，积累了一定的产业基础，虽然以传统制造企业为主，却是新兴制造领域的重要支撑。在信息化、智能化、绿色化发展的大背景下，全球专用设备和通用设备制造行业的技术进步不断加速。近年来，我国专用设备和通用设备制造行业集中资源突破研发瓶颈，填补了很多技术空白，但与世界领先水平的差距依然明显。我国很多高新制造业难以高端发展，与设备制造业发展滞后密不可分。由于本身具有典型的高新技术特性，再加上面向国际领先水平加速追赶的阶段需求，专用设备和通用设备制造业的创新投入保持了较高水平。2016 年的数据显示，我国上市的铁路、船舶、航空航天和其他运输设备制造业企业创新投入也很高。该行业目前已经取得了举世瞩目的创新成效，强有力地推动了我国高铁技术、航海技术、航空航天技术和桥梁技术等运输领域向世界一流梯队迈进。在“16 +1”个行业中，还有 1 个设备制造业是计算机、通信和其他电子设备制造业，虽然不在“双强”区域，但也极为临近。该行业 2016 年的研发投入强度为 5.6%，比平均水平高了 2.67 个百分点；人均人力资本投入为 10.45 万元，仅比平均水平低 0.05 万元。我国的计算机、通信和其他电子设备制造业虽然不如上述 3 个设备制造业传统，但也有了一定的发展历史，同样具有高新技术特性和追赶全球领先水平的迫切性。只是由于行业规模大，员工总数多，以致人均人力资本投入略低于平均水平。2016 年，在 1770 家企业中，计算机、通信和其他电子设备制造业的员工总数为 146 万元，是“16 +1”个行业员工总数最多的。

处于“研发单强”区域的行业除了计算机、通信和其他电子设备制造业，还有电气机械和器材制造业，橡胶和塑料制品业，医药制造业以及仪器仪表制造业，主要特点与处于“双强”区域行业相类似，都需要在创新中实现传统升级和高端突破，因此行业创新投入保持了较高水平，只是人均人力资本投入不高。“16 +1”个行业中，研发投入强度最高的 2 个行业就处于该区域，位列第一的是仪器仪表制造业，位列第二的是计算机、通信和其他电子设备制造业。按照人均人力资本投入较低的原因进行划分，5 个行业可以分为两类：一类是员工总数高，拉低了人均值。计算机、通信和其他电子设备制造业以及电气机械和器材制造业就属于这种情况。2016 年，“16 +1”个行业的平均员工数是 52.01 万人。计算机、通信和其他电子设备制造业的员工总数最多，值为 146 万人；电气机械和器材制造业的员工总数位列第三位，值为 81.4 万人。另一类是行业人力资本投入总量低，所以人均值也不高。橡胶和塑料制品业，医药制造业以及仪器仪表制造业属于这种情况。3个行业2016年的员工总数分别是17.6万人、60.2万人和4.8万人。橡胶和塑料制品业以及仪器仪表制造业的员工总数明显低于52.01万人的平均水平，人均人力资本偏低主要是由于总投入过低。医药制造业的员工总数高于平均值，但与计算机、通信和其他电子设备制造业以及电气机械和器材制造业存在较大差距，人均人力资本投入却分别低于上述2个行业约1万元和0.8万元，说明医药制造业的人力资本投入总量并不足于支撑该行业的人均人力资本投入超过平均水平。

处于“人投单强”区域的4个行业分别是黑色金属冶炼和压延加工业，化学原料和化学制品制造业，金属制品业以及汽车制造业，具有产业规模大、投资结构多元、从业者待遇较高等特点，虽然先进技术在现阶段逐步推广，但普遍存在总量供给充足、高端供给不足的结构性问题。4个行业的从业者待遇较高，可以从人均人力资本投入的数据中体现出来。例如汽车制造业，2016年的员工总数为108.2万人，是人数第二多的行业。尽管如此，人均人力资本依然高达12.4万人。另外3个行业同样如此，黑色金属冶炼和压延加工业，化学原料和化学制品制造业以及金属制品业的人均人力资本投入分别是47万人、56.3万人和32.8万人，人均人力资本投入分别是11.9万元、10.6万元和10.6万元。行业待遇处于“16+1”个行业的平均值之上。但同时，行业的研发投入不足，在一定程度上会影响到高端升级。

在“双弱”区域的是纺织服装业，非金属矿物制品业，有色金属冶炼和压延加工业，食品加工制造业以及其他制造业，主要以传统领域为主，拥有一定的产业规模，虽然有一些企业开始拓展高端制造，但整体创新投入明显不足，供给侧结构性改革压力较大，行业创新还有很长的路要走。我国消费结构不断升级，这些与百姓生活息息相关的行业也需要依靠创新拓展市场，满足新的消费需求。

7.4.2 处于或临近“双强”区域：具有技术密集特征的行业不断加大创新投入力度

2016年，以1770家制造业上市企业为样本进行分析，16个主要分析行业中有4是设备制造行业，全部处于和邻近“双强”区域。4个强创新投入行业分别是铁路、船舶、航空航天和其他运输设备制造业，专用设备制造业，通用设备制造业以及计算机、通信和其他电子设备制造业。

表 7.8　　　　2016 年 1770 家企业中的强创新投入行业

4 个设备制造行业	创新投入强度（%）		人均人力资本投入（万元）	
铁路、船舶、航空航天和其他运输设备制造业	4.0	均值 2.93	13.2	均值 10.5
专用设备制造业	4.0		11.9	
通用设备制造业	4.2		11.6	
计算机、通信和其他电子设备制造业	5.6		10.45	

2012～2016 年，1294 家样本中不含铁路、船舶、航空航天和其他运输设备制造业企业，因此只能分析其余 3 个设备制造行业的创新投入，发现：3 个行业始终处于“双强区域”。见表 7.9。

表 7.9　　　　2012～2016 年 1294 家企业中的设备制造行业创新投入

4 个设备制造行业	研发强度（%）					人均人力资本投入（万元）				
	2016	2015	2014	2013	2012	2016	2015	2014	2013	2012
专用设备制造业	3.9	4.3	4.2	4.2	4.0	12.47	11.71	11.46	10.25	9.59
通用设备制造业	4.1	3.8	3.7	3.2	3.1	11.24	11.43	11.15	10.45	9.80
计算机、通信和其他电子设备制造业	5.9	5.7	5.3	5.0	3.6	10.87	9.91	9.42	8.73	8.13
均值	2.9	2.8	2.6	2.4	2.3	10.58	9.64	8.99	8.19	7.75

如表 7.9 所示，通用设备制造业以及计算机、通信和其他电子设备制造业的研发强度自 2012 年以来一直保持增长态势，专用设备制造业的研发强度在 2016 年呈现降势；专用设备制造业以及计算机、通信和其他电子设备制造业的人均人力资本投入逐年增加，通用设备制造业人均人力资本投入也是在 2016 年有所下降，但值仍然高于 2012 年的水平。

总的看，专用设备制造业，通用设备制造业以及计算机、通信和其他电子设备制造业都是强创新行业，创新投入连续 5 年稳定在“双强”区域虽然专用设备制造业在 2016 年的研发强度低于 2012 年，专用设备行业 2016 年的人均人力资本投入小幅下降，但 4 个行业的创新投入整体呈现上行趋势。铁路、船舶、航空航天和其他运输设备制造业没有连续 5 年的统计数据，单从 2016 年的投入数据分析，仍可得出：该行业目前处于强创新状态。

此外，电气机械和器材制造业以及汽车制造业也是比较接近“双强”区域的企业。电气机械和器材制造业处于“研投单强”区域，人均人力资本投入略低于平均值；汽车制造业处于“人投单强”区域，研发强度略低于平均值（见表7.10和表7.11）。

表7.10　2016年电气机械和器材制造业以及汽车制造业在1770家企业中的创新投入

行业	创新投入强度（%）		人均人力资本投入（万元）	
电气机械和器材制造业	3.7	均值2.93	10.3	均值10.5
汽车制造业	2.7		12.4	

表7.11　2012～2016年电气机械和器材制造业以及汽车制造业在1294家企业中的创新投入

行业	研发强度（%）					人均人力资本投入（万元）				
	2016	2015	2014	2013	2012	2016	2015	2014	2013	2012
电气机械和器材制造业	3.8	3.7	3.7	3.6	3.4	10.48	9.31	9.04	8.38	7.45
汽车制造业	2.7	2.7	2.6	2.3	2.4	12.71	10.52	9.25	8.30	9.32
均值	2.9	2.8	2.6	2.4	2.3	10.58	9.64	8.99	8.19	7.75

如表7.11所示，在2012～2016年间，电气机械和器材制造业曾经在2013年和2014年处于“双强”区域，汽车制造业曾经在2012年和2014年处于“双强”区域，在其余3年2个行业均邻近“双强”。不论是研发强度，还是人均人力资本投入，2个行业在2016年的值均高于2012年。

结论：2012～2016年，我国制造业上市企业共有6个行业处于或邻近“双强”区域，分别是铁路、船舶、航空航天和其他运输设备制造业，专用设备制造业，通用设备制造业，计算机、通信和其他电子设备制造业，电气机械和器材制造业以及汽车制造业。这6个行业均具有技术密集特征，行业内的子行业都包含有高新技术企业，自2012年以来总体保持着创新投入不断加大的趋势。

7.4.3　处于“研投单强”区域：行业人力资本投入在员工总数较快增长情况下，依然保持了一定水平的增强趋势

1770家样本中，分布在“研投单强”区域的行业共有5个行业，分别是

电气机械和器材制造业，计算机、通信和其他电子设备制造业，橡胶和塑料制品业，医药制造业和仪器仪表制造业。该区域中的行业人均人力资本投入虽然没有达到平均水平，但目前的水平与2012年相比都有了不同程度的提高。以1294家企业为样本，2016年和2012年的人均人力资本投入分别是10.58万元和7.75万元，年均增速的平均水平是8.1%。其中：电气机械和器材制造业在2016年的人均人力资本投入是10.48万元，比2012年增加3.03万元，年均增速为8.9%；计算机、通信和其他电子设备制造业2016年的值为10.87万元，2012年的值为8.13万元（在此样本中，该行业的人均人力资本投入超过了平均水平），年均增速为7.5%；橡胶和塑料制品业2016年的值为10.51万元，2012年的值为7.19万元，年均增速为9.9%；医药制造业2016年的值为9.47万元，2012年的值为6.57万元，年均增速为9.6%；仪器仪表制造业2016年的值为9.99万元，2012年的值为6.87万元，年均增速为9.8%。5个行业的年均增速中，只有计算机、通信和其他电子设备制造业略低于8.1%的平均水平。企业创新投入数据显示，5个行业相对较弱的人均人力资本投入都在逐年显著增加（见表7.12）。

表7.12　2012~2016年“研投单强”行业的人均人力资本投入较快增长

行业分类	单位：万元					单位:%
	2012年	2013年	2014年	2015年	2016年	年均增长
电气机械和器材制造业	7.45	8.38	9.04	9.310	10.48	8.9
计算机、通信和其他电子设备制造业	8.13	8.73	9.42	9.91	10.87	7.5
橡胶和塑料制品业	7.19	7.67	8.86	9.92	10.51	9.9
医药制造业	6.57	7.62	8.47	8.99	9.47	9.6
仪器仪表制造业	6.87	7.82	8.11	8.75	9.99	9.8
平均值	7.75	8.19	8.99	9.64	10.58	8.1

“研投单强”行业人均人力资本增长较快，且保持平稳，是在员工总数较快增长的基础上实现的。2012~2016年间，“15+1”个行业员工总数的年均增速为6.6%。其中：“双强”区域中的通用设备制造业以及专用设备制造业员工总数的年均增长率分别是3.1%和1.1%，低于平均水平；“双弱”区域中的5个行业，只有其他制造业的员工总数年均增速高于平均值，非金属矿物制

品业的增速为5.3%，服装纺织业和食品加工制造业实现微增，有色金属冶炼和压延加工业为负增长；5个“研投单强”行业的员工总数年均增速落在[7.1%，11.2%]的区间，均明显高于平均水平（见表7.13）。

表7.13　2012~2016年“15+1”个行业的员工总数年均增速（%）

行业分类	年均增长率	2016年所处的区域（以1770家为样本）
通用设备制造业	3.1	“双强”
专用设备制造业	1.1	
纺织服装业	0.4	“双弱”
非金属矿物制品业	5.3	
食品加工制造业	0.5	
有色金属冶炼和压延加工业	-2	
其他制造业	6.7	
电气机械和器材制造业	9.4	“研投单强”
计算机、通信和其他电子设备制造业	10.6	
橡胶和塑料制品业	11.2	
医药制造业	7.1	
仪器仪表制造业	7.9	
黑色金属冶炼和压延加工业	-1.3	“人投单强”
化学原料和化学品制造业	6.9	
金属制品业	16.2	
汽车制造业	12.9	
平均水平值	6.6	

由于员工总数这个分母增速较快，“研投单强”行业的人均人力资本投入低于平均水平，但从表7.12可以看到，5个行业对人力资本的投入正在显著增强。

7.4.4　处于“人投单强”区域：行业更倾向于人力资本投入，其研发投入强度增长并不显著

在“人投单强”领域，分布有4个行业，分别是黑色金属冶炼和压延加工业，化学原料和化学制品业，金属制品业以及汽车制造业。

2012~2016年间，1294家样本中“15+1”个行业的员工总数增长情况不尽相同，平均增速为6.6%。受“去产能”影响，黑色金属冶炼和压延加工业

的员工总数年均增速为负。化学原料和化学品制造业，汽车制造业以及金属制品业的员工总数保持了较快增长，年均增速分别为6.9%、12.9%和16.2%，均高于平均值。汽车制造业以及金属制品业的员工总数年均增速还位列“15+1”个行业的前两名。在分母增速较快的基础上，人均人力资本投入仍能保持较高水平，说明该“区域”的行业企业对人力资本投入了更多资金。2016年，黑色金属冶炼和压延加工业的营业收入有了较大幅度提升，但对研发投入的强度并没有同步增加，因此该行业的研发投入强度依然弱于平均水平。2016年，黑色金属冶炼和压延加工业人均人力资本投入的同比增速约为6%，略快于员工总数下降的速度5.8%，由此，该行业的人均人力资本投入继续维持在一个较高水平。可见，在“人投单强”区域，4个行业人均人力资本投入的增速保持了较为平稳增长态势，一个主要原因是员工数量增幅不大。见上表7.13。

相反，“人投单强”区域中的行业在研发投入方面相对较弱，没有达到平均水平，自2012年以来的增强趋势并不显著。以1294家企业为样本，2016年和2012年的制造业上市企业研发投入强度分别是2.9%和2.3%，年均增速是6.12%。其中：黑色金属冶炼和压延加工业2016年和2012年的研发投入强度分别是1.7%和1.3%，年均增速为5.70%；化学原料和化学制品业2016年和2012年的值分别是1.6%和1.4%，年均增速为4.51%；金属制品业2016年和2012年的值为1.8%和2.8%，年均增速为-10.87%；汽车制造业2016和2012年的值为2.7%和2.4%，年均增速为2.44%。4个行业研发强度的年均增速均低于平均水平，显著落后于“双强”和“研投单强”区域的行业（见表7.14）。

表7.14　2012～2016年“人投单强”行业的研发强度增速相对较慢（%）

行业分类	2012年	2013年	2014年	2015年	2016年	年均增长
黑色金属冶炼和压延加工业	1.3	1.6	1.8	2.0	1.7	5.7
化学原料和化学制品业	1.4	1.2	1.3	1.6	1.6	4.51
金属制品业	2.8	2.0	1.8	1.9	1.8	-10.87
汽车制造业	2.4	2.3	2.6	2.7	2.7	2.44
平均值	2.3	2.4	2.6	2.8	2.9	6.12

4个“人投单强”行业研发强度的年均增速都没有超过“15+1”个行业

的平均水平，黑色金属冶炼和压延加工业的年均增速虽然最高，值为 5.7%，但 2016 年 1.7% 的强度值低于 2012 年 2.0% 的强度值。金属制品业研发强度的年均增速仅为 -10.87%，在“15 +1”个行业中最低。与“双强”和“研投单强”区域的 8 个行业相比，“人投单强”行业的研发投入基础较弱，增长趋势也不显著。见图 7.6。

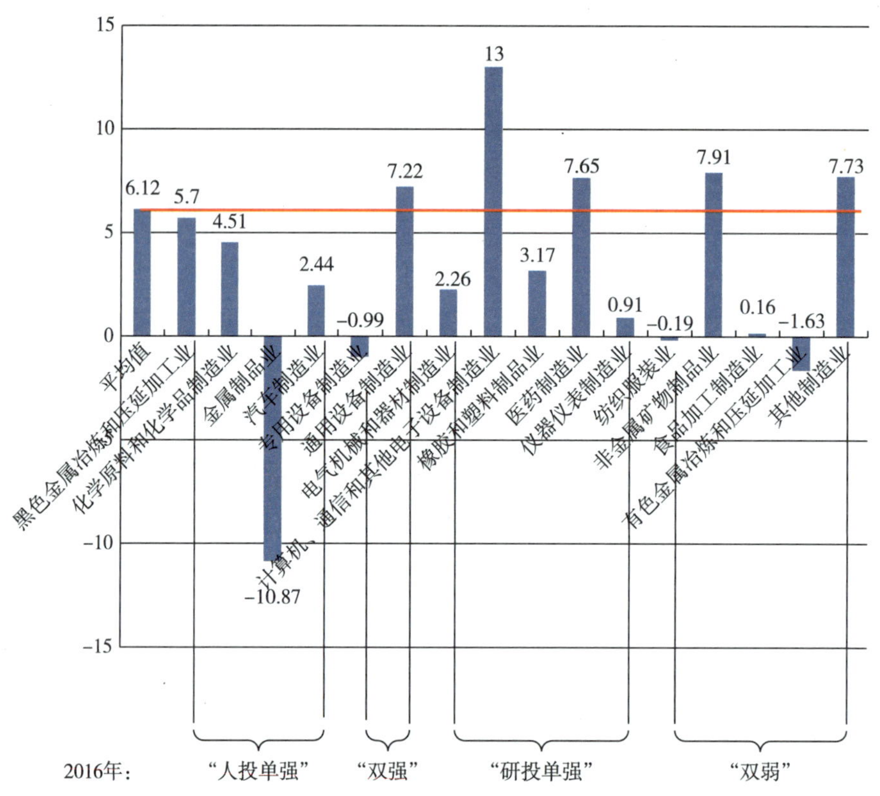

图 7.6　2012 年以来“15 +1”个制造业上市行业研发强度年均增速（%）

7.4.5　处于“双弱”区域：与研发投入强度相比，行业人均人力资本增长相对平稳

在“双弱”领域，分布有“4 +1”个行业，分别是纺织服装业，非金属矿物制品业，食品加工制造业，有色金属冶炼和压延加工业以及其他制造业。在 1770 家统计样本中，该区域中的行业不论是研发投入强度，还是人均人力资本投入都没有达到 2016 年的平均水平。自 2012 年以来，“4 +1”个行业人

均人力资本投入的力度要普遍大于研发投入。以 1294 家企业为样本，制造业上市企业研发投入强度年均增速是 6.12%，人均人力资本年均增速是 8.1%。“4+1”个“双弱”区域行业中：服装纺织业的两项年均增速分别是 -0.19% 和 9%，非金属矿物制品业的两项年均增速分别是 7.91% 和 8%，食品加工制造业的两项年均增速分别是 0.16% 和 11.6%，有色金属冶炼和压延加工业的两项年均增速分别是 -1.63% 和 4.9%，其他制造业的两项年均增速分别是 7.73% 和 8.8%（见表 7.14）。

表 7.14　　2012~2016 年“双弱”行业的创新投入的年均增速（%）

行业	研发强度年均增速	人均人力资本投入年均增速
纺织服装业	-0.19	9.0
非金属矿物制品业	7.91	8.0
食品加工制造业	0.16	11.1
有色金属冶炼和压延加工业	-1.63	4.9
其他制造业	7.73	8.8
平均值	6.12	8.1

如表 7.14，“4+1”个“双弱”行业的创新投入更多体现为人均人力资本的逐年稳定增长，研发投入强度则有增有减。首先，除了金属冶炼业外，其余“3+1”个行业的人均人力资本投入年均增速均大于或略低于平均水平，金属冶炼业的研发投入强度年均增速更低，是负增长；其次，只有非金属矿物制品业和其他制造业的研发强度年均增速保持了较好水平，高于平均值，服装纺织业和有色金属冶炼和压延加工业是负增长，食品加工制造业是微增长。

执笔：周健奇　马淑萍

附：2016 年我国制造业强创新投入上市公司列表

公司名称（证券代码）	研发强度（%）	人均人力资本投入（元/年）
	电气机械和器材制造业	
奥特迅（002227）	11.9	110039.2
北京科锐（002350）	4.4	120539.0
广电电气（601616）	12.2	165666.8
国电南自（600268）	4.6	175647.2
海得控制（002184）	5.6	134992.6
海洋王（002724）	5.7	162589.6
合纵科技（300477）	5.7	123363.8
和顺电气（300141）	6.0	105304.9
弘讯科技（603015）	10.2	164898.6
红相电力（300427）	6.5	119094.9
华明装备（002270）	3.9	112548.6
汇川技术（300124）	10.5	131611.8
积成电子（002339）	6.5	111010.2
金智科技（002090）	7.3	155453.4
九阳股份（002242）	3.0	199806.5
凯发电气（300407）	5.2	135321.9
科华恒盛（002335）	7.9	161634.5
科泰电源（300153）	4.8	190373.8
科远股份（002380）	10.3	134638.7
莱克电气（603355）	4.0	206108.5
蓝海华腾（300484）	7.2	111326.1
老板电器（002508）	3.4	135138.3
良信电器（002706）	6.7	166879.5
龙源技术（300105）	15.8	194905.9
美的集团（000333）	3.8	120856.5
梦网集团（002123）	4.0	139511.8
南都电源（300068）	3.1	170243.0
欧普照明（603515）	3.2	134844.7
平高电气（600312）	3.5	127134.4

续表

公司名称（证券代码）	研发强度（%）	人均人力资本投入（元/年）
勤上股份（002638）	4.9	176784.7
全信股份（300447）	9.7	129191.9
日出东方（603366）	3.7	116902.1
陕鼓动力（601369）	5.9	197232.1
深圳惠程（002168）	3.5	122602.0
双良节能（600481）	4.6	105897.5
思源电气（002028）	7.7	127209.6
四方股份（601126）	12.8	181458.3
泰豪科技（600590）	4.3	106818.6
特变电工（600089）	3.6	137308.6
天顺风能（002531）	5.0	205468.3
通合科技（300491）	11.0	110416.0
卧龙电气（600580）	3.5	118378.3
小天鹅 A（000418）	4.3	127153.0
新时达（002527）	5.4	157950.8
许继电气（000400）	4.8	145674.6
阳光电源（300274）	4.4	185713.9
英威腾（002334）	13.4	123033.8
正泰电器（601877）	3.7	112285.6
智度股份（000676）	3.6	219005.6
智光电气（002169）	4.6	109654.7
置信电气（600517）	3.5	143414.7
中电电机（603988）	5.0	124766.3
中国西电（601179）	4.6	138362.5
中恒电气（002364）	9.2	110719.3
中环装备（300140）	4.5	116757.9
中能电气（300062）	4.0	117600.1
纺织服装业		
凯撒文化（002425）	4.8	108079.6
维格娜丝（603518）	5.6	107789.4

续表

公司名称（证券代码）	研发强度（%）	人均人力资本投入（元/年）
	非金属矿物制品业	
道氏技术（300409）	7.0	113570.9
东方雨虹（002271）	4.5	143327.9
福耀玻璃（600660）	4.4	109959.3
太空板业（300344）	12.4	126074.1
悦心健康（002162）	4.5	168460.2
正海磁材（300224）	6.5	105329.1
	黑色金属冶炼和压延加工业	
*ST 华菱（000932）	3.3	121221.1
酒钢宏兴（600307）	3.0	107730.5
南钢股份（600282）	3.3	158477.1
韶钢松山（000717）	3.3	117064.3
永兴特钢（002756）	3.2	109396.9
	化学原料和化学制品制造业	
宝利国际（300135）	3.7	107248.8
醋化股份（603968）	3.6	141787.1
达威股份（300535）	5.8	111905.0
德联集团（002666）	3.6	125055.0
德美化工（002054）	3.0	132962.3
飞凯材料（300398）	9.7	135920.0
富邦股份（300387）	3.5	142107.9
高盟新材（300200）	6.8	106429.2
光华科技（002741）	3.4	118821.1
广信材料（300537）	4.1	110912.2
硅宝科技（300019）	5.7	109502.1
红墙股份（002809）	3.7	129159.3
洪汇新材（002802）	3.8	109313.8
华鲁恒升（600426）	3.6	123293.9
江山化工（002061）	3.5	127344.4
金力泰（300225）	3.2	133250.2

续表

公司名称（证券代码）	研发强度（%）	人均人力资本投入（元/年）
井神股份（603299）	3.2	106605.4
康达新材（002669）	5.0	154903.9
科斯伍德（300192）	4.3	148460.8
乐凯新材（300446）	8.4	114300.2
乐通股份（002319）	3.3	107370.0
南方汇通（000920）	10.2	113708.4
诺普信（002215）	4.9	128793.2
齐翔腾达（002408）	3.0	147690.0
钱江生化（600796）	4.1	106861.2
三棵树（603737）	3.8	130599.6
上海新阳（300236）	9.4	141919.1
世名科技（300522）	5.6	119886.6
天科股份（600378）	5.3	139242.3
万润股份（002643）	5.8	151936.7
扬农化工（600486）	4.8	174419.4
浙江龙盛（600352）	4.4	162433.8
计算机、通信和其他电子设备制造业		
*ST 宁通 B（200468）	3.3	154981.0
*ST 上普（600680）	8.7	141588.5
GQY 视讯（300076）	11.6	114446.8
TCL 集团（000100）	4.0	110737.9
安居宝（300155）	13.0	127126.8
奥维通信（002231）	4.6	127305.9
保千里（600074）	6.8	110163.4
北方华创（002371）	46.7	137675.9
北京君正（300223）	44.3	207938.7
崇达技术（002815）	5.4	111870.8
初灵信息（300250）	15.7	121651.4
创维数字（000810）	3.9	108892.0
大豪科技（603025）	9.2	172422.5

续表

公司名称（证券代码）	研发强度（%）	人均人力资本投入（元/年）
大恒科技（600288）	5.8	159086.4
大华股份（002236）	10.7	254976.0
大立科技（002214）	24.0	128938.5
大唐电信（600198）	12.4	153091.4
东方通信（600776）	8.3	162154.2
东方网力（300367）	13.6	184760.9
东土科技（300353）	16.6	129731.8
法拉电子（600563）	5.1	183044.3
方正科技（600601）	3.5	108383.1
烽火通信（600498）	10.7	140174.9
光迅科技（002281）	8.5	118051.8
国光电器（002045）	5.9	141669.3
国民技术（300077）	17.2	285266.0
国睿科技（600562）	5.7	187125.2
海康威视（002415）	7.6	170133.7
海兰信（300065）	6.3	138876.5
海能达（002583）	16.8	124693.4
汉邦高科（300449）	6.3	125003.6
汉王科技（002362）	13.5	130873.8
航天电器（002025）	9.5	109747.2
航天发展（000547）	12.5	163862.9
航天机电（600151）	3.6	201062.8
合众思壮（002383）	14.4	109282.7
恒宝股份（002104）	11.6	165394.0
华控赛格（000068）	8.2	180008.4
华讯方舟（000687）	4.2	158571.7
环旭电子（601231）	3.7	119480.3
辉煌科技（002296）	10.2	130524.4
汇顶科技（603160）	10.0	241056.5
佳讯飞鸿（300213）	7.1	164403.9

续表

公司名称（证券代码）	研发强度（%）	人均人力资本投入（元/年）
金亚科技（300028）	5.0	162163.7
金运激光（300220）	5.1	127460.5
京东方 A（000725）	6.0	123371.8
精伦电子（600355）	13.8	124460.1
景嘉微（300474）	18.0	140548.3
久之洋（300516）	9.4	192122.1
康拓红外（300455）	12.6	195855.4
莱宝高科（002106）	3.1	231576.5
浪潮信息（000977）	6.0	183449.7
雷柏科技（002577）	7.5	114790.4
雷科防务（002413）	10.5	145196.6
利亚德（300296）	4.4	200233.1
梅泰诺（300038）	7.1	147501.1
耐威科技（300456）	8.3	136272.7
南大光电（300346）	30.9	192023.6
南京熊猫（600775）	5.1	128032.4
全志科技（300458）	26.3	208892.2
三维通信（002115）	8.3	143788.7
上海贝岭（600171）	10.8	254798.0
深天马 A（000050）	10.0	113870.2
生益科技（600183）	4.3	108239.1
士兰微（600460）	9.9	116259.4
数码科技（300079）	19.2	150306.8
硕贝德（300322）	6.8	130527.0
思创医惠（300078）	9.0	129700.0
苏州固锝（002079）	3.8	133482.7
太极实业（600667）	3.3	148486.0
天喻信息（300205）	10.5	115476.7
同方股份（600100）	6.3	230327.3
同洲电子（002052）	9.4	160722.3
威创股份（002308）	8.7	250582.6

续表

公司名称（证券代码）	研发强度（%）	人均人力资本投入（元/年）
闻泰科技（600745）	3.6	220620.9
吴通控股（300292）	5.4	144268.9
晓程科技（300139）	11.8	139835.0
新海宜（002089）	4.0	125636.2
新疆众和（600888）	4.4	127528.7
信威集团（600485）	9.3	174881.5
星网锐捷（002396）	13.9	159830.0
兴森科技（002436）	6.4	145845.5
雄帝科技（300546）	10.9	113344.0
扬杰科技（300373）	4.2	120172.7
英飞拓（002528）	6.6	240470.0
盈方微（000670）	21.1	207014.1
宇顺电子（002289）	4.2	134054.2
远望谷（002161）	12.3	228113.0
长电科技（600584）	3.3	154949.6
长江通信（600345）	4.7	276291.8
长园集团（600525）	6.0	107369.4
兆易创新（603986）	6.9	430041.8
振芯科技（300101）	16.3	139790.2
中电广通（600764）	7.0	126243.9
中国卫星（600118）	3.4	156367.7
中海达（300177）	14.9	110702.1
中航光电（002179）	7.4	110140.6
中科曙光（603019）	7.5	182599.2
中威电子（300270）	12.5	130569.5
中兴通讯（000063）	12.6	216673.4
中颖电子（300327）	14.6	248328.2
紫光股份（000938）	6.4	221478.8
	金属制品业	
爱仕达（002403）	4.1	106410.3
大西洋（600558）	5.7	111515.4
富煌钢构（002743）	3.2	117076.3

续表

公司名称（证券代码）	研发强度（%）	人均人力资本投入（元/年）
	其他制造业	
冠豪高新（600433）	3.5	107016.0
骅威文化（002502）	6.5	300429.0
康普顿（603798）	3.7	163115.9
神雾节能（000820）	5.7	127910.3
顺灏股份（002565）	3.4	124527.0
星辉娱乐（300043）	4.8	172457.9
岳阳林纸（600963）	3.0	116211.6
长城动漫（000835）	4.3	286421.2
珠江钢琴（002678）	5.3	219678.7
	汽车制造业	
东风科技（600081）	3.6	131962.9
东风汽车（600006）	4.1	190660.7
光启技术（002625）	3.8	116105.1
航天晨光（600501）	4.4	144970.2
鸿特精密（300176）	4.3	113356.8
江淮汽车（600418）	4.1	135894.2
江铃汽车（000550）	7.3	110327.6
均胜电子（600699）	6.3	127064.8
凌云股份（600480）	4.5	122336.3
模塑科技（000700）	3.5	112792.0
斯太尔（000760）	38.1	266671.3
特尔佳（002213）	6.5	125749.1
天汽模（002510）	4.0	112381.6
威孚高科（000581）	5.0	183512.0
潍柴动力（000338）	3.8	411623.8
西部资源（600139）	5.6	177067.7
宇通客车（600066）	4.1	139192.1
云意电气（300304）	7.0	132678.5
长安汽车（000625）	4.1	134788.8

续表

公司名称（证券代码）	研发强度（%）	人均人力资本投入（元/年）
百润股份（002568）	5.9	184450.6
古井贡酒（000596）	3.1	195664.3
金枫酒业（600616）	5.2	180069.9
量子高科（300149）	5.1	110939.8
双塔食品（002481）	3.6	218976.0
汤臣倍健（300146）	4.4	178586.6
珠江啤酒（002461）	3.6	136899.5
鼎汉技术（300011）	7.8	122591.4
航发控制（000738）	4.3	135925.1
航天科技（000901）	5.8	176975.4
航新科技（300424）	9.8	173716.8
康尼机电（603111）	8.5	143894.3
内蒙一机（600967）	3.1	123699.7
神州高铁（000008）	7.3	183307.3
思维列控（603508）	19.0	148377.6
中国船舶（600150）	4.9	208346.5
中国中车（601766）	4.2	141923.9
中国重工（601989）	5.8	123215.9
中航电子（600372）	8.8	134622.4
中航机电（002013）	3.6	108386.5
*ST 昆机（600806）	11.7	119637.1
*ST 锐电（601558）	4.6	142938.9
冰轮环境（000811）	3.4	305411.8
大冷股份（000530）	4.8	165968.6
东方电气（600875）	3.9	186006.6
广日股份（600894）	3.5	161145.4
国机通用（600444）	5.2	149358.2
海立股份（600619）	4.4	175031.2
汉钟精机（002158）	6.8	121345.2
杭齿前进（601177）	5.8	106635.5

续表

公司名称（证券代码）	研发强度（%）	人均人力资本投入（元/年）
杭锅股份（002534）	5.4	153789.9
杭汽轮 B（200771）	6.1	176226.0
华光股份（600475）	3.2	134560.4
机器人（300024）	4.9	114739.8
江南嘉捷（601313）	4.9	124310.6
金风科技（002202）	5.2	225043.3
日发精机（002520）	7.5	268858.5
日机密封（300470）	6.1	155543.7
润邦股份（002483）	6.4	115665.7
三花智控（002050）	3.6	150195.1
上柴股份（600841）	5.3	188314.8
上海电气（601727）	3.4	219998.9
上海机电（600835）	3.3	371804.0
兴源环境（300266）	3.6	116021.9
云内动力（000903）	3.4	121427.4
浙富控股（002266）	4.1	119274.2
中航重机（600765）	3.2	107247.0
中核科技（000777）	4.0	159794.6
安利股份（300218）	5.6	109096.8
金发科技（600143）	4.7	115240.6
康得新（002450）	5.8	128797.6
普利特（002324）	4.5	166771.0
时代新材（600458）	5.4	278934.3
天晟新材（300169）	4.2	115251.9
中鼎股份（000887）	3.6	110329.2
ST 生化（000403）	4.7	204646.0
北陆药业（300016）	6.0	168648.3
博腾股份（300363）	4.7	126220.0
博雅生物（300294）	5.7	107707.3
常山药业（300255）	6.2	187088.5

续表

公司名称（证券代码）	研发强度（%）	人均人力资本投入（元/年）
福瑞股份（300049）	8.0	257657.2
复星医药（600196）	7.6	112482.9
广生堂（300436）	21.8	121074.3
海普瑞（002399）	3.1	247497.8
海顺新材（300501）	5.4	107232.3
海正药业（600267）	8.0	135301.3
翰宇药业（300199）	7.1	114747.0
恒瑞医药（600276）	10.7	110966.2
华兰生物（002007）	5.1	111599.6
华润三九（000999）	3.1	111556.6
交大昂立（600530）	4.3	185243.1
九强生物（300406）	6.4	141558.5
康弘药业（002773）	5.8	115928.2
科华生物（002022）	5.0	185204.8
力生制药（002393）	7.6	119473.5
利德曼（300289）	5.9	220476.3
龙津药业（002750）	9.4	140981.2
迈克生物（300463）	5.8	117960.7
美康生物（300439）	5.5	130964.9
奇正藏药（002287）	4.4	108151.4
千红制药（002550）	5.7	121296.4
上海凯宝（300039）	3.6	119869.1
生物股份（600201）	6.0	105348.5
舒泰神（300204）	5.4	151641.2
双鹭药业（002038）	10.1	118515.6
天士力（600535）	3.2	140651.4
天坛生物（600161）	6.8	197863.5
天药股份（600488）	3.4	131051.8
万孚生物（300482）	11.3	115877.2
未名医药（002581）	3.5	127501.1

续表

公司名称（证券代码）	研发强度（%）	人均人力资本投入（元/年）
沃森生物（300142）	52.6	113071.2
信立泰（002294）	7.8	115778.1
誉衡药业（002437）	4.5	109651.2
长春高新（000661）	9.1	117563.6
中牧股份（600195）	5.8	113808.8
川仪股份（603100）	4.2	111648.0
汉威科技（300007）	6.2	106074.7
集智股份（300553）	9.8	122688.9
聚光科技（300203）	8.8	121173.9
康斯特（300445）	11.3	262246.2
三星医疗（601567）	3.6	110003.1
苏试试验（300416）	5.5	112993.8
万讯自控（300112）	7.5	140092.5
威尔泰（002058）	5.3	139440.2
先锋电子（002767）	6.7	122526.3
先河环保（300137）	6.1	112342.1
雪迪龙（002658）	5.7	112877.1
远方信息（300306）	11.4	124703.7
钢研高纳（300034）	4.2	166927.9
鹏起科技（600614）	3.3	108807.2
西部材料（002149）	8.2	136226.7
有研新材（600206）	3.3	134714.7
＊ST 厦工（600815）	3.7	116800.8
爱司凯（300521）	9.0	116285.9
安徽合力（600761）	4.3	138931.9
北方股份（600262）	5.2	151562.9
博晖创新（300318）	11.6	207772.1
博实股份（002698）	6.6	176075.5
创力集团（603012）	5.5	125589.5
达刚路机（300103）	4.7	120073.2

续表

公司名称（证券代码）	研发强度（%）	人均人力资本投入（元/年）
达意隆（002209）	4.8	118054.8
大连重工（002204）	5.0	147821.9
大族激光（002008）	8.4	126589.2
道森股份（603800）	7.2	106194.3
东方精工（002611）	3.5	190040.8
东富龙（300171）	7.0	117976.6
东杰智能（300486）	11.4	110648.8
富瑞特装（300228）	8.0	136052.8
冠昊生物（300238）	6.1	189602.0
光电股份（600184）	4.2	116482.8
航天长峰（600855）	3.3	167740.7
和佳股份（300273）	6.6	111002.9
恒立液压（601100）	5.1	131389.9
华力创通（300045）	28.7	190141.7
华舟应急（300527）	4.5	121739.5
吉鑫科技（601218）	3.4	157052.9
健帆生物（300529）	4.0	131062.3
杰瑞股份（002353）	4.3	122535.6
金自天正（600560）	8.2	187239.6
津膜科技（300334）	10.1	108940.0
京运通（601908）	4.3	105669.2
经纬纺机（000666）	1.9	285590.7
凯利泰（300326）	8.4	131317.6
科林环保（002499）	4.2	129697.6
蓝科高新（601798）	4.8	111081.5
乐普医疗（300003）	6.5	115761.8
理邦仪器（300206）	22.6	171642.1
派思股份（603318）	3.5	113351.4
普丽盛（300442）	4.9	126768.9
软控股份（002073）	10.2	139080.2

续表

公司名称（证券代码）	研发强度（%）	人均人力资本投入（元/年）
三维丝（300056）	4.6	126807.3
三一重工（600031）	4.8	218476.8
神开股份（002278）	19.2	143696.6
神雾环保（300156）	3.0	120446.5
石化机械（000852）	6.4	133064.4
斯莱克（300382）	5.1	120244.9
太原重工（600169）	10.3	124128.4
天地科技（600582）	3.7	126518.2
天华院（600579）	5.6	172337.3
天业通联（002459）	4.9	114437.5
万东医疗（600055）	8.1	208330.0
新国都（300130）	13.2	145624.7
徐工机械（000425）	4.1	130512.9
阳普医疗（300030）	7.8	112783.5
一拖股份（601038）	4.6	106300.0
伊之密（300415）	5.6	115309.5
优德精密（300549）	3.5	112300.4
御银股份（002177）	12.2	343190.9
长荣股份（300195）	6.7	115991.7
振华重工（600320）	3.5	201146.2
郑煤机（601717）	3.5	125164.0
中联重科（000157）	4.5	156819.5
中信重工（601608）	9.2	115626.1
众合科技（000925）	7.5	158091.8

第八章 企业家对宏观形势及企业经营状况的判断、问题和建议

——2017·中国企业经营者问卷跟踪调查报告

本章数据来源：中国企业家调查系统。

当前，世界经济处于温和复苏之中，但受地缘政治和贸易保护主义抬头等因素影响，仍存在较大不确定性；国内经济则处于进入新时代后转变发展方式、优化经济结构、转换增长动力的攻关期，经济工作的中心任务就是积极推进供给侧结构性改革，推动经济发展质量变革、效率变革、动力变革，着力推进现代化经济体系建设。为了解在此背景下企业的现实状况及企业家对未来发展的信心，了解他们对企业外部环境的评价、对宏观经济政策的看法以及进一步加快经济转型的意见和建议，为政府决策提供参考依据，2017 年 8 ~ 10 月，中国企业家调查系统组织实施了“2017 · 中国企业经营者问卷跟踪调查”。

本次调查是由中国企业家调查系统组织的第 25 次全国性企业家年度跟踪调查，得到了国务院发展研究中心公共管理与人力资源研究所、国务院研究室工交贸易研究司、国务院国有资产监督管理委员会企业分配局、国家统计局国民经济综合统计司、中国企业联合会研究部①、国家发展和改革委员会国民经济综合司、人力资源和社会保障部人力资源市场司、人力资源和社会保障部法规司、商务部政策研究室、国家税务总局收入规划核算司、中国证券监督管理委员会公司债券监管部、中国物流与采购联合会等有关部门的支持和指导。与前 24 次年度跟踪调查一样，本次调查以企业法人代表为主的企业家群体为调查对象，参考我国经济结构，按行业进行分层随机抽样。

调查采用邮寄问卷的方式进行，于 8 月 10 日发放问卷，截至 10 月 16 日共回收问卷 1557 份，其中有效问卷 1495 份。通过部分未填写问卷与填写问卷企业的对比分析，未发现存在系统偏差。为使调查分析更为全面和深入，本报告还采用了中国企业家调查系统以往的调查结果。

本次调查主要涉及制造业、批发和零售业、建筑业、租赁和商务服务业、房地产业、信息传输软件和信息技术服务业、住宿和餐饮业、农林牧渔业、交通运输仓储和邮政业、电力热力燃气及水的生产和供应业、采矿业等行业，上述行业的企业所占比重分别为：60.1%、9.6%、6%、3.6%、3%、2.6%、

① 以上 5 家部门为中国企业家调查系统发起成立单位。

2.2%、2.1%、1.7%、1.3%和0.7%。从企业的地区分布看，东部地区企业占62.2%，中部地区企业占22.1%，西部地区企业占15.7%；从企业规模看，大、中、小型企业分别占10.3%、24.5%和65.2%；从企业经济类型看，国有企业占3.6%，有限责任公司占42.4%，私营企业占26.7%，股份有限公司占18.1%，外商及港澳台投资企业（以下简称“外资企业”）占3.6%，股份合作企业占4.4%，集体企业占0.9%（见表8.1、表8.2）。

本次调查的企业家平均年龄为53岁，其中，55岁及以上占45%，44岁及以下占23.7%，45~54岁占31.3%。文化程度为大专及以上的占81.5%，其中具有本科及以上学历的占46.4%。所学专业为管理类的占41.4%，为经济类的占19.8%。职务为企业董事长或总经理、厂长、党委书记的占91.7%，其他职务的占8.3%（见表8.3）。

表8.1　调查样本基本情况（%）

行业	农林牧渔业	2.1	经济类型	国有企业	3.6
	采矿业	0.7		集体企业	0.9
	制造业（详见表8.2）	60.1		私营企业	26.7
	电力、热力、燃气及水的生产和供应业	1.3		股份合作企业	4.4
	建筑业	6.0		股份有限公司	18.1
	交通运输、仓储和邮政业	1.7		有限责任公司	42.4
	信息传输、软件和信息技术服务业	2.6		其他内资企业	0.3
	批发和零售业	9.6		外商及港澳台投资企业	3.6
	住宿和餐饮业	2.2		民营企业	74.3
	房地产业	3.0	盈亏	盈利企业	53.7
	租赁和商务服务业	3.6		持平企业	26.0
	其他行业	7.1		亏损企业	20.3
地区	东部地区企业	62.2	生产状况	超负荷生产企业	3.5
	中部地区企业	22.1		正常运作企业	78.7
	西部地区企业	15.7		半停产企业	16.9
规模	大型企业	10.3		停产企业	0.9
	中型企业	24.5			
	小型企业	65.2			

注：①其他行业包括：金融业，科学研究和技术服务业，水利、环境和公共设施管理业，居民服务、修理和其他服务业，教育，卫生和社会工作，文化、体育和娱乐业等行业；

②东部地区包括：京、津、冀、辽、沪、苏、浙、闽、鲁、粤、桂、琼12省（市、自治区）；中部地区包括：晋、蒙、吉、黑、皖、赣、豫、鄂、湘9省（自治区）；西部地区包括：渝、蜀、黔、滇、藏、陕、甘、宁、青、新10省（市、自治区）；

③“外商及港澳台投资企业”以下简称“外资企业”。

表 8.2 **调查样本中制造业基本情况（%）**

	制造业细分	%		制造业细分	%
1	农副食品加工业	4.3	17	橡胶及塑料制品业	5.7
2	食品制造业	2.8	18	非金属矿物制品业	5.7
3	酒、饮料和精制茶制造业	1.0	19	黑色金属冶炼及压延加工业	1.1
4	烟草加工业	0.4	20	有色金属冶炼及压延加工业	1.4
5	纺织业	5.0	21	金属制品业	4.4
6	纺织服装、服饰业	3.4	22	通用设备制造业	9.0
7	皮革、毛皮、羽毛及其制品和制鞋业	1.2	23	专用设备制造业	11.9
8	木材加工及木、竹、藤、棕、草制品业	1.1	24	汽车制造业	4.3
9	家具制造业	1.1	25	铁路、船舶、航空航天及其他运输设备制造业	1.6
10	造纸及纸制品业	1.4			
11	印刷和记录媒介复制业	1.1	26	电气机械及器材制造业	8.4
12	文教、工美、体育及娱乐用品制造业	1.3	27	计算机、通信及其他电子设备制造业	3.2
13	石油加工、炼焦及核燃料加工业	0.5	28	仪器仪表制造业	2.9
14	化学原料及化学制品制造业	7.8	29	其他制造业	1.7
15	医药制造业	3.7	30	废弃资源综合利用业	1.1
16	化学纤维制造业	1.1	31	金属制品、机械及设备修理业	0.4

表 8.3 **调查对象基本情况（%）**

性别	男	93.1	文化程度	初中或以下	4.0
	女	6.9		中专、高中	14.5
年龄	44 岁及以下	23.7		大专	35.1
	45 ~ 49 岁	13.5		大学本科	33.0
	50 ~ 54 岁	17.8		硕士	11.8
	55 岁及以上	45.0		博士	1.6
	平均年龄（岁）	53.0			
所学专业	文史哲法律	5.8	现任职务	董事长	58.9
	经济	19.8		总经理	50.2
	管理	41.4		厂长	3.4
	理工农医	19.9		党委书记	11.2
	其他	13.1		其他	8.3

注：由于存在职务兼任情况，因此现任职务比例合计大于 100%。

本报告的主要结论：

多数企业家认为当前宏观经济环境处于历史上并不多见的既不冷又不热的正常状态。企业产销逐渐回暖，库存水平趋于正常，企业盈利改善，企业景气明显回升。从对未来的预期看，企业家认为未来市场需求稳中有升，价格保持上涨态势，用工需求温和上升，尤其是对大学生的用工需求上升明显，投资信心有所增强，企业经营前景整体较为乐观。

在企业景气回升的同时，产业、区域、规模等结构分化十分显著，新旧发展动力正在转化，质量效率有所提高。IT、医药等为代表的新产业景气持续大幅上升，正逐步替代资源密集型产业成为经济增长的主要引擎；企业创新动力有所增强，创新投入持续增加，新产品销售收入占比持续增加。

与此同时，企业家认为当前企业发展仍然面临较大挑战。一是部分行业产能过剩现象依然十分严重，设备利用率仍处于低位，企业面临的市场竞争压力仍然较大；二是企业成本问题依然十分突出，长期以来形成的人工成本上升和社保税费负担过重的压力尚未缓解，此外原材料成本、环保支出增加也较多；三是中小企业融资难、融资贵问题依然突出，融资成本居高不下；四是房价上涨预期依然较强，二、三线城市尤其明显，潜在金融风险不断累积，造成经济波动的可能性在加大；五是各地的 PPP（政府与社会资本合作）项目推进过程中普遍存在民间资本参与热情低、潜在风险积聚等问题。

企业家认为，近年来放管服改革取得成效，企业经营的市场环境不断优化，要珍惜当前宏观、微观经济环境改善的良好局面，进一步加大供给侧结构性改革力度，坚决防范潜在的经济风险，更加注重简政放权相关措施的实际成效，通过进一步减税等举措实实在在降低企业成本，积极稳妥有效地推进产业政策，更深程度地调整经济结构，促进经济发展方式的根本转变。

8.1 对当前经济形势的判断及未来预期

8.1.1 企业景气明显回升，产业、区域、规模等结构分化十分显著

关于目前企业的综合经营状况，调查结果显示，认为综合经营状况“良好”的企业家占 34.4%，认为“一般”的占 52%，认为“不佳”的占 13.6%；认为“良好”的比“不佳”的多 20.8 个百分点，这一数据为 2011 年

以来的最高值。调查表明，企业景气明显回升，并且近三年来持续改善（见表8.4）。

调查发现，不同类型企业景气状况的分化态势仍然显著。从不同地区看，东部地区企业景气状况相对较好，中部地区企业居中，西部地区企业相对较差；从不同规模看，大中型企业经营状况明显好于小型企业；从不同经济类型看，国有及国有控股公司明显好于外资企业和民营企业（见表8.4）。

表8.4　　不同地区、规模及经济类型企业目前综合经营状况（%）

		目前经营状况			良好－不佳
		良好	一般	不佳	
总体	2017年	34.4	52.0	13.6	20.8
	2016年	27.0	52.4	20.6	6.4
	2015年	23.6	54.8	21.6	2.0
	2014年	26.8	51.2	22.0	4.8
	2014年上半年	22.9	48.4	28.7	－5.8
	2013年	28.8	49.9	21.3	7.5
	2012年	24.3	52.3	23.4	0.9
	2011年	33.7	49.5	16.8	16.9
	2010年	45.7	45.9	8.4	37.3
	2009年	33.0	48.1	18.9	14.1
	2009年一季度	21.0	46.1	32.9	－11.9
	2008年	32.4	48.3	19.3	13.1
东部地区企业		35.0	53.5	11.5	23.5
中部地区企业		34.9	49.8	15.3	19.6
西部地区企业		31.8	48.5	19.7	12.1
大型企业		43.8	47.0	9.2	34.6
中型企业		36.5	51.7	11.8	24.7
小型企业		31.9	53.0	15.1	16.8
国有及国有控股公司		46.4	37.4	16.2	30.2
外资企业		30.2	58.5	11.3	18.9
民营企业		31.2	53.9	14.9	16.3

调查发现，不同行业企业的景气状况分化也十分明显。调查结果显示，经

营状况相对较好的行业有信息传输软件和信息技术服务业以及制造业中的医药、汽车、电子设备、仪器仪表等，认为“良好”的比认为“不佳”的多30个百分点以上。而造纸、钢铁等行业经营状况相对较差，其认为“良好”的比认为“不佳”的少10个百分点以上（见表8.5）。

表8.5　　不同行业企业目前综合经营状况（%）

	目前经营状况			良好—不佳				
	良好	一般	不佳	2017	2016	2015	2014	2013
总体	34.4	52.0	13.6	20.8	6.4	2.0	4.8	7.5
农林牧渔业	38.7	51.6	9.7	29.0	43.5	18.0	2.2	9.8
采矿业	45.4	18.2	36.4	9.0	-35.7	-25.0	-42.4	-25.0
制造业	32.6	53.4	14.0	18.6	-3.0	-8.8	0.5	0.8
电力、热力、燃气及水的生产和供应业	31.6	52.6	15.8	15.8	40.1	50.1	49.9	32.1
建筑业	34.1	50.0	15.9	18.2	9.5	10.0	11.6	26.7
交通运输、仓储和邮政业	23.1	65.4	11.5	11.6	9.6	17.1	8.3	22.9
信息传输、软件和信息技术服务业	60.6	28.9	10.5	50.1	56.2	34.1	44.3	29.5
批发和零售业	34.0	51.1	14.9	19.1	10.8	13.1	9.1	15.8
住宿和餐饮业	36.4	48.4	15.2	21.2	17.4	26.8	16.3	7.7
房地产业	33.3	46.7	20.0	13.3	15.4	-12.9	-10.6	21.2
租赁和商务服务业	33.3	59.3	7.4	25.9	35.1	44.0	50.0	17.4
食品、酒及饮料制造业	33.8	54.9	11.3	22.5	-19.2	-3.4	-9.1	-1.2
纺织业	18.0	66.0	16.0	2.0	-17.9	-18.4	-25.0	-18.4
纺织服装、服饰业	16.7	66.6	16.7	0.0	0.0	-8.9	-1.6	-12.6
造纸及纸制品业	13.3	60.0	26.7	-13.4	5.9	-23.8	-12.5	10.6
化学原料及化学制品制造业	38.0	48.1	13.9	24.1	-3.9	-0.7	14.3	-2.1
医药制造业	54.5	30.3	15.2	39.3	25.0	35.1	31.1	24.5
化学纤维制造业	33.3	44.5	22.2	11.1	-27.3	-37.5	-29.4	-43.5
橡胶及塑料制品业	27.3	60.0	12.7	14.6	4.3	1.2	3.8	4.0
非金属矿物制品业	26.3	42.1	31.6	-5.3	-24.3	-32.4	-18.1	-10.3
黑色金属冶炼及压延加工业	20.0	50.0	30.0	-10.0	-5.3	-21.4	5.9	-20.0
有色金属冶炼及压延加工业	41.7	33.3	25.0	16.7	19.9	-7.7	-25.0	-17.7

续表

	目前经营状况			良好—不佳				
	良好	一般	不佳	2017	2016	2015	2014	2013
金属制品业	28.9	63.2	7.9	21.0	0.0	-11.2	13.8	12.4
通用设备制造业	29.7	56.0	14.3	15.4	-19.4	-26.2	-10.4	-0.9
专用设备制造业	26.1	66.3	7.6	18.5	2.9	-14.5	2.6	8.6
汽车制造业	48.6	48.5	2.9	45.7	32.2	-16.1	16.9	12.5
铁路、船舶、航空航天及其他运输设备制造业	41.7	16.7	41.6	0.1	-5.3	0.0	-10.5	-25.0
电气机械及器材制造业	38.4	43.8	17.8	20.6	3.9	1.2	7.8	9.5
计算机、通信及其他电子设备制造业	38.5	53.8	7.7	30.8	32.4	9.6	26.5	19.7
仪器仪表制造业	57.9	42.1		57.9	0.0	17.7	25.7	20.9

值得注意的是，与2016年的调查结果相比，采矿业以及制造业中的食品、化纤、通用设备、仪器仪表等行业企业景气状况回升较多，而农林牧渔业、电力热力燃气及水的生产和供应业、造纸等行业企业景气状况明显回落（见表8.5）。

此外，从各行业目前的形势来看，采矿业、信息传输软件和信息技术服务业以及制造业中的汽车、仪器仪表等行业相对较好，认为目前形势“良好”的企业比认为“不佳”的多40个百分点以上，而交通运输仓储和邮政业以及制造业中的服装、造纸等行业则相对较差，认为目前形势“良好”的比“不佳”的少20个百分点以上。值得一提的是，与2016年相比，形势明显好转的行业包括采矿业、纺织、化工、化纤、非金属制品、钢铁、金属制品、通用设备、仪器仪表等（见表8.6）。

表8.6　　　　企业所在行业目前的形势（%）

	良好	一般	不佳	良好-不佳		
				2017年	2016年	2015年
总体	25.9	52.8	21.3	4.6	-15.3	-21.4
农林牧渔业	26.7	63.3	10.0	16.7	18.2	6.0
采矿业	54.5	36.4	9.1	45.4	-50.0	-55.0
制造业	25.8	52.1	22.1	3.7	-23.5	-32.1

续表

	良好	一般	不佳	良好-不佳		
				2017 年	2016 年	2015 年
电力、热力、燃气及水的生产和供应业	31.6	63.1	5.3	26.3	14.3	41.0
建筑业	17.1	52.4	30.5	-13.4	-19.4	-22.2
交通运输、仓储和邮政业	16.0	44.0	40.0	-24.0	-45.1	-21.9
信息传输、软件和信息技术服务业	62.2	27.0	10.8	51.4	40.6	26.1
批发和零售业	16.2	58.1	25.7	-9.5	-9.7	-16.4
住宿和餐饮业	20.0	63.3	16.7	3.3	2.4	7.7
房地产业	28.6	57.1	14.3	14.3	-8.2	-28.8
租赁和商务服务业	21.2	69.2	9.6	11.6	17.0	15.7
食品、酒及饮料制造业	31.4	45.7	22.9	8.5	-16.6	-10.4
纺织业	12.2	63.3	24.5	-12.3	-50.0	-46.1
纺织服装、服饰业	10.3	51.8	37.9	-27.6	-47.4	-51.2
造纸及纸制品业	13.3	53.4	33.3	-20.0	-26.7	-19.0
化学原料及化学制品制造业	24.1	55.6	20.3	3.8	-34.9	-35.6
医药制造业	36.4	51.5	12.1	24.3	11.4	5.5
化学纤维制造业	11.1	77.8	11.1	0.0	-36.4	-50.0
橡胶及塑料制品业	14.8	59.3	25.9	-11.1	-11.8	-30.5
非金属矿物制品业	23.2	44.7	32.1	-8.9	-51.4	-56.4
黑色金属冶炼及压延加工业	20.0	60.0	20.0	0.0	-35.2	-67.9
有色金属冶炼及压延加工业	18.2	45.4	36.4	-18.2	-6.6	-42.3
金属制品业	21.1	57.8	21.1	0.0	-32.8	-33.0
通用设备制造业	22.2	52.2	25.6	-3.4	-42.3	-50.7
专用设备制造业	30.8	46.1	23.1	7.7	-16.7	-25.6
汽车制造业	45.7	48.6	5.7	40.0	6.5	-59.6
铁路、船舶、航空航天及其他运输设备制造业	16.7	50.0	33.3	-16.6	10.5	-20.8
电气机械及器材制造业	29.2	52.7	18.1	11.1	-2.7	-20.4
计算机、通信及其他电子设备制造业	24.0	68.0	8.0	16.0	2.7	-11.5
仪器仪表制造业	55.5	38.9	5.6	49.9	-5.3	-6.1

8.1.2 产销逐渐回暖，企业盈利改善

企业生产状况的好转还体现在企业产销的回暖上。调查结果显示，认为目前企业的生产（服务）量比去年“增加”的企业家占32%，比2016年高了12.3个百分点；“持平”的占44.4%，“减少”的占23.6%；认为“增加”的比“减少”的多8.4个百分点，这一数据五年来首次由负转正（见表8.7）。

表8.7 相对于去年，不同行业企业目前的生产（服务）量情况（%）

		增加	持平	减少	增加—减少
总体	2017年	32.0	44.4	23.6	8.4
	2016年	19.7	40.3	40.0	-20.3
	2015年	17.3	39.1	43.6	-26.3
	2014年	22.8	42.5	34.7	-11.9
	2013年	26.6	38.6	34.8	-8.2
农林牧渔业		24.1	44.9	31.0	-6.9
采矿业		54.5	36.4	9.1	45.4
制造业		35.9	40.7	23.4	12.5
电力、热力、燃气及水的生产和供应业		36.8	52.7	10.5	26.3
建筑业		28.8	46.2	25.0	3.8
交通运输、仓储和邮政业		12.0	48.0	40.0	-28.0
信息传输、软件和信息技术服务业		34.3	48.6	17.1	17.2
批发和零售业		19.8	50.4	29.8	-10.0
住宿和餐饮业		30.0	56.7	13.3	16.7
房地产业		22.2	58.4	19.4	2.8
租赁和商务服务业		18.0	58.0	24.0	-6.0
食品、酒及饮料制造业		25.4	50.7	23.9	1.5
纺织业		26.5	59.2	14.3	12.2
纺织服装、服饰业		24.1	38.0	37.9	-13.8
造纸及纸制品业		33.3	20.0	46.7	-13.4
化学原料及化学制品制造业		33.3	38.5	28.2	5.1
医药制造业		45.4	36.4	18.2	27.2
化学纤维制造业		22.2	55.6	22.2	0.0
橡胶及塑料制品业		29.6	48.2	22.2	7.4

续表

	增加	持平	减少	增加—减少
非金属矿物制品业	30.9	43.6	25.5	5.4
黑色金属冶炼及压延加工业	40.0	20.0	40.0	0.0
有色金属冶炼及压延加工业	27.3	45.4	27.3	0.0
金属制品业	35.1	43.3	21.6	13.5
通用设备制造业	49.4	32.6	18.0	31.4
专用设备制造业	44.6	38.0	17.4	27.2
汽车制造业	55.9	20.6	23.5	32.4
铁路、船舶、航空航天及其他运输设备制造业	8.3	50.0	41.7	-33.4
电气机械及器材制造业	27.1	45.8	27.1	0.0
计算机、通信及其他电子设备制造业	46.1	30.8	23.1	23.0
仪器仪表制造业	47.4	42.1	10.5	36.9

从不同行业看，生产（服务）量上升较多的行业有：采矿业、电力热力燃气及水的生产和供应业以及制造业中的医药、通用设备、专用设备、汽车、仪器仪表等，生产（服务）量“增加”的企业比“减少”的多25个百分点以上；而交通运输仓储和邮政业以及制造业中的铁路船舶航空航天及其他运输设备制造业等行业则相对较差，生产（服务）量“减少”的企业比“增加”的多20个百分点以上（见表8.7）。

生产增长的同时，销售形势也明显趋暖。调查结果显示，认为目前的销售量比去年“增加”的企业家占34.2%，比2016年高了11.8个百分点；认为“持平”的占36.9%，“减少”的占28.9%；认为“增加”的比“减少”的多5.3个百分点，而前四年均是认为“减少”的要多于认为“增加”的（见表8.8）。

其中，销售量上升较多的行业有：采矿业、电力热力燃气及水的生产和供应业以及制造业中的医药、通用设备、专用设备、汽车等，销售量“增加”的企业比“减少”的多20个百分点以上；而交通运输仓储和邮政业、批发和零售业等行业则相对较差，销售量“减少”的企业比“增加”的企业多20个百分点以上（见表8.8）。

表 8.8 相对于去年，不同行业企业目前的销售量情况（%）

		增加	持平	减少	增加—减少
总体	2017 年	34.2	36.9	28.9	5.3
	2016 年	22.4	34.6	43.0	-20.6
	2015 年	18.1	31.1	50.8	-32.7
	2014 年	25.0	33.0	42.0	-17.0
	2013 年	28.0	31.4	40.6	-12.6
农林牧渔业		28.6	32.1	39.3	-10.7
采矿业		45.4	36.4	18.2	27.2
制造业		38.7	33.8	27.5	11.2
电力、热力、燃气及水的生产和供应业		42.1	42.1	15.8	26.3
建筑业		28.4	40.5	31.1	-2.7
交通运输、仓储和邮政业		16.7	41.7	41.6	-24.9
信息传输、软件和信息技术服务业		33.3	47.3	19.4	13.9
批发和零售业		21.1	36.1	42.8	-21.7
住宿和餐饮业		26.7	50.0	23.3	3.4
房地产业		38.5	33.3	28.2	10.3
租赁和商务服务业		16.3	53.1	30.6	-14.3
食品、酒及饮料制造业		34.3	38.6	27.1	7.2
纺织业		22.4	53.1	24.5	-2.1
纺织服装、服饰业		21.4	39.3	39.3	-17.9
造纸及纸制品业		28.6	28.6	42.8	-14.2
化学原料及化学制品制造业		37.3	28.0	34.7	2.6
医药制造业		45.5	33.3	21.2	24.3
化学纤维制造业		22.2	55.6	22.2	0.0
橡胶及塑料制品业		34.6	32.7	32.7	1.9
非金属矿物制品业		27.3	38.2	34.5	-7.2
黑色金属冶炼及压延加工业		40.0	20.0	40.0	0.0
有色金属冶炼及压延加工业		36.4	18.2	45.4	-9.0
金属制品业		35.1	40.6	24.3	10.8
通用设备制造业		55.7	26.1	18.2	37.5
专用设备制造业		48.3	32.3	19.4	28.9

续表

	增加	持平	减少	增加—减少
汽车制造业	63.6	18.2	18.2	45.4
铁路、船舶、航空航天及其他运输设备制造业	25.0	41.7	33.3	-8.3
电气机械及器材制造业	35.7	35.7	28.6	7.1
计算机、通信及其他电子设备制造业	38.5	34.6	26.9	11.6
仪器仪表制造业	47.3	21.1	31.6	15.7

销售的较快增长推动了库存水平趋于正常。调查结果显示，认为目前企业的产成品库存“正常”或“低于正常”的企业家占85.3%，为五年来最高；认为“高于正常”的企业家仅占14.7%（见表8.9）。

从不同行业看，库存相对较高的行业有：房地产业以及制造业中的非金属制品、有色金属、铁路船舶航空航天及其他运输设备制造业等，认为库存“高于正常”的企业占1/4左右（见表8.9）。

表8.9　　企业目前的产成品库存情况（%）

		高于正常	正常	低于正常	正常+低于正常
总体	2017年	14.7	73.3	12.0	85.3
	2016年	18.5	68.2	13.3	81.5
	2015年	22.5	64.3	13.2	77.5
	2014年	25.0	63.7	11.3	75.0
	2013年	24.8	67.4	7.8	75.2
东部地区企业		13.2	75.8	11.0	86.8
中部地区企业		18.9	66.8	14.3	81.1
西部地区企业		15.0	72.3	12.7	85.0
大型企业		16.7	72.9	10.4	83.3
中型企业		16.5	71.9	11.6	83.5
小型企业		13.6	74.0	12.4	86.4
农林牧渔业		7.1	82.2	10.7	92.9
采矿业			54.5	45.5	100.0
制造业		15.3	71.6	13.1	84.7
电力、热力、燃气及水的生产和供应业		5.3	84.2	10.5	94.7
建筑业		16.4	76.8	6.8	83.6

续表

	高于正常	正常	低于正常	正常+低于正常
交通运输、仓储和邮政业	17.4	73.9	8.7	82.6
信息传输、软件和信息技术服务业	8.6	82.8	8.6	91.4
批发和零售业	15.3	73.2	11.5	84.7
住宿和餐饮业	13.3	80.0	6.7	86.7
房地产业	23.1	61.5	15.4	76.9
租赁和商务服务业	14.3	75.5	10.2	85.7
食品、酒及饮料制造业	15.7	72.9	11.4	84.3
纺织业	18.8	68.7	12.5	81.2
纺织服装、服饰业	3.3	96.7		96.7
造纸及纸制品业	13.3	60.0	26.7	86.7
化学原料及化学制品制造业	11.4	67.1	21.5	88.6
医药制造业	15.2	75.7	9.1	84.8
化学纤维制造业	11.1	66.7	22.2	88.9
橡胶及塑料制品业	10.9	74.6	14.5	89.1
非金属矿物制品业	25.0	58.9	16.1	75.0
黑色金属冶炼及压延加工业	20.0	50.0	30.0	80.0
有色金属冶炼及压延加工业	27.3	54.5	18.2	72.7
金属制品业	16.2	78.4	5.4	83.8
通用设备制造业	19.1	62.9	18.0	80.9
专用设备制造业	14.6	71.9	13.5	85.4
汽车制造业	11.4	71.5	17.1	88.6
铁路、船舶、航空航天及其他运输设备制造业	33.3	58.4	8.3	66.7
电气机械及器材制造业	15.5	76.0	8.5	84.5
计算机、通信及其他电子设备制造业	19.2	77.0	3.8	80.8
仪器仪表制造业	16.7	77.7	5.6	83.3

在产销均趋暖的情况下，企业的盈利情况也明显好转。调查结果显示，上半年盈利（包括“较大盈利”和“略有盈余”，下同）的企业占53.7%，比2016年上升了2.6个百分点，为近六年来的最高；“收支平衡”的占26%；亏损（包括“亏损”和“严重亏损”，下同）的占20.3%（见表8.10）。

表 8.10　　企业 2017 年上半年盈利情况（%）

	较大盈利	略有盈余	收支平衡	亏损	严重亏损
2017 年	8.3	45.4	26.0	18.5	1.8
2016 年	5.9	45.2	23.3	22.5	3.1
2015 年	5.2	41.1	23.5	26.2	4.0
2014 年	5.9	45.8	21.9	23.7	2.7
2013 年	5.3	43.5	22.8	25.6	2.8
2012 年	4.5	45.2	22.1	24.5	3.7
2011 年	8.0	50.7	20.3	19.1	1.9
2010 年	13.1	54.8	17.3	13.7	1.1
2009 年	7.0	44.4	20.5	24.8	3.3
2008 年	11.6	51.3	16.9	18.0	2.2

调查还发现，认为目前盈利“正常”或“好于正常”的企业家占 53.4%，为近五年来的最高值；“低于正常”的占 46.6%。其中，东中部地区企业、大型企业、国有及国有控股公司的盈利情况相对较好（见表 8.11）。

表 8.11　　不同地区、规模及经济类型企业目前的盈利情况（%）

		好于正常	正常	低于正常	好于正常 + 正常
总体	2017 年	5.9	47.5	46.6	53.4
	2016 年	3.0	40.6	56.4	43.6
	2015 年	3.1	37.1	59.8	40.2
	2014 年	3.1	37.0	59.9	40.1
	2013 年	3.2	37.3	59.5	40.5
东部地区企业		5.9	48.1	46.0	54.0
中部地区企业		6.8	46.6	46.6	53.4
西部地区企业		4.4	46.5	49.1	50.9
大型企业		10.2	52.4	37.4	62.6
中型企业		7.4	48.9	43.7	56.3
小型企业		4.6	46.1	49.3	50.7
国有及国有控股公司		13.8	55.3	30.9	69.1
外资企业		5.8	46.2	48.0	52.0
民营企业		5.0	45.7	49.3	50.7

从不同行业看，目前盈利情况相对较好的行业有：采矿业、电力热力燃气及水的生产和供应业、信息传输软件和信息技术服务业、住宿和餐饮业等行业，盈利“正常”或“好于正常”的企业超过七成，而交通运输仓储和邮政业以及制造业中的服装、造纸、非金属制品、钢铁、金属制品等行业则相对较差，超过六成的企业盈利“低于正常”（见表 8.12）。

表 8.12　　不同行业企业目前的盈利情况（%）

	好于正常	正常	低于正常	好于正常+正常				
				2017	2016	2015	2014	2013
总体	5.9	47.5	46.6	53.4	43.6	40.2	40.1	40.5
农林牧渔业	3.3	56.7	40.0	60.0	50.0	56.2	47.8	54.3
采矿业	45.4	27.3	27.3	72.7	0.0	25.0	15.4	21.5
制造业	5.8	42.1	52.1	47.9	38.0	33.9	36.6	33.6
电力、热力、燃气及水的生产和供应业	10.5	63.2	26.3	73.7	64.3	68.2	73.3	62.7
建筑业	3.8	52.4	43.8	56.2	44.6	41.1	43.4	57.2
交通运输、仓储和邮政业	4.0	28.0	68.0	32.0	56.7	48.6	47.7	52.5
信息传输、软件和信息技术服务业	11.1	63.9	25.0	75.0	65.6	68.6	72.9	67.0
批发和零售业	2.2	53.4	44.4	55.6	43.0	40.3	41.1	45.8
住宿和餐饮业	6.7	66.6	26.7	73.3	51.2	57.5	45.3	41.6
房地产业	9.8	43.9	46.3	53.7	61.2	36.7	30.8	59.6
租赁和商务服务业	5.9	62.7	31.4	68.6	75.5	64.7	72.7	62.7
食品、酒及饮料制造业	7.0	47.9	45.1	54.9	43.6	42.7	42.1	37.1
纺织业	2.0	38.8	59.2	40.8	29.2	27.4	19.1	15.8
纺织服装、服饰业	3.4	20.7	75.9	24.1	35.0	28.9	27.1	27.6
造纸及纸制品业		35.7	64.3	35.7	33.3	38.1	33.3	36.2
化学原料及化学制品制造业	12.7	38.0	49.3	50.7	36.0	31.3	52.7	37.9
医药制造业	3.0	66.7	30.3	69.7	52.3	62.2	63.6	53.8
化学纤维制造业		66.7	33.3	66.7	36.4	12.5	29.4	21.7
橡胶及塑料制品业	1.9	40.7	57.4	42.6	40.3	37.6	34.3	25.0
非金属矿物制品业	8.9	28.6	62.5	37.5	21.9	16.0	20.0	28.7
黑色金属冶炼及压延加工业		40.0	60.0	40.0	26.3	18.5	26.4	35.0
有色金属冶炼及压延加工业	18.2	36.4	45.4	54.6	53.3	38.5	15.6	28.6
金属制品业	5.4	27.0	67.6	32.4	30.4	32.1	34.2	37.8

续表

	好于正常	正常	低于正常	好于正常+正常				
				2017	2016	2015	2014	2013
通用设备制造业	6.7	36.0	57.3	42.7	28.6	20.0	29.0	26.2
专用设备制造业	5.6	37.8	56.6	43.4	35.3	28.0	40.2	40.2
汽车制造业	17.1	37.1	45.8	54.2	61.3	34.4	39.4	35.1
铁路、船舶、航空航天及其他运输设备制造业		50.0	50.0	50.0	41.2	65.2	26.3	32.2
电气机械及器材制造业	2.8	52.1	45.1	54.9	42.4	34.9	44.8	40.1
计算机、通信及其他电子设备制造业		65.4	34.6	65.4	59.5	52.9	51.0	45.1
仪器仪表制造业	11.1	55.6	33.3	66.7	58.8	50.0	66.7	60.5

在盈利趋于好转的同时，停产、半停产企业的比重比2016年有所下降。调查结果显示，关于目前企业的生产情况，回答“停产”或“半停产”的企业家占17.8%，比2016年低5.8个百分点，为近五年来最低；回答“正常运作”的占78.7%，回答“超负荷生产”的占3.5%，其中，小型企业“停产”“半停产”的比重相对较高（见表8.13）。

从不同行业看，交通运输仓储和邮政业、信息传输软件和信息技术服务业、批发和零售业、住宿和餐饮业、租赁和商务服务业以及制造业中的汽车、仪器仪表等行业目前的生产状况相对较好，“超负荷生产”或“正常运作”的企业超过九成；而采矿业以及制造业中的非金属制品、铁路船舶航空航天及其他运输设备制造业等行业则相对较差，“停产”“半停产”的企业超过三成，这从一个侧面反映出当前结构分化特别是行业分化的问题仍然突出（见表8.13）。

表8.13　企业目前的生产状况（%）

		超负荷生产	正常运作	半停产	停产
总体	2017年	3.5	78.7	16.9	0.9
	2016年	2.1	74.3	22.8	0.8
	2015年	1.4	69.6	27.6	1.4
	2014年	1.9	74.3	23.0	0.8
	2013年	3.3	76.4	19.8	0.5
大型企业		7.3	84.8	7.9	
中型企业		5.5	80.2	14.0	0.3
小型企业		2.2	77.1	19.4	1.3

续表

	超负荷生产	正常运作	半停产	停产
农林牧渔业	3.2	80.7	12.9	3.2
采矿业		63.6	27.3	9.1
制造业	5.0	72.8	21.5	0.7
电力、热力、燃气及水的生产和供应业	5.3	84.1	5.3	5.3
建筑业		83.3	16.7	
交通运输、仓储和邮政业		92.0	4.0	4.0
信息传输、软件和信息技术服务业		92.1	7.9	
批发和零售业	1.4	92.2	5.0	1.4
住宿和餐饮业	3.1	87.5	9.4	
房地产业	2.3	69.8	25.6	2.3
租赁和商务服务业	2.0	94.1	3.9	
食品、酒及饮料制造业	4.2	76.1	16.9	2.8
纺织业		75.0	25.0	
纺织服装、服饰业		83.3	16.7	
造纸及纸制品业	6.7	66.6	26.7	
化学原料及化学制品制造业	6.3	64.9	28.8	
医药制造业	2.9	76.5	20.6	
化学纤维制造业	11.1	66.7	11.1	11.1
橡胶及塑料制品业		72.7	27.3	
非金属矿物制品业	1.8	51.8	46.4	
黑色金属冶炼及压延加工业	9.1	63.6	27.3	
有色金属冶炼及压延加工业		75.0	25.0	
金属制品业	7.9	78.9	13.2	
通用设备制造业	4.4	75.8	18.7	1.1
专用设备制造业	11.8	71.0	17.2	
汽车制造业	5.7	85.7	8.6	
铁路、船舶、航空航天及其他运输设备制造业		66.7	33.3	
电气机械及器材制造业	2.7	76.7	19.2	1.4
计算机、通信及其他电子设备制造业	11.1	74.1	14.8	
仪器仪表制造业	10.5	89.5		

8.1.3 企业家信心有所增强

企业家对企业现状的满意程度也从一个侧面反映了目前企业的综合经营状况。调查结果显示，对企业现状“非常满意”或“比较满意”的企业家占39.1%，比2016年上升了5.6个百分点，其中“非常满意”占2.4%，“比较满意”占36.7%；“一般”的占35.7%，“不太满意”或“很不满意”的占25.2%。以5分制计算，企业家对企业现状满意度的评价值为3.13，高于中值3，为近5年来的最高水平。其中，中部地区企业、大中型企业、国有及国有控股公司的企业家对企业现状的满意度评分相对较高（见表8.14）。

表8.14　　对企业现状的总体感受（%）

		非常满意	比较满意	一般	不太满意	很不满意	评价值
总体	2017年	2.4	36.7	35.7	22.0	3.2	3.13
	2016年	1.6	31.9	35.7	25.4	5.4	2.99
	2015年	0.9	27.4	38.4	27.1	6.2	2.90
	2014年	1.4	33.4	34.4	26.3	4.5	3.01
	2013年	1.3	30.6	37.4	25.9	4.8	2.98
东部地区企业		2.0	36.6	36.6	22.3	2.5	3.13
中部地区企业		3.4	37.0	33.6	22.9	3.1	3.15
西部地区企业		3.0	36.9	34.8	19.3	6.0	3.12
大型企业		3.3	56.5	21.1	15.8	3.3	3.41
中型企业		3.6	38.3	38.5	17.4	2.2	3.24
小型企业		1.9	32.9	36.9	24.8	3.5	3.05
国有及国有控股公司		5.1	50.5	29.3	12.1	3.0	3.43
外资企业			37.8	37.7	22.6	1.9	3.11
民营企业		2.5	33.9	35.9	24.2	3.5	3.08

注：评价值是由（“非常满意”×5＋“比较满意”×4＋“一般”×3＋“不太满意”×2＋“很不满意”）/100计算得出的，最高为5分，最低为1分，分值越高，表示对企业现状越满意，反之则越不满意。

基于企业景气状态的回升，企业家对当前宏观经济形势的判断也趋于乐观。调查结果显示，认为当前宏观经济形势“很好”或“较好”的企业家占41.5%，为2011年以来的最高值，比2016年上升了21.2个百分点；认为“一般”的占44.3%；认为“很差”或“较差”的占14.2%，比2016年下降了22.5个百分点（见表8.15、图8.1）。

表 8.15　　企业家对当前宏观经济形势的判断（%）

	很好	较好	一般	较差	很差	好-差
2017 年	6.3	35.2	44.3	12.5	1.7	27.3
2016 年	3.3	17.0	43.0	30.4	6.3	-16.4
2015 年	1.6	16.0	38.1	35.7	8.6	-26.7
2014 年	1.7	22.0	48.1	24.6	3.6	-4.5
2013 年	1.7	18.7	48.7	26.7	4.2	-10.5
2012 年	1.3	13.3	38.1	37.4	9.9	-32.7
2011 年	2.4	28.9	43.9	21.0	3.8	6.5
2010 年	5.1	51.2	37.1	5.9	0.7	49.7
2009 年	3.1	36.9	46.7	12.4	0.9	26.7
2008 年	2.8	32.6	40.5	21.1	3.0	11.3

注：“好”包括“很好”和“较好”，“差”包括“较差”和“很差”。

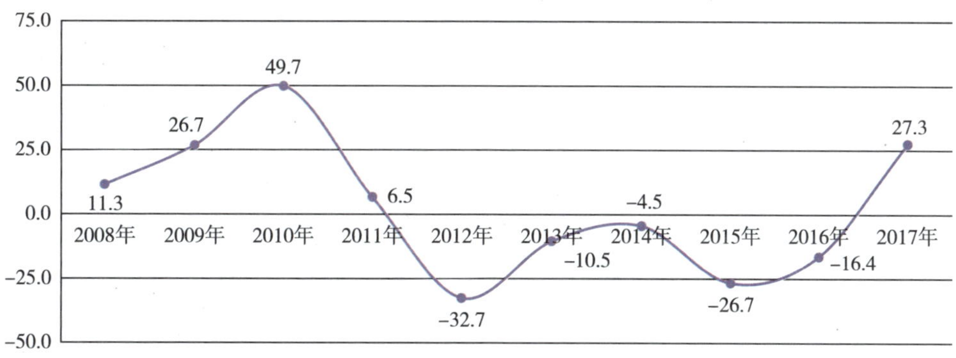

图 8.1　企业家对当前宏观经济形势的判断（%）

注：图中数据为企业家认为当前宏观经济形势“很好”“较好”的比重与“较差”“很差”的比重的差值。

调查结果显示，认为目前宏观经济“正常”的企业家占 52.4%，比 2016 年上升了 20.4 个百分点；认为“偏冷”的企业家占 31%，认为“过冷”的占 1.4%，两者合计比重比 2016 年下降了 23 个百分点；认为“偏热”或“过热”的占 7.5%，比 2016 年高 2.5 个百分点；认为“尚难判断”的占 7.7%（见表 8.16、图 8.2）。

表 8.16　2008～2017 年企业家对宏观经济运行的总体判断（%）

	过热	偏热	正常	偏冷	过冷	尚难判断
2017 年	0.6	6.9	52.4	31.0	1.4	7.7
2016 年	0.6	4.4	32.0	48.6	6.8	7.6
2015 年	0.6	3.0	27.9	51.3	9.4	7.8
2014 年	0.4	3.9	39.5	46.9	4.1	5.2
2013 年	1.7	9.7	34.0	43.1	3.4	8.1
2012 年	1.4	8.5	23.2	49.5	7.7	9.7
2011 年	5.1	29.9	28.1	23.6	1.9	11.4
2010 年	2.7	30.5	47.3	10.2	0.3	9.0
2009 年	1.8	20.7	39.5	24.6	0.6	12.8
2008 年	3.6	26.1	29.1	27.2	1.6	12.4

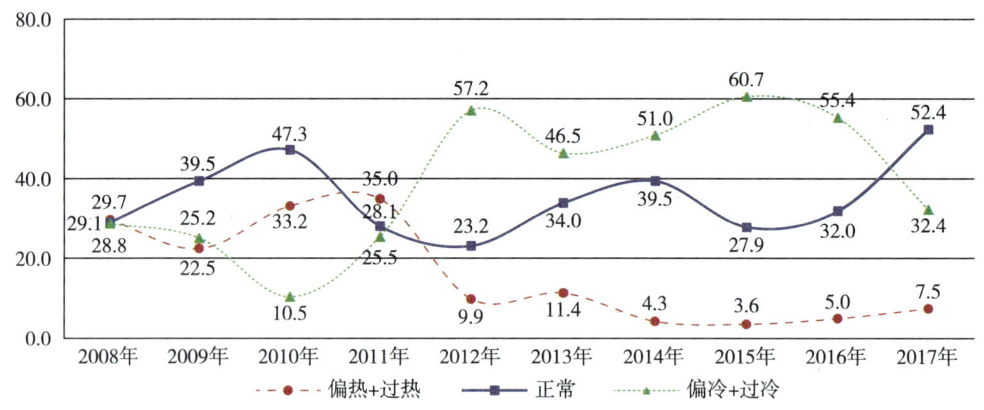

图 8.2　2008～2017 年企业家对宏观经济运行的总体判断（%）

调查发现，企业家认为当前经济“偏冷”或“过冷”的比重，以及经济形势“很差”或“较差”的比重均明显下降，而认为当前经济“正常”的比重，以及经济形势“很好”或“较好”的比重均上升较多。值得注意的是，2017 年认为宏观经济“正常”的企业家首次超过一半，为自 2008 年以来的历史最高点。调查表明，相对于我国经济经常表现出的冷热交替、波动剧烈的特征，多数企业家认为当前宏观经济环境处于历史上并不多见的既不冷又不热的正常状态。

8.1.4　市场需求稳中有升，未来预期整体较为乐观

企业订货情况是一个重要的先行指标，在一定程度上预示着未来的需求走向。调查结果显示，认为目前订货“正常”的企业家占60.4%，“高于正常”的占11.4%，两者合计比重比2016年上升了17.7个百分点；订货“低于正常”的企业占28.2%。其中，东中部地区企业目前订货相对较好（见表8.17）。

表8.17　不同地区企业目前的订货情况（%）

		高于正常	正常	低于正常	高于正常+正常
总体	2017年	11.4	60.4	28.2	71.8
	2016年	5.4	48.7	45.9	54.1
	2015年	3.5	47.4	49.1	50.9
	2014年	4.5	51.8	43.7	56.3
	2013年	6.1	50.3	43.6	56.4
东部地区企业		11.2	62.1	26.7	73.3
中部地区企业		14.4	58.1	27.5	72.5
西部地区企业		8.1	56.2	35.7	64.3

从不同行业看，采矿业、电力热力燃气及水的生产和供应业、信息传输软件和信息技术服务业以及制造业中的汽车、电子设备等行业订货情况相对较好，订货“正常”或“高于正常”的企业比重超过八成；而造纸、非金属制品、钢铁、铁路船舶航空航天及其他运输设备制造业等行业订货情况相对较差，超过四成的企业订货“低于正常”（见表8.18）。

值得注意的是，与2016年相比，一些行业的订货情况明显好转，包括：采矿业以及制造业中的食品、纺织、服装、化工、金属制品、通用设备、专用设备、仪器仪表等，这在一定程度上说明，这些行业的市场需求正在逐渐好转（见表8.18）。

表8.18　不同行业企业目前的订货情况（%）

	高于正常	正常	低于正常	高于正常+正常				
				2017	2016	2015	2014	2013
总体	11.4	60.4	28.2	71.8	54.1	50.9	56.3	56.4
农林牧渔业	10.3	62.1	27.6	72.4	68.2	60.0	64.4	69.0

续表

	高于正常	正常	低于正常	高于正常+正常				
				2017	2016	2015	2014	2013
采矿业	36.4	45.4	18.2	81.8	35.7	40.0	38.5	48.1
制造业	12.9	57.7	29.4	70.6	49.6	44.8	53.8	51.2
电力、热力、燃气及水的生产和供应业	11.8	70.6	17.6	82.4	81.8	85.7	88.5	80.4
建筑业	11.8	58.8	29.4	70.6	56.8	41.5	58.8	73.8
交通运输、仓储和邮政业	4.3	56.6	39.1	60.9	51.7	63.2	65.7	64.0
信息传输、软件和信息技术服务业	11.4	71.5	17.1	82.9	80.0	79.8	82.5	71.3
批发和零售业	7.1	61.4	31.5	68.5	58.2	59.6	61.8	64.4
住宿和餐饮业	3.8	69.3	26.9	73.1	55.6	81.1	67.5	50.9
房地产业	8.6	62.8	28.6	71.4	56.1	36.7	31.8	60.6
租赁和商务服务业	9.1	68.2	22.7	77.3	84.6	69.2	73.7	64.7
食品、酒及饮料制造业	5.7	72.9	21.4	78.6	54.2	61.8	55.0	55.6
纺织业	8.5	63.8	27.7	72.3	47.7	48.6	44.7	43.0
纺织服装、服饰业	10.3	69.0	20.7	79.3	57.5	57.8	58.6	46.4
造纸及纸制品业	7.1	42.9	50.0	50.0	46.7	42.9	40.6	49.0
化学原料及化学制品制造业	17.7	54.5	27.8	72.2	48.5	47.3	64.2	51.3
医药制造业	9.1	69.7	21.2	78.8	63.4	67.6	71.1	69.8
化学纤维制造业	11.1	66.7	22.2	77.8	63.6	31.3	52.9	39.1
橡胶及塑料制品业	7.3	56.3	36.4	63.6	54.3	44.4	50.0	50.0
非金属矿物制品业	12.7	40.0	47.3	52.7	35.6	33.4	42.3	44.5
黑色金属冶炼及压延加工业	22.2	33.3	44.5	55.5	42.1	19.2	44.1	37.5
有色金属冶炼及压延加工业	8.3	58.4	33.3	66.7	57.2	61.5	37.5	47.1
金属制品业	17.1	51.5	31.4	68.6	44.7	41.7	63.8	54.4
通用设备制造业	15.7	54.0	30.3	69.7	38.6	24.7	42.2	47.0
专用设备制造业	19.4	51.6	29.0	71.0	45.6	40.9	51.3	49.3
汽车制造业	20.0	62.9	17.1	82.9	67.7	31.2	62.5	54.2
铁路、船舶、航空航天及其他运输设备制造业		50.0	50.0	50.0	55.6	56.5	47.3	42.8
电气机械及器材制造业	5.6	62.5	31.9	68.1	54.2	40.5	59.5	60.5
计算机、通信及其他电子设备制造业	16.7	70.8	12.5	87.5	63.9	59.6	79.2	59.2
仪器仪表制造业	29.4	47.1	23.5	76.5	50.0	48.5	65.7	72.1

本次调查还了解了与去年相比，目前企业订货的增减情况。调查结果显示，认为目前订货比去年“增加”的企业家占31.3%，比2016年上升了11.7个百分点；“持平”的占40.3%，“减少”的占28.4%；认为“增加”的比“减少”的多2.9个百分点，为近五年来最好。其中，东中部地区企业订货情况相对较好（见表8.19）。

表8.19　　相对于去年，不同地区企业目前的订货情况（%）

		增加	持平	减少	增加-减少
总体	2017年	31.3	40.3	28.4	2.9
	2016年	19.6	37.9	42.5	-22.9
	2015年	14.5	34.1	51.4	-36.9
	2014年	20.7	36.1	43.2	-22.5
	2013年	23.8	35.0	41.2	-17.4
东部地区企业		32.3	40.0	27.7	4.6
中部地区企业		31.3	41.8	26.9	4.4
西部地区企业		27.2	39.6	33.2	-6.0

从不同行业看，采矿业以及制造业中的通用设备、专用设备、汽车、电子设备、仪器仪表等行业相对较好，认为订货“增加”的比“减少”的多20个百分点以上，而住宿和餐饮业以及制造业中的铁路船舶航空航天及其他运输设备制造业等行业订货情况相对较差，认为订货“增加”的比“减少”的少30个百分点以上（见表8.20）。

表8.20　　相对于去年，不同行业企业目前的订货情况（%）

	增加	持平	减少	增加-减少				
				2017	2016	2015	2014	2013
总体	31.3	40.3	28.4	2.9	-22.9	-36.9	-22.5	-17.4
农林牧渔业	29.6	37.1	33.3	-3.7	4.5	-34.0	-9.0	-5.8
采矿业	54.5	27.3	18.2	36.3	-71.4	-70.0	-60.0	-27.0
制造业	35.4	38.0	26.6	8.8	-25.2	-42.1	-23.2	-20.9
电力、热力、燃气及水的生产和供应业	25.0	50.0	25.0	0.0	9.1	19.0	32.2	14.0
建筑业	29.0	43.5	27.5	1.5	-29.8	-44.3	-28.0	1.5

续表

	增加	持平	减少	增加－减少				
				2017	2016	2015	2014	2013
交通运输、仓储和邮政业	14.3	52.4	33.3	－19.0	－48.4	－41.6	－33.4	－10.8
信息传输、软件和信息技术服务业	31.3	46.8	21.9	9.4	3.3	6.0	22.2	0.0
批发和零售业	19.0	43.0	38.0	－19.0	－30.4	－38.4	－25.0	－21.3
住宿和餐饮业	8.0	52.0	40.0	－32.0	－32.3	－23.7	－25.6	－47.1
房地产业	30.0	40.0	30.0	0.0	－2.5	－47.4	－72.6	－6.8
租赁和商务服务业	17.0	49.0	34.0	－17.0	4.5	－21.5	－10.5	－18.0
食品、酒及饮料制造业	25.7	51.4	22.9	2.8	－25.5	－21.6	－22.7	－22.1
纺织业	18.4	57.1	24.5	－6.1	－40.6	－53.3	－46.7	－44.4
纺织服装、服饰业	33.3	30.0	36.7	－3.4	－18.4	－42.2	－29.2	－32.9
造纸及纸制品业	26.7	26.7	46.6	－19.9	－35.7	－42.9	－38.7	－13.1
化学原料及化学制品制造业	31.1	43.2	25.7	5.4	－25.6	－48.9	－13.2	－18.7
医药制造业	39.4	33.3	27.3	12.1	－7.0	－5.6	7.2	11.5
化学纤维制造业	25.0	50.0	25.0	0.0	－45.5	－56.1	－18.7	－56.5
橡胶及塑料制品业	24.5	39.7	35.8	－11.3	－21.5	－39.7	－20.8	－23.2
非金属矿物制品业	26.8	42.8	30.4	－3.6	－32.4	－51.4	－36.9	－29.6
黑色金属冶炼及压延加工业	30.0	40.0	30.0	0.0	－21.0	－78.6	－23.6	－45.0
有色金属冶炼及压延加工业	18.2	54.5	27.3	－9.1	－6.7	－27.0	－31.1	－30.7
金属制品业	38.9	36.1	25.0	13.9	－24.2	－54.3	－13.4	－5.8
通用设备制造业	54.1	25.9	20.0	34.1	－39.6	－62.4	－37.9	－28.5
专用设备制造业	49.5	25.8	24.7	24.8	－21.9	－45.3	－27.9	－10.7
汽车制造业	61.8	20.6	17.6	44.2	22.6	－45.2	－2.9	－1.1
铁路、船舶、航空航天及其他运输设备制造业		45.5	54.5	－54.5	5.3	－13.0	－31.6	－46.3
电气机械及器材制造业	36.3	36.2	27.5	8.8	－32.4	－42.1	－8.9	－13.2
计算机、通信及其他电子设备制造业	38.5	46.1	15.4	23.1	－2.8	－15.3	0.0	－7.1
仪器仪表制造业	50.0	22.2	27.8	22.2	－22.2	－35.4	－6.0	－4.8

调查还发现，四季度企业订货有所回升。调查结果显示，预计四季度订货“增加”的企业家占30.2%，“持平”的占50.4%，“减少”的占19.4%；预计“增加”的比“减少”的多10.8个百分点，为近五年来最好水平。其中，

中西部地区企业未来订货情况相对较好，东部地区企业相对较差。调查表明，从目前和未来的订货情况看，市场需求逐渐回暖（见表8.21）。

表8.21　　　　不同地区企业对今年四季度订货情况的预计（%）

		增加	持平	减少	增加－减少
总体	2017年	30.2	50.4	19.4	10.8
	2016年	24.4	49.6	26.0	－1.6
	2015年	24.7	44.3	31.0	－6.3
	2014年	28.5	47.3	24.2	4.3
	2013年	32.1	45.0	22.9	9.2
东部地区企业		28.2	52.7	19.1	9.1
中部地区企业		32.4	48.8	18.8	13.6
西部地区企业		35.2	43.4	21.4	13.8

从不同行业看，预计四季度订货增加较多的行业有：农林牧渔业、电力热力燃气及水的生产和供应业、信息传输软件和信息技术服务业以及制造业中的医药、钢铁、汽车、电子设备、仪器仪表等，其订货“增加”的比“减少”的多25个百分点以上；而建筑业、交通运输仓储和邮政业、租赁和商务服务业以及制造业中的造纸、化纤、有色金属等行业则相对较差，订货“减少”的企业要多于“增加”的（见表8.21、表8.22）。

表8.22　　　　不同行业企业对今年四季度订货情况的预计（%）

	增加	持平	减少	增加－减少				
				2017	2016	2015	2014	2013
总体	30.2	50.4	19.4	10.8	－1.6	－6.3	4.3	9.2
农林牧渔业	44.5	37.0	18.5	26.0	22.2	0.0	31.2	25.7
采矿业	18.2	72.7	9.1	9.1	0.0	0.0	－8.0	0.0
制造业	31.7	49.0	19.3	12.4	－2.5	－9.9	3.2	6.9
电力、热力、燃气及水的生产和供应业	31.3	62.4	6.3	25.0	30.0	19.1	42.9	15.3
建筑业	19.2	57.5	23.3	－4.1	－18.7	－10.5	－9.9	24.4
交通运输、仓储和邮政业	13.6	54.6	31.8	－18.2	－17.2	－13.5	－5.5	13.5
信息传输、软件和信息技术服务业	44.2	38.2	17.6	26.6	27.6	29.0	44.8	30.7

续表

	增加	持平	减少	增加－减少				
				2017	2016	2015	2014	2013
批发和零售业	32.3	47.5	20.2	12.1	0.7	－3.0	1.2	6.9
住宿和餐饮业	26.9	53.9	19.2	7.7	－3.1	－13.1	0.0	－8.8
房地产业	31.3	46.8	21.9	9.4	－2.3	－5.1	－8.5	21.6
租赁和商务服务业	17.4	63.0	19.6	－2.2	18.6	－6.2	－5.2	－3.8
食品、酒及饮料制造业	30.0	52.9	17.1	12.9	12.0	12.7	18.2	17.6
纺织业	25.0	52.1	22.9	2.1	－26.1	－19.6	－7.2	2.4
纺织服装、服饰业	33.3	36.7	30.0	3.3	－12.9	－11.1	6.9	2.1
造纸及纸制品业	28.6	35.7	35.7	－7.1	－14.3	－4.8	－12.5	17.5
化学原料及化学制品制造业	32.5	50.6	16.9	15.6	2.0	－5.4	12.1	10.4
医药制造业	42.4	42.4	15.2	27.2	16.2	14.3	27.3	28.3
化学纤维制造业	11.1	55.6	33.3	－22.2	－9.1	－31.2	17.7	－4.4
橡胶及塑料制品业	24.1	51.8	24.1	0.0	1.4	－13.2	－0.9	5.6
非金属矿物制品业	35.2	42.6	22.2	13.0	－13.7	－11.6	－5.8	2.8
黑色金属冶炼及压延加工业	60.0	30.0	10.0	50.0	－22.2	－32.1	－14.7	－5.0
有色金属冶炼及压延加工业	18.2	54.5	27.3	－9.1	0.0	0.0	15.6	－3.9
金属制品业	24.3	59.5	16.2	8.1	3.6	－30.5	－0.8	0.0
通用设备制造业	29.9	46.0	24.1	5.8	－16.4	－33.5	－14.5	－14.2
专用设备制造业	38.0	44.6	17.4	20.6	－11.9	－12.4	2.7	4.3
汽车制造业	36.4	54.5	9.1	27.3	35.5	－16.1	26.3	22.9
铁路、船舶、航空航天及其他运输设备制造业	30.0	60.0	10.0	20.0	21.0	－8.7	－10.5	35.7
电气机械及器材制造业	24.3	51.4	24.3	0.0	8.6	－13.1	0.0	20.9
计算机、通信及其他电子设备制造业	38.5	57.7	3.8	34.7	27.7	32.7	10.2	19.4
仪器仪表制造业	42.1	57.9		42.1	11.1	0.0	22.8	14.0

由于市场需求的回稳，企业家预计未来产品价格总体保持上升态势，不过行业分化十分明显。调查结果显示，预计明年企业产品销售价格“持平”的企业家占52.1%，认为“上升”的占29.7%，比“下降”的多11.5个百分点，这一数据为近五年来最高（见表8.23）。

从不同行业看，预计明年价格上升较多的行业有：农林牧渔业、房地产业以及制造业中的造纸、化纤等行业，预计价格“上升”的比“下降”的多30个百分点以上，而电力热力燃气及水的生产和供应业、交通运输仓储和邮政业以及制造业中的医药、汽车等行业预计价格“下降”的企业要多于“上升”的（见表8.23）。

表8.23　　相对于今年，不同行业企业对明年销售价格的预计（%）

	上升	持平	下降	上升－下降				
				2017	2016	2015	2014	2013
总体	29.7	52.1	18.2	11.5	－14.3	－15.8	－11.9	－1.7
农林牧渔业	46.5	46.4	7.1	39.4	13.4	6.0	13.3	27.1
采矿业	18.2	63.6	18.2	0.0	0.0	－40.0	－30.8	－18.5
制造业	29.0	52.9	18.1	10.9	－21.9	－26.4	－16.8	－9.3
电力、热力、燃气及水的生产和供应业	16.7	61.1	22.2	－5.5	－14.3	－17.4	－3.3	12.7
建筑业	33.3	48.0	18.7	14.6	－15.6	－10.1	－7.2	12.7
交通运输、仓储和邮政业	8.7	60.9	30.4	－21.7	－27.6	－10.8	－5.3	14.9
信息传输、软件和信息技术服务业	35.1	40.6	24.3	10.8	18.7	14.5	18.6	5.0
批发和零售业	32.4	48.5	19.1	13.3	－3.6	2.0	－6.4	9.6
住宿和餐饮业	20.7	65.5	13.8	6.9	－7.1	20.0	24.3	21.0
房地产业	47.5	37.5	15.0	32.5	20.0	－1.7	7.8	39.3
租赁和商务服务业	24.0	60.0	16.0	8.0	6.3	3.0	18.2	5.4
食品、酒及饮料制造业	28.2	59.1	12.7	15.5	－3.1	6.9	21.7	24.9
纺织业	34.7	57.1	8.2	26.5	－13.7	－24.0	－17.7	－5.4
纺织服装、服饰业	23.3	56.7	20.0	3.3	－32.5	－33.3	－15.6	5.3
造纸及纸制品业	53.3	40.0	6.7	46.6	－12.4	－23.8	－34.4	－2.2
化学原料及化学制品制造业	35.1	50.6	14.3	20.8	－13.9	－13.0	－12.7	－10.9
医药制造业	15.2	60.6	24.2	－9.0	－4.5	－11.1	－24.4	－15.7
化学纤维制造业	66.7	22.2	11.1	55.6	－18.2	－18.7	－5.9	－13.0
橡胶及塑料制品业	34.5	41.9	23.6	10.9	－2.9	－26.8	－17.2	－9.5
非金属矿物制品业	39.3	48.2	12.5	26.8	－29.7	－26.5	－12.4	－15.3
黑色金属冶炼及压延加工业	40.0	40.0	20.0	20.0	－5.2	－39.3	0.0	2.5
有色金属冶炼及压延加工业	36.4	45.4	18.2	18.2	0.0	－19.2	－6.2	－6.0
金属制品业	32.4	51.4	16.2	16.2	－31.0	－39.4	－14.0	－16.2
通用设备制造业	28.1	53.9	18.0	10.1	－31.4	－39.4	－28.4	－21.9

续表

	上升	持平	下降	上升－下降				
				2017	2016	2015	2014	2013
专用设备制造业	19.4	63.4	17.2	2.2	－34.6	－31.6	－20.5	－19.7
汽车制造业	8.8	47.1	44.1	－35.3	－48.3	－59.7	－45.8	－29.5
铁路、船舶、航空航天及其他运输设备制造业	16.7	66.6	16.7	0.0	10.5	－17.4	－10.5	－3.6
电气机械及器材制造业	25.4	49.2	25.4	0.0	－27.0	－41.7	－31.0	－12.2
计算机、通信及其他电子设备制造业	30.8	46.1	23.1	7.7	－48.7	－30.8	－44.9	－26.8
仪器仪表制造业	36.8	47.4	15.8	21.0	－22.2	－44.2	－11.4	－14.0

在市场需求回暖、盈利改善的背景下，企业家预计未来企业经营状况将有所改善。调查结果显示，预计四季度企业经营状况将“好转”的企业家占34.6%，预计“不变”的占57.1%，预计“恶化”的占8.3%；预计“好转”的比“恶化”的多26.3个百分点，比2016年的调查结果上升了9.2个百分点（见表8.24）。

从不同地区看，中部地区企业预计“好转”的比“恶化”的多37个百分点，高于东部和西部地区；从不同规模看，大中型企业更为乐观；从不同经济类型看，国有及国有控股公司预计“好转”的比“恶化”的多32.3个百分点，高于民营企业和外资企业（见表8.24）。

表8.24 不同地区、规模及经济类型企业对今年四季度综合经营状况的预计（%）

	四季度经营状况预计			好转－恶化				
	好转	不变	恶化	2017年	2016年	2015年	2014年	2013年
总体	34.6	57.1	8.3	26.3	17.1	13.5	17.3	20.9
东部地区企业	30.3	62.0	7.7	22.6	16.1	11.4	15.9	20.1
中部地区企业	45.0	47.0	8.0	37.0	22.6	18.7	19.0	25.0
西部地区企业	37.1	51.7	11.2	25.9	13.3	13.7	22.2	18.7
大型企业	36.6	54.9	8.5	28.1	19.4	15.1	18.2	21.5
中型企业	35.6	57.2	7.2	28.4	16.7	14.1	18.1	22.6
小型企业	33.9	57.4	8.7	25.2	16.8	13.0	16.6	19.9
国有及国有控股公司	39.4	53.5	7.1	32.3	19.4	9.0	24.0	20.8
外资企业	18.9	77.3	3.8	15.1	1.3	10.8	18.2	16.8
民营企业	34.3	56.7	9.0	25.3	16.8	13.4	15.6	20.1

从不同行业看，对四季度预计较为乐观的行业有：农林牧渔业、采矿业、电力热力燃气及水的生产和供应业、信息传输软件和信息技术服务业以及制造业中的钢铁、铁路船舶航空航天及其他运输设备制造业、电子设备、仪器仪表等，预计“好转”的比“恶化”的多40个百分点以上，而交通运输仓储和邮政业以及制造业中的服装、造纸、橡胶塑料、金属制品等行业乐观程度相对较低（见表8.25）。

表8.25　　　　不同行业企业对今年四季度综合经营状况的预计（%）

	四季度经营状况预计			好转－恶化				
	好转	不变	恶化	2017	2016	2015	2014	2013
总体	34.6	57.1	8.3	26.3	17.1	13.5	17.3	20.9
农林牧渔业	45.2	54.8		45.2	39.1	34.0	41.4	36.1
采矿业	72.7	27.3		72.7	50.1	5.0	0.0	7.1
制造业	33.4	57.9	8.7	24.7	13.2	6.5	15.2	17.1
电力、热力、燃气及水的生产和供应业	47.4	52.6		47.4	6.7	17.4	37.5	29.0
建筑业	40.9	45.5	13.6	27.3	22.3	18.9	21.1	37.7
交通运输、仓储和邮政业	19.2	69.3	11.5	7.7	3.2	15.0	16.7	15.7
信息传输、软件和信息技术服务业	52.6	42.1	5.3	47.3	46.9	39.5	50.0	45.5
批发和零售业	32.1	57.2	10.7	21.4	17.6	20.0	13.2	22.9
住宿和餐饮业	24.2	66.7	9.1	15.1	21.8	34.2	34.9	30.6
房地产业	31.1	64.5	4.4	26.7	29.4	25.8	16.9	27.8
租赁和商务服务业	33.3	61.1	5.6	27.7	24.5	30.1	4.1	24.1
食品、酒及饮料制造业	43.7	50.7	5.6	38.1	22.5	22.2	32.5	32.4
纺织业	34.0	58.0	8.0	26.0	0.0	10.8	6.2	9.0
纺织服装、服饰业	20.0	66.7	13.3	6.7	12.8	2.3	19.7	14.9
造纸及纸制品业	20.0	60.0	20.0	0.0	11.7	0.0	6.3	19.2
化学原料及化学制品制造业	32.1	56.8	11.1	21.0	14.5	11.4	24.2	13.1
医药制造业	30.3	63.6	6.1	24.2	30.2	27.8	28.9	35.9
化学纤维制造业	33.3	44.5	22.2	11.1	－9.1	－18.8	31.3	－13.1
橡胶及塑料制品业	23.6	61.9	14.5	9.1	15.7	12.1	8.6	21.7

续表

	四季度经营状况预计			好转－恶化				
	好转	不变	恶化	2017	2016	2015	2014	2013
非金属矿物制品业	35.1	49.1	15.8	19.3	13.5	1.0	6.7	5.6
黑色金属冶炼及压延加工业	60.0	30.0	10.0	50.0	－26.3	－21.4	－2.9	0.0
有色金属冶炼及压延加工业	25.0	66.7	8.3	16.7	13.4	0.0	6.2	1.9
金属制品业	18.4	60.5	21.1	－2.7	8.7	－12.1	0.9	13.8
通用设备制造业	36.3	61.5	2.2	34.1	10.2	－14.7	8.1	7.7
专用设备制造业	33.0	63.7	3.3	29.7	8.6	9.6	16.6	18.2
汽车制造业	28.6	65.7	5.7	22.9	35.5	－3.2	23.6	18.8
铁路、船舶、航空航天及其他运输设备制造业	58.3	41.7		58.3	26.3	25.0	5.2	39.3
电气机械及器材制造业	24.7	67.1	8.2	16.5	14.6	3.6	15.4	21.7
计算机、通信及其他电子设备制造业	50.0	42.3	7.7	42.3	27.0	23.1	28.6	26.7
仪器仪表制造业	47.4	52.6		47.4	15.8	17.7	37.1	28.6

调查发现，企业家对明年的预计比对四季度的预计更乐观。调查结果显示，预计明年经营状况“好转”的企业家占41.9%，预计“不变”的占47.5%，预计“恶化”的占10.6%；预计“好转”的比“恶化”的多31.3个百分点，这一数据比对四季度的预计上升了5个百分点，也要高于2016年的调查结果。其中，中部地区企业预计“好转”的比“恶化”的多40.9个百分点，高于东部和西部地区企业（见表8.24、表8.26）。

表8.26　不同地区及规模的企业对明年综合经营状况的预计（%）

	好转	不变	恶化	好转－恶化				
				2017	2016	2015	2014	2013
总体	41.9	47.5	10.6	31.3	22.5	22.0	25.2	29.1
东部地区企业	38.0	51.9	10.1	27.9	17.1	17.4	24.5	28.6
中部地区企业	51.6	37.7	10.7	40.9	33.7	30.8	26.5	31.2
西部地区企业	43.5	44.3	12.2	31.3	25.4	25.7	26.3	28.1
大型企业	39.2	52.3	8.5	30.7	20.0	15.1	21.1	21.0
中型企业	40.3	50.3	9.4	30.9	20.6	21.4	23.5	33.1
小型企业	43.0	45.7	11.3	31.7	23.2	23.0	26.5	28.4

从不同行业看，对明年预计较为乐观的行业有：农林牧渔业、信息传输软件和信息技术服务业、房地产业以及制造业中的钢铁、铁路船舶航空航天及其他运输设备制造业等，预计“好转”的比“恶化”的多50个百分点以上，而服装行业对明年的预期相对较差，认为“恶化”的要多于认为“好转”的（见表8.27）。

表8.27　　不同行业企业对明年综合经营状况的预计（%）

	好转	不变	恶化	好转－恶化				
				2017	2016	2015	2014	2013
总体	41.9	47.5	10.6	31.3	22.5	22.0	25.2	29.1
农林牧渔业	67.7	32.3		67.7	42.2	28.0	41.0	53.6
采矿业	54.5	36.4	9.1	45.4	35.8	10.0	-7.7	-7.4
制造业	38.6	49.9	11.5	27.1	18.0	16.8	25.4	25.9
电力、热力、燃气及水的生产和供应业	52.7	36.8	10.5	42.2	20.0	18.2	21.8	34.0
建筑业	43.7	43.7	12.6	31.1	30.9	21.2	24.0	41.2
交通运输、仓储和邮政业	26.9	57.7	15.4	11.5	-6.5	20.0	16.7	21.6
信息传输、软件和信息技术服务业	57.9	34.2	7.9	50.0	56.2	51.7	54.9	50.5
批发和零售业	36.4	51.5	12.1	24.3	20.9	23.1	13.4	29.7
住宿和餐饮业	39.4	54.5	6.1	33.3	21.7	42.5	32.6	24.6
房地产业	60.0	33.3	6.7	53.3	45.2	30.7	36.4	50.4
租赁和商务服务业	51.9	40.7	7.4	44.5	26.3	24.7	4.2	23.8
食品、酒及饮料制造业	45.7	45.7	8.6	37.1	44.9	40.8	38.4	40.7
纺织业	28.0	62.0	10.0	18.0	-1.5	14.8	17.4	18.2
纺织服装、服饰业	16.7	56.6	26.7	-10.0	-10.2	0.0	15.8	8.6
造纸及纸制品业	35.7	42.9	21.4	14.3	35.3	14.3	18.8	19.5
化学原料及化学制品制造业	33.3	54.4	12.3	21.0	27.2	25.8	39.6	29.3
医药制造业	48.5	39.4	12.1	36.4	36.7	29.7	38.7	35.9
化学纤维制造业	44.5	22.2	33.3	11.2	-18.2	6.2	0.0	-4.4
橡胶及塑料制品业	24.1	61.1	14.8	9.3	21.1	9.7	31.1	28.0
非金属矿物制品业	41.1	41.0	17.9	23.2	8.1	13.1	18.6	17.3
黑色金属冶炼及压延加工业	70.0	20.0	10.0	60.0	0.0	-10.7	21.8	15.0

续表

	好转	不变	恶化	好转－恶化				
				2017	2016	2015	2014	2013
有色金属冶炼及压延加工业	27.3	72.7		27.3	0.1	11.6	6.4	6.0
金属制品业	39.5	47.3	13.2	26.3	6.9	－1.9	13.9	18.3
通用设备制造业	36.3	49.4	14.3	22.0	6.8	6.7	18.7	24.3
专用设备制造业	38.7	55.9	5.4	33.3	15.2	22.6	23.5	30.8
汽车制造业	28.6	68.5	2.9	25.7	45.2	－1.6	31.4	37.9
铁路、船舶、航空航天及其他运输设备制造业	75.0	16.7	8.3	66.7	52.6	26.2	15.7	46.5
电气机械及器材制造业	37.5	51.4	11.1	26.4	6.8	13.1	26.5	31.3
计算机、通信及其他电子设备制造业	50.0	42.3	7.7	42.3	27.8	26.9	32.7	36.3
仪器仪表制造业	47.4	52.6		47.4	42.1	14.7	45.7	38.1

从盈利情况看，企业家预计下半年盈利将有所改善。调查结果显示，预计2017年下半年盈利的企业家占61%，比上半年实际盈利的企业提高了7.3个百分点，也高于2016年的调查结果，其中“较大盈利”占10.6%，“略有盈余”占50.4%；预计“收支平衡”的占24.6%；预计亏损的占14.4%（见表8.10、表8.28）。

表8.28　　对2017年下半年盈利状况的预计（%）

	较大盈利	略有盈余	收支平衡	亏损	严重亏损
2017年	10.6	50.4	24.6	12.2	2.2
2016年	7.4	48.7	26.6	14.3	3.0
2015年	6.0	43.8	26.3	20.1	3.8
2014年	6.9	49.8	23.4	17.0	2.9
2013年	8.0	46.2	25.4	18.5	1.9
2012年	5.4	46.0	25.1	19.9	3.6
2011年	8.3	51.1	23.2	15.2	2.2
2010年	15.1	58.2	18.2	7.8	0.7
2009年	9.8	51.7	22.3	14.5	1.7
2008年	11.0	52.9	19.9	13.7	2.5

调查还发现，企业家对下一阶段企业经营发展较有信心。调查结果显示，对下一阶段经营发展“很有信心”的企业家占18.7%，“较有信心”的占56%，两者合计比重为74.7%，与2016年基本持平；“信心不足”或“没有信心”的占25.3%。其中，中部地区企业、大型企业对下一阶段信心相对较足（见表8.29）。

表8.29 不同地区及规模的企业对下一阶段经营发展的信心（%）

		很有信心	较有信心	信心不足	没有信心	很有信心+较有信心
总体	2017年	18.7	56.0	23.5	1.8	74.7
	2016年	16.6	55.9	24.9	2.6	72.5
东部地区企业		16.5	57.1	25.2	1.2	73.6
中部地区企业		21.4	57.8	18.7	2.1	79.2
西部地区企业		23.9	49.2	23.5	3.4	73.1
大型企业		25.7	58.5	15.1	0.7	84.2
中型企业		21.5	56.1	20.7	1.7	77.6
小型企业		16.6	55.5	25.9	2.0	72.1

从不同行业看，采矿业以及制造业中的电子设备等行业的企业家信心较足；而纺织、服装、造纸、金属制品等行业的企业家信心则相对较低，“信心不足”或“没有信心”的企业家超过四成（见表8.30）。

基于企业景气状态的改善，企业家预期2018年我国经济增速将保持稳健态势。调查结果显示，企业家预计2018年我国GDP增速的中位数为6.5%，其中预计GDP增速在“6%以下”的占14.1%，“6%～6.5%”的占40%，“6.5%～7%”的占35.1%，“7%以上”的占10.8%（见表8.31）。

表8.30 不同行业企业对下一阶段经营发展的信心（%）

		很有信心	较有信心	信心不足	没有信心	很有信心+较有信心
总体	2017年	18.7	56.0	23.5	1.8	74.7
	2016年	16.6	55.9	24.9	2.6	72.5
农林牧渔业		38.7	48.4	9.7	3.2	87.1
采矿业		27.3	63.6	9.1		90.9

续表

	很有信心	较有信心	信心不足	没有信心	很有信心+较有信心
制造业	17.0	53.7	27.6	1.7	70.7
电力、热力、燃气及水的生产和供应业	15.8	68.4	15.8		84.2
建筑业	17.0	58.0	19.3	5.7	75.0
交通运输、仓储和邮政业	11.5	65.5	19.2	3.8	77.0
信息传输、软件和信息技术服务业	39.5	47.3	13.2		86.8
批发和零售业	16.2	59.9	21.8	2.1	76.1
住宿和餐饮业	25.0	59.4	15.6		84.4
房地产业	24.4	51.2	22.2	2.2	75.6
租赁和商务服务业	13.0	70.3	16.7		83.3
纺织业	6.0	48.0	44.0	2.0	54.0
纺织服装、服饰业	10.0	43.4	43.3	3.3	53.4
造纸及纸制品业	6.7	46.7	46.6		53.4
化学原料及化学制品制造业	19.8	55.5	22.2	2.5	75.3
医药制造业	29.4	50.0	20.6		79.4
化学纤维制造业	22.2	55.6	22.2		77.8
橡胶及塑料制品业	7.3	58.2	30.9	3.6	65.5
非金属矿物制品业	17.5	43.9	36.8	1.8	61.4
黑色金属冶炼及压延加工业	18.2	54.5	18.2	9.1	72.7
有色金属冶炼及压延加工业	25.0	50.0	25.0		75.0
金属制品业	26.3	28.9	44.8		55.2
通用设备制造业	11.0	61.5	27.5		72.5
专用设备制造业	17.6	56.0	24.2	2.2	73.6
汽车制造业	25.7	57.2	17.1		82.9
铁路、船舶、航空航天及其他运输设备制造业	16.7	50.0	33.3		66.7
电气机械及器材制造业	8.2	63.0	27.4	1.4	71.2
计算机、通信及其他电子设备制造业	26.9	65.4	7.7		92.3
仪器仪表制造业	16.7	72.2	11.1		88.9

表 8.31　　对 2017 年、2018 年我国 GDP 增速的预计（%）

		6%以下	6%～6.5%	6.5%～7%	7%以上	中位数
2017 年	总体	10.9	42.9	40.4	5.8	6.5
	东部地区企业	9.7	43.9	40.7	5.7	6.5
	中部地区企业	10.8	38.2	44.5	6.5	6.6
	西部地区企业	16.1	45.2	33.6	5.1	6.5
2018 年	总体	14.1	40.0	35.1	10.8	6.5
	东部地区企业	13.7	41.2	36.2	8.9	6.5
	中部地区企业	9.5	38.4	35.5	16.6	6.6
	西部地区企业	22.1	37.6	30.0	10.3	6.5

注：中位数是一组数据按从小到大（或从大到小）的顺序依次排列时，处在中间位置的一个数。不受分布数列的极大或极小值影响。

8.1.5　用工需求温和上升，投资信心有所增强，分化态势十分明显

企业景气的回升促进了企业用工需求的上升，有利于稳定社会就业。调查结果显示，企业家计划明年用工人数稳中有升。调查结果显示，计划明年用工人数“持平”的企业家占 52.2%，“增加”的占 33.3%，“减少”的占 14.5%。其中，东中部地区企业、大型企业、国有及国有控股公司计划明年用工人数增长相对较多（见表 8.32）。

表 8.32　　对明年企业用工人数的计划（%）

		增加	持平	减少	增加+持平
总体	2017 年	33.3	52.2	14.5	85.5
	2016 年	21.6	51.8	26.6	73.4
	2015 年	21.6	50.6	27.8	72.2
	2014 年	31.0	50.7	18.3	81.7
	2013 年	35.3	48.6	16.1	83.9
东部地区企业		31.4	54.8	13.8	86.2
中部地区企业		38.2	47.8	14.0	86.0
西部地区企业		34.1	47.6	18.3	81.7
大型企业		48.2	44.0	7.8	92.2
中型企业		34.1	48.1	17.8	82.2
小型企业		30.6	55.0	14.4	85.6

续表

	增加	持平	减少	增加+持平
国有及国有控股公司	37.1	51.7	11.2	88.8
外资企业	25.5	58.8	15.7	84.3
民营企业	32.8	52.5	14.7	85.3
农林牧渔业	44.5	44.4	11.1	88.9
采矿业	55.6	33.3	11.1	88.9
制造业	32.9	52.5	14.6	85.4
电力、热力、燃气及水的生产和供应业	44.5	33.3	22.2	77.8
建筑业	35.6	43.9	20.5	79.5
交通运输、仓储和邮政业	36.4	45.4	18.2	81.8
信息传输、软件和信息技术服务业	54.3	37.1	8.6	91.4
批发和零售业	20.9	59.7	19.4	80.6
住宿和餐饮业	27.6	62.1	10.3	89.7
房地产业	39.5	50.0	10.5	89.5
租赁和商务服务业	31.9	55.3	12.8	87.2
食品、酒及饮料制造业	39.7	48.5	11.8	88.2
纺织业	22.9	66.7	10.4	89.6
纺织服装、服饰业	29.6	48.2	22.2	77.8
造纸及纸制品业	26.7	53.3	20.0	80.0
化学原料及化学制品制造业	32.9	45.2	21.9	78.1
医药制造业	59.4	28.1	12.5	87.5
化学纤维制造业	28.6	42.8	28.6	71.4
橡胶及塑料制品业	25.5	56.3	18.2	81.8
非金属矿物制品业	23.1	59.6	17.3	82.7
黑色金属冶炼及压延加工业	25.0	50.0	25.0	75.0
有色金属冶炼及压延加工业	27.3	36.4	36.3	63.7
金属制品业	27.8	47.2	25.0	75.0
通用设备制造业	35.6	56.4	8.0	92.0
专用设备制造业	40.9	47.7	11.4	88.6
汽车制造业	37.1	45.8	17.1	82.9
铁路、船舶、航空航天及其他运输设备制造业	30.0	70.0		100.0
电气机械及器材制造业	27.3	60.6	12.1	87.9
计算机、通信及其他电子设备制造业	34.8	52.2	13.0	87.0
仪器仪表制造业	35.3	58.8	5.9	94.1

从不同行业看，明年计划用工人数增长较多的行业有：信息传输软件和信息技术服务业以及制造业中的通用设备、铁路船舶航空航天及其他运输设备、仪器仪表等，用工人数“增加”或“持平”的企业超过九成，而化纤、有色金属等行业预计明年用工人数“减少”的企业超过三成左右（见表8.32）。

调查表明，用工计划的变化一定程度上体现了结构调整与产业结构升级的方向，服务业尤其是现代服务业、高端装备制造业用工趋于增长，而传统制造业的用工需求趋于减弱。

保障充分就业是经济发展的重要目标，而目前我国的就业存在明显的结构问题。本次调查了解了企业明年招收农民工和大学毕业生的情况。调查发现，明年企业对大学生的需求明显高于农民工。调查结果显示，明年计划招收农民工数量“持平”的企业占53.3%，“增加”的占24.3%，“减少”的占22.4%，“增加”的比“减少”仅多1.9个百分点（见表8.33）。而明年计划招收大学毕业生数量“增加”的企业占43.6%，“持平”的占42.9%，“减少”的占13.5%，“增加”的比“减少”的多30.1个百分点，明显好于农民工的招工计划（见表8.34）。对大学生用工需求的增加有利于缓解我国目前比较突出的就业结构矛盾，尤其是大学生就业困难的结构性矛盾。

具体从农民工的用工需求分组看，西部地区企业、大型企业、国有及国有控股公司和民营企业明年计划招收农民工数量增长相对较多（见表8.33）。

从不同行业看，计划招收农民工数量增长较多的行业有：农林牧渔业、采矿业、电力热力燃气及水的生产和供应业以及制造业中的食品、化纤、汽车等，农民工招工计划“增加”的企业超过1/3；而造纸、有色金属、铁路船舶航空航天及其他运输设备制造业、仪器仪表等行业农民工招工计划“减少”的企业超过四成（见表8.33）。

表8.33　　企业明年计划招收农业工数量的增减情况（%）

		增加	持平	减少	增加+持平
总体	2017年	24.3	53.3	22.4	77.6
	2016年	15.7	49.9	34.4	65.6
	2015年	14.2	49.8	36.0	64.0
	2014年	23.2	51.0	25.8	74.2
	2013年	28.9	49.3	21.8	78.2

续表

	增加	持平	减少	增加 + 持平
东部地区企业	22.9	53.6	23.5	76.5
中部地区企业	29.6	48.8	21.6	78.4
西部地区企业	22.8	58.2	19.0	81.0
大型企业	34.4	46.8	18.8	81.2
中型企业	26.9	51.6	21.5	78.5
小型企业	21.7	55.0	23.3	76.7
国有及国有控股公司	24.4	55.1	20.5	79.5
外资企业	24.4	44.5	31.1	68.9
民营企业	24.4	52.9	22.7	77.3
农林牧渔业	39.3	39.3	21.4	78.6
采矿业	33.3	44.5	22.2	77.8
制造业	26.1	50.4	23.5	76.5
电力、热力、燃气及水的生产和供应业	33.3	53.4	13.3	86.7
建筑业	26.8	50.7	22.5	77.5
交通运输、仓储和邮政业	9.5	57.2	33.3	66.7
信息传输、软件和信息技术服务业	25.0	54.2	20.8	79.2
批发和零售业	17.8	63.4	18.8	81.2
住宿和餐饮业	26.9	65.4	7.7	92.3
房地产业	29.4	50.0	20.6	79.4
租赁和商务服务业	13.2	63.1	23.7	76.3
食品、酒及饮料制造业	35.0	48.3	16.7	83.3
纺织业	22.7	68.2	9.1	90.9
纺织服装、服饰业	18.5	55.6	25.9	74.1
造纸及纸制品业		53.8	46.2	53.8
化学原料及化学制品制造业	18.2	50.0	31.8	68.2
医药制造业	27.6	48.3	24.1	75.9
化学纤维制造业	57.1	14.3	28.6	71.4
橡胶及塑料制品业	20.8	54.2	25.0	75.0
非金属矿物制品业	32.7	44.9	22.4	77.6
黑色金属冶炼及压延加工业	22.2	44.5	33.3	66.7

续表

	增加	持平	减少	增加 + 持平
有色金属冶炼及压延加工业	11. 1	22. 2	66. 7	33. 3
金属制品业	22. 9	54. 2	22. 9	77. 1
通用设备制造业	27. 8	52. 8	19. 4	80. 6
专用设备制造业	30. 0	47. 5	22. 5	77. 5
汽车制造业	37. 5	34. 4	28. 1	71. 9
铁路、船舶、航空航天及其他运输设备制造业	20. 0	30. 0	50. 0	50. 0
电气机械及器材制造业	24. 6	55. 4	20. 0	80. 0
计算机、通信及其他电子设备制造业	31. 8	45. 5	22. 7	77. 3
仪器仪表制造业	15. 4	38. 5	46. 1	53. 9

具体从对大学生用工需求分组看，东中部地区企业、大型企业、国有及国有控股公司、民营企业以及信息传输软件和信息技术服务业、租赁和商务服务业、医药、通用设备、专用设备、汽车、铁路船舶航空航天及其他运输设备制造业、电气机械、仪器仪表等行业企业明年计划招收大学毕业生的数量增长相对较多（见表 8. 34）。

表 8. 34　　企业明年计划招收大学毕业生数量的增减情况（%）

		增加	持平	减少	增加 + 持平
总体	2017 年	43. 6	42. 9	13. 5	86. 5
	2016 年	38. 6	41. 4	20. 0	80. 0
	2015 年	38. 4	41. 5	20. 1	79. 9
	2014 年	43. 4	41. 5	15. 1	84. 9
	2013 年	46. 4	38. 7	14. 9	85. 1
东部地区企业		41. 3	46. 2	12. 5	87. 5
中部地区企业		51. 1	36. 3	12. 6	87. 4
西部地区企业		42. 8	38. 8	18. 4	81. 6
大型企业		64. 0	30. 2	5. 8	94. 2
中型企业		48. 1	41. 3	10. 6	89. 4
小型企业		38. 3	45. 7	16. 0	84. 0
国有及国有控股公司		36. 0	51. 2	12. 8	87. 2
外资企业		21. 3	57. 4	21. 3	78. 7
民营企业		45. 0	41. 0	14. 0	86. 0

续表

	增加	持平	减少	增加+持平
农林牧渔业	51.9	33.3	14.8	85.2
采矿业	45.4	36.4	18.2	81.8
制造业	44.6	41.2	14.2	85.8
电力、热力、燃气及水的生产和供应业	46.7	33.3	20.0	80.0
建筑业	41.6	41.5	16.9	83.1
交通运输、仓储和邮政业	45.0	35.0	20.0	80.0
信息传输、软件和信息技术服务业	54.3	37.1	8.6	91.4
批发和零售业	40.4	44.7	14.9	85.1
住宿和餐饮业	24.0	64.0	12.0	88.0
房地产业	44.4	41.7	13.9	86.1
租赁和商务服务业	28.3	67.4	4.3	95.7
食品、酒及饮料制造业	37.1	41.9	21.0	79.0
纺织业	51.3	33.3	15.4	84.6
纺织服装、服饰业	42.9	42.8	14.3	85.7
造纸及纸制品业	26.7	60.0	13.3	86.7
化学原料及化学制品制造业	47.9	33.3	18.8	81.2
医药制造业	56.2	37.5	6.3	93.7
化学纤维制造业	33.3	50.0	16.7	83.3
橡胶及塑料制品业	34.8	45.6	19.6	80.4
非金属矿物制品业	37.0	41.3	21.7	78.3
黑色金属冶炼及压延加工业	44.5	22.2	33.3	66.7
有色金属冶炼及压延加工业	66.7		33.3	66.7
金属制品业	45.7	31.4	22.9	77.1
通用设备制造业	56.2	35.6	8.2	91.8
专用设备制造业	36.3	54.9	8.8	91.2
汽车制造业	54.5	39.4	6.1	93.9
铁路、船舶、航空航天及其他运输设备制造业	45.5	45.4	9.1	90.9
电气机械及器材制造业	47.0	45.6	7.4	92.6
计算机、通信及其他电子设备制造业	54.2	33.3	12.5	87.5
仪器仪表制造业	64.7	29.4	5.9	94.1

调查表明，总体来看，近年来企业用工呈现分化态势，一方面服务业尤其是现代服务业、高端装备制造业用工趋于增长，而传统制造业的用工需求趋于减弱；另一方面企业对大学生的需求要明显高于农民工，并且呈现持续增长的态势。这种分化态势在一定程度上也反映了近年来我国产业结构调整的成效初显。

企业景气的改善促进了企业投资信心的增强。关于企业明年计划投资额的增减情况，调查结果显示，明年计划投资额“增长”的企业占41.6%，“不变”的占39.9%，两者合计比重超过八成；“减少”的占18.5%。其中，东中部地区企业、中型企业和国有及国有控股公司明年计划投资额增长相对较多（见表8.35）。

表8.35　企业对明年计划投资额增减的预计（%）

		增长	不变	减少	增长+不变
总体	2017年	41.6	39.9	18.5	81.5
	2016年	33.9	39.9	26.2	73.8
	2015年	34.0	40.5	25.5	74.5
	2014年	36.7	40.8	22.5	77.5
	2013年	44.1	36.8	19.1	80.9
东部地区企业		39.8	42.2	18.0	82.0
中部地区企业		48.4	34.1	17.5	82.5
西部地区企业		39.5	39.0	21.5	78.5
大型企业		56.0	26.4	17.6	82.4
中型企业		45.8	37.7	16.5	83.5
小型企业		37.7	42.9	19.4	80.6
国有及国有控股公司		41.1	42.1	16.8	83.2
外资企业		23.1	57.7	19.2	80.8
民营企业		41.9	38.6	19.5	80.5
农林牧渔业		50.0	30.0	20.0	80.0
采矿业		45.4	36.4	18.2	81.8
制造业		41.0	38.4	20.6	79.4
电力、热力、燃气及水的生产和供应业		61.1	38.9		100.0
建筑业		41.2	38.8	20.0	80.0

续表

	增长	不变	减少	增长+不变
交通运输、仓储和邮政业	41.7	41.6	16.7	83.3
信息传输、软件和信息技术服务业	62.2	24.3	13.5	86.5
批发和零售业	31.3	52.7	16.0	84.0
住宿和餐饮业	34.5	41.4	24.1	75.9
房地产业	52.4	33.3	14.3	85.7
租赁和商务服务业	32.0	52.0	16.0	84.0
食品、酒及饮料制造业	50.0	32.9	17.1	82.9
纺织业	25.0	45.8	29.2	70.8
纺织服装、服饰业	20.7	51.7	27.6	72.4
造纸及纸制品业	26.7	40.0	33.3	66.7
化学原料及化学制品制造业	45.6	27.8	26.6	73.4
医药制造业	62.5	15.6	21.9	78.1
化学纤维制造业	22.2	55.6	22.2	77.8
橡胶及塑料制品业	20.8	49.0	30.2	69.8
非金属矿物制品业	38.9	33.3	27.8	72.2
黑色金属冶炼及压延加工业	30.0	30.0	40.0	60.0
有色金属冶炼及压延加工业	63.6	9.1	27.3	72.7
金属制品业	42.1	39.5	18.4	81.6
通用设备制造业	37.1	46.0	16.9	83.1
专用设备制造业	43.3	45.6	11.1	88.9
汽车制造业	45.7	31.4	22.9	77.1
铁路、船舶、航空航天及其他运输设备制造业	66.6	16.7	16.7	83.3
电气机械及器材制造业	47.9	35.2	16.9	83.1
计算机、通信及其他电子设备制造业	48.0	36.0	16.0	84.0
仪器仪表制造业	55.6	33.3	11.1	88.9

从不同行业看，明年计划投资额增长较多的行业有：电力热力燃气及水的生产和供应业、信息传输软件和信息技术服务业以及制造业中的医药、有色金属、铁路船舶航空航天及其他运输设备制造业等，其计划投资额“增长”企业超过六成；而钢铁等行业则相对较差，计划投资额“减少”的企业超过四

成（见表8.35）。

从企业最希望投资的行业也能看出企业未来投资意愿的增强。调查结果显示，当问及“如果目前条件成熟，您最希望投资哪个行业”时，选择继续投资“本行业”的企业家占72.8%，略低于2016年的调查结果。从不同行业看，住宿和餐饮业、租赁和商务服务业以及制造业中的医药、通用设备、汽车、电子设备、仪器仪表等行业企业家投资本行业的意愿更强（见表8.36）。

表8.36　企业最希望投资的行业（%）

		本行业	其他行业
总体	2017年	72.8	27.2
	2016年	74.0	26.0
	2015年	69.6	30.4
	2014年	67.1	32.9
	2013年	61.7	38.3
农林牧渔业		79.3	20.7
采矿业		63.6	36.4
制造业		72.7	27.3
电力、热力、燃气及水的生产和供应业		78.9	21.1
建筑业		61.9	38.1
交通运输、仓储和邮政业		65.4	34.6
信息传输、软件和信息技术服务业		70.3	29.7
批发和零售业		68.5	31.5
住宿和餐饮业		90.3	9.7
房地产业		73.8	26.2
租赁和商务服务业		87.8	12.2
食品、酒及饮料制造业		76.8	23.2
纺织业		61.9	38.1
纺织服装、服饰业		47.6	52.4
造纸及纸制品业		50.0	50.0
化学原料及化学制品制造业		66.7	33.3
医药制造业		84.4	15.6
化学纤维制造业		66.7	33.3
橡胶及塑料制品业		75.0	25.0

续表

	本行业	其他行业
非金属矿物制品业	66.0	34.0
黑色金属冶炼及压延加工业	55.6	44.4
有色金属冶炼及压延加工业	72.7	27.3
金属制品业	69.7	30.3
通用设备制造业	82.4	17.6
专用设备制造业	67.5	32.5
汽车制造业	83.9	16.1
铁路、船舶、航空航天及其他运输设备制造业	75.0	25.0
电气机械及器材制造业	76.1	23.9
计算机、通信及其他电子设备制造业	88.0	12.0
仪器仪表制造业	82.4	17.6

8.2 当前企业发展面临的困难及潜在风险

8.2.1 去产能成效初显，但部分行业产能过剩现象依然十分严重

本次调查了解了目前不同行业企业产能过剩的具体情况。调查结果显示，认为本行业产能过剩“非常严重”的企业家占7.6%，“比较严重”的占54.7%，两者合计比重比2016年的调查结果下降了8.9个百分点；认为“基本不存在”的占37.7%，为近五年来最高（见表8.37）。

表8.37　　对本企业所在行业产能过剩情况的判断（%）

		非常严重	比较严重	基本不存在
总体	2017年	7.6	54.7	37.7
	2016年	13.1	58.1	28.8
	2015年	16.1	58.6	25.3
	2014年	15.5	58.5	26.0
	2013年	12.8	58.3	28.9
农林牧渔业		3.3	43.3	53.4
采矿业		9.1	63.6	27.3

续表

	非常严重	比较严重	基本不存在
制造业	9.1	56.2	34.7
电力、热力、燃气及水的生产和供应业		52.6	47.4
建筑业	3.4	65.9	30.7
交通运输、仓储和邮政业	11.5	53.9	34.6
信息传输、软件和信息技术服务业	5.7	17.1	77.2
批发和零售业	7.6	60.3	32.1
住宿和餐饮业	9.1	63.6	27.3
房地产业	4.8	47.6	47.6
租赁和商务服务业	1.9	50.0	48.1
食品、酒及饮料制造业	5.8	53.6	40.6
纺织业	2.0	74.0	24.0
纺织服装、服饰业	3.3	46.7	50.0
造纸及纸制品业	13.3	66.7	20.0
化学原料及化学制品制造业	12.5	56.2	31.3
医药制造业	3.0	48.5	48.5
化学纤维制造业		66.7	33.3
橡胶及塑料制品业	9.3	61.1	29.6
非金属矿物制品业	21.8	52.7	25.5
黑色金属冶炼及压延加工业	18.2	54.5	27.3
有色金属冶炼及压延加工业	8.3	75.0	16.7
金属制品业	10.5	55.3	34.2
通用设备制造业	8.8	62.6	28.6
专用设备制造业	14.0	60.2	25.8
汽车制造业	5.7	51.4	42.9
铁路、船舶、航空航天及其他运输设备制造业	8.3	66.7	25.0
电气机械及器材制造业	11.1	45.8	43.1
计算机、通信及其他电子设备制造业	3.7	44.4	51.9
仪器仪表制造业	5.3	57.9	36.8

不过值得注意的是，仍然有部分行业存在比较突出的产能过剩现象。调查结果显示，从不同行业看，采矿业、住宿和餐饮业、纺织、造纸、橡胶塑料、

非金属制品、钢铁、有色金属、通用设备、专用设备、铁路船舶航空航天及其他运输设备制造业等行业，产能过剩“比较严重”或“非常严重”的企业超过七成；信息传输软件和信息技术服务业、服装、电子设备等行业则相对较好，超过半数的企业家认为“基本不存在”产能过剩（见表 8.37）。

调查表明，近年来的去产能政策成效初显，产能过剩现象从全行业逐渐转向部分行业，同时，也有一些行业特别是现代服务业存在良好的发展空间，这为推进产业结构升级和经济转型创造了良好的条件。

设备利用率也能反映产能过剩的严重程度。调查结果显示，认为 2017 年设备利用率在“75% 及以下”的企业家占 50.8%，“75% ~ 90%”的占 32.1%，“90% 以上”的占 17.1%，企业总体平均设备利用率为 71.1%。其中，制造业企业的平均设备利用率为 71.2%，比 2015 年、2016 年的调查结果分别提高了 4.6 和 3.7 个百分点。从不同行业看，铁路船舶航空航天及其他运输设备制造业行业平均设备利用率低于 60%，相对较低；而纺织、仪器仪表等行业的平均设备利用率相对较高（见表 8.38）。

表 8.38　不同制造业企业今年的设备利用率情况（%）

		75% 及以下	75% ~90%	90% 以上	平均设备利用率
总体	2017 年	50.8	32.1	17.1	71.1
	2016 年	58.0	28.2	13.8	68.0
	2015 年	58.6	29.9	11.5	67.8
	2014 年	50.9	32.8	16.3	72.2
	2013 年	51.2	32.9	15.9	72.0
制造业总体	2017 年	52.2	31.9	15.9	71.2
	2016 年	60.0	27.0	13.0	67.5
	2015 年	62.5	28.2	9.3	66.6
	2014 年	53.9	32.4	13.7	71.0
	2013 年	54.8	32.7	12.5	70.8
食品、酒及饮料制造业		57.3	30.9	11.8	66.0
纺织业		46.0	24.0	30.0	78.1
纺织服装、服饰业		50.0	40.0	10.0	75.9
造纸及纸制品业		60.0	20.0	20.0	70.7

续表

	75%及以下	75%～90%	90%以上	平均设备利用率
化学原料及化学制品制造业	53.2	33.8	13.0	69.8
医药制造业	46.7	30.0	23.3	74.7
化学纤维制造业	33.3	33.3	33.4	72.4
橡胶及塑料制品业	60.0	34.0	6.0	68.8
非金属矿物制品业	64.3	21.4	14.3	65.1
黑色金属冶炼及压延加工业	50.0	40.0	10.0	75.5
有色金属冶炼及压延加工业	58.4	33.3	8.3	72.1
金属制品业	44.7	42.1	13.2	75.9
通用设备制造业	49.4	37.1	13.5	70.7
专用设备制造业	50.0	31.1	18.9	71.7
汽车制造业	41.2	35.3	23.5	75.0
铁路、船舶、航空航天及其他运输设备制造业	81.8	18.2		55.5
电气机械及器材制造业	54.2	37.5	8.3	67.8
计算机、通信及其他电子设备制造业	38.5	42.3	19.2	76.9
仪器仪表制造业	47.3	21.1	31.6	79.5

从对明年企业设备利用率的预计来看，调查结果显示，预计2018年设备利用率在“75%及以下”的企业家占43.6%，“75%～90%”的占34.5%，“90%以上”的占21.9%，预计2018年企业总体平均设备利用率为74.7%，其中制造业企业预计为74.7%，要好于今年的情况。从不同行业看，食品、非金属制品等行业预计2018年平均设备利用率低于70%，相对较低；而纺织、钢铁、电子设备、仪器仪表等行业预计2018年平均设备利用率相对较高（见表8.39）。

表8.39　　不同制造业企业对明年设备利用率的预计（%）

		75%及以下	75～90%	90%以上	平均设备利用率
总体	2017年	43.6	34.5	21.9	74.7
	2016年	53.1	30.5	16.4	70.8
	2015年	54.3	31.2	14.5	70.2
	2014年	43.8	36.9	19.3	75.3
	2013年	44.3	35.9	19.8	75.2

续表

		75%及以下	75~90%	90%以上	平均设备利用率
制造业总体	2017年	44.5	35.6	19.9	74.7
	2016年	56.0	28.9	15.2	70.0
	2015年	57.9	31.0	11.1	69.0
	2014年	45.7	38.2	16.1	74.5
	2013年	47.0	36.5	16.5	74.1
食品、酒及饮料制造业		54.4	26.5	19.1	69.6
纺织业		29.2	37.5	33.3	80.5
纺织服装、服饰业		40.0	43.3	16.7	76.5
造纸及纸制品业		40.0	40.0	20.0	75.5
化学原料及化学制品制造业		48.6	38.2	13.2	73.2
医药制造业		43.3	20.0	36.7	78.5
化学纤维制造业		33.3	33.3	33.4	71.8
橡胶及塑料制品业		54.0	36.0	10.0	70.6
非金属矿物制品业		61.1	24.1	14.8	69.4
黑色金属冶炼及压延加工业		30.0	40.0	30.0	80.5
有色金属冶炼及压延加工业		50.0	41.7	8.3	75.0
金属制品业		41.6	41.7	16.7	78.0
通用设备制造业		36.8	46.0	17.2	75.1
专用设备制造业		45.4	37.2	17.4	73.1
汽车制造业		41.2	41.2	17.6	76.7
铁路、船舶、航空航天及其他运输设备制造业		60.0	40.0		70.6
电气机械及器材制造业		45.8	37.5	16.7	72.0
计算机、通信及其他电子设备制造业		26.9	42.3	30.8	81.8
仪器仪表制造业		42.1	15.8	42.1	82.1

伴随着去产能取得一定成效，市场竞争的激烈程度有所缓解。调查结果显示，与去年同期相比，认为今年以来市场竞争压力“明显增加”的企业家占34.4%，“有所增加”的占44.1%，“基本未变”的占18.9%，“明显减少”或“有所减少”的占2.6%，认为“增加”的比“减少”的多75.9个百分点，

比2016年下降5.1个百分点。从不同行业看，交通运输仓储和邮政业、批发和零售业、房地产业以及制造业中的医药、电子设备等行业企业的竞争激烈程度相对较高（见表8.40）。

表8.40　与去年同期相比，今年以来不同行业企业在“市场竞争压力”方面的变化情况（%）

		明显减少	有所减少	基本未变	有所增加	明显增加	增加－减少
总体	2017年	0.4	2.2	18.9	44.1	34.4	75.9
	2016年	0.3	1.8	14.8	45.7	37.4	81.0
	2015年	0.5	1.9	15.7	43.6	38.3	79.5
	2014年	0.5	1.5	16.4	48.2	33.4	79.6
农林牧渔业		3.3	6.7	16.7	36.6	36.7	63.3
采矿业				45.4	36.4	18.2	54.6
制造业		0.5	2.4	20.2	43.1	33.8	74.0
电力、热力、燃气及水的生产和供应业				42.1	26.3	31.6	57.9
建筑业				15.1	46.5	38.4	84.9
交通运输、仓储和邮政业				7.7	50.0	42.3	92.3
信息传输、软件和信息技术服务业			5.6	19.4	50.0	25.0	69.4
批发和零售业		0.7	2.2	10.9	43.4	42.8	83.3
住宿和餐饮业			3.0	15.2	42.4	39.4	78.8
房地产业				11.4	45.4	43.2	88.6
租赁和商务服务业			1.9	32.7	48.1	17.3	63.5
食品、酒及饮料制造业		1.4	2.9	21.4	45.7	28.6	70.0
纺织业				28.6	42.8	28.6	71.4
纺织服装、服饰业				30.8	50.0	19.2	69.2
造纸及纸制品业		7.1		21.4	28.6	42.9	64.4
化学原料及化学制品制造业			3.8	16.3	41.1	38.8	76.1
医药制造业		3.1		12.5	40.6	43.8	81.3
化学纤维制造业				12.5	50.0	37.5	87.5
橡胶及塑料制品业			1.9	27.8	33.3	37.0	68.4
非金属矿物制品业			3.6	23.2	46.4	26.8	69.6
黑色金属冶炼及压延加工业				30.0	20.0	50.0	70.0

续表

	明显减少	有所减少	基本未变	有所增加	明显增加	增加－减少
有色金属冶炼及压延加工业	8.3		8.3	50.1	33.3	75.1
金属制品业		5.3	13.2	49.9	31.6	76.2
通用设备制造业		3.6	14.3	48.8	33.3	78.5
专用设备制造业		4.6	16.1	37.9	41.4	74.7
汽车制造业			28.6	25.7	45.7	71.4
铁路、船舶、航空航天及其他运输设备制造业			33.3	50.0	16.7	66.7
电气机械及器材制造业		1.5	22.1	42.6	33.8	74.9
计算机、通信及其他电子设备制造业			12.5	54.2	33.3	87.5
仪器仪表制造业		11.1	27.8	38.9	22.2	50.0

8.2.2 企业成本问题依然十分突出

关于“当前企业经营发展中遇到的最主要困难”，调查结果显示，企业家选择比重最高的八项依次是：“人工成本上升”（71.8%）、“社保、税费负担过重”（49.7%）、“能源、原材料成本上升”（40.4%）、“企业利润率太低”（36.3%）、“缺乏人才”（35.9%）、“资金紧张”（31.7%）、“整个行业产能过剩”（30.3%）和“企业招工困难”（21.9%）。调查发现，近年来成本上升（包括“人工成本上升”和“社保、税费负担过重”）一直是企业发展面临的最主要困难，并且今年企业家选择“能源、原材料成本上升”的比重也明显上升，这在一定程度上源于上游行业产品价格快速上涨的影响，这或许意味着工业品价格的上涨对于企业效益的推动趋于减弱，上下游盈利分化明显加大（见表8.41）。

值得注意的是，不同地区企业面临的主要困难存在一定差异，其中，东部地区企业选择“社保、税费负担过重”和“企业招工困难”的比重高于其他地区企业；中部地区企业选择“资金紧张”和“整个行业产能过剩”的比重高于其他地区企业；西部地区企业选择“企业利润率太低”和“缺乏人才”的比重高于其他地区企业（见表8.41）。

表 8.41　　当前企业经营发展中遇到的最主要困难（%）

	总体					地区		
	2017	2016	2015	2014	2013	东部地区	中部地区	西部地区
人工成本上升	71.8	68.4	71.9	76.0	79.2	73.1	68.1	71.8
社保、税费负担过重	49.7	50.2	54.7	54.5	51.3	51.4	45.4	49.1
能源、原材料成本上升	40.4	16.1	13.7	19.9	25.3	41.0	39.0	40.0
企业利润率太低	36.3	43.4	40.8	40.8	41.1	34.0	39.0	41.4
缺乏人才	35.9	33.2	32.8	30.4	28.4	33.4	37.4	44.1
资金紧张	31.7	35.1	37.9	35.6	36.6	27.5	41.2	35.0
整个行业产能过剩	30.3	38.2	41.2	41.4	36.9	29.9	31.9	29.5
企业招工困难	21.9	15.0	13.2	20.1	19.4	25.9	15.3	15.5
未来影响企业发展的不确定因素太多	21.3	22.0	22.7	18.5	27.6	21.9	20.4	20.0
政府政策多变	17.9	—	—	—	—	18.9	16.3	15.9
资源、环境约束较大	17.1	12.1	10.5	9.4	9.8	18.4	15.3	14.1
缺乏创新能力	15.8	16.5	14.8	13.8	11.4	15.7	15.7	16.4
国内需求不足	10.8	24.0	29.4	23.7	28.9	11.0	10.2	10.9
企业领导人发展动力不足	8.9	9.9	7.7	8.3	7.0	9.3	8.3	8.2
地方政府干预较多	8.2	8.8	7.2	8.8	11.0	7.4	7.0	13.2
遭受侵权等不正当竞争	8.0	9.8	9.7	8.3	7.4	7.4	8.0	10.9
出口需求不足	4.4	7.6	9.9	8.0	9.5	5.8	2.6	1.8
缺乏投资机会	3.2	3.8	3.5	3.3	3.6	3.1	3.8	3.2
国际贸易保护加剧	2.0	—	—	—	—	3.1	0.6	

本次调查了解了企业的人工成本、环保支出、社保税费负担等各项成本的具体变化情况。调查结果显示，认为目前企业人工成本比去年同期“增加”的企业家占88%，其中“明显增加”的占31.2%，“有所增加”的占56.8%；“基本未变”的占10.1%；“减少”的占1.9%；认为“增加”的比“减少”的多86.1个百分点，为近四年来最高。其中，东西部地区企业、大型企业和民营企业人工成本上升幅度相对较大（见表8.42）。

表 8.42 与去年同期相比，今年以来企业在“人工成本”方面的变化情况（%）

		明显减少	有所减少	基本未变	有所增加	明显增加	增加－减少
总体	2017 年	0.4	1.5	10.1	56.8	31.2	86.1
	2016 年	0.3	3.4	15.0	59.2	22.1	77.6
	2015 年	0.5	2.7	14.5	57.8	24.5	79.1
	2014 年	0.4	1.4	8.2	61.1	28.9	88.2
东部地区企业		0.2	1.5	10.0	57.0	31.3	86.6
中部地区企业		0.9	1.3	11.3	54.1	32.4	84.3
西部地区企业		0.4	1.8	8.8	60.1	28.9	86.8
大型企业		0.7	1.3	7.2	56.6	34.2	88.8
中型企业			2.5	11.9	55.6	30.0	83.1
小型企业		0.5	1.2	9.8	57.3	31.2	86.8
国有及国有控股公司		3.1	4.1	10.2	70.4	12.2	75.4
外资企业			5.7	7.5	58.5	28.3	81.1
民营企业		0.1	0.9	10.0	55.9	33.1	88.0

注：“增加”包括“有所增加”和“明显增加”；“减少”包括“明显减少”和“有所减少”。

值得注意的是，今年企业的原材料成本上升较多，所选比重排在所有 19 个选项的第三位（见表 8.41）。调查结果显示，认为目前物料采购价格“上升”的企业家占 73.2%，“持平”的占 23.7%，“下降”的占 3.1%；认为“上升”的比“下降”的多 70.1 个百分点，明显高于近 5 年的调查结果。其中，东部和西部地区企业、大型企业的物料采购价格上涨较多。从不同行业看，造纸、非金属制品、钢铁、有色金属、金属制品等行业物料采购价格上涨较多（见表 8.43）。

表 8.43 相对于去年，企业目前的物料采购价格情况（%）

		上升	持平	下降	上升－下降
总体	2017 年	73.2	23.7	3.1	70.1
	2016 年	35.5	47.6	16.9	18.6
	2015 年	20.9	38.2	40.9	－20.0
	2014 年	31.2	44.7	24.1	7.1
	2013 年	38.6	36.2	25.2	13.4
东部地区企业		73.5	24.0	2.5	71.0
中部地区企业		71.4	23.1	5.5	65.9
西部地区企业		74.5	23.3	2.2	72.3

续表

	上升	持平	下降	上升－下降
大型企业	77.0	21.6	1.4	75.6
中型企业	74.8	21.8	3.4	71.4
小型企业	72.0	24.8	3.2	68.8
农林牧渔业	62.1	31.0	6.9	55.2
采矿业	63.6	36.4		63.6
制造业	81.6	16.6	1.8	79.8
电力、热力、燃气及水的生产和供应业	58.8	41.2		58.8
建筑业	75.9	19.0	5.1	70.8
交通运输、仓储和邮政业	54.2	33.3	12.5	41.7
信息传输、软件和信息技术服务业	48.6	45.7	5.7	42.9
批发和零售业	64.9	29.9	5.2	59.7
住宿和餐饮业	58.0	35.5	6.5	51.5
房地产业	64.1	33.3	2.6	61.5
租赁和商务服务业	49.0	46.9	4.1	44.9
食品、酒及饮料制造业	77.5	19.7	2.8	74.7
纺织业	83.7	16.3		83.7
纺织服装、服饰业	80.0	20.0		80.0
造纸及纸制品业	100.0			100.0
化学原料及化学制品制造业	74.3	24.4	1.3	73.0
医药制造业	87.9	12.1		87.9
化学纤维制造业	66.7	33.3		66.7
橡胶及塑料制品业	76.4	20.0	3.6	72.8
非金属矿物制品业	91.1	8.9		91.1
黑色金属冶炼及压延加工业	100.0			100.0
有色金属冶炼及压延加工业	90.9	9.1		90.9
金属制品业	94.6	5.4		94.6
通用设备制造业	86.5	10.1	3.4	83.1
专用设备制造业	81.7	18.3		81.7
汽车制造业	82.4	17.6		82.4
铁路、船舶、航空航天及其他运输设备制造业	83.3	16.7		83.3
电气机械及器材制造业	83.1	14.1	2.8	80.3
计算机、通信及其他电子设备制造业	77.0	19.2	3.8	73.2
仪器仪表制造业	78.9	15.8	5.3	73.6

本次调查还了解了企业今年的环保支出情况。调查结果显示，认为今年企业环保支出比去年同期“明显增加”或“有所增加”的企业家占71.1%，“基本未变”的占27.3%，“明显减少”或“有所减少”的仅占1.6%。这表明，与去年同期相比，今年以来企业的环保支出增加较多。其中，西部地区企业、大型企业、外资企业环保支出增加相对较多（见表8.44）。

表8.44　与去年同期相比，今年以来企业在“环保支出”方面的变化情况（%）

		明显减少	有所减少	基本未变	有所增加	明显增加	增加－减少
总体	2017年	0.3	1.3	27.3	37.0	34.1	69.5
	2016年	0.6	1.7	34.9	44.3	18.5	60.5
	2015年	0.5	1.3	37.4	42.8	18.0	59.0
	2014年	0.4	0.7	37.9	44.7	16.3	59.9
东部地区企业		0.2	1.2	28.5	33.8	36.3	68.7
中部地区企业		0.7	1.6	26.6	39.0	32.1	68.8
西部地区企业			1.4	23.0	47.5	28.1	74.2
大型企业				19.9	33.6	46.5	80.1
中型企业			1.7	22.8	36.7	38.8	73.8
小型企业		0.4	1.4	30.0	37.9	30.3	66.4
国有及国有控股公司		1.1	1.1	26.6	45.7	25.5	69.0
外资企业				19.2	52.0	28.8	80.8
民营企业		0.2	1.3	27.0	35.5	36.0	70.0

从不同行业看，化工、医药、钢铁、有色金属、金属制品、汽车等行业企业环保支出增加相对较多，认为今年以来环保支出比去年同期增加九成以上（见表8.45）。

表8.45　与去年同期相比，今年以来不同行业企业在“环保支出”方面的变化情况（%）

		明显减少	有所减少	基本未变	有所增加	明显增加	增加－减少
总体	2017年	0.3	1.3	27.3	37.0	34.1	69.5
	2016年	0.6	1.7	34.9	44.3	18.5	60.5
	2015年	0.5	1.3	37.4	42.8	18.0	59.0
	2014年	0.4	0.7	37.9	44.7	16.3	59.9

续表

	明显减少	有所减少	基本未变	有所增加	明显增加	增加－减少
农林牧渔业	3.6	7.1	32.1	35.8	21.4	46.5
采矿业			18.2	9.1	72.7	81.8
制造业	0.4	0.7	16.4	38.4	44.1	81.4
电力、热力、燃气及水的生产和供应业			22.2	55.6	22.2	77.8
建筑业			38.6	34.9	26.5	61.4
交通运输、仓储和邮政业		3.8	23.1	42.3	30.8	69.3
信息传输、软件和信息技术服务业		2.8	69.4	25.0	2.8	25.0
批发和零售业		3.1	44.9	34.9	17.1	48.9
住宿和餐饮业		6.7	36.7	49.9	6.7	49.9
房地产业			29.3	46.3	24.4	70.7
租赁和商务服务业		2.0	63.4	22.4	12.2	32.6
食品、酒及饮料制造业	2.9		15.9	36.2	45.0	78.3
纺织业			22.0	32.0	46.0	78.0
纺织服装、服饰业			21.4	46.5	32.1	78.6
造纸及纸制品业			13.3	20.0	66.7	86.7
化学原料及化学制品制造业		1.3	5.0	30.0	63.7	92.4
医药制造业			9.4	50.0	40.6	90.6
化学纤维制造业			11.1	55.6	33.3	88.9
橡胶及塑料制品业			17.3	44.2	38.5	82.7
非金属矿物制品业			14.5	38.2	47.3	85.5
黑色金属冶炼及压延加工业			10.0	40.0	50.0	90.0
有色金属冶炼及压延加工业				25.0	75.0	100.0
金属制品业			5.6	25.0	69.4	94.4
通用设备制造业			19.0	39.3	41.7	81.0
专用设备制造业			17.8	47.8	34.4	82.2
汽车制造业		2.9	2.9	41.2	53.0	91.3
铁路、船舶、航空航天及其他运输设备制造业			27.3	36.3	36.4	72.7
电气机械及器材制造业		2.9	24.6	39.2	33.3	69.6
计算机、通信及其他电子设备制造业			24.0	56.0	20.0	76.0
仪器仪表制造业			31.6	26.3	42.1	68.4

在成本持续上升的同时，企业的经营负担也有所加重。本次调查了解了今年以来企业的税收负担和非税费用的变化情况，调查结果显示，与去年相比，认为税收负担“基本未变”的企业家占55.1%，“有所增加”或“明显增加”的占26.1%，“有所减少”或“明显减少”的占18.8%。这表明，与去年同期相比，今年以来企业的税收负担过重的压力尚未缓解。其中，西部地区企业、中小型企业、民营企业今年以来税收负担增加相对较多（见表8.46）。

表8.46　与去年同期相比，今年以来不同地区、规模及经济类型企业在“税收负担”方面的变化情况（%）

		明显减少	有所减少	基本未变	有所增加	明显增加	增加－减少
总体	2017年	2.0	16.8	55.1	19.5	6.6	7.3
	2016年	2.9	20.2	54.4	17.8	4.7	－0.6
	2015年	2.3	12.2	59.3	20.0	6.2	11.7
	2014年	1.3	8.7	60.1	25.0	4.9	19.9
东部地区企业		1.5	15.5	58.0	19.5	5.5	8.0
中部地区企业		3.1	20.8	51.6	15.7	8.8	0.6
西部地区企业		2.2	16.5	48.8	24.7	7.8	13.8
大型企业		0.7	14.6	64.2	13.9	6.6	5.2
中型企业		2.0	15.9	56.9	17.9	7.3	7.3
小型企业		2.1	17.6	52.9	21.0	6.4	7.7
国有及国有控股公司		3.1	14.3	62.2	17.3	3.1	3.0
外资企业			21.6	62.7	13.7	2.0	－5.9
民营企业		2.0	16.5	53.5	20.8	7.2	9.5

注：“增加”包括“明显增加”和“有所增加”；“减少”包括“明显减少”和“有所减少”。以下同。

从不同行业看，建筑业以及制造业中的化纤、钢铁、仪器仪表等行业企业今年以来税收负担增加相对较多（见表8.47）。

表8.47　与去年同期相比，今年以来不同行业企业在“税收负担”方面的变化情况（%）

		明显减少	有所减少	基本未变	有所增加	明显增加	增加－减少
总体	2017年	2.0	16.8	55.1	19.5	6.6	7.3
	2016年	2.9	20.2	54.4	17.8	4.7	－0.6
	2015年	2.3	12.2	59.3	20.0	6.2	11.7
	2014年	1.3	8.7	60.1	25.0	4.9	19.9

续表

	明显减少	有所减少	基本未变	有所增加	明显增加	增加－减少
农林牧渔业	20.0	26.7	26.6	20.0	6.7	－20.0
采矿业		18.2	72.7	9.1		－9.1
制造业	0.8	14.7	59.1	19.3	6.1	9.9
电力、热力、燃气及水的生产和供应业		11.1	66.7	11.1	11.1	11.1
建筑业		11.1	33.3	40.0	15.6	44.5
交通运输、仓储和邮政业		19.2	65.4	15.4		－3.8
信息传输、软件和信息技术服务业		23.7	49.9	21.1	5.3	2.7
批发和零售业	4.9	21.8	53.6	14.1	5.6	－7.0
住宿和餐饮业	9.1	51.5	30.3	9.1		－51.5
房地产业		23.8	47.7	19.0	9.5	4.7
租赁和商务服务业	3.7	16.7	49.9	20.4	9.3	9.3
食品、酒及饮料制造业	2.9	21.4	42.9	27.1	5.7	8.5
纺织业		22.0	62.0	10.0	6.0	－6.0
纺织服装、服饰业		10.0	56.7	30.0	3.3	23.3
造纸及纸制品业		15.4	69.2	15.4		0.0
化学原料及化学制品制造业	1.3	15.2	59.4	15.2	8.9	7.6
医药制造业		15.6	40.7	28.1	15.6	28.1
化学纤维制造业			66.7	33.3		33.3
橡胶及塑料制品业		18.2	67.3	12.7	1.8	－3.7
非金属矿物制品业	1.8	8.9	58.9	25.0	5.4	19.7
黑色金属冶炼及压延加工业			70.0	30.0		30.0
有色金属冶炼及压延加工业		16.7	66.6	16.7		0.0
金属制品业		13.2	57.8	15.8	13.2	15.8
通用设备制造业		11.6	69.7	14.0	4.7	7.1
专用设备制造业		11.2	64.1	19.1	5.6	13.5
汽车制造业		8.6	71.4	11.4	8.6	11.4
铁路、船舶、航空航天及其他运输设备制造业		25.0	66.7	8.3		－16.7
电气机械及器材制造业	2.9	18.8	49.3	20.3	8.7	7.3
计算机、通信及其他电子设备制造业		3.8	65.4	23.1	7.7	27.0
仪器仪表制造业	5.3	5.3	47.3	36.8	5.3	31.5

关于企业非税费用的变化情况，调查结果显示，与去年相比，认为今年以来非税费用“基本未变”的企业家占53.5%，“有所增加”或“明显增加”的占29.2%，比“有所减少”或“明显减少”的多11.9个百分点。这表明，与去年同期相比，今年以来企业的非税费用增加较多，要高于税收负担的增加情况。其中，东西部地区企业、大型企业和民营企业今年以来非税费用增加相对较多（见表8.48）。

表8.48　与去年同期相比，今年以来企业在“非税费用”方面的变化情况（%）

		明显减少	有所减少	基本未变	有所增加	明显增加	增加－减少
总体	2017年	1.5	15.8	53.5	24.3	4.9	11.9
	2016年	2.3	19.3	54.4	19.3	4.7	2.4
	2015年	2.2	14.7	51.2	26.2	5.7	15.0
	2014年	1.3	11.9	52.5	29.1	5.2	21.1
东部地区企业		1.1	15.0	54.1	25.0	4.8	13.7
中部地区企业		1.6	21.1	49.4	23.4	4.5	5.2
西部地区企业		2.8	11.2	57.6	22.8	5.6	14.4
大型企业		1.3	11.3	58.7	24.0	4.7	16.1
中型企业		0.9	19.7	51.4	23.7	4.3	7.4
小型企业		1.8	15.0	53.6	24.6	5.0	12.8
国有及国有控股公司		3.1	18.8	56.2	15.6	6.3	0.0
外资企业			21.2	51.8	21.2	5.8	5.8
民营企业		1.3	15.6	52.0	26.3	4.8	14.2

从不同行业看，医药、电子设备、仪器仪表等行业企业今年以来非税费用增加相对较多（见表8.49）。

表8.49　与去年同期相比，今年以来不同行业企业在“非税费用”方面的变化情况（%）

		明显减少	有所减少	基本未变	有所增加	明显增加	增加－减少
总体	2017年	1.5	15.8	53.5	24.3	4.9	11.9
	2016年	2.3	19.3	54.4	19.3	4.7	2.4
	2015年	2.2	14.7	51.2	26.2	5.7	15.0
	2014年	1.3	11.9	52.5	29.1	5.2	21.1

续表

	明显减少	有所减少	基本未变	有所增加	明显增加	增加－减少
农林牧渔业	13.8	13.8	41.4	27.6	3.4	3.4
采矿业		36.4	45.4	18.2		－18.2
制造业	1.2	16.8	52.3	24.3	5.4	11.7
电力、热力、燃气及水的生产和供应业		5.6	66.6	16.7	11.1	22.2
建筑业		15.5	47.5	31.0	6.0	21.5
交通运输、仓储和邮政业		19.2	46.2	30.8	3.8	15.4
信息传输、软件和信息技术服务业		10.8	73.0	10.8	5.4	5.4
批发和零售业	3.7	15.6	55.6	20.7	4.4	5.8
住宿和餐饮业		18.2	66.6	15.2		－3.0
房地产业		9.1	56.8	31.8	2.3	25.0
租赁和商务服务业	1.9	9.4	56.6	26.4	5.7	20.8
农林牧渔业	13.8	13.8	41.4	27.6	3.4	3.4
采矿业		36.4	45.4	18.2		－18.2
制造业	1.2	16.8	52.3	24.3	5.4	11.7
电力、热力、燃气及水的生产和供应业		5.6	66.6	16.7	11.1	22.2
建筑业		15.5	47.5	31.0	6.0	21.5
交通运输、仓储和邮政业		19.2	46.2	30.8	3.8	15.4
信息传输、软件和信息技术服务业		10.8	73.0	10.8	5.4	5.4
批发和零售业	3.7	15.6	55.6	20.7	4.4	5.8
住宿和餐饮业		18.2	66.6	15.2		－3.0
房地产业		9.1	56.8	31.8	2.3	25.0
租赁和商务服务业	1.9	9.4	56.6	26.4	5.7	20.8
食品、酒及饮料制造业	4.4	16.2	45.5	26.5	7.4	13.3
纺织业		14.0	64.0	16.0	6.0	8.0
纺织服装、服饰业		7.1	64.3	25.0	3.6	21.5
造纸及纸制品业		28.6	50.0	14.3	7.1	－7.2
化学原料及化学制品制造业		18.4	44.8	32.9	3.9	18.4
医药制造业		19.4	32.3	41.8	6.5	28.9
化学纤维制造业		12.5	62.5	25.0		12.5
橡胶及塑料制品业		25.5	52.7	20.0	1.8	－3.7
非金属矿物制品业		14.5	50.9	25.5	9.1	20.1

续表

	明显减少	有所减少	基本未变	有所增加	明显增加	增加－减少
黑色金属冶炼及压延加工业		30.0	50.0	20.0		－10.0
有色金属冶炼及压延加工业		30.0	40.0	20.0	10.0	0.0
金属制品业		13.5	48.7	27.0	10.8	24.3
通用设备制造业	1.2	16.7	58.3	19.0	4.8	5.9
专用设备制造业	1.1	13.5	58.5	20.2	6.7	12.3
汽车制造业	2.9	8.6	51.4	25.7	11.4	25.6
铁路、船舶、航空航天及其他运输设备制造业		50.0	33.3	16.7		－33.3
电气机械及器材制造业	3.1	18.5	50.7	23.1	4.6	6.1
计算机、通信及其他电子设备制造业		8.3	54.2	33.3	4.2	29.2
仪器仪表制造业		10.5	47.4	36.8	5.3	31.6

8.2.3 企业融资环境改善，但中小企业融资难、融资贵问题依然突出

在稳健的货币政策及金融环境治理扭转脱实向虚趋势等一系列政策举措发力的背景下，企业融资难的状况得到了一定缓解。关于“当前企业经营发展中遇到的最主要困难”的调查显示，选择“资金紧张”的企业家占31.7%，排在所有19个选项的第六位（见表8.41）。

企业应收账款的情况也反映了企业融资环境的改善。调查结果显示，认为应收账款“正常”的占60.7%，为近五年来的最高点；认为应收账款“高于正常”的占24.6%，“低于正常”的占14.7%。其中，东西部地区企业、大中型企业、国有及国有控股公司应收账款“高于正常”的比重相对较高（见表8.50）。

表8.50　企业目前的应收账款情况（%）

		高于正常	正常	低于正常
总体	2017年	24.6	60.7	14.7
	2016年	24.9	54.3	20.8
	2015年	28.5	51.3	20.2
	2014年	29.7	54.5	15.8
	2013年	28.5	55.3	16.2

续表

	高于正常	正常	低于正常
东部地区企业	25.2	62.9	11.9
中部地区企业	21.2	56.9	21.9
西部地区企业	27.3	56.5	16.2
大型企业	26.2	62.8	11.0
中型企业	27.6	60.7	11.7
小型企业	23.3	60.2	16.5
国有及国有控股公司	33.7	58.7	7.6
外资企业	21.2	71.1	7.7
民营企业	24.3	59.3	16.4

本次调查还了解了企业目前的流动资金情况。调查结果显示，认为目前资金“紧张”的企业家占36.9%，为近五年来最低值；认为“正常”的占54%，认为“宽裕”的占9.1%。其中，中部地区企业、中小企业和民营企业资金“紧张”的比重相对较高（见表8.51）。

表8.51　　企业目前的流动资金情况（%）

		宽裕	正常	紧张
总体	2017年	9.1	54.0	36.9
	2016年	7.6	50.8	41.6
	2015年	7.6	48.5	43.9
	2014年	7.2	49.0	43.8
	2013年	7.7	48.1	44.2
东部地区企业		9.8	58.9	31.3
中部地区企业		7.5	43.6	48.9
西部地区企业		8.2	48.6	43.2
大型企业		19.2	48.6	32.2
中型企业		9.6	53.6	36.8
小型企业		7.3	55.0	37.7
国有及国有控股公司		15.1	58.0	26.9
外资企业		19.2	67.3	13.5
民营企业		7.4	52.9	39.7

在融资难的问题有所缓解的情况下，融资贵的现象依然比较严重。调查结果显示，认为企业平均融资成本在“6%及以下”的企业家仅占38.4%，认为“6%～8%”的占23.2%，认为“8%～10%”的占21.2%，认为“10%以上”的占17.2%；总体来看，企业的平均融资成本高达8.15%，与去年大体相当。其中，西部地区企业、中小企业、民营企业的平均融资成本相对更高（见表8.52）。

表8.52　　企业的平均融资成本（折算成年利率）（%）

		6%及以下	6%～8%	8%～10%	10%以上	均值
总体	2017年	38.4	23.2	21.2	17.2	8.15
	2016年	38.3	21.5	21.7	18.5	8.33
东部地区企业		39.6	26.5	20.5	13.4	7.91
中部地区企业		38.5	18.7	18.3	24.5	8.26
西部地区企业		33.5	17.0	28.0	21.5	8.90
大型企业		48.0	25.2	15.0	11.8	7.68
中型企业		39.9	24.8	19.4	15.9	8.15
小型企业		36.3	22.3	23.0	18.4	8.20
国有及国有控股公司		57.6	21.2	9.4	11.8	6.90
外资企业		54.8	26.2	11.9	7.1	6.49
民营企业		35.8	23.7	22.8	17.7	8.17

从不同行业看，电力热力燃气及水的生产和供应业、住宿和餐饮业、房地产业、租赁和商务服务业等行业平均融资成本相对更高，超过10%（见表8.53）。

表8.53　　不同行业企业的平均融资成本（折算成年利率）（%）

		6%及以下	6%～8%	8%～10%	10%以上	均值
总体	2017年	38.4	23.2	21.2	17.2	8.15
	2016年	38.3	21.5	21.7	18.5	8.33
农林牧渔业		39.3	21.4	28.6	10.7	8.14
采矿业		70.0	10.0		20.0	7.37
制造业		40.5	27.8	19.9	11.8	7.31
电力、热力、燃气及水的生产和供应业		28.6	28.6	21.4	21.4	12.16

续表

	6%及以下	6%～8%	8%～10%	10%以上	均值
建筑业	25.6	20.5	23.1	30.8	9.93
交通运输、仓储和邮政业	37.5	20.8	29.2	12.5	8.34
信息传输、软件和信息技术服务业	34.3	12.5	34.4	18.8	7.85
批发和零售业	42.5	17.5	21.7	18.3	7.90
住宿和餐饮业	33.3	4.8	19.0	42.9	13.60
房地产业	13.2	13.2	28.9	44.7	11.59
租赁和商务服务业	33.4	17.9	23.1	25.6	10.05
食品、酒及饮料制造业	40.7	20.3	27.1	11.9	7.69
纺织业	37.2	46.5	14.0	2.3	6.87
纺织服装、服饰业	28.6	42.9	21.4	7.1	7.08
造纸及纸制品业	28.6	35.7	14.3	21.4	7.96
化学原料及化学制品制造业	42.8	25.4	15.9	15.9	6.80
医药制造业	37.4	16.7	29.2	16.7	7.81
化学纤维制造业	42.8	28.6		28.6	7.87
橡胶及塑料制品业	47.9	32.6	15.2	4.3	6.24
非金属矿物制品业	32.7	17.3	28.8	21.2	9.52
黑色金属冶炼及压延加工业	12.5	12.5	50.0	25.0	9.76
有色金属冶炼及压延加工业	58.3		16.7	25.0	6.72
金属制品业	41.2	38.2	20.6		6.39
通用设备制造业	38.0	29.1	19.0	13.9	8.06
专用设备制造业	47.9	24.7	21.9	5.5	6.04
汽车制造业	46.8	34.4	9.4	9.4	6.34
铁路、船舶、航空航天及其他运输设备制造业	30.0	30.0	20.0	20.0	7.99
电气机械及器材制造业	43.5	31.9	13.0	11.6	7.51
计算机、通信及其他电子设备制造业	36.8	31.6	21.1	10.5	7.12
仪器仪表制造业	53.3	20.0	26.7		4.69

8.2.4　房价上涨预期依然较强，二三线城市尤其明显

本次调查了解了企业家对房地产价格走势的判断。关于对今年房价走势的预计，调查结果显示，预计上涨的企业家占54.5%，为近4年来的最高值，其

中预计与去年底相比“上涨10%以上”的占31.8%，“上涨10%以内”的占22.7%；预计“持平”的占36.8%；预计下降的占8.7%，其中“下降10%以内”的占5.5%，“下降10%以上”的占3.2%（见表8.54）。

调查发现，不同类型城市都有明显的房价上涨预期，与过去不同的是，今年二、三线城市房价上涨预期高于一线城市。预计一线城市房价上涨的企业家占49.8%，预计二线城市房价上涨的企业家占58.4%，预计其他城市房价上涨的占54%（见表8.54）。

表8.54　　相比去年底，对今年底本地区房地产价格的预计（%）

		上涨10%以上	上涨10%以内	持平	下降10%以内	下降10%以上
总体	2017年	31.8	22.7	36.8	5.5	3.2
	2016年	20.2	20.8	45.2	9.4	4.4
	2015年	8.3	15.7	42.1	20.1	13.8
	2014年	3.3	15.2	39.0	33.6	8.9
	2013年	18.8	52.8	23.4	4.2	0.8
一线城市		29.0	20.8	37.1	8.7	4.4
二线城市		31.9	26.5	34.2	5.1	2.3
其他城市（地区）		32.3	21.7	37.6	5.0	3.4

注：①一线城市包括：北京、上海、广州、深圳、杭州。

②二线城市包括：天津、重庆、各省会城市（除广州、杭州外）及大连、苏州、宁波、青岛。以下同。

由于比较活跃的房地产市场行情，今年房地产去库存取得了一定成效。调查结果显示，认为目前房地产库存“过大”的企业家占47.9%，比2016年的调查结果下降了20.9个百分点；认为“适度”的占44.6%，“不足”的占7.5%。值得注意的是，认为库存“过大”的仍接近半数，中西部地区尤为明显（见表8.55）。

表8.55　　对企业所在地区房地产库存的判断（%）

		过大	适度	不足
总体	2017年	47.9	44.6	7.5
	2016年	68.8	26.7	4.5
一线城市		26.1	58.7	15.2
二线城市		49.6	40.5	9.9
其他城市（地区）		51.5	43.4	5.1

续表

	过大	适度	不足
东部地区企业	42.4	48.2	9.4
中部地区企业	54.5	42.2	3.3
西部地区企业	60.6	33.8	5.6

在此背景下，房地产投资意愿的上升会带来未来房地产库存压力的加大。调查显示，房地产业明年计划投资额“增长”的企业占52.4%，仍然相对较高（见表8.35）。调查表明，当前房价上涨预期依然较强，二三线城市尤其明显，潜在金融风险不断累积，造成经济波动的可能性在加大。

8.2.5　PPP（政府与社会资本合作）项目存在民间资本参与热情低、潜在风险积聚等问题

本次调查了解了企业家对当前各地快速推进PPP（政府与社会资本合作）项目进展的判断。关于对当前“真正的民间资本参与热情很低”这一情况的判断，调查结果显示，60.9%的企业家表示“同意”，25.5%表示“不清楚”，表示“不同意”的占13.6%。其中，西部地区企业表示“同意”的比重更高（见表8.56）。

表8.56　对当前“真正的民间资本参与热情很低”这一情况的判断（%）

	同意	不同意	不清楚
总体	60.9	13.6	25.5
东部地区企业	59.3	13.1	27.6
中部地区企业	59.8	15.3	24.9
西部地区企业	68.4	13.4	18.2
大型企业	63.1	11.4	25.5
中型企业	63.5	12.3	24.2
小型企业	59.6	14.5	25.9
国有及国有控股公司	56.5	15.2	28.3
外资企业	53.8	5.8	40.4
民营企业	62.7	13.5	23.8

关于对当前PPP项目预期回报的判断，只有少数企业家认为“多数项目预期回报良好”。调查结果显示，关于对当前PPP“多数项目预期回报良好”

的判断，44.6%的企业家回答“不清楚”，同时表示“不同意”的企业家（30.4%）要多于表示“同意”的。其中，大型企业表示“不清楚”和“不同意”的比重都更高（见表8.57）。

而且相对多数企业家认为目前的PPP项目“多数都不考虑回报，风险很大”。调查结果显示，37.3%的企业家表示“同意”，37.3%表示“不清楚”，表示“不同意”的占25.4%。其中，西部地区表示“同意”的比重更高（见表8.58）。

表8.57　对当前“多数项目预期回报良好”这一情况的判断（%）

	同意	不同意	不清楚
总体	25.0	30.4	44.6
东部地区企业	23.9	30.9	45.2
中部地区企业	27.4	29.3	43.3
西部地区企业	26.0	30.0	44.0
大型企业	16.7	36.7	46.6
中型企业	23.2	34.0	42.8
小型企业	26.9	28.1	45.0
国有及国有控股公司	23.5	31.6	44.9
外资企业	18.9	28.3	52.8
民营企业	25.0	31.0	44.0

表8.58　对当前“多数都不考虑回报，风险很大”这一情况的判断（%）

	同意	不同意	不清楚
总体	37.3	25.4	37.3
东部地区企业	36.6	23.4	40.0
中部地区企业	36.4	27.4	36.2
西部地区企业	41.4	30.4	28.2
大型企业	42.9	19.0	38.1
中型企业	39.5	24.2	36.3
小型企业	35.7	26.8	37.5
国有及国有控股公司	28.3	30.3	41.4
外资企业	32.7	13.5	53.8
民营企业	37.8	25.3	36.9

与此同时，存在地方政府担保现象。调查结果显示，42.9%的企业家表示“同意”“地方政府担保现象比较严重”这一说法，43.2%表示“不清楚”，表示“不同意”的占13.9%。其中，西部地区表示“同意”的比重更高（见表8.59）。

表8.59　　对当前“地方政府担保现象比较严重”这一情况的判断（%）

	同意	不同意	不清楚
总体	42.9	13.9	43.2
东部地区企业	40.9	13.9	45.2
中部地区企业	42.1	14.2	43.7
西部地区企业	51.6	13.3	35.1
大型企业	44.6	11.5	43.9
中型企业	44.2	14.7	41.1
小型企业	41.9	14.0	44.1
国有及国有控股公司	39.8	11.2	49.0
外资企业	42.3	1.9	55.8
民营企业	44.4	14.3	41.3

关于对当前“基础设施建设过热”这一情况的判断，调查结果显示，45.6%的企业家表示“同意”，22.7%表示“不清楚”，表示“不同意”的占31.7%。其中，中西部地区表示“同意”的比重更高（见表8.60）。

表8.60　　对当前“基础设施建设过热”这一情况的判断（%）

	同意	不同意	不清楚
总体	45.6	31.7	22.7
东部地区企业	44.2	31.6	24.2
中部地区企业	48.3	29.9	21.8
西部地区企业	47.4	34.5	18.1
大型企业	49.0	27.5	23.5
中型企业	43.3	32.9	23.8
小型企业	46.1	31.8	22.1
国有及国有控股公司	45.4	38.1	16.5
外资企业	46.2	17.3	36.5
民营企业	45.7	32.1	22.2

调查表明，总体来看，企业家对各地的PPP（政府与社会资本合作）项目进展的判断并不乐观，特别是地方政府担保、基础设施建设过热的情况比较突出，而真正的民间资本参与热情很低。

8.3 企业外部环境变化及增长动力转换

8.3.1 放管服改革取得成效，企业经营的市场环境不断优化

近年来中央不断积极推进放管服改革，促进了企业经营的市场环境不断优化。调查发现，企业家对当前企业经营的市场环境的评价与五年前相比有所提高。调查结果显示，关于对当地“行政执法机关（工商、税务等）执法是否公正”的评价，认为“很好”或“较好”的企业家占57%，认为“一般”的占36.7%，认为“很差”或“较差”的占6.3%；总体评价值为3.62，高于中值3，也高于2012年的调查结果（见表8.61）。

表8.61　对当地“行政执法机关（工商、税务等）执法是否公正”的评价（%）

		很好	较好	一般	较差	很差	评价值
总体	2017年	12.4	44.6	36.7	4.7	1.6	3.62
	2012年	3.9	29.5	45.0	15.8	5.8	3.10
	2010年	1.4	21.6	51.6	19.1	6.3	2.93
	2008年	4.2	33.3	45.2	12.7	4.6	3.20
东部地区企业		12.8	44.6	36.2	4.9	1.5	3.62
中部地区企业		10.7	46.4	35.9	5.2	1.8	3.59
西部地区企业		13.4	41.8	39.7	3.4	1.7	3.62

注：评价值是由（“很好”×5+“较好”×4+“一般”×3+“较差”×2+“很差”）/100计算得出的，分值范围为1~5，分值越高，表示企业家认为当地的此项经营环境越好，反之则越差。以下同。

关于对当地“行政审批手续是否方便简捷”的评价，认为“很好”或“较好”的企业家占52.7%，认为“一般”的占36.2%，认为“很差”或“较差”的占11.1%；总体评价值为3.51，高于中值3，也高于2012年的调查结果。其中，东部地区企业评价值相对较高（见表8.62）。

表 8.62　　对当地“行政审批手续是否方便简捷”的评价（%）

		很好	较好	一般	较差	很差	评价值
总体	2017 年	12.2	40.5	36.2	7.8	3.3	3.51
	2012 年	3.8	24.6	42.9	20.8	7.9	2.96
	2010 年	3.3	28.7	43.3	19.2	5.5	3.05
	2008 年	5.2	30.9	40.3	18.3	5.3	3.12
东部地区企业		12.3	42.8	34.8	7.3	2.8	3.55
中部地区企业		12.0	34.3	40.1	9.6	4.0	3.41
西部地区企业		12.1	39.8	36.4	7.4	4.3	3.48

关于对当地“地方政府对企业是否过度干预”的评价，认为“没有”或“很少”的企业家占 63.6%，认为“有一些”的占 29.4%，认为“很严重”或“较严重”的占7%；总体评价值为3.73，高于中值3，也高于2012 年的调查结果（见表 8.63）。

表 8.63　　对当地“地方政府对企业是否过度干预”的评价（%）

		没有	很少	有一些	较严重	很严重	评价值
总体	2017 年	17.7	45.9	29.4	5.2	1.8	3.73
	2012 年	10.0	42.5	36.0	8.8	2.7	3.48
	2010 年	19.4	46.6	27.0	5.2	1.8	3.77
	2008 年	9.1	46.3	35.8	6.7	2.1	3.54
东部地区企业		17.3	47.7	28.6	4.9	1.5	3.74
中部地区企业		19.0	44.2	28.0	6.9	1.9	3.72
西部地区企业		17.8	41.4	34.3	3.9	2.6	3.68

注：评价值是由（“没有” ×5 + “很少” ×4 + “有一些” ×3 + “较严重” ×2 + “很严重”）/100 计算得出的，分值范围为 1 ~5，分值越高，表示企业家认为当地政府对企业的干预越少，反之则越严重。以下同。

关于对当地“对市场准入有没有过多的限制”的评价，认为“没有”或“很少”的企业家占 58.3%，认为“有一些”的占 33.1%，认为“很严重”或“较严重”的占8.6%；总体评价值为3.69，高于中值3，也高于2012 年的调查结果（见表 8.64）。

表 8.64　对当地“对市场准入有没有过多的限制”的评价（%）

		没有	很少	有一些	较严重	很严重	评价值
总体	2017 年	22.0	36.3	33.1	6.1	2.5	3.69
	2012 年	12.3	33.1	40.2	11.2	3.2	3.40
	2010 年	14.0	40.1	36.0	7.6	2.3	3.56
	2008 年	9.5	42.8	38.9	7.2	1.6	3.51
东部地区企业		21.7	37.3	32.4	6.1	2.5	3.70
中部地区企业		21.0	37.2	32.0	6.0	3.8	3.66
西部地区企业		24.8	30.1	37.6	6.6	0.9	3.71

关于对当地“企业合同能否得到正常履行”的评价，认为“很好”或“较好”的企业家占56.4%，认为“一般”的占33.1%，认为“很差”或“较差”的占10.5%；总体评价值为3.55，高于中值3，也高于2012年的调查结果。其中，东部地区企业评价值相对较高（见表8.65）。

表 8.65　对当地“企业合同能否得到正常履行”的评价（%）

		很好	较好	一般	较差	很差	评价值
总体	2017 年	11.1	45.3	33.1	8.0	2.5	3.55
	2012 年	7.1	44.5	37.1	9.3	2.0	3.45
	2010 年	5.0	54.2	32.9	6.9	1.0	3.55
	2008 年	8.6	54.3	29.0	6.8	1.3	3.62
东部地区企业		11.7	46.9	32.4	7.1	1.9	3.59
中部地区企业		11.4	45.0	31.2	9.6	2.8	3.53
西部地区企业		8.3	39.3	38.4	9.6	4.4	3.38

关于对当地“经营者的人身和财产安全是否有保障”的评价，认为“很好”或“较好”的企业家占67.7%，认为“一般”的占25.2%，认为“很差”或“较差”的占7.1%；总体评价值为3.78，高于中值3，也高于2012年的调查结果。不同地区企业评价值差异不大（见表8.66）。

表 8.66　对当地“经营者的人身和财产安全是否有保障”的评价（%）

		很好	较好	一般	较差	很差	评价值
总体	2017 年	18.9	48.8	25.2	5.5	1.6	3.78
	2012 年	9.9	49.0	32.2	7.0	1.9	3.58
	2010 年	4.9	45.9	39.6	7.4	2.2	3.44
	2008 年	9.9	48.9	32.2	7.3	1.7	3.58

续表

	很好	较好	一般	较差	很差	评价值
东部地区企业	18.8	49.2	24.6	5.5	1.9	3.78
中部地区企业	19.8	48.0	25.7	5.6	0.9	3.80
西部地区企业	17.8	48.8	26.5	5.2	1.7	3.76

关于对当地“企业的技术创新和知识产权是否得到保护”的评价，认为“很好”或“较好”的企业家占52.5%，认为“一般”的占37.4%，认为“很差”或“较差”的占10.1%；总体评价值为3.52，高于中值3，也高于2012年的调查结果（见表8.67）。

表8.67 对当地“企业的技术创新和知识产权是否得到保护”的评价（%）

		很好	较好	一般	较差	很差	评价值
总体	2017年	11.2	41.3	37.4	8.2	1.9	3.52
	2012年	6.4	39.0	42.0	9.7	2.9	3.36
东部地区企业		10.0	41.7	37.5	8.9	1.9	3.49
中部地区企业		12.6	40.3	37.9	7.3	1.9	3.54
西部地区企业		14.1	41.3	36.4	6.4	1.8	3.60

关于对当地“当地行业协会发展如何，对企业是否有帮助”的评价，认为“很好”或“较好”的企业家占28.9%，认为“一般”的占46.4%，认为“很差”或“较差”的占24.7%；总体评价值为3.04，要高于2012年的调查结果。其中，中部地区企业评价值相对较高（见表8.68）。

表8.68 对当地“当地行业协会发展如何，对企业是否有帮助”的评价（%）

		很好	较好	一般	较差	很差	评价值
总体	2017年	6.6	22.3	46.4	18.3	6.4	3.04
	2012年	2.8	18.3	45.6	23.8	9.5	2.81
	2010年	2.2	20.2	44.1	24.8	8.7	2.82
	2008年	2.2	17.7	46.0	24.2	9.9	2.78
东部地区企业		5.7	22.0	47.7	18.1	6.5	3.02
中部地区企业		9.0	23.5	43.3	18.6	5.6	3.12
西部地区企业		6.9	22.1	45.0	18.6	7.4	3.03

关于对当地“当地有无适合企业经营的诚信社会环境”的评价，认为“很好”或“较好”的企业家占42.2%，认为“一般”的占45.7%，认为“很差”或“较差”的占12.1%；总体评价值为3.36，高于中值3，也高于2012年的调查结果。其中，东部地区企业评价值相对较高（见表8.69）。

表8.69　对当地“当地有无适合企业经营的诚信社会环境”的评价（%）

		很好	较好	一般	较差	很差	评价值
总体	2017年	8.4	33.8	45.7	9.8	2.3	3.36
	2012年	2.9	29.6	50.8	14.0	2.7	3.16
	2010年	1.8	29.9	51.5	14.1	2.7	3.14
	2008年	2.5	31.6	49.9	12.5	3.5	3.17
东部地区企业		8.2	37.1	44.3	8.2	2.2	3.41
中部地区企业		8.6	27.1	49.8	12.0	2.5	3.27
西部地区企业		8.6	30.6	45.3	12.9	2.6	3.30

8.3.2　企业创新动力持续增强，国家创新战略落地亟待加强

随着国家创新驱动发展战略的不断推进，企业的创新动力也有所增强。关于“为了企业更好地发展，企业未来一年应着重采取的措施”，调查结果显示，多数企业家在选择“加强管理降低成本”的同时，62.1%的企业家选择“增加创新投入”，连续两年超过60%。与此同时，超过半数（52.6%）的企业家表示要“引进人才”，42.4%的企业家表示要“更新设备”，这一比重比2016年提高了9个百分点（见表8.70）。

表8.70　为了企业更好地发展，企业未来一年将采取的措施（%）

	总体					地区		
	2017	2016	2015	2014	2013	东部地区	中部地区	西部地区
加强管理降低成本	69.1	66.7	64.5	73.8	73.9	67.5	70.0	74.3
增加创新投入	62.1	64.6	58.4	58.8	61.5	62.4	65.6	56.1
引进人才	52.6	56.8	50.0	47.2	52.2	50.6	55.6	56.1
更新设备	42.4	33.4	33.1	39.0	35.4	45.1	41.6	32.6
开拓国内市场	36.0	31.7	35.7	44.6	46.0	37.0	32.5	36.5
加强企业文化建设	34.2	31.9	28.2	30.7	34.3	31.5	39.1	38.3

续表

	总体					地区		
	2017	2016	2015	2014	2013	东部地区	中部地区	西部地区
开拓国际市场	26.1	26.7	28.7	29.1	27.3	30.9	23.4	10.9
改变经营模式	25.5	27.6	27.2	27.4	30.9	22.5	31.3	29.6
减少用工	20.7	28.0	26.9	22.1	24.1	21.1	18.1	22.6
股权投资或并购	13.0	13.1	15.0	8.5	8.1	13.6	10.6	13.9
投资其他行业	12.0	11.0	11.4	12.2	16.5	11.5	9.7	17.0
寻求上市	6.6	8.0	11.9	6.0	6.4	7.1	6.6	4.8
投资其他地区	4.7	4.1	3.6	4.0	5.4	5.1	4.1	3.9

创新动力的增强促进了企业创新投入的持续增长。调查结果显示，与去年同期相比，认为今年以来企业在研发投入方面“明显增加”的企业家占14%，“有所增加”的占43.6%；认为“基本未变”的占37.7%，“有所减少”或“明显减少”的仅占4.7%；认为“增加”的比“减少”的多52.9个百分点，比2016年高了1.9个百分点。其中，东中部地区企业、大型企业和外资企业研发投入增长较多（见表8.71）。

表8.71　与去年同期相比，今年以来企业在“研发投入”方面的变化情况（%）

		明显减少	有所减少	基本未变	有所增加	明显增加	增加－减少
总体	2017年	1.7	3.0	37.7	43.6	14.0	52.9
	2016年	1.5	4.6	36.8	44.7	12.4	51.0
	2015年	1.5	4.7	38.6	43.2	12.0	49.0
	2014年	1.1	3.9	37.8	46.3	10.9	52.2
东部地区企业		1.3	2.1	37.9	43.9	14.8	55.3
中部地区企业		1.7	3.7	36.8	43.4	14.4	52.4
西部地区企业		3.5	5.9	38.1	42.6	9.9	43.1
大型企业		0.7	2.1	28.7	48.2	20.3	65.7
中型企业		1.8	3.3	35.5	45.8	13.6	54.3
小型企业		1.8	3.0	40.1	42	13.1	50.3
国有及国有控股公司		2.1	5.2	37.5	47.9	7.3	47.9
外资企业				36.5	48.1	15.4	63.5
民营企业		2.0	2.8	38.4	42.3	14.5	52.0

注：“增加”包括“有所增加”和“明显增加”；“减少”包括“明显减少”和“有所减少”。

从不同行业看，今年以来研发投入增长较多的行业包括：化工、汽车、电子设备、仪器仪表等，研发投入“增加”的企业比“减少”的多70个百分点以上（见表8.72）。

表8.72　与去年同期相比，今年以来不同行业企业在“研发投入”方面的变化情况（%）

		明显减少	有所减少	基本未变	有所增加	明显增加	增加-减少
总体	2017年	1.7	3.0	37.7	43.6	14.0	52.9
	2016年	1.5	4.6	36.8	44.7	12.4	51.0
	2015年	1.5	4.7	38.6	43.2	12.0	49.0
	2014年	1.1	3.9	37.8	46.3	10.9	52.2
农林牧渔业		3.4	3.4	41.5	34.5	17.2	44.9
采矿业			18.2	36.4	45.4		27.2
制造业		1.3	2.8	30.0	47.3	18.6	61.8
电力、热力、燃气及水的生产和供应业			11.8	35.3	41.1	11.8	41.1
建筑业		2.4	4.9	52.4	36.6	3.7	33.0
交通运输、仓储和邮政业			4.2	66.6	25.0	4.2	25.0
信息传输、软件和信息技术服务业				35.3	47.1	17.6	64.7
批发和零售业		2.6		53.4	37.1	6.9	41.4
住宿和餐饮业		3.4	3.4	51.8	41.4		34.6
房地产业		4.9		56.1	34.1	4.9	34.1
租赁和商务服务业				58.3	37.5	4.2	41.7
食品、酒及饮料制造业		3.0	3.0	31.3	49.3	13.4	56.7
纺织业		2.0	2.0	51.1	36.7	8.2	40.9
纺织服装、服饰业			3.4	44.9	37.9	13.8	48.3
造纸及纸制品业			14.3	42.8	28.6	14.3	28.6
化学原料及化学制品制造业		1.3	1.3	16.5	51.8	29.1	78.3
医药制造业		3.1	6.3	15.6	56.2	18.8	65.6
化学纤维制造业			11.1	22.2	44.5	22.2	55.6
橡胶及塑料制品业			2.0	39.2	41.2	17.6	56.8
非金属矿物制品业		1.9		34.6	48.1	15.4	61.6
黑色金属冶炼及压延加工业				50.0	40.0	10.0	50.0

续表

	明显减少	有所减少	基本未变	有所增加	明显增加	增加－减少
有色金属冶炼及压延加工业		10.0	40.0	40.0	10.0	40.0
金属制品业	2.8	2.8	33.2	30.6	30.6	55.6
通用设备制造业	1.2	1.2	30.2	55.8	11.6	65.0
专用设备制造业		5.6	27.0	49.4	18.0	61.8
汽车制造业			17.1	51.5	31.4	82.9
铁路、船舶、航空航天及其他运输设备制造业		16.7	8.3	41.7	33.3	58.3
电气机械及器材制造业		4.3	28.6	51.4	15.7	62.8
计算机、通信及其他电子设备制造业			23.1	42.3	34.6	76.9
仪器仪表制造业			21.1	52.6	26.3	78.9

创新动力的增强与创新所带来的市场回报形成正反馈。调查结果显示，认为今年新产品销售比重“增加”的企业家占35.7%，“持平”的占51%，“减少”的占13.3%；“增加”的比“减少”的多22.4个百分点，比2016年的调查结果高了12.9个百分点。其中，东中部地区企业、大型企业、国有及国有控股公司的新产品销售比重增长相对较多（见表8.73）。

表8.73　　相对于去年，企业今年的新产品销售比重情况（%）

	增加	持平	减少	增加－减少				
				2017	2016	2015	2014	2013
总体	35.7	51.0	13.3	22.4	9.5	6.0	14.2	20.8
东部地区企业	35.2	52.6	12.2	23.0	12.7	9.8	16.8	22.3
中部地区企业	38.1	48.9	13.0	25.1	8.6	3.4	11.3	19.8
西部地区企业	34.4	47.4	18.2	16.2	−0.3	−4.3	3.6	15.2
大型企业	43.8	49.9	6.3	37.5	27.5	21.9	22.3	35.2
中型企业	36.2	54.0	9.8	26.4	15.1	11.9	17.7	28.2
小型企业	34.3	50.0	15.7	18.6	4.8	1.2	11.0	14.0
国有及国有控股公司	32.6	62.1	5.3	27.3	12.1	10.0	14.9	19.6
外资企业	32.7	57.7	9.6	23.1	6.9	19.3	23.1	29.9
民营企业	35.7	49.6	14.7	21.0	9.6	3.9	13.2	19.6

从不同行业看，化工、非金属制品、通用设备、专用设备、汽车、电子设备、仪器仪表等行业企业新产品销售比重增长相对较多，认为“增加”的比“减少”的多30个百分点以上；而建筑业、交通运输仓储和邮政业等行业则相对较差，认为“减少”的企业家要多于认为“增加”的（见表8.74）。

表8.74　相对于去年，不同行业企业今年的新产品销售比重情况（%）

	增加	持平	减少	增加－减少				
				2017	2016	2015	2014	2013
总体	35.7	51.0	13.3	22.4	9.5	6.0	14.2	20.8
农林牧渔业	39.3	42.8	17.9	21.4	12.0	14.9	26.1	32.8
采矿业	18.2	63.6	18.2	0.0	-7.7	-21.0	-26.9	-8.4
制造业	41.3	47.4	11.3	30.0	14.9	10.2	18.6	24.3
电力、热力、燃气及水的生产和供应业	23.5	64.7	11.8	11.7	8.4	10.0	10.3	2.0
建筑业	18.8	53.7	27.5	-8.7	-24.0	-27.0	-18.0	4.7
交通运输、仓储和邮政业	4.3	69.6	26.1	-21.8	-11.5	-17.2	9.7	10.9
信息传输、软件和信息技术服务业	33.3	47.3	19.4	13.9	43.7	28.4	36.7	26.3
批发和零售业	31.5	52.3	16.2	15.3	3.7	-5.1	4.4	17.2
住宿和餐饮业	15.4	69.2	15.4	0.0	-23.7	-10.3	-7.5	7.1
房地产业	29.7	54.1	16.2	13.5	-4.3	-25.4	-33.4	4.8
租赁和商务服务业	29.8	63.8	6.4	23.4	20.9	-5.2	13.6	9.6
食品、酒及饮料制造业	33.3	53.7	13.0	20.3	20.3	1.4	20.8	15.5
纺织业	35.4	56.3	8.3	27.1	-6.3	3.0	3.7	13.1
纺织服装、服饰业	24.1	65.6	10.3	13.8	2.6	2.2	6.8	23.4
造纸及纸制品业	33.3	53.4	13.3	20.0	6.2	4.8	-3.1	25.0
化学原料及化学制品制造业	46.6	39.7	13.7	32.9	8.9	14.6	28.3	27.1
医药制造业	33.3	54.6	12.1	21.2	16.7	8.1	31.1	28.3
化学纤维制造业	50.0	25.0	25.0	25.0	-10.0	-25.0	5.9	-13.1
橡胶及塑料制品业	39.6	49.1	11.3	28.3	34.9	12.5	20.6	22.6
非金属矿物制品业	44.4	48.2	7.4	37.0	-4.5	9.3	10.9	18.5
黑色金属冶炼及压延加工业	33.3	55.6	11.1	22.2	-5.5	-11.5	18.1	11.5
有色金属冶炼及压延加工业	18.2	63.6	18.2	0.0	35.8	7.7	0.0	12.0
金属制品业	40.5	48.7	10.8	29.7	10.3	16.8	16.1	24.3

续表

	增加	持平	减少	增加－减少				
				2017	2016	2015	2014	2013
通用设备制造业	44.3	46.6	9.1	35.2	13.9	3.4	9.3	20.7
专用设备制造业	43.4	43.3	13.3	30.1	17.6	21.2	33.0	29.0
汽车制造业	71.4	20.0	8.6	62.8	63.3	16.7	37.1	45.7
铁路、船舶、航空航天及其他运输设备制造业	33.3	50.0	16.7	16.6	36.8	50.0	26.2	53.7
电气机械及器材制造业	38.0	50.7	11.3	26.7	16.5	9.6	17.2	30.5
计算机、通信及其他电子设备制造业	57.7	30.8	11.5	46.2	30.5	32.6	38.9	50.6
仪器仪表制造业	55.5	38.9	5.6	49.9	47.4	29.4	22.9	18.6

创新动力一定程度上得益于国家创新驱动发展战略的促进，比如“十三五”国家战略性新兴产业发展规划和“中国制造2025”规划，不过这些规划的实施仍需要加强宣传和引导，因为从调查结果发现，“非常了解”这些规划的企业家比重不高。调查结果显示，对于“十三五”国家战略性新兴产业发展规划“非常了解”的企业家仅占4.4%，“比较了解”的占55.7%，“不太了解”的占37%，“完全不了解”的占2.9%；对于“中国制造2025”规划“非常了解”的企业家仅占5.1%，“比较了解”的占54%，认为“不太了解”的占37.7%，“完全不了解”的占3.2%。其中，大型企业和国有企业对这两项规划的了解程度相对较高（见表8.75、表8.76）。

表8.75　对“‘十三五’国家战略性新兴产业发展规划”的了解程度（%）

	非常了解	比较了解	不太了解	完全不了解
总体	4.4	55.7	37.0	2.9
东部地区企业	4.0	55.2	38.0	2.8
中部地区企业	5.9	57.9	34.0	2.2
西部地区企业	3.5	55.0	37.1	4.4
大型企业	10.7	59.9	26.7	2.7
中型企业	5.4	59.2	33.4	2.0
小型企业	3.0	53.8	39.9	3.3
国有及国有控股公司	8.1	54.5	35.4	2.0
外资企业	3.8	55.8	38.5	1.9
民营企业	4.3	55.0	37.5	3.2

表 8.76　　对“‘中国制造 2025’规划”的了解程度（%）

	非常了解	比较了解	不太了解	完全不了解
总体	5.1	54.0	37.7	3.2
东部地区企业	5.6	55.7	35.6	3.1
中部地区企业	4.3	50.8	43.0	1.9
西部地区企业	3.9	52.6	38.3	5.2
大型企业	11.4	61.0	24.2	3.4
中型企业	5.0	58.9	34.1	2.0
小型企业	4.1	51.2	41.1	3.6
国有及国有控股公司	8.1	55.5	36.4	
外资企业	5.7	56.5	34.0	3.8
民营企业	4.8	53.4	38.3	3.5

8.3.3　需注重简政放权的实际成效

调查发现，虽然目前企业经营的市场环境比五年前有所改善，多数企业家认为简政放权对企业产生了积极影响，但认为影响很大和影响较大的比重还不太高。调查结果显示，关于近两年来简政放权对企业产生的积极影响，认为影响“很大”和“较大”的企业家只占19.9%，认为影响“较小”的企业家占54.1%，认为“没有影响”的占23.2%（见表8.77）。这表明，企业家认为政府应当继续推动并需注重简政放权相关措施的实际成效，进一步优化企业外部环境。

表 8.77　　近两年来简政放权对企业产生的积极影响（%）

		很大	较大	较小	没有影响	负面影响
总体	2017 年	1.1	18.8	54.1	23.2	2.8
	2016 年	3.3	21.5	48.4	24.2	2.6
东部地区企业		1.5	16.4	54.9	24.5	2.7
中部地区企业		0.6	22.3	55.8	20.1	1.2
西部地区企业		0.4	23.5	48.4	22.6	5.1
大型企业		1.3	13.7	62.8	17.6	4.6
中型企业		0.8	15.4	59.1	22.0	2.7
小型企业		1.3	20.9	50.8	24.5	2.5
国有及国有控股公司		1.0	11.1	69.7	16.2	2.0
外资企业			15.4	55.8	28.8	
民营企业		1.3	17.8	53.8	23.9	3.2

8.3.4　通过进一步减税降低企业成本成为企业家最大诉求

企业家希望政府大力降低企业成本。调查结果显示，关于下一步可以在哪些方面降低企业成本的判断，企业家选择比重最高的是“进一步减税”（80%），其次是“进一步降低非税费用”（60.6%），其他依次是：“降低企业融资成本”（57%）、“降低电费、高速费等公用费用”（45.4%）、“简政放权减少交易成本”（34.9%）。其中，东部地区企业、中型企业、外资企业选择“进一步减税”的比重更高（见表8.78）。

表8.78　对下一步可以在哪些方面降低企业成本的判断（%）

	总体	地区			规模			经济类型		
		东部地区	中部地区	西部地区	大型企业	中型企业	小型企业	国有及国有控股	外资企业	民营企业
进一步减税	80.0	81.1	79.0	77.2	78.9	80.7	80.0	83.5	85.7	79.6
进一步降低非税费用	60.6	62.3	57.3	58.5	71.4	60.1	59.5	68.0	61.2	60.9
降低企业融资成本	57.0	53.4	64.6	60.7	56.5	62.9	54.9	53.6	46.9	58.7
降低电费、高速费等公用费用	45.4	46.1	44.6	43.8	38.8	43.7	47.1	39.2	57.1	45.1
简政放权减少交易成本	34.9	33.8	35.4	38.4	41.5	31.3	35.0	38.1	26.5	32.6

8.3.5　相对多数企业家认同积极推进产业政策，乐观看好养老、旅游、环保及新能源、新材料等产业发展前景

关于对当前政府大力推进产业政策对经济发展的作用的判断，调查结果显示，认为“完全正面”的企业家占11.2%，认为“利大于弊”的占44.7%，“说不清”的占35.4%，“弊大于利”或“完全负面”的仅占8.8%。其中，中部地区企业、中小型企业、国有及国有控股公司更为乐观（见表8.79）。

表8.79　不同地区、规模及经济类型企业对当前政府大力推进产业政策对经济发展的作用的判断（%）

	完全正面	利大于弊	说不清	弊大于利	完全负面
总体	11.2	44.7	35.4	7.8	1.0
东部地区企业	10.8	42.5	36.6	8.9	1.2
中部地区企业	10.2	51.7	33.2	4.0	0.9
西部地区企业	13.9	43.5	33.9	8.7	

续表

	完全正面	利大于弊	说不清	弊大于利	完全负面
大型企业	7.3	46.4	36.4	8.6	1.3
中型企业	10.6	45.2	34.7	7.8	1.7
小型企业	12.0	44.3	35.6	7.5	0.6
国有及国有控股公司	13.0	55.0	26.0	6.0	
外资企业	9.8	41.2	43.1	5.9	
民营企业	10.8	44.2	36.1	7.9	1.0

关于“十三五”期间企业家最看好哪些行业的发展前景，调查结果显示，企业家选择比重最高的六个行业依次是：“养老”（57.3%）、“旅游休闲”（43.6%）、“新能源”（41%）、“环保”（37.2%）、“医药”（32.9%）、“新材料”（31.3%）（见表8.80）。

表8.80　“十三五”期间企业家最看好哪些行业的发展前景（%）

	总体		地区			规模			经济类型		
	2017	2015	东部地区	中部地区	西部地区	大型企业	中型企业	小型企业	国有及国有控股	外资企业	民营企业
养老	57.3	50.3	54.8	60.9	62.1	57.3	55.9	58.0	62.5	48.1	58.0
旅游休闲	43.6	43.1	39.1	51.6	50.7	40.7	44.1	44.0	42.7	38.5	44.3
新能源	41.0	33.1	39.8	44.9	40.5	43.3	40.2	40.9	39.6	34.6	41.1
环保	37.2	32.8	38.4	37.5	32.2	39.3	38.5	36.3	37.5	40.4	37.1
医药	32.9	33.7	34.5	28.8	32.2	34.0	31.0	33.5	34.4	42.3	33.2
新材料	31.3	26.2	33.8	27.6	26.0	42.7	29.9	29.8	31.3	36.5	31.0
教育培训	25.0	18.9	23.8	25.0	30.0	25.3	22.9	25.9	18.8	23.1	26.1
高端装备	23.7	28.0	25.6	19.6	22.0	27.3	27.4	21.9	31.3	17.3	23.8
现代物流	22.2	29.9	21.6	23.4	22.9	20.0	25.4	21.5	28.1	32.7	21.7
互联网及IT服务	21.5	37.2	22.3	20.8	19.4	24.0	22.9	20.6	27.1	21.2	21.3
新能源汽车	21.3	15.5	21.8	20.5	20.3	21.3	18.7	22.2	18.8	32.7	20.0
生物技术	20.5	20.3	20.8	19.2	21.1	22.0	17.3	21.5	18.8	25.0	20.8
军工	18.0	20.2	19.0	17.9	14.1	14.0	19.0	18.2	19.8	17.3	18.3
文化创意	12.6	12.0	11.6	13.8	15.0	11.3	11.7	13.2	11.5	15.4	13.2
农业	11.5	16.2	10.8	13.8	11.0	8.0	10.9	12.3	10.4	5.8	12.3

续表

	总体		地区			规模			经济类型		
	2017	2015	东部地区	中部地区	西部地区	大型企业	中型企业	小型企业	国有及国有控股	外资企业	民营企业
金融	9.1	15.9	9.0	10.6	7.0	16.0	9.2	7.9	12.5	3.8	8.8
能源	6.7	7.1	6.4	6.4	8.4	4.7	7.8	6.4	6.3	1.9	6.8
理财服务	6.3	8.2	6.7	4.8	6.6	5.3	6.7	6.3	4.2	9.6	6.2
电子设备	3.3	4.1	3.3	3.8	2.2	2.0	3.9	3.2	3.1	3.8	3.4
汽车	2.9	1.7	3.3	2.2	2.2	3.3	4.2	2.4	2.1	1.9	3.0
仪器仪表	1.7	1.0	2.0	1.3	0.9		2.5	1.6		3.8	1.4

2017 年调查结果显示，企业微观景气状况明显提升，宏观经济环境不断改善，企业的投资、用工意愿趋于上升，经济运行在向好的方向发展。与此同时，调查也发现，当前企业的经济增长依然存在着受房地产

泡沫和过快的基础建设投资推动的影响，产能过剩形势尚未得到根本扭转，企业降成本任务依然十分艰巨，相关改革和宏观政策的实际成效有待进一步提高。要珍惜当前宏观、微观经济环境改善的良好局面，进一步加大供给侧结构性改革力度，坚决防范潜在的经济风险，更加注重简政放权相关措施的实际成效，通过进一步减税等举措实实在在降低企业成本，积极稳妥有效地推进产业政策，更深程度地调整经济结构，促进经济发展方式的根本转变。

（注：凡引用此报告者均需注明引自中国企业家调查系统

——《2017·中国企业家问卷跟踪调查报告》）

执笔：李兰　等